本研究获国家社科基金一般项目"19世纪以来的徽州方音研究"(12BYY031)、国家社科基金重大项目"苏皖鄂赣江淮官话与周边方言的接触演变研究及数据库建设"(19ZDA307)资助。

徽州方言音韵研究

陈 瑶 ◎ 著

中国社会科学出版社

图书在版编目（CIP）数据

徽州方言音韵研究 / 陈瑶著. —北京：中国社会科学出版社，2020.9
ISBN 978-7-5203-6914-5

Ⅰ.①徽… Ⅱ.①陈… Ⅲ.①江淮方言—音韵学—方言研究—徽州地区 Ⅳ.①H172.4

中国版本图书馆CIP数据核字（2020）第139117号

出 版 人	赵剑英
责任编辑	张 林
特约编辑	张 虎
责任校对	周 昊
责任印制	戴 宽

出　　版	中国社会科学出版社
社　　址	北京鼓楼西大街甲158号
邮　　编	100720
网　　址	http://www.csspw.cn
发 行 部	010-84083685
门 市 部	010-84029450
经　　销	新华书店及其他书店
印　　刷	北京明恒达印务有限公司
装　　订	廊坊市广阳区广增装订厂
版　　次	2020年9月第1版
印　　次	2020年9月第1次印刷
开　　本	710×1000　1/16
印　　张	20.75
插　　页	2
字　　数	373千字
定　　价	118.00元

凡购买中国社会科学出版社图书，如有质量问题请与本社营销中心联系调换
电话：010-84083683
版权所有　侵权必究

序 一

徽州的意象就是一幅宣纸上的泼墨风景画,山川笼罩在细雨中,除了古民居的青灰色檐角,一切都朦朦胧胧。徽州的方言也是朦朦胧胧的,跟吴语相通、相似,却没有吴语的最显著的浊音特征,跟江淮官话有很多共性,也具有某些赣语的特点。地跨三省,"郡中无论各县语音殊甚,即一县四乡,一乡各里,亦微有殊。"作为一个区域整体,徽州方言又很难概括出独立于周边方言的区别性音韵特征。自从《中国语言地图集》(香港朗文)划分出独立的"徽语",由于根据不足,学界一直议论纷纷。

对这样"多中心即无中心"的方言,比较妥当的研究方法是在面上铺开,进行区域内部的横向比较。中央研究院史语所的老前辈赵元任、杨时逢、罗常培等在1934年夏天就做过这项工作,对徽州6县46个地点进行了大规模的调查。另一次大规模的调查是20世纪90年代,平田昌司、曹志耘等一批中日学者联合开展的"新安江流域语言文化调查计划",又对清代徽州府、严州府范围内的方言做了区域性的调查。本书作者陈瑶博士凭借母语优势,靠一己之力,也做了一次徽州方言的区域性调查:在徽州五个片区内选择了10个乡村方言点:绩溪县荆州上胡家村、歙县北岸大阜村、徽州区岩寺镇富溪乡寺坪村、黟县碧阳镇南屏村、黟县渔亭镇楠玛村、祁门县大坦乡大洪村、休宁五城镇、婺源县浙源乡岭脚村、婺源县江湾镇荷田村、石台县占大镇莲花村的方言,并整理了这些点的同音字汇。在这个基础上,广泛参考前贤著述,写作了这部专门讨论徽州方言音韵的专著。

陈瑶博士来自祁门农家,据说小时候还放过牛,后来逐渐读书成才。大学毕业后教了八年中学,又辞职远赴贵州大学读研,在涂光禄教授门下得到了全面系统的方言调查训练。毕业后再到福建师范大学继续深造。一路走来,颇不容易。本书的初稿就是她的博士论文,该论文获得当年福建师范大学优秀博士论文一等奖。获得博士学位后,她还不断地利用寒暑假时间回到徽州继续做田野调查,核对数据,期间获得国家哲学社会科学基金的立项支持,在田野调查的基础上增加了对清代徽州方言文献的调查研究部分,拓展了对徽州方言音韵分析结论的历时深度,使这项研究成果更加厚重。

  本书提供的 10 个新增的方言点资料与前贤著述中提供的材料有机地结合在一起，对徽州方言声母、韵母、声调的音韵特点，以及文白异读和小称音变等 19 个专题都做了详细的讨论。每个专题都摆出来 25 个方言点的资料，梳理异同，概括类型和分布区块，再分别从纵向的音韵史和横向的方言接触角度做出解释。作者在第七章对徽语的性质做出总结，认为："我们可以将徽语视为带有吴语底层的较早为官话所影响的一种方言。这也可以解释徽语'既有吴语的特征，又有某些江淮官话的特点'，也符合'徽语由南到北，徽语特征渐次减少，官话特征逐渐增多'的语言事实。另外，徽语区由于南、西、西北都受赣语包围，在赣语的影响之下，徽语又融合了一些赣语的特征。这一些因素使得徽语原有的吴语特征被冲淡，面目变得模糊不清。""徽语和吴语之间有比较多的共通之处，而且在地理上相邻，历史上又有密切的联系。我们无论是从共时平面上的诸多语言特征来看，还是从吴语和徽语的共同基础、共同的历史背景出发，徽语划入吴语都是合情合理的。"

  赵元任先生早有"（徽语）可以认为是吴语一种"的看法。王福堂先生在《徽州方言的性质和归属》（2004）中已经很明确地提出徽州方言应该归属吴语的意见。关于徽州方言与吴语在音韵特征上的共性，郑张尚芳、伍巍、平田昌司、曹志耘、赵日新、沈明、刘祥柏等学者在各自的著述中也都有深刻的分析。本书的贡献在于详细展开了徽州方言在各项音韵特征上的细节，梳理内部差异，分析历史层次，以更丰赡、周全的方音资料为前贤的洞见做出具体的论证，并有所发挥。今后继续以《切韵》音系为框架对徽州方言音韵的研究，应该绕不过这部新作。

  喜见陈瑶博士第一次出版自己的专著，祝她在学术道路上不断进步。

陈泽平 于福州守耕堂
2020 年 7 月 8 日

序　二

　　徽州方言分布范围不大，但向来以它的复杂性而带着一层神秘的面纱，徽州方言内部缺少对内一致对外排他的共同特点，拿古全浊声母的演变来说就有多种不同的类型，以致雅洪托夫提出："也许从反面描写它更好：在长江以南安徽和相邻省份的所有方言中，那些无法归入官话，或者赣语，或者吴语的方言组成皖南方言"，皖南方言"由于语言面貌的特殊性，必须被划为一个特别的方言"。1987年版《中国语言地图集》将徽语列为一个大方言区，其分布范围除了旧徽州地区之外，还包括浙江的严州以及与这两个州毗邻的部分县市，但仍指出："徽语的共性有待进一步的调查研究。"

　　现代语言学意义上的徽州方言研究是从20世纪30年代开始的。1934年夏，赵元任、杨时逢、罗常培对徽州6县46个地点进行大规模的调查，发表的部分成果总结了徽州方言的基本面貌，奠定了坚实的研究基础。50年代、80年代的两次"普查"进一步概括了徽语的若干重要特点。90年代以后，关注徽语、调查研究徽语的学者逐渐多了起来，重点调查和历史文献考察相结合，研究广度和深度都得到很大的拓展，出现了一批重要的研究成果。

　　身为徽州人，烙着徽州文化的印迹，我个人对徽州方言一向有着浓厚的兴趣，做过一些调查研究，写过几篇小文章，但对徽州方言的一些重要语言现象还是难窥堂奥。近些年来，因为在北方工作，兴趣有些转移，虽然一直未曾放下，但调查、思考得也少了，又囿于精力和能力，竟自有些荒疏了。

　　陈瑶是徽州祁门人，师从陈泽平教授治方言学，年轻有为，于徽州方言研究用力甚勤，发表一系列重要研究成果。现在呈现在读者面前的专著《徽州方言音韵研究》是在博士论文基础上修改充实而成，内容丰富，描写分析全面细腻，运用共时和历时材料从声母、韵母、声调、文白异读、小称音变等方面深入探讨徽语的特点、分布及演变规律，并对徽语的归属提出了自己的看法，是近年来有关徽语研究的一个新的重要成果。

我跟陈瑶虽然交往不多，但同为徽州人，有文化心理上的认同感，天生就有一种亲切感。徽州女性的勤劳、善良、质朴在陈老师身上得到很好的体现，所以她有今天这样突出的成就，我一点也不感到意外。

徽州方言研究的队伍一直不够大，好在有陈瑶这样的中坚力量长期奔走在徽州的山山水水，用心调查，细致研究，我相信徽州方言研究一定会取得越来越多的优秀成果，相信陈瑶的徽州方言研究之路会越走越宽，越走越顺，越走越扎实。

赵日新

2020 年 8 月 16 日

目　录

- **第一章　绪论** ··· 1
  - 第一节　徽州概况 ··· 1
  - 第二节　徽州方言概况 ··· 3
  - 第三节　徽州方言语音研究概况 ··· 6
  - 第四节　本书的研究 ··· 12
- **第二章　徽州方言的声母** ··· 17
  - 第一节　徽州方言唇音声母字的开合口问题 ······································· 17
  - 第二节　徽州方言的腭化与非腭化问题 ··· 25
  - 第三节　徽州方言古知、庄、章组分立格局的分析 ··························· 50
  - 第四节　徽州方言古泥、来母的今读分析 ··· 61
  - 第五节　徽州方言古日母的今读分析 ·· 72
  - 第六节　徽州方言古匣母的今读分析 ·· 84
  - 第七节　徽州方言古全浊声母的今读分析 ··· 90
- **第三章　徽州方言的韵母** ··· 106
  - 第一节　中古开合分韵的一等韵在徽州方言中的今读分析 ··············· 106
  - 第二节　一二等韵在徽州方言中的结构关系 ···································· 114
  - 第三节　徽州方言中三四等韵的今读分析 ······································· 145
  - 第四节　徽州方言中一三等韵的分合 ·· 156
  - 第五节　中古阳声韵在徽州方言中的今读分析 ································ 164
  - 第六节　中古入声韵在徽州方言中的今读分析 ································ 178
- **第四章　徽州方言的声调** ··· 191
  - 第一节　徽州方言的单字调 ·· 191
  - 第二节　徽州方言的浊上字 ·· 194
  - 第三节　徽州方言的去声字 ·· 203
  - 第四节　徽州方言的入声字 ·· 210
- **第五章　徽州方言的文白异读** ·· 221
  - 第一节　徽州方言声母的文白异读 ·· 221
  - 第二节　徽州方言韵母的文白异读 ·· 228

第三节　徽州方言声调的文白异读 …………………………… 235
第六章　徽州方言的小称音变 …………………………………… 238
第七章　徽州方言的性质和归属 ………………………………… 246
参考文献 ……………………………………………………………… 261
附　录 ………………………………………………………………… 268
　　一、安徽祁门大坦话同音字汇 ……………………………… 268
　　二、休宁县五城话同音字汇 ………………………………… 279
　　三、石台县占大话同音字汇 ………………………………… 290
　　四、婺源县浙源乡岭脚村话同音字汇 ……………………… 301
　　五、婺源县江湾话同音字汇 ………………………………… 312
后　记 ………………………………………………………………… 323

第一章 绪论

第一节 徽州概况

一 徽州的地理位置

徽州是一个古老的地理概念，古徽州地处我国东南丘陵和长江中下游平原之间的过渡地带，"东则有大鄣之固，西则有浙岭之塞，南有江滩之险，北则有黄山之轭"[①]。地理环境相对独立与封闭。原徽州地区主要指原绩溪、歙县、休宁、黟县、祁门、婺源六县所辖之地，包括今天安徽省宣城市的绩溪县、旌德县，黄山市的歙县、徽州区、屯溪区、休宁县、黟县、祁门县，池州市的石台县和江西省的婺源，还有浙江省的淳安、遂安、建德、寿昌等地，处于北纬30°线上下、东经118°线左右。其东南西北四面依次是浙江省的桐庐县、金华市、衢州市、开化县，江西省的德兴市、乐平市、景德镇市，安徽省的东至县、石台县、黄山市黄山区（旧太平县）。

二 徽州的历史沿革

徽州历史上经历了"三天子都"→"蛮夷之地"→属吴、越、楚→秦置黟县→新都郡→新安郡→歙州的漫长历程。徽州早在秦代就开始以一级地方行政区划纳入中央政府的管辖，秦王朝为加强对越人的统治在徽州设置黟歙二县，属鄣郡。歙县所辖范围包括今浙江淳安和安徽绩溪、歙县、徽州区、屯溪区、休宁以及江西婺源的一部分，黟县所辖范围则包括今安徽黟县、祁门（一部分）、石台（一部分）。汉元封二年（前109）鄣郡改为丹阳郡，歙县分置都尉。

"建安十三年（208），东吴划歙县、始新县（今浙江淳安）、新定县（原浙江遂安）、黎阳县（今屯溪）、休阳县（今休宁）、黟县置新都郡，设治于

[①] 朱国兴等：《徽州文化发展与人地关系演进的对应分析》，《黄山学院学报》2006年第2期，第21页。

始新……西晋武帝太康元年（280）改称为新安郡。梁元帝承圣（552—555）年间划新安郡的海宁县（今休宁）、黟县、歙县、黎阳县（今屯溪）置新宁郡，疆域与清代徽州府基本一致。陈天嘉三年（562）又省新宁郡并为新安郡。隋开皇九年（589）改新安郡为歙州，开皇十一年（591）设治于黟县，大业三年（607）复为新安郡，移治休宁，义宁（617—618）中移治歙县，此后直至清末，州郡路府治在歙县。唐武德元年（618）复为歙州，天宝元年（742）改歙州为新安郡，乾元元年（758）再次复为歙州。北宋宣和三年（1121）五月十四日改歙州为徽州。"①

徽州领歙县、休宁、祁门、婺源、绩溪、黟县六县直至民国时期。元至元十四年（1277）改为徽州路，至正十七年（1357）朱元璋改称兴安府，至正二十四年（1364）又改为徽州府。此后徽州的名称一直沿用，直至1987年国务院批准成立地级黄山市时为止。民国二十三年（1934），婺源县划归江西省，民国三十六年（1947）划回安徽，民国三十八年（1949）再次划归江西省。

三 徽州的居民人口

徽州早期的土著人是越人，那时，徽州历史文化尚未从中华民族的历史文化母体中分离出来。直至战国中后期一直到三国，徽州社会与文化开始逐渐从中华民族母体的社会文化发展中分离出来，东汉末年始，北方诸多士家大族纷纷移民于此。至南宋时，越人已与迁居而来的北方汉人融合在一起了。现在徽州地区的居民，其早期的祖先是由中原汉人和汉代的百越（主要是山越）居民两部分组成。

历史上徽州吸收了大量的外来人口。中国历史上三次移民大潮对徽州地区的语言文化冲击影响颇大。淳熙《新安志·风俗》记载："中原衣冠避地保于此，后或去或留，俗益向文雅，宋兴则名臣辈出。"②最后一次大规模的移民发生在清朝后期，清朝与太平天国在安徽连年交战，战后土著居民所剩无几。据余道年（2013），歙县在战前（道光年间）人口数有617111，而战后（同治八年）锐减为309604，减少率达50%；黟县战前（嘉庆十五年）人口数有246478，而战后（同治六年），则只有155445，减少率为37%。③清政府采取种种优惠措施招募客民前来补充垦荒，后来从河南、湖北和安

---

① 平田昌司等：《徽州方言研究》，好文出版社1998年版，第10页。
② 罗愿：《新安志·州郡·风俗》，宋淳熙二年修，清光绪十四年重印，第28页。
③ 余道年：《太平天国战争与徽州人口的变迁》，《佳木斯大学社会科学学报》2013年第3期，第116页。

徽北部迁来的移民数量大大超过土著。外来人口进入徽州，"其中来自长江南北沿岸地区的迁入绩溪、歙县、休宁、黟县、祁门，来自赣东鄱阳湖一带的迁入婺源，来自浙西的迁入歙县、休宁。1958 年，为开发山区，安徽省人民政府让皖北移民迁居到徽州"①。可见，徽州地区的居民来源复杂，迁移频繁。

第二节　徽州方言概况

徽州方言也叫"徽州话"或"徽语"。据《中国语言地图集》（第 2 版，汉语方言卷，2012），徽语分布于新安江流域的旧徽州府_{包括今属江西省的婺源}，浙江的旧严州府淳安、建德、遂安、寿昌 4 县和临安_{浙川}，以及江西的德兴、旧浮梁县_{今属景德镇市}等地，计 19 个县市。

徽语在安徽南部方言中以复杂难懂、分歧大、通话程度低著称。关于徽州早期的方言情况缺少文献记载，我们只能从现存较早的一些书里得见"一鳞半爪"。"六邑之语不能相通。非若吴地，其方言大抵相类也"。（《嘉靖徽州府志》）"郡中无论各县语音殊甚，即一县四乡，一乡各里，亦微有殊。此无他，隔水尚通声，隔山则气耳。"②③由此可见，至少在嘉靖、万历年间，徽州方言就以内部差异明显而引人注目了。

徽州方言形成于何时？这是一个很难回答甚至是无法回答的问题，因为语言演变是渐进的过程，地域性的特征是逐渐积累加深的。一个方言其特征的形成不可能在短期内完成。但可以肯定的是徽州方言的形成与中原地区人口大迁移有一定的关系。"晋永嘉之乱之后，中原战乱频繁，百姓动荡不安。处于峰峦绵延、地势险峻的徽州，就成了由北向南迁徙的众多官吏、大户望族、士庶百姓躲避战乱的世外桃源。"④这在徽州各地县志、族志中都有记载。如：明人郑左、程尚宽等辑录的《新安名族志》中就综录了徙入徽州的 88 个家族，在可考的 56 族中，两晋时入徽的有 9 族，唐安史之乱及唐末黄巢起义时迁入徽州的有 24 族，两宋之际有 15 族。⑤现代复杂难懂的徽州方言其音系格局"很可能在明初以前就已经稳定下来了"，据《徽州方言研究》，汪道昆（1526—1593）的戏曲用韵和徽州籍小学家等所

---

① 平田昌司等：《徽州方言研究》，好文出版社 1998 年版，第 17 页。
② 同上。
③ 张涛修、谢陛纂：《歙志》五风土，万历三十七年［1609］年序。
④ 孟庆惠：《徽州方言》，安徽人民出版社 2004 年版，第 5 页。
⑤ 同上书，第 6 页。

记录的明清徽州方言，跟现代徽州方言相当接近。但明清以后的方言，由于受到不同方言不同程度的影响和冲击（"首先受到了来自皖北旧安庆府和旧怀宁府、皖南旧太平府和旧池州府等江淮官话区的大量移民方言的影响。其次，明清徽商多赴江浙，'直到解放前后，凡营商于吴地的徽人，大凡能操一口流利的吴地方言'"[①]），多多少少产生了一些变异，词汇和句式里渗透着一些江淮官话和北部吴语的成分，致使它的面貌变得有些模糊难辨。

最早涉及徽语归属问题的，当数出版于1914年日本的《最新支那分省图》，这也是目前见到最早的中国语言与方言的分布图。在这本地图集的第23幅图即《支那语言分布图》中，作者西山荣久将官话分为北支那官话、中央支那官话、四川官话以及扬州官话、南京官话与徽州官话等。可见，他是把徽语看成官话一类的[②]。

最早论及徽语地位的是1915年章太炎在《简论》中所说的："东南之地，独徽州、宁国处高原，为一种。"

对徽语的性质和归属问题讨论者甚多，本书第七章将会详加讨论与分析。对徽语的方言区划进行讨论的主要见于1987年和2012年两版的《中国语言地图集》中。

《中国语言地图集》（香港朗文出版社，1987）把徽语区分成五片[③]：

1. 绩歙片（5个县）：绩溪、歙县、旌德_{限于西南部洪川一带}、宁国_{限于南部洪门乡等地}、浙江淳安_{限于西部唐村等地}。

2. 休黟片（5个县市）：屯溪市、休宁、黟县、祁门_{东南部凫峰一带}、婺源。

3. 祁德片（4个县市）：祁门_{东南部凫峰一带除外}、东至_{只限于东南部木塔一带}、江西景德镇市郊区旧浮梁县、德兴。

4. 严州片（2个县）：浙江省的淳安_{含旧遂安县，不包括淳安西部}、建德_{含旧寿昌县，不包括建德的下包、乾潭、钦堂、唐村、里叶一带的吴语}。

5. 旌占片（4个县）：旌德、祁门县的安陵区_{城安、赤岭一带}、石台县的占大区、黟县_{限于美溪乡、柯村乡}。

《中国语言地图集》（第2版）（商务印书馆，2012）"B1-21"图也把徽语分为五片，其范围跟《中国语言地图集》（1987）大致相同，其文字说明部分（第146—151页）为赵日新所撰写。赵文选取19个语音特征，根据徽语的共同特点及内部差异，按照"全浊声母的今读""见晓组声母（不限

---

① 平田昌司等：《徽州方言研究》，好文出版社1998年版，第18页。
② 周振鹤：《我所知最早的中国语言地图》，《尚古情怀》2011年第6期，第129页。
③ 根据郑张尚芳《皖南方言的分区（稿）》，《方言》1986年第1期，第8—18页。

于开口二等）是否腭化"这两项标准，并参考其他特征，将徽语分为以下五片：

1. 绩歙片（6个县市）：绩溪县、歙县_{桂林乡多江北、浙南移民除外}、旌德县_{南部仕川村、版书乡模范村和联和村、西南洪川一带}、宁国市_{南部洪门乡}、浙江淳安县（含旧遂安县）_{西北部严家乡同乐庄村及其以北的十几个村，屏门乡大源里村}、临安_{浙川}。

2. 休黟片（6个县市）：休宁县、黟县、祁门县_{东南鸸峰一带}、黄山市_{徽州区原歙县西乡（岩寺）等地、黄山区西南郭村等乡、屯溪区}、浙江开化县_{齐溪镇（齐溪田、大龙、官台、岭里等村除外）}、淳安县_{西北角与休宁交界的樟村乡高笋塘、下家坞村}。

3. 祁婺片（6个县市）：祁门县*①、东至县_{东南木塔一带}、婺源县、景德镇市_{限于旧浮梁县}、德兴_{陇头乡属吴语处衢片龙衢小片，除外}、开化县_{苏庄镇}。

4. 严州片（3个县市）：淳安县*_{含旧遂安县，除西北部严家乡同乐庄村及其以北的十几个村，屏门乡大源里村}、建德市_{含旧寿昌县，除属吴语太湖片临绍小片的下包、乾潭、钦堂、安仁等乡镇，属吴语婺州片的姚村乡和檀村镇和属吴语处衢片龙衢小片的航头镇梅岭、珏塘、石木玲、宙坞源等地}、开化县_{马金镇、何田乡、霞山乡、塘坞乡及齐溪镇的齐溪田、大龙、官台、岭里等村}。

5. 旌占片（5个县市）：旌德县*、祁门县_{安陵镇（芦里行政村说"军话"，除外）、雷湖乡（星星行政村说"军话"，除外）、赤岭乡（赤岭、联合两个行政村说"军话"，除外）}、石台县_{占大镇、大演乡、珂田乡}、黟县_{美溪、柯村、宏潭三乡}、宁国市_{胡乐乡一部分}。

"地点方言是一个具体的语言系统，包括语音、词汇、语法等各个要素；而方言区或方言片是个相对模糊的概念：一个'区'或'片'的中心是清楚的，边界是模糊的，语言在时间轴上的演变是连续渐进的，共时的地域性差异也必然呈现出连续渐异的景象。"②以上两版地图集对徽州方言的区划方案有些差异，可能是因为划分方言区域的标准不尽相同。徽语五片方言彼此之间在音系、词汇上的差异很大，语法上也有一定程度的不同。区域内一直没有出现过通行全部徽州地区的"强势方言"。而由于20世纪民国以来政府推广的国语运动和近50年来持续性的大力"推普"，包括徽语在内的南方方言均受到共同语不同程度的影响和渗透。一般城镇居民除了方言之外，对外交际时会说不太标准的普通话，而较为偏远山区的人则会说点带有"黄梅戏腔"的普通话。学者们在讨论方言特点时"已经很难剔除这些外来因素而窥见古徽州方言的原貌"③了。

---

① "*"表示这个县市境内所辖方言分属不同方言片，而标注"*"则代表这个县市的主要方言片区归属。

② 陈泽平：《福州方言研究》，福建人民出版社1998年版，第1页。

③ 平田昌司等：《徽州方言研究》，好文出版社1998年版，第18页。

第三节　徽州方言语音研究概况

　　早在明代嘉靖、万历年间，徽州方言就已引起人们的注意，方以智《通雅》所录"徽州传朱子谱"虽出于伪托，但很可能是明人记录徽州某地音系的资料。① 《徽州传朱子谱》中还有字例，分"绷东冬 逋模鱼 陂齐微 牌灰皆 宾崩青真文庚登, 侵 波歌 巴麻 邦阳 江 包豪宵肴 裒侵尤 鞭仙元, 廉纤 班寒山桓, 监咸"12 韵摄，以唇舌齿喉为序。当地方志如嘉靖《徽州府志》、万历谢陛《歙志》中偶有提到徽语，不过只是泛说徽语语音相殊之甚。清代开始出现考释方言词语的著作和方言韵书，如：歙县人黄宗羲《古歙方音集证》、休宁人胡柏《海阳南乡土音音同字异音义》、黟县人胡尚文《黟音便览》、伪托朱熹的韵书《新安乡音字义考正》（罗常培先生指出实为清咸同间婺源詹逢元所作）。明清时代徽籍的一些文字训诂学家也偶尔会在自己的著作中引录方言。比如，明歙县黄生《义府》中微母读如明母引乡音即不止一例（如微母字"问""望"等读为 m 声母）；说"腔匡昌"同音；说"收畴"读如"休求"，等等。江有诰在《等韵丛书》中提到"歙人呼'巫'字似微之清，呼'妈'字似明之清，呼'奶'字似泥之清，'妹'字则清浊并呼"。这些都可以让我们窥见当时徽语面貌的一鳞半爪。明王骥德《曲律》卷二评歙人汪道昆《高唐梦》"纤歼盐"作车遮韵押"是徽州土音"，从中可见徽语"盐"等阳声韵字失去韵尾这一现象至少在明代已经发生。清钱大昕《十驾斋养新录·声相近而化》说婺源人读"命"如"慢"，"性"读如"散"等则说明"命性"等细音字读如洪音的事实清代已然。②

　　1935 年，魏建功、刘复、白涤洲等人最早以现代语音学方法，开始对黟县进行语音调查，与黟县人舒耀宗、胡榮合著了《黟县方音调查录》（发表于《国学季刊》第四卷第四期），记录了黟县话的音值和同音字表。这是最早引进西方语音学方法、用音标记录一种单点徽语的著作。

　　1934 年夏天，中央研究院历史语言研究所赵元任、杨时逢、罗常培对徽州 6 县 46 个地点首次进行了大规模的调查，遗憾的是因为当时条件所限，能付印发表的材料仅有罗常培的《徽州方言的几个要点》《绩溪方言述略》《汉语音韵学导论》第八表所列徽州六县方言的"古今调类分合情形"以及 1965 年出版的赵元任、杨时逢合著的《绩溪岭北方言》等，这些成果对徽州方言的研究贡献很大。丁文江等编纂《中国分省新图（第四版）》所收《语

---

① 平田昌司等：《徽州方言研究》，好文出版社 1998 年版，第 1 页。
② 转引自侯精一《现代汉语方言概论》，上海教育出版社 2002 年版，第 111 页。

言区域图》最早把"徽州一带画出来成为'皖方言'"（1948年订正第五版把方言区名称改为"徽州方言"），就是根据1934年的调查成果绘制出来的。这次调查使得学界对徽州方言的复杂程度有了初步的认识。罗常培先生指出："在我已经研究过的现代方言里，徽州话可算是够复杂的了。在我没有到徽州以前，我总觉得各县各乡的差别不过是声调的高低罢了。但是经过实际调查才知道；非但县与县之间是截然两个方言，就是一县里各乡的音也有时候非分成两个土语不可。"[①]他在《徽州方言的几个要点》中对徽语语音特点进行了概括：

1. 阴阳调的区分。徽州不但有六声，而且休宁还有七声。
2. 鼻音韵尾的消失。在徽州话里不但没有完全保持这三类（-m、-n、-ng）的鼻音，甚至于有几处把鼻音完全丢掉，或者变成法文式的半鼻音。
3. 古闭口韵尾的保存。这一定是上古音的遗留，绝不是偶然的现象。
4. 上声特别短促并附有喉部塞声。休宁和婺源两县上声特别短促并附有喉部塞声，这本来是入声的特征。但是休宁东乡的入声还保留短促的性质，其余各乡及城内已经把尾音拖长了。至于婺源根本就没有入声，阴入阳入都变阳去。入声何以失掉短促的性质，上声反倒短促呢？我觉得这也是同上古音有关的问题。

20世纪50年代后期的方言普查是对徽州方言的第二次大规模调查，主要成果有合肥师范学院（现安徽师范大学）沈士英、胡治农、孟庆惠负责编写的《安徽方言概况》，以及孟庆惠的《安徽方音辨正》《歙县人学习普通话手册》和《休宁人学习普通话手册》等。当时根据普查报告把安徽方言分为五区，"歙祁方言区"（相当于徽州地区）列为其中之一。合肥师范学院后来油印发表了《歙县方音》部分。此后将近20年时间里，徽州方言的调查研究可以说是一片空白。

80年代中期，为编写《中国语言地图集》，学界对徽州地区方言开展了第三次大规模调查。1986年《方言》第1期刊出了郑张尚芳的《皖南方言的分区（稿）》，其中把徽语区分为绩歙片、休黟片、祁德片、严州片、旌占片五片，此后，以此文为基础的《中国语言地图集》（1987）B10图"安徽南部的汉语方言分布"指出了徽语的几个特点：古全浊塞音声母，多数地点今读送气清音，休黟片送气音比不送气音多，送气与否，总的说来还看不出条例；鼻尾多脱落，但又以带-n尾作小称；许多日母字今读[ø-]声母；泥来不分，等等。

1993年，平田昌司向曹志耘提出以水系为纲的"新安江流域语言文化

[①] 罗常培：《徽州方言的几个要点》，载《国语周刊》第152期，1934年8月25日。

调查计划",得到了积极赞同,并先后约请了曹志耘、刘丹青、冯爱珍、赵日新、木津祐子、沟口正人、谢留文、刘祥柏参加,计划进行清代徽州府和严州府地区方言和民俗的全面调查,这是第四次大规模调查。1996年出版了第一个成果即曹志耘的《严州方言研究》,1998年出版了第二个成果便是平田昌司主编的《徽州方言研究》。《严州方言研究》对浙江的建德、淳安、寿昌、遂安四个地点方言的语音、词汇、语法进行了描写,"比较谨慎地勾勒出严州方言的轮廓,描写的深度大大地突破了过去的水平,为汉语方言研究填补了一个重要空白"①。2017年11月,曹志耘在对《严州方言研究》查漏补缺、增补完善的基础上改写而成《徽语严州方言研究》,内容上增加了"语音特点""遂安方音内部差异""严州方言字音对照",重画了所有方言地图,此外在方言用字、内容安排、体例格式等方面进行了一些规范化处理。《徽州方言研究》是徽州府六县七点(绩溪、歙县、屯溪、休宁、黟县、祁门、婺源)方言的语音、词汇、语法的首次全面的调查报告和研究总结。鲁国尧评:"尤以方音为密,方音下大多分八栏叙述,堪称周详",其中"徽州方言和严州方言"一节,"文虽不长,而内含颇丰,立足徽州方言,旁涉严州方言、吴方言等,参伍比较,材料丰赡,议论深切,是为卓见,乃当今方言学的新成果,值得重视"。②

20世纪90年代始,李荣主持编纂《现代汉语方言大词典》,属于徽语区的是赵日新2003年出版的《绩溪方言词典》。该著作收录绩溪县城华阳镇方言词语近万条,每个词目均有注音和释义,是研究徽语绩溪方言词汇极其重要、详尽的宝贵资料。

安徽省"九五"期间拟定了一个社科研究的重大项目和一项跨世纪学术文化建设工程,即决定由安徽省委宣传部和省社会科学界联合会编撰由20个子课题构成的《徽州文化全书》。孟庆惠的《徽州方言》(安徽人民出版社,2004)便是这套丛书中的一部,此著作涉及徽州方言语音、词汇、语法三个子系统,论著分八章,第一章讨论徽州方言的形成和演变,第二章总论徽州方言的特征和内部差异,第三至七章分章描写徽州五片方言语音、词汇、语法特点。就语音来说,除了分章综述每片方言的语音特点外,每个方言片还选取一个方言点对其进行音系的描写,讨论音韵特点,这几章还分片列出568个常用字的今读对照表。除此,也按意义分类分片列出部分方言点的词汇对照表以及50条语法例句的对照表。这本论著为徽州方言的研究提供了翔实丰富的语音、词汇、语法材料,是迄今为止涉及徽语

---

① 平田昌司:《严州方言研究》序,《严州方言研究》,好文出版社1996年版,第1页。
② 鲁国尧:《徽州方言研究》序,《徽州方言研究》,好文出版社1998年版,第II页。

方言点最多的一部著作。

高永安的《明清皖南方音研究》（商务印书馆，2007）取材丰富，以明清时代皖南方言的韵书、韵图和其他音韵学著作中有关方音的资料、地方志等文献资料考证明清皖南方音，重建明清皖南音系，比较明清皖南方音内部的差异和一致性。其中研究明代徽州方音依据的材料主要有：《音声纪元》（万历辛亥，1611）、《律古词曲赋叶韵统》（万历甲寅，1614）、《韵法直图》（万历壬子，1612）、《徽州传朱子谱》（1641），研究清代徽州方音依据的材料主要是周赟的《山门新语》，参考资料有《新安乡音字义考正》《婺城乡音字汇》等。作者使用文献考证法、历史比较法及层次分析法，以文献与方言参证，并将"了解明清皖南方音的大致状况，重建明清时期皖南方言的语音系统，从系统内部的关系上发现其方音特点"[①]作为研究明清时期皖南方音的主要目的之一。这部著作为徽州方言研究例如对于徽州方言演变规律的探索、徽州方言的归属问题等提供了一些历史方面的根据，具有重要的参考价值。

谢留文、沈明的《黟县宏村方言》（中国社会科学出版社，2008）是在2005年北京大学中文系汉语专业方言调查基础上撰写的一份详细调查报告。该著作描写了黟县宏村方言的语音系统，讨论了黟县宏村方言的语音演变特点，并将黟县宏村方言音系同中古音列表进行对比；按意义分25类收集了黟县宏村常用词4000条左右，每个词语都用国际音标注音并对较难理解的词条给予注释，对多义词分项释义；著作呈现了102条语法例句和多则长篇语料，每条例句、每个语料皆标音。材料丰富，内容充实，是研究徽语特别是黟县方言极为重要的参考资料。

胡松柏《赣东北方言调查研究》（江西人民出版社，2009）是其国家社会科学基金项目"赣语、吴语、徽语、闽语、客家话在赣东北的交接与相互影响"的最终成果，其研究对象涉及徽语的主要有浮梁、德兴、婺源、占才、江湾这五个方言点。这部著作为了解赣东北的徽语状况以及赣东北汉语方言接触过程中徽语的演变特点提供了较为丰富的材料。

2008年徽语调查作为中国社会科学院国情调研项目立项，该项目共调查记录了徽语四个地点的方言，最终成果（由方志出版社于2012—2013年陆续出版）如下：沈明《安徽歙县（向杲）方言》（2012）、谢留文《江西浮梁（旧城村）方言》（2012）、刘祥柏《安徽黄山汤口方言》（2013）、陈丽《安徽歙县大谷运方言》（2013）。这四部论著均以地点方言调查报告的形式发表，论著的体例、写作范式、讨论的条目大致相同，基本按照方言

[①] 高永安：《明清皖南方音研究》，商务印书馆2007年版，第34—35页。

语音系统、方言音系与中古音比较、方言同音字汇、方言分类词汇表、方言语法例句、方言长篇语料标音举例布局谋篇，而沈明的《安徽歙县（向杲）方言》则增加了"方言语音演变特点"内容。书中对各个方言点音系的分析、词语和语法例句的收集整理都很见功力。谢留文《江西浮梁（旧城村）方言》的研究对象隶属徽语祁婺片，其他三部论著的研究对象均属于徽语绩歙片。这四部著作为徽语单点研究提供了翔实可靠的语言材料，有利于我们去探索徽州方言的一致性和内部的差异，进而发掘徽州方言的一些演变规律。

2010年，安徽省语言学会召开方言调查及《安徽方言丛书》工作会议，2015年赵日新的《绩溪荆州方言研究》（安徽教育出版社）出版，该著作语音、词汇、语法并重，内容均衡，注重纵横比较，充分展示绩溪荆州方言的特点，著作第五章还收有大量的方言语料。该著作对荆州方言系统的详尽描写具有填补空白的意义，对徽语研究也具有极重要的价值。

除了上述著作，20世纪80年代以来平田昌司、孟庆惠、钱惠英、冯雪珍、沈同、伍巍、赵日新、刘祥柏、陈瑶等发表了一系列徽语研究论文，分别探讨了徽州方言的一些有特色的语音、词汇、语法现象，大大丰富了徽州方言的研究成果。就语音而言，从所论及的主题来看，这些论文大致可以分为以下几类：

1. 描写单点音系或者讨论某单点方言一些语音特征的

这类文章主要出现在徽语研究的早期阶段。大致有：魏建功等的《黟县方音调查录》（1935），赵元任的《绩溪岭北音系》（1962），赵元任、杨时逢的《绩溪岭北方言》（1965），孟庆惠的《黄山话的ʧ、ʧʰ、ɿ及探源》（1981）、《歙县方音中的历时特征》（1988），日本学者平田昌司的《休宁音系简介》（1982），钱文俊的《婺源方言中的闭口韵尾》（1985），冯雪珍的《休宁话简介》（1987）、《江西婺源方言的语音特点》（1997），曹志耘《严州方言语音特点》（1997），沈同的《祁门方言的语音特点》（1989），赵日新的《安徽绩溪方言音系特点》（1989），钱惠英的《屯溪方言音系略述》（1990），邓楠的《祁门军话和民话语音概况》（2010），贾坤的《徽州呈坎方言音系》（2012），王琳的《祁门箬坑方言音系》（2010）、《祁门箬坑方言长元音现象研究》（2013），沈昌明的《歙县许村话音系及其特点》（2014），陈瑶的《安徽黄山祁门大坦话同音字汇》（2015），黄维军的《黟县宏村徽州方言语音调查》（2015），栗华益的《安徽黟县碧阳方言同音字汇》（2018），罗常培、邵荣芬、张洁《半个多世纪前的休宁方言音系》（2018）。

2. 讨论徽语特殊语音现象的

这类文章中有讨论某个地点方言的某种特殊语音现象的，也有论及徽语中较为一致的某种特殊语音现象的。主要有：平田昌司的《徽州方言古全浊声母的演变》（1982），张琨的《谈徽州方言的语音现象》（1986），孟庆惠的《徽语的特殊语言现象》（1995），金家骐的《休宁方言有阳去调》（1999），赵日新的《古清声母上声字徽语今读短促调之考察》（1999）、《徽语古全浊声母今读的几种类型》（2002）、《中古阳声韵徽语今读分析》（2003）、《徽语中的长元音》（2005）、《安徽休宁方言"阳去调"再调查》（2012）等，马希宁的《徽州方言的知照系字》（2000），刘祥柏的《徽州方言晓组合口一二等字的声母今读》（2002），胡萍《徽语舌面前音形成原因分析——兼谈徽语研究现状》（2005），陈瑶的《从徽语看中古开合分韵的一等韵》（2007）、《徽州方言见组三四等字的腭化问题》（2008）、《匣母在徽语中的历史语音层次》（2011）、《流摄一三等韵在徽州方言中的分合研究》（2015），徐丽丽的《中古阳声韵白际方言今读分析》（2010），池田健太郎的《徽州方言古浊声母仄声字背离阳调现象》（2015），李小凡、池田健太郎《徽州方言古全浊声母无条件分化成因新探》（2015），谢留文的《从徽语看"喝"字的音》（2015），孔慧芳的《徽州方言影疑母字声母演化研究——基于新标记理论的视角》（2016），贾坤的《祁门、浮梁交界地带徽语的长元音韵母》（2016），栗华益、姚军《试析徽语黟县碧阳方言长元音的音质》（2017）。

3. 讨论徽语性质、分区、归属问题以及与周边方言关系的

这类文章主要有：罗常培的《徽州方言的几个要点》（1934），曹志耘的《严州方言语音特点》（1997）、《吴徽语入声演变的方式》（2002）、《论方言岛的形成和消亡——以吴徽语区为例》（2005），刘祥柏的《徽州方言全浊字今读与吴语的关系》（2003），江巧珍、孙承平的《徽语区方言的特点与成因初探》（2003），王福堂的《徽州方言的性质和归属》（2004），赵日新的《方言接触和徽语》（2004）、《徽语的特点和分区》（2005），伍巍的《徽州方言和现代"吴语成分"》（1988）、《论徽州方音》（2010），钱虹的《论安徽东至县龙泉方言的语音特点和性质归属——兼论皖西南皖赣交界处方言的性质》（2013），黄晓东的《吴徽语古上声的演变》（2014）。

4. 整理徽州地方韵书等文献资料音系及归纳语音特征的

这类文章主要有：胡松柏、钱文俊的《反映19世纪中叶徽语婺源方音的韵书〈乡音字义〉〈乡音字汇〉》（2002），胡松柏、林芝雅的《婺源方言韵书〈乡音字义〉〈乡音字汇〉》（2006），孟庆惠的《徽州民间歌谣的押韵特征》（2003），丁治民的《清末民初徽语韵书六种叙录》（2006），江巧珍、孙海峰的《徽州方言与〈乡音〉韵书》，方光禄的《清末民初徽语韵书五种简介》（2011），熊桂芬、徐彬彬《清代徽州韵书〈乡音集要

解释〉音系述略》(2014)、周赛华的《〈休邑土音〉音系述略》(2012)、《〈环川乡音字义考正〉音系述略》(2014)、朱蕾的《〈乡音释义〉的韵母系统》(2013)、《〈乡音释义〉的声调特点及其反映的过渡方言的语音性质》(2014)、《〈乡音释义〉的声母系统——兼从崇母读音看徽语与闽客方言的渊源》(2016)。

从以上罗列的论著来看，徽州方言的研究虽比其他主要汉语方言的研究起步稍晚，但90年代以后徽州方言研究无论是广度还是深度都取得了长足的进展，从单点研究到宏观讨论徽州方言一致性和内部差异、分区、归属问题，从平面描写到纵深探讨徽州方言的历史演变规律，都有论及。但目前对徽州方言的研究大部分侧重的是徽州方言的平面描写与研究，对徽州方言的特点、徽州方言语音历史层次与演变规律的研究，对徽语内部差异的讨论等尚不算多，且主要依靠的还是现代徽州方言材料与历史比较的方法，缺乏历史文献记载的印证。

第四节　本书的研究

一　研究对象

本书以《中国语言地图集》（第2版）（商务印书馆，2012）所划分的徽语五片方言的语音为研究对象，以《切韵》音系为框架，在对徽语音韵特征全面考察与比较的基础上，梳理徽语音韵的发展脉络，确定共同要素的对应关系，逐项讨论徽州方言音韵的共性和特征。观察徽语的内部差异，分析和解释其内部歧异形成的原因，从而探索徽州方言的发展线索和演变规律。最后再对徽语的归属问题提出自己的看法。

二　资料来源

本书讨论徽州方言的音韵表现，所依据的材料主要是现代徽州方言材料，其中部分由笔者调查所得，部分是前人的调查研究；除了现代徽州方言材料，也有部分来自明清时代的地方韵书。具体如下：

1. 现代徽州方言材料

现代徽州方言的调查研究成果非常丰富，为我们进行方言之间的比较提供了很大的便利。研究过程中，我们参考了现有论及徽州方言的各种著作和散见于徽州各地的志书。专著方面主要参考了平田昌司等《徽州方言研究》(1998)、孟庆惠《徽州方言》(2004)、曹志耘《徽语严州方言研究》(2017)等。

除此，还有笔者田野调查所获得的第一手方言资料。2007—2019 年，笔者先后调查了绩溪县荆州上胡家村、歙县北岸大阜、徽州区岩寺镇的富溪乡寺坪村、黟县碧阳镇南屏、黟县渔亭镇楠玛村、祁门县大坦乡大洪村、休宁南乡五城、婺源县浙源乡的岭脚村、婺源县江湾镇荷田村、石台县占大镇（现改为"仙寓镇"）莲花村的方言，并整理了这些方言点的同音字汇，其中祁门县大坦乡大洪村、休宁县五城镇五城村、婺源县浙源乡岭脚村、婺源县江湾镇荷田村、石台县占大镇莲花村五个方言点的同音字汇附于书后。

笔者所调查的 10 个点的发音合作人信息如下所示（以下所说的年龄均是调查时发音人的年龄）：

表 1-1　　　　　　　　发音人信息

姓名	年龄	原籍	职业	教育程度	记音时间
胡延安	52 岁	安徽省绩溪县荆州乡上胡家村	农民	初中文化	2007.9
潘正惠	53 岁	安徽省歙县北岸镇大阜村	小学教师	大专文化	2007.10
汪晓玲	38 岁	安徽省徽州区岩寺镇富溪乡寺坪村	农民	高中文化	2007.11
叶润盈	64 岁	安徽省黟县碧阳镇南屏村	农民	初中文化	2007.12
陈银英	60 岁	安徽省黟县碧阳镇南屏村	小学教师	中专文化	2007.12
黄德良	55 岁	安徽省休宁县五城镇五城村	农民	小学文化	2008.1，2014.11
黄志艳	25 岁	安徽省休宁县五城镇五城村	农民	初中文化	2008.1，2014.11
李箕魁	58 岁	安徽省石台县仙寓镇占大乡莲花村	农民	小学文化	2008.2
李腊珍	27 岁	安徽省石台县仙寓镇占大乡莲花村	农民	初中文化	2008.2
李长明	61 岁	安徽省石台县仙寓镇占大乡莲花村	小学教师	中专文化	2019.8，2019.11
陈子彬	57 岁	安徽省祁门县大坦乡大洪村民利组	农民	小学文化	2008.3，2014.9
许好花	57 岁	安徽省祁门县大坦乡大洪村民利组	农民	小学文化	2008.3，2014.9
刘有根	70 岁	安徽省黟县渔亭镇楠玛村新河村民组	农民	小学文化	2014.10
汪灶根	65 岁	安徽省黟县渔亭镇楠玛村新河村民组	农民	初中文化	2015.1
洪富久	67 岁	江西省上饶市婺源县江湾镇洪坦村	小学教师	中专文化	2013.3
方烈光	73 岁	江西省上饶市婺源县江湾镇荷田村	小学教师	大学	2013.5，2013.7，2013.8
李国庆	65 岁	江西省上饶市婺源县浙源乡岭脚村	小学教师	中专文化	2015.11，2015.12

就具体方言点而言，本书所依据的材料出处如下：

（1）绩歙片

绩溪：文中"绩溪"点的材料均来自平田昌司等的《徽州方言研究》

（1998）中绩溪县城华阳镇的同音字汇，若不注明，文中的"绩溪"点均指县城华阳镇。"荆州"点的材料均来自赵日新《绩溪荆州方言研究》（2015）中的荆州方言同音字汇。"上庄"点的材料均来自孟庆惠《徽州方言》（2004）中绩歙片方言的"基础字音读音对照表"。

歙县：文中"歙县"点的材料均来自平田昌司等的《徽州方言研究》（1998）中歙县城关徽城镇的同音字汇，若不注明，文中的"歙县"均指县城徽城镇。"深渡""杞梓里""许村"点的材料均来自孟庆惠《徽州方言》（2004）中绩歙片方言的"基础字音读音对照表"。"向杲"点的材料均来自沈明《安徽歙县（向杲）》（2012）的同音字汇。"大谷运"点的材料均来自陈丽《安徽歙县大谷运方言》（2013）的同音字汇。"北岸"点的材料来自笔者田野调查所得。

（2）休黟片

屯溪：文中"屯溪"点的材料主要来自平田昌司等的《徽州方言研究》（1998）中屯溪的同音字汇，参考钱惠英的《屯溪话音档》（1997）。

休宁：文中"休宁"点的材料主要来自平田昌司等的《徽州方言研究》（1998）中休宁县城海阳镇的同音字汇，若不注明，文中的"休宁"点均指县城海阳镇；参考罗常培、邵荣芬（2018，张洁整理）《半个多世纪前的休宁方言音系》。"溪口"点的材料均来自孟庆惠《徽州方言》（2004）中休黟片方言的"基础字音读音对照表"。"五城"点的材料均来自笔者田野调查所得。

黟县：文中"黟县"点的材料主要来自平田昌司等的《徽州方言研究》（1998）中黟县城关碧阳镇的同音字汇，若不注明，文中的"黟县"点均指县城碧阳镇；参考谢留文、沈明的《黟县宏村方言》（2008）和栗华益的《安徽黟县碧阳方言同音字汇》（2018）。

汤口："汤口"点的材料均来自刘祥柏的《安徽黄山汤口方言》（2013）的同音字汇。

岩寺："岩寺"点的材料均来自笔者田野调查所得。

（3）祁婺片

祁门：文中"祁门"点的材料均来自笔者《安徽黄山祁门大坦话同音字汇》（2015），若不注明，文中的"祁门"均指祁门大坦话，大坦话与祁门城关的方言除了一个两个韵母不同外其他基本无差别。

婺源：文中"婺源"点的材料均来自平田昌司等的《徽州方言研究》（1998）中婺源县城紫阳镇的同音字汇，若不注明，文中的"婺源"点均指县城紫阳镇。"江湾"点和"浙源"点的材料均来自笔者的田野调查所得。

德兴：文中"德兴"点的材料均来自孟庆惠《徽州方言》(2004)中祁德片方言的"基础字音读音对照表"。

浮梁：文中"浮梁"点的材料均来自谢留文的《江西浮梁（旧城村）方言》(2012)的同音字汇。

（4）旌占片

旌德：文中"旌德"点的材料主要来自孟庆惠《徽州方言》(2004)中旌占片方言的"基础字音读音对照表"；参考栗华益《安徽省宣城市旌德县旌阳镇方言音系》(待刊)。

占大：文中"占大"点的材料均来自笔者调查所得。

（5）严州片

文中严州片的"淳安""遂安""建德""寿昌"四点的材料均来自曹志耘的《徽语严州方言研究》(2017)。

2. 历史方言材料

各种方言的特征都是历史演变的结果，平面的方言特征有时可以从历史的角度得到解释。徽州地区历来是文人墨客聚集的地方，读书风气颇盛，"虽十家村落，亦有讽诵之声"（光绪《婺源乡土志·婺源风俗》）。多数读书人家均手抄韵书，以便自学温习。所以，徽州地区流传下来的音韵资料极为丰富，特别是清代各地韵书近年陆续在徽州民间被发现。虽然清代到今天，时间跨度不算大，但这是中国社会形态发生急剧变化的特殊时期，更由于20世纪初的国语运动和近50年来持续性的大力"推普"，这段时期内南方方言受共同语影响的深度和广度是空前的。所以，合理利用徽州地区的历史音韵资料，一定程度上可以从时间角度对现代徽州方言的空间差异作出合理的解释，从而更好地观察徽语的语音发展规律。

本书所利用的徽语历史材料有两类：一类是徽州方言韵书，主要有《休邑土音》（民国前期胡义盛抄记，与1724年的《海阳南乡土音音同字异音义》内容相同，《海阳南乡土音音同字异音义》反映的是清代雍正年间即18世纪二三十年代休宁南乡一带的方音，基于此本的《休邑土音》代表的也应该是清代休宁南乡的音系）、《新安乡音字义考正》（内有署名"环川詹逢光"的"叙"，正文平声首页题有"詹逢光梦仙辑"，推知作者为詹逢光。詹逢光，字梦仙，环川人，为清代末年婺源当地颇为著名的文人。环川即今天婺源县浙源乡的岭脚村，此处为婺源詹姓始居；据书中"同治六年丁卯春二月环川詹逢光叙"字样，可知《新安乡音字义考正》的"叙"作于1867年，从"叙"中所言"竭两载之精神"可推测，该书应该作于1865—1867年，而据第二页上盖有的"光绪乙亥孟冬石印"，可推知该书印行时间为1875年。该书代表清代婺源环川即今天婺源县浙源乡岭脚村的音系),等等;一类是千字文,主要有《黟俗土语千字文》(以清代黟县方音为基础)。

三 研究方法

本书主要以田野调查法、历史比较法、音系对比法为主,结合层次分析法,辅之以文献考证。

本书运用传统方言学田野调查的方法,对徽州地区 10 个点的方言音系进行全面深入调查,充分挖掘新材料,以期获得这个地区的语音对应情况。以《切韵》音系为框架,对徽语各片方言的语音形式进行描写、比较,梳理徽州方言音韵的发展脉络,逐项讨论徽州方言音韵的共性和歧异,分析和解释其内部歧异的形成原因;找出徽州方音演变规律,推测其历史演变过程。

贯穿本书始终的还有点面结合的方法,包括在全面概括徽州方言语音特点的基础上,选取代表点作具体描写;在全面把握徽州方言语音面貌的基础上,选取特殊语音现象作重点研究。

第二章 徽州方言的声母

徽州方言声母系统存在一定程度的内部差异，也存在一致性较强的共同特点。从数量上看，包括零声母在内少则17个，如严州片的遂安方言；多则22个，如祁婺片的祁门、浮梁、德兴等，多数方言点声母为20个，如绩歙片和休黟片的大部分方言点。从声母的分合规律及今读形式来看，徽州方言各点声母同中有异。本章打算从六个方面来考察徽州方言的声母特点：唇音声母字的开合口问题、声母的腭化与非腭化问题、庄组与知章组的分立格局问题、泥母与来母的分合问题、日母的发展演变问题、匣母的语音层次问题和全浊声母的今读类型及发展演变规律。

第一节 徽州方言唇音声母字的开合口问题

开合口问题本来属于韵母系统研究范畴，但唇音声母后面韵母的开合口表现比较特殊，需要联系唇音声母来观察，故将这一问题放在声母部分讨论。

《切韵》时代唇音字没有开合口的对立，却分置于开口韵和合口韵中，例如，开口韵中有唇音字分布的韵摄有：假开二麻韵，蟹开一泰韵，蟹开二皆、佳、夬韵，蟹开三祭韵，蟹开四齐韵，止开三支、脂韵，效开一豪韵，效开二肴韵，效开三宵韵，流开一侯韵，流开三幽韵，咸开三盐韵，深开三侵韵，山开二山、删韵，山开三仙韵，山开四先韵，臻开三真韵，宕开三唐韵，江开二江韵，曾开一登韵，曾开三蒸韵，梗开二庚、耕韵，梗开三庚、清韵，梗开四青韵，这些韵摄中分布有帮组字；除此流开三尤韵有非组字分布。合口韵中有唇音字分布的韵摄有：果合一戈韵，遇合一模韵，蟹合一灰韵，山合一桓韵，臻合一魂韵，通合一东韵，这些韵摄中分布有帮组字；除此，分布有非组字的合口韵有：遇合三虞韵，蟹合三废韵，止合三微韵，咸合三凡韵，山合三元韵，臻合三文韵，宕合三阳韵，通合三东韵。

虽然《切韵》时代唇音字既有置于开口韵，也有置于合口韵，但对于彼时唇音字究竟读成开口还是合口的问题，历来就有很多学者对此做过深入的研究。

高本汉在比较了很多材料对唇音声母字的开合口处理结果后，提出："非但各种不同的材料关于唇音的开合口完全不一致，就是在同一种材料里（如反切）也有许多不一致的地方，而关于别的声母就没有这种情形。我得郑重声明开合口在别的声母后头是绝对分得一丝不乱的。承认了这个事实，那么我们就得断定这种不一致乃是由于听感上的困难，就是说，在唇音声母的后头不容易听出开口或者合口。"①他认为唇音声母本身有一点合口的成素（这种成素也许在各种元音前头多少有点儿不同），作反切的人一不留心，就会把应当算作开口韵母的误作合口，或把应当算作合口韵母的误作开口。这样不同材料的作者作出不同的处理也就毫不足怪了。

王力（1985）也认为："《切韵》的反切，于唇音字的开合口，往往混淆。这时候因为唇音声母发音部位在双唇，而合口呼又是圆唇元音。即使在唇音声母后面没有圆唇元音[u]、[iu]（[y]）跟着，也往往令人误会是合口呼。"②

由《切韵》发展到《中原音韵》，"一般认为，在《中原音韵》全部十九个韵部中，有十个韵部分开合口，这十个韵部是：江阳、齐微、皆来、真文、寒山、先天、歌戈、家麻、车遮、庚青"③。这十个韵部的唇音字也没有开合口的对立。由于《中原音韵》没有反切注音，也不标明音值，所以很多音韵学家对于这十个韵部的唇音字究竟应该列在开口还是合口产生了不同的处理意见：杨耐思、李新魁、王力、宁继福倾向于把唇音字列在合口。不过，杨耐思（2012）认为："中古音唇音字本不分开、合，《中原音韵》音，唇音字也没有开合的对立，所以无所谓开、合的转化。"④而邵荣芬则主张《中原音韵》的唇音字仍然一律置于开口，即，"《中原音韵》唇音字不但在音位上没有开合口的对立，在实际音值上也没有开合口的区别"⑤。杨剑桥依据与《中原音韵》同时代的材料（例如《蒙古字韵》《四声通解》）来探求唇音字的开合问题，得出的结论是：齐微、真文和歌戈、桓欢这四个韵部的唇音字带有u介音，应该列入合口一类中，而江阳、皆

---

① 高本汉：《中国音韵学研究》，商务印书馆1940年版，第42页。
② 王力：《汉语语音史》，中国社会科学出版社1985年版，第596—597页。
③ 杨剑桥：《现代汉语音韵学》，复旦大学出版社1996年版，第214页。
④ 杨耐思：《论元代汉语的开、合口》，《近代汉语音论》（增补本），商务印书馆2012年版，第192页。
⑤ 杨剑桥：《现代汉语音韵学》，复旦大学出版社1996年版，第215—216页。

来、寒山、先天、家麻、车遮六个韵部的唇音字不带 u 介音，应该归入开口一类中。他从《切韵》唇音字的走向看出"在开合口不分韵的韵部中，唇音字确实不分开合口，唇音声母后确实没有 u 介音；而在开合口分韵而且原来的主元音是央后元音的韵部中，唇音字虽然原则上没有开合口的对立，但是唇音声母后有一个 u 介音"[①]。

究竟是语音在发展变化，唇音字的开合口性质发生了不同程度的变化，还是处理方法不同，唇音字置于开合不同的韵摄中？因为从《切韵》到《中原音韵》均没有具体音值的描写和记录，故无法确知唇音字的开合口性质。我们接下来就来观察徽州方言中唇音字的开合口与《切韵》的对应关系，分析徽州方言中唇音字的开合问题。

徽州方言中唇音字的开合口与《切韵》音系的对应不是很整齐，与现在的北京话相比其开合口性质有同有异。

（一）徽州方言唇音字开合口性质同与北京话的

1. 开口韵字读为开口呼的有：蟹开二皆佳韵的帮组字、效开一豪韵和二等肴韵的帮组字、曾开一登韵的帮组字、梗开二庚耕韵的帮组字。

2. 开口韵字读成合口呼的有：流开一侯韵的部分唇音字和三等尤韵的大部分唇音字。

3. 合口韵字读为合口呼的有：遇合一模韵的帮组字和合口三等虞韵的非组字。

4. 合口韵字读成开口呼的有：蟹合一灰韵的帮组字（德兴、浮梁、寿昌等地灰韵帮组字读成齐齿呼）、臻合一魂韵的帮组字和三等文韵的非组字（微母除外）、通摄舒声韵的唇音字，等等。

以上第 1、3 两点反映的是徽州方言唇音字开合口性质与《切韵》音系保持一致的地方，第 2、4 两点反映的是唇音字在北京话和徽州方言中异于《切韵》的共同表现。

（二）徽州方言中唇音字开合口性质与北京话不尽一致的

虽然唇音字开合口性质在徽州方言内部不完全一致，但在部分韵摄中呈现一定的共性，而徽语部分内部的一致性不见于北京话。徽语唇音字的开合口性质对比如下（微母字相较于帮、非组其他声母字比较特殊，故暂不考虑微母字开合口性质）：

[①] 杨剑桥：《现代汉语音韵学》，复旦大学出版社 1996 年版，第 222 页。

表 2-1　　　　　　唇音字在徽语中今读性质对照表

	果合一	假开二	咸合三	山开二	山合一	山合三	宕江一二	宕合三	通入	蟹合三	止合三
绩溪	开	开	开	开	开	开	开	开	开	齐	齐
荆州	开	开	开	开	开	开	开	开	开	开	开
上庄	开	开	开	开	开	开	开	开	开	开	开
歙县	开	开	开	开	开	开	开	开	开	合	开
深渡	开	开	开	开	开	开	合	开	开	齐	齐
杞梓里	开	开	开	开	开	开	开	开	开	开	开
许村	开	开	开	开	开	开	开	开	合	齐	齐
黄山	开	合	开	开	开	开	开	开	开	开	开
屯溪	开	合	合	合	合	合	开	合	合	开	开/齐
休宁	开	合	合	合	合	合	开	开	合	开	齐
五城	开	开	开	开	开	开	开	开	开	开	开/齐
溪口	开	合	合	合	合	合	开	合	合	开	开
黟县	开	开	开	开	开	开	开	开	合	开	开
婺源	开	开	开	开	开	开	开	开	开	开	开
浙源	开	开	开	开	开	开	开	开	开	齐	齐
祁门	开	合	合	合	合	合	开	合	合	开	开
浮梁	开	开	开	开	开	开	开	开	合	合	开
德兴	开	开	开	开	合	开	开	开	合	开	开
旌德	合	开	开	开	开	开	开	开	合	开	开
占大	开	开	开	开	开	开	开/合	合/开	开	开	开
柯村	开	开	开	开	开	开	开	开	开	开	开
淳安	合	开	开	开	开	开	开	开	开	齐	齐
遂安	开	开	开	开	开	开	开	开	合	开	开
建德	合	开	开	开	开	开	开	开	开	齐	齐
寿昌	开	开	开	开	开	开	开	开	开	齐	齐

说明："开"表示读为开口呼，"合"表示读为合口呼，"齐"表示读为齐齿呼。

总体来看，唇音字在徽语中以读开口为主，尤其是在徽语的绩歙片、旌占片、严州片，开口韵的唇音字大多读成开口，就是合口韵的唇音字也以读成开口为主，例如，果合一帮组字只在旌德、淳安、建德三点读成合口，在其他点则读成开口。而在徽语休黟片以及祁婺片的祁门话中，部分唇音字在一片区域内保持一致，以读合口为常。例如在祁门，不但咸合三凡韵、山合一桓韵、山合三元韵、宕合三阳韵、通摄入声韵等这些合口韵中的唇音字读成合口，就连假开二麻韵、山开二的山删二韵、宕江摄开口一二等韵的帮系字也读成合口。

徽州方言中，唇音字的开合口究竟是仅在唇音声母后表现特殊还是不以声母为条件异于北京话或其他方言呢？下面我们就列表考察徽州方言中唇音字与同韵的其他声组字开合口性质。

表 2-2　　徽语唇音字与同韵其他声母字今读关系

	果合一	假开二	遇合三	蟹合一	山开二	山合一	山合三	臻合一	臻合三	宕江一二	宕合三	通一入	通三入
绩溪	+	+	庄	见	+	+	－	见	－	+	+	±	见
荆州	+	+	庄	见	+	见				+	+	+	+
上庄	+	+	庄	见						+	+	－	见
歙县	+	+	庄	见									见
深渡	+	+	庄	±									±
杞梓里	+	+	庄	+		见				+		见	－
许村	+	+	庄	±								见	
黄山	+	+	庄	见		见				+	+	+	见
屯溪	+	－		见									
休宁	+	－		见									
五城	+	+		见									
溪口	+	+	庄										
黟县	+	+	庄	－	+					+	±	－	±
婺源	+	+	庄	+				见		+	±	+	+
浙源	+	+	庄	+				±		+	+	+	±
祁门	见	－								庄	+	+	±
浮梁	+	+	庄	±				见					
德兴	+	+	－	±	+								
旌德	见	+	－	见		见		见		+	+	+	+
占大	+	+	庄	见						+	+	+	±
柯村	见	+		见		见				+	+	+	±
淳安	+	+								+	+	+	±
遂安	见	+										+	+
建德	+	+								+	见	±	
寿昌	－	+	庄	±				见		+	+	+	+

说明：（1）表中"+"表示唇音字开合口性质同与其他组声母字，"－"表示不一致，"±"表示有同有异。"见"表示唇音字与见系以外的声母字开合口性质一致，"庄"等表示唇音字与同韵的庄组字开合口性质一致；（2）《方言调查字表》中咸合三和蟹合三的废韵仅唇音声母有例字有分布，因为没有可比性，故略去不予考察；（3）除了假开二、山开二、宕江开口一二等外，其他开口韵字的唇音声母与其他声母字开合口性质在徽语中保持一致，故不予列表。

我们将表 2-2 中唇音字与同韵的其他组声母开合口性质分三组来考察、分析。

（一）合口三等韵的唇音字

从以上表格我们看到，山合三元韵非组字不论是读成开口（大部分方言点如此）还是合口（屯溪、休宁、溪口、婺源、祁门等地如此），其在徽语 25 个方言点中都与其他声组字开合口不一致。其次，遇合三虞韵的非组字除了跟同韵的庄组字开合口一致（大部分方言点如此），与其他声母字的读法也都不一致。合口三等唇音字跟同韵其他声母字开合口不一致，这说明唇音声母对韵母产生了一定的影响。当然，合口三等韵的韵头对唇音声母也曾产生影响，影响的结果就是使"重唇"声母变为"轻唇"声母。合口三等韵的介音是 i 和 u 构成的复合介音，i 和 u 这两个元音的发音特征无法共存，由它们组合而成的 iu 或是 iw 也就不太稳定，在语音演变中可能发生三种变化：一是 i 介音融合 u 介音的圆唇特点，形成前高圆唇介音 y；二是 i 介音排除掉 u 介音；三是 u 介音排除掉 i 介音。唇音声母后韵头的第一种演变在徽语中不存在，而第二种和第三种音变徽语中都是有的。

1. i 介音排除掉 u 介音

徽语中，这种音变主要表现在蟹合三废韵和止合三微韵的非组字今读形式上，徽语大部分方言点中废韵和微韵的非组字（微母字除外）都读为齐齿呼。例如：

	许村	深渡	屯溪	休宁	祁门	婺源	淳安	寿昌
飞 止合三微韵	fi^{31}	fi^{31}	fi^{11}	fi^{33}	fi^{11}	fi^{44}	fi^{224}	fi^{112}
肥 止合三微韵	fi^{53}	fi^{55}	fi^{55}	fi^{55}	fi^{55}	fi^{11}	fi^{445}	fi^{52}
肺 蟹合三废韵	fi^{213}	fi^{33}	fe^{55}	fi^{55}	fi^{213}	fi^{35}	fi^{224}	fi^{33}

废韵和微韵的非组字在以上这些方言点中（微母除外）与同韵的其他组声母字开合口性质均不一致，应该是唇音声母对韵头影响的结果。

2. u 介音排除掉 i 介音

徽语中，这种音变主要发生在遇合三虞韵和通合三屋韵的非组字中。韵头 iu 中的 i 首先丢失，iu 变为 u，整个韵母发生了由细音向洪音的转变。这种音变广见于北京话和很多其他汉语方言中。只是徽语中，这种音变只出现在唇音声母和庄组声母后，精、知₃章、见组字在合口三等韵里一般读成撮口呼，撮口呼韵母反过来又使部分声母发生腭化。这就使得唇音声母字跟其他组声母字的开合口没有保持一致。例如：

"斧"，绩溪读为[fu^{213}]（同韵的"株知朱章拘见"则同读为[tɕy^{31}]）；歙县读为[fu³⁵]（同韵的"株知朱章拘见"则同读为[tɕy³¹]）；屯溪读为[fu³²]（同韵的"株知朱章拘见"则同读为[tɕy¹¹]）；休宁读为[fu³¹]（同韵的"株知朱章拘见"则同读为[tɕy³³]）；婺源读为[fu²]（同韵的"株知朱章拘见"则同读为[tɕy⁴⁴]）；祁门读为[fu⁴²]（同韵的"株知朱章拘见"则同读为[tɕy¹¹]）；占大读为[fu²¹³]（同韵的"株知朱章拘见"则同读为[tɕy¹¹]）；淳安读为[fua⁵⁵]（同韵的"株知朱章拘见"则同读为[tɕya²²⁴]）；遂安读为[fu²¹³]（同韵的"株知朱章拘见"则同读为[tɕy⁵³⁴]），等等。

第三种音变如果进一步发展，或者如果[u]后还有其他元音，那么韵头[u]也可能脱落。包括徽语在内的很多方言里，咸、山、臻、宕摄合口三等的非组字均读成了开口呼韵母，与同韵的其他声母字开合口表现大多不一致。只是徽语中有例外，在徽语的中心地区，宕摄合口三等字（《方言调查字表》中宕合三仅有非组和见系有例字分布）大多读成开口，但唇音字与见系字开合口没有区别，这主要是因为这些方言点宕合三的见系字与唇音字发生了相同的变化，即，韵头 iu 中的[i]首先丢失，再丢失[u]，这样就发生了由细音向洪音、由合口向开口的转变，对此我们后文将详细讨论。具体的例字如下：

"方"，绩溪、上庄读为[xɔ̃³¹]（同韵的"王"绩溪读为[ɔ̃⁴⁴]，上庄读为[ɔ̃⁴²]）；杞梓里读为[xɔ̃ũŋ²¹]（同韵的"王"读为[ɔ̃ũŋ³¹]）；许村读为[xo³¹]（同韵的"王"读为[o⁵⁵]）；歙县读为[fo³¹]（同韵的"王"读为[o⁴⁴]）；黄山读为[fɔ⁵⁵]（同韵的"王"读为[vɔ⁴⁴]）；屯溪读为[fau¹¹]（同韵的"王"读为[au⁵⁵]）；休宁读为[fau³³]（同韵的"王"读为[au⁵⁵]）；溪口读为[fɔŋ²²]（同韵的"王"读为[ɔŋ⁵³]）。

而在深渡、祁门等地，宕摄合口三等的非组字读成合口，而因为合口三等见系字没有发生腭化，也读成合口，所以非组和见系字的开合口表现仍然一致。比如：

"方"，深渡读为[fũ²¹]（同韵的"王"读为[ũ⁵³]）；祁门读为[fũːɐ¹¹]（同韵的"王"读为[ũːɐ⁵⁵]）。

只有在外围徽语区，例如浮梁、德兴、占大、柯村、淳安、遂安、寿昌等地，宕摄合口三等的非组大多读成开口，而见系读成合口，两者才表现出开合口的不同。比如：

"方"，浮梁读为[faŋ⁴⁴]（同韵的"王"读为[uaŋ³⁵]）；德兴读为[fau³⁵]（同韵的"王"读为[uau³¹]）；占大读为[fɔ¹¹]（同韵的"王"读为[uɔ³³]）；遂安读为[xɔm⁵³⁴]（同韵的"王"读为[uã³³]）；寿昌读为[fã¹¹²]（同韵的"王"读为[uã⁵²]）。

（二）合口一等韵的唇音字

主要是指果、蟹、山、臻这几摄合口一等韵的唇音字。从表 2-1 "唇音字在徽语中今读性质对照表"可见，果摄合口一等字，徽语绝大多数方言点都读成开口（除了在淳安、建德读成合口）。从表 2-2 "徽语唇音字与同韵其他声母字今读关系"中我们看到，果摄合口一等的帮组字与同韵的其他组声母开合口基本一致（25 个方言点中仅有严州片的寿昌点不同，还有祁门、旌德、柯村、遂安几点的唇音字与见系以外的声母字开合口保持一致。见系字在徽语很多方言点中都表现得很特别，往往会与同韵的其他声母字读法不一致，这与见系声母发音部位有很大关系，后文将对此详作分析）。蟹、臻摄合口一等帮组字在徽语 25 个方言点中的表现基本保持一致，大多读成开口，与同韵见系以外的其他组声母字的开合口基本保持一致，只有少数方言点，唇音字与其他声母字开合口不一致，这种现象主要发生在休黟片的一些方言点和祁婺片的祁门话中。其中，蟹合一的唇音字在溪口、黟县和祁门等点与同韵其他声组字开合口不一致。例如：

"妹"，在溪口读为[mə²²]（同韵的"腿"读为[tʰuɜ³¹]）；在黟县读为[mɤɐ³²⁴]（同韵的"腿"读为[tʰuɯ⁵³]）；在祁门读为[ma³³]（同韵的"腿"读为[tʰyːɐ⁴²]）。

臻合一的唇音字在屯溪、休宁、溪口、五城、黟县、祁门等点与同韵其他声组字开合口不一致。比如：

"本"，在屯溪读为[pɛ³²]（同韵的"村"读为[tsʰuːə¹¹]）；在休宁读为[pa³¹]（同韵的"村"读为[tsʰuːɜ³³]）；在溪口读为[pɛŋ³¹]（同韵的"村"读为[tsʰuɜ²²]）；在五城读为[pɛ²¹]（同韵的"村"读为[tsʰuːə²²]）；在黟县读为[pɑŋ⁵³]（同韵的"村"读为[tʃʰuɑŋ³¹]）；在祁门读为[pæ̃⁴²]（同韵的"村"读为[tsʰỹːɐ¹¹]）。

蟹、臻等摄合口一等唇音字在以上这些方言点中读成开口，从而与同韵其他声组字开合口不一致，这应该也是唇音声母对韵母的影响所致。

山合一帮组字在徽语中除了屯溪、休宁、溪口、浙源、祁门、德兴（这几点的山合一帮组字读成合口，例如："满"，在屯溪读成[muːə²⁴]，在休宁读成[muːə¹³]，在溪口读成[muɜ³⁵]，在浙源读为[mũ⁴²]，在祁门读为[mũːɐ⁴²]，在德兴读为[mu⁴²]。除了德兴，其余几个方言点中山合一的唇音字合口读法与同韵其他声组字保持一致）外大多读成开口，其中，绩歙片的上庄、深渡和休黟片的五城、黟县等地山合一唇音字的开口读法与同韵其他声母字不一致，这种不一致应该也是唇音声母对韵母的影响所致。例如：

"满"，在上庄读为[mæ̃⁵⁵]（同韵的"酸"读为[suã³¹]）；在深渡读为[mõu⁵³]（同韵的"酸"读为[sũ²¹]）；在五城读为[mɔu¹³]（同韵的"酸"读为[suːɐ²²]；在黟县读为[moɤ⁵³]（同韵的"酸"读为[ʃuːɐ³¹]）。

（三）开口韵的唇音字

这里的开口韵主要指假开二、山开二、宕开一、江开二。在徽语 25 个方言点中，假开二的帮组字在休黟片的黄山、屯溪、休宁、溪口和祁婺片的祁门等地读成合口，其中除了黄山假开二所有声母字都读成合口以外，其他五点的帮组字与同韵其他声组字的开合口均不同。山开二的帮组字在休黟片的屯溪、休宁、溪口和祁婺片的祁门读成合口，与同韵的其他组声母字开合口不一致。宕江开一二的帮组字仅在祁婺片的祁门一点读成合口，并与同韵的其他声组字开合口不一致。具体例字读音如下（凡不读为合口的一律不予呈现）：

	爬－沙假开二	班－颜山开二	忙－浪宕开一	胖－讲江开二
黄山	pʰuɐ⁴⁴－ɫuɐ⁵⁵			
屯溪	pʰuːə¹¹－sɔ¹¹	puːə¹¹－ŋɔ⁵⁵		
休宁	pʰuːə⁵⁵－sɔ³³	puːɐ³³－ŋɔ⁵⁵		
溪口	pʰuɜ⁵³－sɔ²²	puɜ²²－sɔ⁵³		
祁门	pʰuːɐ⁵⁵－ʂa¹¹	pũːɐ¹¹－ŋõ⁵⁵	mũːɐ⁵⁵－nõ³³	pʰũːɐ²¹³－kõ⁴²

为何部分方言点开口韵的帮组字读成合口，而且这种现象仅发生在假开二、山开二、宕江一二，其他的如蟹开二、效开二、梗开二的帮组字无一例外不会发生帮组字读成合口的现象？这些问题我们暂时无法解答。结合前面山摄合口一等帮组字的读法来看，这些点的帮组字今读表现可以说是非常一致。而且在唇音字读成合口的方言点（比如屯溪、休宁、溪口），假开二、山开二、山合一唇音字今读全部混同，在祁门，假开二跟山开二、山合一、咸合三、山合三、宕开一、江开二、宕开三的唇音字今读也只存在鼻化与否的区别。这些韵摄的唇音字在部分方言点的混同首先应该与主元音的趋同有关系，其次，正如高本汉等学者所言，唇音声母本身有一定的合口成素，这种合口成素在不同的元音前面影响力度不同，所以可能导致部分韵摄里唇音声母字读成开口，部分韵摄里读成合口。

第二节　徽州方言的腭化与非腭化问题

现代北京话中的[tɕ]、[tɕʰ]、[ɕ]是从古代的"精、清、从、心、邪"和"见、溪、群、晓、匣"两组音分化出来的。"[tɕ]、[tɕʰ]、[ɕ]这三个声母大致产生于清初稍后的时期，因为在清初樊腾凤的《五方元音》中[tɕ]、[tɕʰ]、 [ɕ]尚未出现。"①对于这组声母产生的原因，学者们大多认为与韵头或韵母的影响有关，如王力（1980）认为，舌根破裂、舌根摩擦、舌尖破裂摩擦、舌尖摩擦都由于受舌面前元音（i、y）的影响，而变为舌面前辅音（tɕ、tɕʰ、ɕ）。② 那同是处于三四等韵地位，为何有的字发生腭化，而有的字却抵制腭化呢？徽州方言中的[tɕ]、[tɕʰ]、[ɕ]声母其来源如何？腭化音变在徽州方言中的具体表现又如何呢？

从古来源来看，徽州方言的[tɕ]、[tɕʰ]、[ɕ]除了来源于中古"精、清、从、心、邪"和"见、溪、群、晓、匣"外，还有部分来源于古知、章组字。接下来我们分组讨论徽州方言中今读为[tɕ]、[tɕʰ]、[ɕ]声母的几种来源。

一 徽州方言中来源于古精组的[tɕ]、[tɕʰ]、[ɕ]

[tɕ]、[tɕʰ]、[ɕ]的产生与古精组声母的分化有关，共同语中精组声母的分化相当晚，"十八世纪成书的《圆音正考》专门讨论区别'精''见'两组字，它只承认从见组来的[tɕ]、[tɕʰ]、[ɕ]，不承认从精组来的[tɕ]、[tɕʰ]、[ɕ]，要求人们将后者仍读[ts]、[tsʰ]、[s]。……这说明精组在十八世纪已开始分出[tɕ]、[tɕʰ]、[ɕ]来，但由于是刚发生的事，所以不为《圆音正考》的作者所承认。"③而徽州方言中精组字的分化速度参差不齐，部分方言以韵母为条件发生分化，部分方言的精组字尚未发生分化，具体情况如表2-3所示，因为精组字腭化一般发生在三、四等韵，所以表格中只呈现三四等韵前精组声母的今读：

表2-3 徽语三四等韵前精组声母今读形式对照表（下表续）

	假开三	遇合三	蟹三四 开	蟹三四 合	止三 开	止三 合	效开三	流开三	咸开三 舒声	咸开三 入声	深开三 舒声	深开三 入声
绩溪	tɕ	tɕ	ts	ts	ts	tɕ/ts	tɕ/ts	ts	ts/tɕ	tɕ	tɕ	tɕ
荆州	tɕ	tɕ	ts	ts	tɕ/ts	tɕ/ts	tɕ	ts	tɕ	tɕ	tɕ	tɕ
上庄	tɕ	tɕ	ts	ts	tɕ	tɕ	tɕ	tɕ	tɕ	tɕ	tɕ	tɕ
歙县	ts	ts	ts	ts	ts	ts	ts	ts	ts/tɕ	tɕ	tɕ	tɕ
深渡	tɕ	tɕ	tɕ	tɕ	tɬ/ts	tɕ	tɕ	tɕ	tɕ	tɕ	tɕ	tɕ
杞梓里	tɕ	tɕ	ts/tɕ	tɕ	tɕ	tɕ	tɕ	tɕ	tɕ	tɕ	tɕ	tɕ
许村	ts	tɕ	ts	ts	ts	ts	tɕ/ts	ts	ts/tɕ	tɕ	tɕ	tɕ

---

① 胡安顺：《音韵学通论》，中华书局2003年版，第160页。
② 王力：《汉语史稿》，中华书局1980年版，第122页。
③ 唐作藩：《音韵学教程》，北京大学出版社2002年版，第124页。

续表

	假开三	遇合三	蟹三四		止三		效开三	流开三	咸开三		深开三	
			开	合	开	合			舒声	入声	舒声	入声
黄山	tɬ	tɬ/tɕ	tɬ	tɬ	tɬ	tɬ/tɕ	tɬ	tɬ	tɬ	tɬ	tɬ	tɬ
屯溪	ts	ts/tɕ	ts	ts	ts	ts	ts	ts	ts	ts	ts	ts
休宁	ts	ts	ts	ts	ts	ts	ts	ts	ts	ts	ts	ts
五城	ts	ts	ts	ts	ts	ts	ts	ts	ts	ts	ts	ts
溪口	ts	ts	ts	ts	ts	ts	ts	ts	ts	ts	ts	ts
黟县	ts/tɕ	ts/tʃ	tʃ	tʃ	ts	ts	tɕ	tʃ	tɕ	tɕ	tɕ	tʃ
婺源	ts	ts	ts	ts	ts	ts	ts	ts	ts	ts	ts	ts
浙源	ts	ts	ts	ts	ts	ts	ts	ts	ts	ts	ts	ts
祁门	ts	ts	ts	ts	ts	ts	ts	ts	ts	ts	ts	ts
浮梁	ts	ts	ts	ts	ts	ts	ts	ts	ts	ts	ts	ts
德兴	ts	ts	ts	ts	ts	ts	ts	ts	ts	ts	ts	ts
旌德	tɕ	ts	ts	ts	ts	ts	tɕ	tɕ/ts	tɕ	tɕ	tɕ	tɕ
占大	tɕ	tɕ	tɕ	ts/tɕ	tɕ	ts/tɕ	tɕ	tɕ	tɕ	tɕ	tɕ	tɕ
柯村	tɕ	tɕ	tɕ	tɕ	tɕ	tɕ	tɕ	tɕ	tɕ	tɕ	tɕ	tɕ
淳安	tɕ	tɕ	tɕ	tɕ	tɕ	ts/tɕ	tɕ	tɕ	tɕ	tɕ	tɕ	tɕ
遂安	tɕ	tɕ/ts	tɕ	tɕ	tɕ	tɕ	tɕ	tɕ	tɕ	tɕ	tɕ	tɕ
建德	tɕ	tɕ	tɕ	tɕ	tɕ	tɕ	tɕ	tɕ	tɕ	tɕ	tɕ	tɕ
寿昌	tɕ	tɕ/ts	tɕ	tɕ	tɕ	tɕ	tɕ	tɕ	tɕ	tɕ	tɕ	tɕ

	山三四				臻三		宕开三	曾开三入	梗开三四	通合三	
	舒声		入声		舒声		入声		舒声	舒声	入声
	开	合	开	合	开	合					
绩溪	ts/tɕ	tɕ	tɕ	tɕ	tɕ	tɕ	tɕ	tɕ	tɕ	ts	ts
荆州	ts/tɕ	tɕ	tɕ	tɕ	tɕ	tɕ/ts	tɕ	tɕ	tɕ	ts	ts
上庄	tɕ	tɕ	tɕ	tɕ	ts	ts	ts	ts	tɕ	ts	ts
歙县	ts	ts	ts	ts	ts	ts	ts	ts	ts	ts	ts
深渡	tɕ	tɕ	tɕ	tɕ	ts	ts	tɕ	tɕ	tɕ	tɕ	tɕ
杞梓里	tɕ	tɕ	tɕ	tɕ	tɕ	tɕ	tɕ	tɕ	tɕ	ts	ts
许村	ts	ts	ts	ts	ts	ts	ts	ts	ts	ts	ts
黄山	tɬ	tɬ	tɬ	tɬ	tɬ	tɬ	tɬ	tɬ	tɬ	tɬ	tɬ

续表

	山三四 舒声 开	山三四 舒声 合	山三四 入声 开	山三四 入声 合	臻三 舒声 开	臻三 舒声 合	臻三 入声	宕开三	曾开三入	梗开三四 舒声	通合三 舒声	通合三 入声
屯溪	ts	ts	ts	ts/tɕ①	ts	ts	ts	ts	ts	ts	ts	ts
休宁	ts	ts	ts	ts/tɕ②	ts	ts	ts	ts	ts	ts	ts	ts
五城	ts	ts	ts③	ts	ts	ts	ts	ts	ts	ts	ts	ts
溪口	ts	ts	ts	ts	ts	ts	ts	ts	ts	ts	ts	ts
黟县	ts/tɕ	ts/tɕ	ts/tɕ	tɕ/ts	tʃ/ts	tʃ	tʃ	tʃ	tʃ	tʃ/ts	tʃ	tʃ
婺源	ts	ts	ts	ts	ts	ts	ts	ts	ts	ts	ts	ts
浙源	ts	ts	ts	ts	ts	ts	ts	ts	ts	ts	ts	ts
祁门	ts	ts	ts	ts	ts	ts	ts	ts	ts	ts	ts	ts
浮梁	ts	ts	ts	ts	ts	ts	ts	ts	ts	ts	ts	ts
德兴	ts	ts	ts	ts	ts	ts	ts	ts	ts	ts	ts	ts
旌德	tɕ	tɕ	tɕ	tɕ	tɕ	tɕ	tɕ	tɕ	tɕ	tɕ	tɕ	tɕ
占大	tɕ	tɕ	tɕ	tɕ	tɕ	tɕ④	tɕ	tɕ	tɕ	tɕ	tɕ	tɕ
柯村	tɕ	tɕ	tɕ	tɕ	tɕ	tɕ	tɕ	tɕ	tɕ	tɕ	tɕ	tɕ
淳安	tɕ	tɕ	tɕ	tɕ	tɕ	tɕ	tɕ	tɕ	tɕ	tɕ	tɕ	tɕ
遂安	tɕ	tɕ	tɕ	tɕ	tɕ	k	tɕ	tɕ	tɕ	tɕ	tɕ	tɕ
建德	tɕ	tɕ	tɕ	tɕ	tɕ	tɕ	tɕ	tɕ	tɕ	tɕ	tɕ	tɕ
寿昌	tɕ	tɕ	tɕ	tɕ	tɕ	tɕ	tɕ	tɕ	tɕ	tɕ	ts	ts

说明：（1）表格中以 tɕ 代 tɕ、tɕʰ、ɕ组；以ts代ts、tsʰ、s组；以tʈ代tʈ、tʈʰ、ʂ组；以tʃ代tʃ、tʃʰ、ʃ组；
（2）如有文白读叠置的，一般白读排在前面，文读排在后面。

从表 2-3 可见，徽语中，中古精组声母在三四等韵前的表现大致有以下几种类型：

1. 除个别转读普通话的不常用字音外基本读为ts、tsʰ、s，如祁婺片的祁门、婺源、浙源、浮梁、德兴还有休黟片的黟县之外的大多数方言点。

---

① 屯溪话中山摄合口三等入声字"绝"读为tɕ声母，疑是发音人转读普通话，"雪"读s声母。
② 休宁话中山摄合口三等入声字"绝"有两读：tsʰ和tɕ，tɕ的读法疑是发音人转读普通话，"雪"读s声母。据罗常培、邵荣芬半个世纪前的记音材料，"绝"仅有tsʰ声母一读。
③ 五城话中山摄开口三四等入声字中仅有"截~止"读成tɕ声母，这个字在五城话中极少用，疑是发音人转读普通话。
④ 占大话臻摄合口三等精组字中仅"遵"读ts声母，其余均读为tɕ组声母。

2. 除通、止摄等少数韵摄外，古精组在其他韵摄基本都读成 tɕ、tɕʰ、ɕ，如严州片、旌占片的一些方言点。

3. 依韵摄或开合口的分别读成 ts、tsʰ、s（包括 tɬ、tɬʰ、ɬ 和 tʃ、tʃʰ、ʃ）和 tɕ、tɕʰ、ɕ，绩歙片大部分方言点属于这种情况。

如果从是否分尖团音来看，徽州方言尖团音分混可以分为三种类型：尖团不混型、尖团有分有混型、尖团不分型。这三种类型与以上所分析的古精组声母在三四等韵前的表现类型不一定完全相合，以上第 1 种类型属于尖团不混型，第 2、3 种均属于尖团相混型，但相混的程度和方式又存在不同。下面，我们选取几个有代表性的方言点进一步观察徽州方言尖团分混的类型：

表 2-4　　　　　　　　徽州方言尖、团分混类型

分混类型	方言	精组	见晓组	精组	见晓组
		拼齐齿呼韵母及例字	拼齐齿呼韵母及例字	拼撮口呼韵母及例字	拼撮口呼韵母及例字
尖团不分	绩溪	[tɕ tɕʰ ɕ]		嘴=举 tɕy²¹³　全=拳 tɕʰyẽ⁴⁴ 削=学 ɕyoʔ³²	
		睛=经 tɕiã³¹　邪=茄 tɕʰiɔ⁴⁴　雪=歇 ɕiaʔ³²			
		[ts tsʰ s]	[k kʰ x]		
		酒 tsi²¹³　秋 tsʰi³¹ 洗 si²¹³	救 ki³⁵　丘 kʰi³¹ 厚 xi²¹³		
	占大	[tɕ tɕʰ ɕ]		全=权 tɕʰyẽ³³　需=虚 ɕy¹¹ 屑=血 ɕye⁴²	
		嘴=己 tɕi²¹³　墙=强 tɕʰiɔ̃³³　校=笑 ɕiɔ⁵⁵			
	淳安	[tɕ tɕʰ ɕ]		趣=区 tɕʰya²²⁴　需 ɕy²²⁴ – 虚 ɕya²²⁴ 取 tɕʰya⁵⁵ – 举 tɕya⁵⁵	
		焦=浇 tɕiɔ²²⁴　妻=气 tɕʰi⁵⁵　选=险 ɕiã⁵⁵			
	黟县	[tɕ tɕʰ ɕ]		嘴=举 tɕyɛi⁵³　全=拳 tɕʰyːe⁴⁴ 需=虚 ɕyɛi³¹	
		焦=娇 tɕɛi:u³¹　千=牵 tɕʰi:e³¹　想=响 ɕiŋ⁵³			
齐齿呼前分、撮口呼前混	歙县	[ts tsʰ s]	[tɕ tɕʰ ɕ]	嘴=举 tɕy³⁵　全=拳 tɕʰye⁴⁴ 雪=血 ɕyeʔ²¹	
		挤 tsi³⁵　雀 tsʰiʔ²¹ 心 siʌ̃³¹	几 tɕi³⁵　却 tɕʰiʔ²¹ 欣 ɕiʌ̃³¹		
	屯溪	[ts tsʰ s]	[tɕ tɕʰ ɕ]	需须=虚 ɕy¹¹　爵嚼 tɕye⁵　拳 tɕʰyːe⁵⁵ 循巡=训 ɕyan⁵⁵	
		醉 tsi⁵⁵　千 tsʰi:e¹¹ 想 siau³²	寄 tɕi⁵⁵　牵 tɕʰi:e¹¹ 响 ɕiau³²		

续表

分混类型	方言	精组 拼齐齿呼韵母及例字	见晓组 拼齐齿呼韵母及例字	精组 拼撮口呼韵母及例字	见晓组 拼撮口呼韵母及例字
尖团不混	休宁①	[ts tsʰ s] 醉 tsi⁵⁵ 千 tsʰi:e³³ 想 siau³¹	[tɕ tɕʰ ɕ] 寄 tɕi⁵⁵ 谦 tɕʰi:e³³ 响 ɕiau³¹	无	[tɕ tɕʰ ɕ] 举 tɕy³¹ 拳 tɕʰy:e⁵⁵ 训 ɕyěn⁵⁵
	浮梁	[ts tsʰ s] 尖 tsi⁵⁵ 就 tsʰiəu³³ 小 siau²¹	[tɕ tɕʰ ɕ] 肩 tɕi⁵⁵ 舅 tɕʰiəu³³ 晓 ɕiau²¹	无	[tɕ tɕʰ ɕ] 举 tɕy²¹ 权 tɕʰyi²⁴ 血 ɕye²¹³
	婺源	[ts tsʰ s]/[ɕ] 醉 tsi³⁵ 千 tsʰĩ⁴⁴ 想 siã² 些文读 ɕiɛ⁴⁴	[tɕ tɕʰ ɕ] 寄 tɕi³⁵ 牵 tɕʰĩ⁴⁴ 响 ɕiã²	[tsʰ]（精组字很少拼撮口呼） 趋 tsʰy⁴⁴ 徐 tsʰy¹¹	[tɕ tɕʰ ɕ] 卷~起来 tɕy² 区 tɕʰy⁴⁴ 虚 ɕy⁴⁴
	祁门	[ts tsʰ s] 借 tsi:e²¹³ 七 tsʰi³⁵ 想 siõ⁴²	[tɕ tɕʰ ɕ] 计会~tɕi:e²¹³ 欺 tɕʰi¹¹ 兴燕兴 ɕiæn²¹³	[ts tsʰ s] 嘴 tsy⁴² 全 tsʰy:e⁵⁵ 雪 sy:e³⁵	[tɕ tɕʰ ɕ] 举 tɕy⁴² 权 tɕʰy:e⁵⁵ 血 ɕy:e³⁵

说明：(1) 徽州方言中，精、见组相混条件除了拼齐齿呼或者撮口呼的，还有其他相混模式。例如前文所举的绩溪、荆州、杞梓里等方言中精、见组细音在舌尖元音或者非细音前相混为 ts、tsʰ、s 等。(2) 绩溪精组声母拼齐齿呼韵母以读[tɕ tɕʰ ɕ]为常，[ts tsʰ s]只跟细音韵母中的单元音韵母 i 相拼，同样音韵地位的字在荆州都读成开口呼韵母；见晓组声母拼齐齿呼韵母读[tɕ tɕʰ ɕ]为常，[k kʰ x]只跟细音韵母中的单元音韵母[i]相拼，且仅限于流摄一三等字。同样音韵地位的字在荆州都读成开口呼韵母，所以，精组拼开口呼韵母依然为舌尖音，见组拼开口呼韵母为舌根音声母，绩溪方言单元音韵母 i 可能是元音已经发生变化而声母还未来得及跟上。(3) 屯溪精组声母极少拼撮口呼韵母，《徽州方言研究》中仅记有"需须爵嚼徇巡"六字。(4) 休宁精组声母除"绝"的文读音外其余不与撮口呼相拼。(5) 婺源精组声母除"些文读"还有一个一等精组字"赛"读舌面声母[ɕ]外，其余读为[ts tsʰ s]组声母；除"趋徐"外，精组声母一般不与撮口呼相拼。

表 2-4 所列的 10 个方言点涵盖了徽语 5 个方言片，有绩歙片的绩溪、歙县，有休黟片的休宁、屯溪、黟县，有祁婺片的祁门、婺源、浮梁，有旌占片的占大，有严州片的淳安。这 10 个方言点表现出来的尖团分混情况大致如下：绩歙片大多属于尖团不分型，例如，绩溪、荆州、上庄、深渡、杞梓里等都属于这种类型；绩歙片也有属于尖团有分有混型的方言点，例如歙县、许村等，在齐齿呼韵母前精组和见组保持有效的区别，而在撮口呼前则尖团合流。休黟片比较复杂，有属于尖团不分型的，例如黟县；也有属于尖团有分有混型的，例如屯溪，除了不常用的"捷、泻、

---

① 据《徽州方言研究》，休宁有少数不常用的精组字发生腭化，从而混于见组字。例如"俏、鞘、囚、泅"字，但罗常培等，在半个多世纪前的休宁，精组字"俏、鞘"保持舌尖音读法，与见组字有别。可见，休宁较早时期应属于尖团不混类型。

爵、嚼"等字外，齐齿呼韵母前精、见组基本保持有效的分别，而在撮口呼韵母前则出现混同的趋势，不过精组拼撮口呼韵母的字不多；跟屯溪比较接近的还有黄山，在齐齿呼韵母前精、见组不混，而在撮口呼韵母前少数腭化，如宣 ɕyɛ̆⁵⁵。部分精组字在撮口呼前有腭化和非腭化两种读音，例如，嘴 tɕy²¹³/ tcy²¹³；还有属于尖团不混型的，例如休宁、溪口，只不过这两个点精组字几乎不拼撮口呼韵母。祁婺片大部分方言点属于尖团不混型，只不过浮梁、德兴精组字几乎不拼撮口呼韵母。旌占片和严州片基本属于尖团不分型。

除了中心徽语区的黟县尖、团音分混情况表现特殊外，从中心徽语到外围徽语，尖团音分混情况大致是由分趋混，而不同方言点尖团音分混程度参差不齐。尖团分混情况在徽语共时平面上表现出来的三种不同情况体现了历时的语音演变。赵元任说："原则上看得见的差别，往往也代表历史演变上的阶段。所以横里头的差别，往往就代表竖里头的差别。"①尖团不混型代表徽语发展的早期阶段；而尖、团有分有混型属于过渡阶段，部分精组声母已经开始腭化，由这种类型方言点表现出来的精、见组在撮口呼韵母前混而在齐齿呼韵母前分的特点，我们推知，精组声母腭化始于撮口呼韵母；尖团相混型则代表着精、见组声母在细音前的演变趋势，即腭化为 tɕ、tɕʰ、ɕ。各方言点语音演变的方向虽然大体一致，但是演变的速度有快有慢，大体看来，祁婺片、休黟片、绩歙片的各方言点语音演变较慢，旌占片、严州片演变最快。祁婺片、休黟片、绩歙片在历史上都属老徽州府所辖之地，可以说是徽州方言的中心区域；而旌占片等处于徽语区的北缘，受到接壤的江淮官话和宣州吴语的影响也比较大②。我们将徽语区精、见组声母发展的不同阶段图示为：

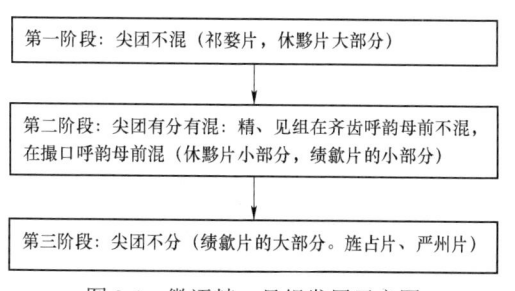

```
┌─────────────────────────────────────────────┐
│ 第一阶段：尖团不混（祁婺片，休黟片大部分）      │
└─────────────────────────────────────────────┘
                    ↓
┌─────────────────────────────────────────────┐
│ 第二阶段：尖团有分有混：精、见组在齐齿呼韵母前不混， │
│ 在撮口呼韵母前混（休黟片小部分，绩歙片的小部分）   │
└─────────────────────────────────────────────┘
                    ↓
┌─────────────────────────────────────────────┐
│ 第三阶段：尖团不分（绩歙片的大部分。旌占片、严州片）│
└─────────────────────────────────────────────┘
```

图 2-1　徽语精、见组发展示意图

我们从表 2-3 "徽语三四等韵前精组声母今读形式对照表"还能看到，

---

① 赵元任：《语言问题》，商务印书馆 1980 年版，第 104 页。
② 孟庆惠：《徽州方言》，安徽人民出版社 2004 年版，第 16 页。

徽语中，通摄合口三等韵和止摄开口三等韵前的古精组抵制腭化的势力较强。这种现象在很多汉语方言中较为普遍，很多音韵学家也对此作出了有力的解释。他们普遍认为止摄开口字在腭化发生之前韵母已由 i 变为 ɿ 了，这样声母没有受到腭介音的影响从而避开了腭化。对于通摄合口三等韵前的古精组声母之所以没有腭化，朱晓农认为是因为在腭化发生之前 i 介音已失落[①]。而且从北京话和很多汉语方言来看，i 介音在合口阳声韵或入声韵的非舌面声母字中有失落的趋势。这些解释也都适用于徽州方言。

二 徽州方言中来源于古见组的[tɕ]、[tɕʰ]、[ɕ][②]

从历史上看，见组的分化比起精组的分化要早些。徽州方言中，见组声母在三四等韵前的腭化程度也比精组声母深。下面我们将徽州方言中古见组声母在三四等韵前的表现列表对比如下（这里仅列出分读为[tɕ]、[tɕʰ]、[ɕ]和[k]、[kʰ]、[x]/[h]的声母，疑母读[ŋ]或晓匣母读为[f]声母或疑、匣母读零声母的在此均不予列出）：

表2-5　徽语三四等韵前见组声母今读形式对照表（下表续）

	遇合三	蟹三四 开	蟹三四 合	止三四 开	止三四 合	效开三四	流开三	咸开三四	深开三 舒声	深开三 入声
绩溪	k/tɕ	ts	k	ts	k	tɕ	tɕ/k	tɕ	tɕ	tɕ
荆州	k/tɕ	ts	k	ts	k	tɕ/ts[③]	tɕ/k	ts	tɕ	tɕ
上庄	k/tɕ	tɕ	k	tɕ	k	tɕ	tɕ	tɕ	tɕ	tɕ
歙县	tɕ	k	tɕ	k	tɕ	tɕ	tɕ	tɕ	tɕ	tɕ
深渡	k/tɕ	k	tɕ	k	ts	ts	ts	ts	ts	ts
杞梓里	k/tɕ	ts	k	ts	k	tɕ/k	tɕ	tɕ	tɕ	tɕ
许村	k/tɕ	tɕ	k	tɕ	k	tɕ	tɕ	tɕ	tɕ	tɕ
黄山	k/tɕ	tɕ	k	tɕ	k	tɕ	tɕ	tɕ	tɕ	tɕ
屯溪	k/tɕ	tɕ	k	tɕ	k	tɕ	tɕ	tɕ	tɕ	tɕ
休宁	k/tɕ	tɕ	k	tɕ	k	tɕ	tɕ	tɕ	tɕ	tɕ
五城	k/tɕ	tɕ	k	tɕ	k	tɕ/k	tɕ	tɕ	tɕ	tɕ

---

① 朱晓农：《三四等字的腭化与非腭化问题》，《音韵研究》，商务印书馆2006年版，第316页。
② 这一小节的部分内容曾以单篇论文形式发表于《语言研究》2008年第3期，文题为"徽州方言见组三四等字的腭化问题"，此处略有修改。
③ 荆州效开三四见系字读舌尖音的只有"撬"字：tsʰɤ35。

续表

	遇合三	蟹三四 开	蟹三四 合	止三四 开	止三四 合	效开三四	流开三	咸开三四	深开三 舒声	深开三 入声
溪口	k/tɕ	tɕ	tɕ	tɕ	tɕ/k	tɕ	tɕ	tɕ	tɕ	tɕ
黟县	k/tɕ	tʃ	tɕ	tʃ/k	tɕ/k	tɕ	tʃ	tɕ	tʃ	tʃ
婺源	tɕ	tɕ	tɕ	tɕ	tɕ/k	tɕ	tɕ	tɕ	tɕ	tɕ
浙源	k/tɕ	tɕ	k	tɕ	tɕ/k	tɕ	tɕ	tɕ	tɕ	tɕ
祁门	tɕ	tɕ	tɕ/k	tɕ	tɕ/k	tɕ	tɕ	tɕ	tɕ	tɕ
浮梁	tɕ	tɕ	k	tɕ	k	tɕ	tɕ	tɕ	tɕ	tɕ
德兴	tɕ	tɕ	k	tɕ	k	tɕ	tɕ	tɕ	tɕ	tɕ
旌德	k/tɕ	tɕ	k	ts	k	tɕ	tɕ	tɕ	tɕ	ts
占大	k/tɕ	tɕ	k	tɕ	k①	tɕ	tɕ	tɕ	tɕ	tɕ
柯村	k/tɕ	tɕ	k	tɕ	k	tɕ	tɕ	tɕ	tɕ	tɕ
淳安	k/tɕ	tɕ	k	tɕ	k	tɕ	tɕ	tɕ	tɕ	tɕ
遂安	k/tɕ	tɕ	k	ts	tɕ/k	tɕ	tɕ	tɕ	tɕ	tɕ
建德	k/tɕ	tɕ	k	tɕ	k	tɕ	tɕ	tɕ	tɕ	tɕ
寿昌	k/tɕ	tɕ	k	tɕ	k	tɕ	tɕ	tɕ	tɕ	tɕ

	山三四 舒声 开	山三四 舒声 合	山三四 入声 开	山三四 入声 合	臻三 舒声 开	臻三 舒声 合	臻三 入声	宕三 开	宕三 合	曾开三	梗开三四 舒声	梗开三四 入声	通合三 舒声	通合三 入声
绩溪	tɕ	tɕ	tɕ	tɕ	tɕ	tɕ	tɕ	tɕ	k	tɕ	tɕ	tɕ	tɕ/k	tɕ
荆州	ts/tɕ	tɕ	tɕ	tɕ	tɕ	tɕ	tɕ	tɕ	tɕ/k	tɕ	tɕ	tɕ	tɕ/k	tɕ
上庄	tɕ	tɕ	tɕ	tɕ	tɕ	tɕ	tɕ	tɕ	k	tɕ	tɕ	tɕ	k	tɕ
歙县	tɕ	tɕ	tɕ	tɕ	tɕ	tɕ	tɕ	tɕ	k	tɕ	tɕ	tɕ	k	tɕ
深渡	tɕ	tɕ	tɕ	tɕ	ts	ts	ts/tɕ	ts	k	ts/tɕ	ts	tɕ	k	ts
杞梓里	tɕ	tɕ	tɕ	tɕ	tɕ	tɕ	tɕ	tɕ	k	tɕ	tɕ	tɕ	k	tɕ
许村	tɕ	tɕ	tɕ	tɕ	tɕ	tɕ	tɕ	tɕ	k	tɕ	tɕ	tɕ	k	tɕ
黄山	tɕ	tɕ	tɕ	tɕ	tɕ	tɕ	tɕ	tɕ	k	tɕ	tɕ	tɕ	k	tɕ
屯溪	tɕ	tɕ	tɕ	tɕ	tɕ	tɕ	tɕ	tɕ	k	tɕ	tɕ	tɕ	tɕ/k	tɕ
休宁	tɕ	tɕ	tɕ	tɕ	tɕ	tɕ	tɕ	tɕ	k	tɕ	tɕ	tɕ	tɕ/k	tɕ
五城	tɕ	tɕ②	tɕ	tɕ	tɕ	tɕ	tɕ	tɕ	k	tɕ	tɕ	tɕ	tɕ/k	tɕ

① 占大止合三见组字中只有"季"读 tɕ 声母，其余均读为 k 组。
② 休宁五城话"鞋楦"的"楦"读作[suːɐ⁴²]，不知道本字是不是山合三元韵的"楦"字，从韵母、声调的今读形式来看均符合五城话与《切韵》的对应规律，但五城话中未见其他见系字读成舌尖音的。

续表

	山三四 舒声 开	山三四 舒声 合	山三四 入声 开	山三四 入声 合	臻三 舒声 开	臻三 舒声 合	臻三 入声	宕三 开	宕三 合	曾开三	梗开三四 舒声	梗开三四 入声	通合三 舒声	通合三 入声
溪口	tɕ	tɕ	tɕ	tɕ	tɕ	tɕ	tɕ	k	tɕ	tɕ	tɕ	tɕ	tɕ	tɕ
黟县	tɕ	tɕ	tɕ	tɕ	tʃ	tɕ	tʃ	tɕ	tɕ/k	tʃ	tʃ	tʃ	tʃ	tʃ
婺源	tɕ	tɕ	tɕ	tɕ	tɕ	k	tɕ	tɕ	k	tɕ	tɕ	tɕ	tɕ	tɕ
浙源	tɕ	k①	tɕ	k	tɕ	k	tɕ	tɕ	k	tɕ/k	tɕ	tɕ	tɕ/k	tɕ
祁门	tɕ	tɕ	tɕ	tɕ	tɕ	tɕ	tɕ	tɕ	tɕ	tɕ	tɕ	tɕ	tɕ	tɕ
浮梁	tɕ	tɕ	tɕ/k	tɕ	tɕ	k	tɕ	tɕ	k	tɕ/k	k	tɕ	tɕ	tɕ
德兴	tɕ	tɕ	tɕ	tɕ	tɕ	k	tɕ	tɕ	k	k	tɕ/k	tɕ/k	tɕ	tɕ
旌德	tɕ	tɕ	tɕ	tɕ	tɕ	tɕ	tɕ	tɕ	k	ts/tɕ	tɕ	tɕ	ts	k
占大	tɕ	tɕ	tɕ	tɕ	tɕ	tɕ	tɕ	tɕ	k	tɕ	tɕ	tɕ	tɕ/k	tɕ
柯村	tɕ	tɕ	tɕ	tɕ	tɕ	tɕ	tɕ	tɕ	k	tɕ	tɕ	tɕ	k	tɕ
淳安	tɕ	ts	tɕ	ts	tɕ	ts	tɕ	tɕ	ts	tɕ	tɕ	tɕ	ts/tɕ/k	ts
遂安	tɕ	k	tɕ	k	tɕ	k	k	tɕ	k	tɕ	tɕ	tɕ	ts/k	ts
建德	tɕ	tɕ	tɕ	tɕ	tɕ	tɕ	tɕ	tɕ	tɕ	tɕ	tɕ	tɕ	k	tɕ
寿昌	tɕ	tɕ	tɕ	tɕ	tɕ	tɕ	tɕ	tɕ	tɕ	tɕ	tɕ	tɕ	k	tɕ

说明：表中以 tɕ 代 tɕ、tɕʰ、ɕ 组；以 ts 代 ts、tsʰ、s 组；以 tʃ 代 tʃ、tʃʰ、ʃ 组；以 k 代 k、kʰ、x 组。

徽州方言古见组在三四等韵前的表现会涉及两个方面的问题，其一，腭化程度不一致的问题；其二，部分方言点见组声母舌尖化的问题。下面我们逐一讨论。

（一）徽州方言中三四等韵前古见组声母腭化程度不一致

从表2-5可见，中古见组在开口三四等韵前基本腭化，而在合口韵前抵制腭化的势头较强，特别是在宕、通、蟹、止摄合口三等韵前古见组保持舌根音的势头最强，这是与北京话以及很多方言表现相同的地方。朱晓农认为这几摄的字早在腭化发生之前它们已经失落韵头 i，或者可以说，合口的"u"因素已经大大加强了它在音节中的地位，从而能躲开以后腭化的影响。② 只是我们从以上表格看到，宕、通、蟹、止摄合口三等韵前古见组在徽语中表现并不一致，这几摄的合口三等前的见组声母在旌占片和严州片绝大多数方言点和祁婺片、绩歙片部分方言点保持[k]、[kʰ]、[x]/[h]，而在

---

① 浙源话中山摄合口三、四等见组字仅有的"县"读为[ɕ]声母，其余都读为[tɕ]、[tɕʰ]、[ɕ]。
② 朱晓农：《三四等字的腭化与非腭化问题》，《音韵研究》，商务印书馆2006年版，第320页。

休黟片大部分方言点以及绩歙片、祁婺片部分方言点一些字却发生了腭化，而有些字又保持舌根音的读法，有些字则出现了舌面声母、舌根声母文白异读。

从音理上看，腭化与否似应与介音有关。合口三等韵的介音是 i 和 u 构成的复合介音，i 和 u 这两个元音的发音特征无法同时出现，由它们组合成的 iu、iw 这样的组合也就显得不太稳定，在语音演变中可能发生三种变化：一是 i 介音融合 u 介音的圆唇特点，形成前高圆唇介音 y；二是 i 介音排除掉 u 介音；三是 u 介音排除掉 i 介音。

那么为什么共同语里的蟹、宕、通几摄三四等合口字选择第三种演变方式，而徽语休黟片大部分方言点以及绩歙片、祁婺片部分方言点里的止摄又为什么会选择第一种音变方式呢？朱晓农先生表示仍旧无法回答"为什么是 u 压倒 i 而不是 i 压倒 u"，对此我们也无法解释。

从表2-5中我们看到，徽语很多方言点中，遇、止摄合口三等韵前的见组字有[k]和[tɕ]两组今读形式，但究其性质并不相类。遇合三的见组字分读[k]和[tɕ]，一般[k]组声母代表着白读层，[tɕ]组声母代表文读层，而且，文读层[tɕ]组声母已经占据绝对优势，白读音仅留存在"去""渠第三人称代词"（少数方言点还有其他遇合三的字读成[k]组声母的，例如，严州片徽语中的淳安、遂安、建德、寿昌除了"渠他""去"外，还有"锯名词"也读为[k]组声母）这两个字上，部分方言点"去"字本身存在文白对应。例如：

表2-6　　　　　　　　徽语部分方言点鱼韵字今读形式

	绩溪	荆州	屯溪	黟县	江湾	浙源	占大	淳安	遂安
去	kʰi³⁵白 tɕʰy³⁵文	kʰɿi³⁵白 tɕʰy³⁵文	kʰv⁵⁵白 tɕʰy⁵⁵文	kʰau³²⁴白 tɕʰyɛi³²⁴文	kʰɤ²¹⁴白 tɕʰy²¹⁴文	kʰao²¹⁵白 tɕʰy²¹⁵文	kʰɤ⁵⁵	kʰɯ²²⁴	kʰau⁴²²
渠第三人称代词	ki⁴⁴	kɿi³³	kʰv⁵⁵	kʰau³¹	kʰɤ⁵¹	kʰao⁵¹	kʰɤ³³	kʰɯ⁴⁴⁵	kʰɯ³³
居	tɕy³¹	tɕy⁵⁵	tɕy¹¹	tɕyɛi³¹	tɕy³³	tɕy³³	tɕy¹¹	tɕya²²⁴	tɕy²¹³

"去""渠第三人称代词""锯"都属于古鱼韵字，这些字的白读代表着"鱼虞有别"的较早层次，文读代表着"鱼虞不分"的层次。

而止摄合口三等韵前[tɕ]组声母代表着白读层，[k]组声母代表着文读层，止合三见组字读成[tɕ]、[tɕʰ]、[ɕ]的大部分方言点，其见组字混与遇摄合口三等字。这就是所谓的"支微入鱼"，这一现象至迟在唐五代西北方音中已经出现。"支微入鱼"现象的分布范围很广，从西北黄土高原一直延伸到东南沿海。① 而吴语中的相关现象较早为人所关注，明正德七年（1512）序刊《松江府志》卷四"风俗"记有"韵之讹则以支入鱼（龟音如居，为音如俞之类）"。② 清康熙《嘉定县志》也有类似的记载："归、龟呼为居，晷、鬼呼为举。"③ 这一现象目前仍广见于吴语区尤其是南部吴语中，比如"贵、亏、跪、围"等字，除了广丰、玉山以外，南部吴语一般读作[tɕy tɕʰy dʑy y]类音节（衢州、云和声母为[tʃ]组），如果有文读音，文读为[kuei kʰuei guei uei]类音节。④

与吴语相同的是，徽州方言中，"支微入鱼"现象也较普遍。不过，不同方言点中，"支微入鱼"所涉及的韵类、声类和涵盖韵字的数量存在一定程度的差异。下面我们就对徽州方言"支微入鱼"现象进行列表对比分析：

表2-7　　　　　　　　徽语"支微入鱼"现象对照表

		止合三		蟹合一、三四
绩溪	y	精(tɕ)组：嘴髓（支）醉翠尿（脂） 知章(tɕ)：吹炊垂（支）水锤（脂）见(tɕ)系：喂（支）	y	精组：脆岁（祭） 知章：税（祭）
歙县	y	泥来(n/l)：类（脂） 精(tɕ)组：嘴髓（支）醉（脂） 知章(tɕ)：睡（支）水（脂）	y	精组：岁（祭） 知章：税（祭）
屯溪	y	知章(tɕ)：吹炊垂（支）槌锤水（脂） 见(tɕ)系：诡跪危（支）龟轨柜（脂）鬼贵徽围（微）		
休宁	y	知章(tɕ)：吹炊垂睡瑞（支）槌锤水（脂） 见(tɕ)系：诡跪危（支）龟轨遗位（脂）归鬼贵徽围（微）		
黟县	yɛi	精(tɕ/ʃ)组：髓随隋嘴（支）虽尿穗遂隧翠醉（脂） 知章(tɕ/ʃ)：睡蕊（支）谁追锥坠（脂） 见(tɕ)系：诡亏跪危（支）逵馗葵龟轨柜癸（脂）归鬼贵尉慰谓猥魏（微）	yɛi	精组：岁脆（祭） 见系：锐（祭）惠慧桂（齐）瑰（灰）
	u	知章(tʃ)：吹炊垂瑞（支）水（脂）		
	uɛi	来母(l)：累（支）类（脂） 见(k)系：挥辉晖徽讳（微）麾毁（支）		
祁门	y	来母(l)：累（支） 精(ts)组：嘴随髓（支）醉虽尿翠遂（脂） 知章(tɕ)：吹垂搖睡（支）追槌锤锥谁水（脂） 见(tɕ)系：跪（支）葵柜（脂）贵旧读围~裙，旧读慰旧读（微）	y	精组：岁（祭） 见系：桂旧读（齐）
婺源	y	精(tɕ)组：穗（脂） 知章(tɕ)：追谁（脂） 见(tɕ)系：规亏窥危毁伪为（支）龟愧葵（脂）归挥徽讳威慰（微）	y	精组：岁（祭） 知章：税（祭） 见系：鳜卫（祭）桂惠慧（齐）

---

① 王军虎：《晋陕甘方言的"支微入鱼"现象和唐五代西北方音》，《中国语文》2004年第3期，第270页。

② 张光宇：《吴语在历史上的扩散运动》，《中国语文》1994年第6期，第414页。

③ 张光宇：《吴闽关系试论》，《中国语文》1993年第3期，第166页。

④ 曹志耘：《南部吴语语音研究》，商务印书馆2002年版，第162页。

续表

		止合三		蟹合一、三四
浙源	y	非组：微（微）　精（tɕ）组：虽（脂） 知章（tɕ）：吹炊垂睡瑞蕊（支）追锤槌谁水（脂） 见（tɕ）：诡跪毁危为伪委（支）龟轨癸愧逵葵维唯位（脂） 归鬼贵挥辉徽威违围苇伟纬畏慰魏胃谓（微）	y	见系：卫（祭）
浮梁	y	知章（tɕ）：吹捶瑞人名（支）追槌锤水（脂） 见（tɕ）系：围~裙儿（微）	y	知章：税（祭）
淳安	y	知章（tɕ）：吹炊（支）槌锤水（脂） 庄组：帅（脂） 见（tɕ）系：柜（脂）围~裙（微）		
遂安	y	精（tɕ）组：嘴（支） 知章（tɕ）：吹炊（支）槌锤水（脂） 见（tɕ）系：跪（支）龟柜（脂）鬼贵~戚围~裙（微）		

以上方言中，"支微入鱼"现象涉及韵类、声类、韵字数量最多且最为复杂的当属黟县话："支微入鱼"现象共涉及支脂微灰祭齐六个韵，涉及来母、精组、知章组、见系等声类，韵母音值分为三类：[yɛi]、[u]、[uɛi]，鱼虞韵字也相应地分读三种韵母。从各韵母所辖字来看，三四等精组字一般读为[yɛi]；知章组字一般分化为[yɛi]和[u]；止、蟹见系合口三四等字大多同读为[yɛi]，止合三见系字中还有部分不常用的读为[uɛi]，这部分读[uɛi]的见系字并不与鱼虞韵见系字相混，所以，"支微入鱼"现象不能把读成[uɛi]韵的见系字包括进去；鱼虞、支脂韵中泥来母字一般读为[uɛi]。例如：

yɛi： 追锥龟归=居拘 tɕyɛi31　　嘴诡轨鬼=举巨 tɕyɛi53　　醉贵=瑰桂=据句 tɕyɛi324
　　　随遂葵=徐渠 tɕʰyɛi44　　跪=序取 tɕʰyɛi53　　翠=脆=趣去 tɕʰyɛi324
　　　虽尿=需虚 ʃyɛi31　　睡=岁=婿絮 ʃyɛi324　　穗惠慧 ʃyɛi3
　　　危=鱼虞 n̠ʑyɛi44　　魏=寓遇 n̠ʑyɛi3
　　　蕊=与羽 yɛi53　　慰尉谓猬=锐 yɛi324

u： 吹炊=初 tʃʰu31　　垂=殊 ʃu44　　水瑞=暑竖 ʃu53

uɛi： 累连~类=虑滤 luɛi3

虽然黟县话中"支微入鱼"韵母表现形式有三种，但这只是止合三和蟹合三四字"入鱼"后与鱼虞韵字共生的现象，这里面有以声母为条件发生的音变，有系统内部不同层次读音的叠加。

从方言片来看，休黟片方言"支微入鱼"音变程度最高，江西徽语浮梁"支微入鱼"所涉及的例字最少，严州片、绩歙片"支微入鱼"音变程度也不高。整体上呈现出来的是中心徽语"支微入鱼"所涉及的韵类、韵字数量较多,越往四周延伸,"支微入鱼"所关涉的韵字数量越少。

我们大体可以把以上提及的徽州方言"支微入鱼"现象分成两类:一类是仅止合三字"入鱼",蟹合三四字不参与其中。这样的方言点有休黟片的屯溪、休宁、五城和严州片的淳安、遂安等;一类是止合三、蟹合三四甚至是蟹合一字"入鱼",这样的方言点较多,如绩歙片的绩溪、歙县和休黟片的黟县以及祁婺片的祁门、婺源、浮梁等,从比例上来看,蟹摄字"入鱼"者少于止摄字,蟹合一字"入鱼"者仅黟县话中的"瑰"一字。而且没有方言点仅有蟹摄字参与"支微入鱼"音变而无止摄字参与其中,但有方言点存在止摄字"入鱼"而无蟹摄字参与其中。郑伟在对七大方言区"支微入鱼"现象进行对比、归纳后看到现代方言中的一些共性——各大方言点止合三的支脂微韵都参与了音变,因而提出现代方言中"支微入鱼"的格局中有"止合三→蟹合三四"的蕴涵关系,认为整个汉语方言"支微入鱼"按照"止合三→蟹合三四→蟹合一"的次序分阶段进行。[①]我们以徽州方言为视角,可以看到,"支微入鱼"在辖字韵类上体现出来的蕴涵关系是清晰可见的。

徽州方言中,"支微入鱼"现象在声母层面也体现出音变的不平衡性。五城、屯溪、休宁、浮梁这几个方言中,参与音变的都只有知章组和见系字,今读为[tɕ tɕʰ ɕ ȵ]和[∅]。绩溪、婺源、淳安、遂安等方言中,虽然"入鱼"的声类多了精组,但今读形式还是只有[tɕ tɕʰ ɕ ȵ]和[∅]。其他方言中"入鱼"的声类除了知章、见组同读的[tɕ tɕʰ ɕ ȵ]和[∅]外,还有精组字读成的[ts tsʰ s]、来母读成的[l]等。徽州方言"支微入鱼"的例字没有读成唇音、舌根音声母的。郑伟发现汉语方言的"支微入鱼"层在声母类型上呈现出阶段性,并将其蕴涵关系形式化为:唇音→舌根音→舌尖中音→舌尖前/舌面前/舌面中/翘舌/舌叶音→喉音[②],这种蕴含关系在徽州方言中的表现就是:[l]→[ts tsʰ s]→[tʃ tʃʰ ʃ]/[tɕ tɕʰ ɕ ȵ]→[∅]。

由上文可见,"支微入鱼"现象不局限于见系字,但见系字通常会在声母、韵母上同步发生音变。而且从见组字的表现我们可以窥见音变的过程。我们先以祁婺片的祁门话为例,止摄合口三等、蟹摄合口三四等的见系字在音变过程中有以下三个不同阶段:

①   ②   ③

规亏鬼挥(k、kʰ、x)

    贵桂葵(k、kʰ、x/tɕ、tɕʰ、ɕ)

          跪柜(tɕ、tɕʰ、ɕ)

---

① 郑伟:《吴方言比较韵母研究》,商务印书馆2013年版,第130页。
② 同上书,第144页。

①反映的是这一阶段腭化规则还没来得及实现，i 介音就已失落。"规亏鬼挥"读为[kui kʰui kui xui]。②指扩散式音变正在进行。语音虽然是成系统的，但各部分演变的速度并不整齐，有的可能快些，有的可能慢些。我们推测，祁门话中的"桂""贵""葵"这些字在历史上曾经发生过腭化，但因受北方权威方言"i 介音失落规则"的影响，这些字引入了北方权威方言的文读，以文白异读的方式共存于祁门话系统中：k、kʰ为文读，tɕ、tɕʰ为白读，表现腭化规则与"i 介音失落"规则竞争的过渡性状态。止摄合口三等、蟹摄合口三四等的见系字在祁门话中仅有几个字有文白异读现象。而且，白读音只出现在特定的词语中，例如"贵"的白读音[tɕy²¹³]只出现在作为"便宜"的对立词中，而在"富贵""金贵"等词或是人名中，"贵"就一定是以文读形式[kui²¹³]出现的。"桂"字在"桂花"一词中，老年人读为[tɕy²¹³]，而在人名中或是较为正式的场合则读为[kui²¹³]。"葵"在"朝葵ㄦ"中读为[tɕʰy⁵⁵]，是白读音，而在"葵花籽"中则是文读，即[kʰui⁵⁵]。文读形式看来已占上风，白读只留存于为数很少的老年人口语中。③是已完成了腭化音变。"跪、柜"读为[tɕʰy⁴²]，相混于鱼、虞两韵里的见组字。这里涉及的应该是两个层次，止合三、蟹合三四读成 tɕy 类混入遇合三的是本地原有层次；而读成 kui 类则反映的是北方权威方言止合口三和蟹合一三四等的合流现象，是后至的外来层次。

止合三、蟹合三四等的见系字在祁门方言共时平面上的三种表现与在休宁历时层面上的表现惊人的相合。我们对比半个多世纪前的休宁音系（参见罗常培等《半个多世纪前的休宁方言音系》，《方言》2018 年第 2 期）和二十多年前的休宁音系后看到，止摄合口三等、蟹摄合口三四等的见系字读 k、kʰ、x 的越来越多，读 tɕ、tɕʰ、ɕ 的越来越少。具体情况如下：

表 2-8　　　　休宁半个多世纪前和二十多年前止合
三、蟹合三四的见系字对照表

休宁	k、kʰ、x	k、k、x/tɕ、tɕʰ、ɕ	tɕ、tɕʰ、ɕ
半个多世纪前	愧 kʰwɤʔ³²		归龟柜 tɕy¹¹　逵葵癸贵 tɕy⁵⁵　诡轨鬼 tɕyʔ³²　跪 tɕʰy²³²　挥辉徽 ɕy¹¹　毁 ɕyʔ³²　圭闺规 tɕye¹¹　鳜桂 tɕye⁵⁵　亏窥 tɕʰye¹¹　彗①惠慧 ɕye⁵⁵
二十多年前	愧 kʰue³¹　挥辉xue³³　毁xue¹³	归轨 tɕy³³白　kue³³文　亏 tɕʰye³³白　kʰue³³文　徽 ɕye³³白　xue³³文　彗 ɕye³³白　xue³³文	龟 tɕy³³　鬼诡 tɕy³¹　贵 tɕy⁵⁵　跪 tɕʰy³¹　逵 tɕʰy⁵⁵　圭闺规 tɕye³³　葵桂鳜癸 tɕye⁵⁵　惠慧 ɕye³³

由表 2-8 我们看到，休宁止合三、蟹合三四的见系字在半个多世纪前除

---

① "彗"在《半个多世纪前的休宁音系》中还有一读为[tsʰi¹¹]。

"愧"这样一个非口语词读舌根音外，其他均读为 tɕ、tɕʰ、ɕ；而三十年后的休宁，止合三、蟹合三四的见系字大部分口语常用词还是读为 tɕ、tɕʰ、ɕ，几个字出现了 k、kʰ、x 和 tɕ、tɕʰ、ɕ 文白异读对应现象，少数非口语词读成了 k、kʰ、x。

除了以上提及的祁门、休宁，止、蟹摄合口三四等见系字存在 k、kʰ、x 和 tɕ、tɕʰ、ɕ 异读现象，徽语其他方言点也不同程度地存在此类现象。为了更好地观察止、蟹摄合口三四等见系字的发展变化，我们选取五片中较有代表性的方言点对比如下：

表 2-9　　　徽语止合三、蟹合三四的见系字今读对照表

	k、kʰ、x/h（f）	k、k、x/tɕ、tɕʰ、ɕ	tɕ、tɕʰ、ɕ
绩溪	闺规龟归 kui³¹　鬼诡轨 kui²¹³ 桂贵瑰 kui³⁵　亏窥 kʰui³¹ 逵葵 kʰui⁴⁴　跪 kʰui²¹³　愧 kʰui³⁵ 柜 kʰui²² 挥辉徽 fi³¹　毁 fi²¹³　慧 fi²²		
歙县（向杲）	闺规龟归 kuɛ⁵²　鳜桂贵 kuɛ²¹⁴ 亏窥逵 kʰuɛ⁵²　葵 kʰuɛ⁵⁵ 傀 kʰuɛ³⁵　愧 kʰuɛ²¹⁴ 辉挥徽 fi⁵²₁　xuɛ⁵²₂	柜 tɕy²² 白 kuɛ²² 文	跪 tɕy²¹⁴
屯溪	轨 kue³²　逵葵愧 kʰue⁵⁵ 辉毁晖 xue¹¹	规闺圭 tɕye¹¹ 白 kue¹¹ 文 亏 tɕʰye¹¹ 白 kʰue¹¹ 文 挥 ɕye¹¹ 白 xue¹¹ 文　徽 ɕy¹¹ 白 xue¹¹ 文	贵 tɕy⁵⁵　跪 tɕʰy³² 桂鳜 tɕye¹¹　惠 ɕye¹¹
婺源		规 tɕy⁴⁴ 白 kuɤ⁴⁴ 文　诡 tɕy² 白 kuɤ² 文 亏窥 tɕʰy⁴⁴ 白 kʰuɤ⁴⁴ 文 跪 tɕʰy² 白 kʰuɤ³¹ 文 毁 ɕy² 白 xuɤ² 文　惠慧 ɕy⁵¹ 白 xuɤ⁵¹ 文	归 tɕy⁴⁴　鬼 tɕy² 鳜桂愧贵 tɕy³⁵ 逵葵 tɕʰy¹¹ 挥辉徽 ɕy⁴⁴
浙源	圭闺规 kue³³　鳜桂 kue²¹⁵ 亏窥 kʰue³³　惠慧 xue⁴³		龟归 tɕy³³　愧贵 tɕy²¹⁵ 诡轨癸鬼 tɕy²¹ 逵葵 tɕʰy⁵¹　跪 tɕʰy⁵¹ 挥辉徽 ɕy³³　毁 ɕy²¹
遂安	规归 kuəɯ⁵³⁴　鳜桂 kuəɯ⁴²² 溃诡轨癸 kuəɯ²¹³ 逵葵 kʰuəɯ³³　亏窥愧 kʰuəɯ⁵³⁴ 徽 fəɯ⁵³⁴　挥辉 fəɯ³³ 毁 fəɯ²¹³	鬼 tɕy²¹³ 白 kuəɯ²¹³ 文 贵 tɕy⁴²² 白 kuəɯ⁴²² 文 柜 tɕy⁴²² 白 kʰuəɯ⁴²² 文	龟 tɕy⁵³⁴　跪 tɕʰy⁴²²
建德	规龟归 kue⁴²³　鳜桂葵贵 kue³³⁴ 诡跪轨癸鬼 kue²¹³　亏 kʰue⁴²³ 逵 kʰue³³⁴　柜 kʰue³³　挥徽 hue⁴²³		
占大	规龟归 kue¹¹　轨鬼 kue²¹³ 鳜桂贵 kue⁵⁵　亏 kʰue¹¹ 葵逵 kʰue³³　跪 kʰue²¹³ 柜 kʰue³⁵　挥辉徽 xue¹¹ 惠慧 xue³⁵		

从表 2-9 我们看到，徽语中，止、蟹摄合口三四等见系字存在 k、kʰ、x 和 tɕ、tɕʰ、ɕ 文白异读对应现象的主要集中在休黟片、祁婺片方言点，严

州片的遂安和绩歙片的歙县向杲也有少数字读为 tɕ、tɕʰ、ɕ，旌占片和绩歙片的大部分地区以及严州片的很多方言点止、蟹摄合口三四等见系字不见舌面音的读法。可见，徽语中心地区止、蟹摄合口三四等见系字发展演变的速度较慢，腭化音变力量较强，发生腭化的字较多，而外围地区受共同语影响较为明显，腭化音变的力量不足以抗衡共同语中"i介音失落"规则的力量，所以与共同语一样同读为舌根音（少数方言点晓匣母字变读为唇齿音，后文将详作分析）。

以上我们分析三四等韵前的见系声母在徽语中的表现，并分析了同见于徽语和吴语中的"支微入鱼"现象以及由此引起舌根声母不同程度的腭化音变，部分方言点从而形成系统的文白异读对应。

（二）部分方言点见组声母舌尖化

从表 2-5 "徽语三四等韵前见组声母今读形式对照表"中，我们看到，某些方言点，主要是绩歙片的绩溪、荆州、深渡、杞梓里和严州片的淳安、遂安以及旌占片的旌德等，部分见系字发生舌尖化，读为 ts、tsʰ、s。其中，绩溪、荆州 ts、tsʰ、s 除了来自中古见、晓组和精组，也有来自中古庄、知组甚至是中古端组的。

如何看待徽州方言中见组声母舌尖化这一现象呢？

首先，我们观察到，这些见组声母舌尖化的方言均是徽语中尖团音合流的方言，而且声母发生舌尖化的见组字大多与精组字混同，可见，是精组和见组细音相混在前，声母的舌尖化在后。其次，我们进一步观察，见组字发生舌尖化的局限于三四等韵，一二等韵里的见组字未见舌尖化现象。这说明，发生舌尖化应该与介音有关。其中，绩溪、荆州、杞梓里、旌德只发生在开口三四等韵中；而淳安只发生在合口三四等韵中，且今读形式大多是合口呼韵母；深渡、遂安发生舌尖化的见组声母既有开口韵的也有合口韵的。例如（为了更好地观察这一现象，我们把与见组相混的精组字今读形式也予以列出）：

绩溪	鸡=资 tsʅ³¹	欺=妻 tsʰʅ³¹	戏=细 sʅ³⁵	
荆州：	鸡=资 tsʅ⁵⁵	气=刺 tsʰʅ³⁵	牵=千 tsʰə̃⁵⁵	献=线 sə̃⁵⁵
杞梓里：	鸡=资 tsʅ²¹	气=刺 tsʰʅ²¹³	喜=洗 ɕi⁵⁵ ≠死 sʅ⁵⁵	
旌德：	区=蛆 tsʰʯ⁴²	鸡=资 tsʅ³⁵	喜=洗=死 sʅ²¹³	极=七 tsʰʅ⁵⁵
深渡：	九=酒 tsøy³⁵	紧近 tsə̃i³⁵—进 tsə̃i²¹³	轻=清 tsʰə̃i²¹	君 tsuə̃i²¹—俊 tsuə̃i²¹³
	骄 tsɔ²¹≠焦 tɕiɔ²¹	晓 sɔ³⁵≠小 ɕiɔ³⁵		
遂安：	鸡=资 tsʅ⁵³⁴	菊=足 tsu²⁴	穷=存 tsʰən³³	凶=孙 sən⁵³⁴
淳安：	靴=虽 sue²²⁴	拳 tsʰuã⁴⁴⁵	君 tsuen²²⁴	穷①=从 tsʰɔm⁴⁴⁵

---

① 淳安"穷"有两读：tsʰɔm⁴⁴⁵ 和 tɕʰɔm⁴⁴⁵，除此，"兄、胸、熊、雄"也都有舌面音和舌尖音两读。

如何解释见组声母的舌尖化呢？徐通锵认为见系字的舌尖化是由于韵母 i 舌尖化为ɿ引起的："i 是一个舌面高元音，在元音系统的变动中（如高化之类），会受到其他元音的推和拉而发生变化。它的发音点如果由舌面移至舌尖，就会转化为舌尖前元音ɿ；如果舌尖略为翘起，它就会转化为舌尖后元音ʅ。……i 的这种变化又会引起声母的变化。i 如转化为舌尖前元音ɿ，和它组合的声母 tɕ 就会转化为ts。这在汉语方言中相当普遍。"[①]他举了寿阳、合肥、温州见、晓组字（鸡、希、欺）发生舌尖化的例子，徽语中，与这些方言点见、晓组字表现相似的有绩溪、杞梓里、旌德，发生舌尖化的见组字韵母均为舌尖元音 ɿ 或 ʅ。荆州和遂安，部分发生舌尖化的见、晓组字韵母也为舌尖元音 ɿ，而部分发生舌尖化的见组字今读形式中却没有舌尖前元音 ɿ 或 ʅ，除此，还有深渡、淳安，所有发生舌尖化的见组字今读形式中均不见舌尖前元音 ɿ 或 ʅ。所以，对于见组声母的舌尖化不好一概用舌面元音舌尖化的影响来解释。

汉语舌尖元音的概念是由瑞典的汉学家高本汉提出的。对于舌尖元音[ɿ]的性质，赵元任认为在北方官话里是舌尖前音 ts 组的一种"元音化"延长。这种由声母带出的一个附属性的同部位元音，是否会先于舌尖擦音、塞擦音产生而成为声母发音部位移动的动因呢？我们认为不一定，当然这指示了音变可能的方向。据石汝杰（1998）考察，汉语方言的语音中，有一种比较普遍的现象，即高元音（尤其是前高元音[i]和[y]）常带有强烈的摩擦倾向。这一现象分布很广，从东南到西南，从东部沿海到西北腹地都有。高元音的强摩擦倾向已经导致了一些方言在音系上的变化，变化的形式较多，最常见的是[i]的舌尖化。[②]我们推测，高元音摩擦程度强弱不一，对音系影响的力度和方式也不太一样。就徽语来说，像绩溪、荆州等地，这种摩擦力度较强，不仅影响了 tɕ 组声母，还影响了 t 组声母和 n 声母甚至是 p 组声母。而在杞梓里、深渡、旌德、淳安、遂安等很多方言点，这种高元音的摩擦力度只影响了 tɕ 组声母。

总之，在尖团音合流的方言中，见组声母在三四等韵发生的舌尖化，是韵母中高元音的摩擦作用引起的音系调整的结果。当然，这只是音变的方向或趋势，它不是音变的必然。

（三）徽州方言中来源于古见、晓组一二等韵的[tɕ]、[tɕʰ]、[ɕ]

前文我们曾提及徽州方言的[tɕ]、[tɕʰ]、[ɕ]主要来源于中古三四等韵里的精、清、从、心、邪和见、溪、群、晓、匣母，其实徽州方言还有部分

[①] 徐通锵：《语言论》，东北师范大学出版社 1997 年版，第 152 页。
[②] 石汝杰：《汉语方言中高元音的强摩擦倾向》，《语言研究》1998 年第 1 期，第 100—109 页。

见、晓组一二等字也有读为[tɕ]、[tɕʰ]、[ɕ]的，且大多来自开口韵。具体情况如下：

1. 徽州方言中来源于古见、晓组一等韵的[tɕ]、[tɕʰ]、[ɕ]

徽州方言中，见、晓组一等字读[tɕ]、[tɕʰ]、[ɕ]并不是普遍现象。首先，从读[tɕ]、[tɕʰ]、[ɕ]的一等见、晓组字来说，一般只出现在流摄一等韵、曾摄开口一等韵、宕摄开口一等韵的"刚"字；其次，从存在见、晓组一等字读[tɕ]、[tɕʰ]、[ɕ]的方言点来说，除了宕开一的"刚"，一般只见于祁婺片、休黟片的大部分方言点和旌占片的少数方言点如占大。例如（凡不读[tɕ]、[tɕʰ]、[ɕ]的不列出读音）：

表2-10　徽州方言中读[tɕ]、[tɕʰ]、[ɕ]的古见、晓组一等字

	流开一					曾开一		
	勾（纠）	狗（九）	口	厚	猴	肯	刻克	黑
屯溪	tɕiu¹¹	tɕiu³²	tɕʰiu³¹	ɕiu²⁴	ɕiu⁵⁵	tɕʰin³²		
休宁	tɕiu³³	tɕiu³¹	tɕʰiu³²	ɕiu¹³	ɕiu⁵⁵	tɕʰin³¹		
祁门	tɕie¹¹	tɕie⁴²	tɕʰie⁴²	ɕie⁴²	ɕie⁵⁵	tɕʰiæn42		
婺源	tɕia⁴⁴	tɕia²	tɕʰia²	ɕia³¹	ɕia¹¹	tɕʰiɔ̃²	tɕʰiɔ⁵¹	ɕiɔ⁵¹
占大	tɕio¹¹	tɕio²¹³	tɕʰio²¹³	ɕio³⁵	ɕio³³	tɕʰin²¹³		

以上所列的这些方言点流摄一等见、晓组字全部读成[tɕ]、[tɕʰ]、[ɕ]，混与流摄三等见、晓组字。还有部分方言点流开一见、晓组字读成细音，但声母保持舌根音形式，例如旌德、柯村、绩溪、歙县，而且也大多与三等见、晓组字同读。发生在流摄字的这种现象非常特殊，并且在徽语内部有一定的共性，应该是韵母对声母的影响所致，具体情况待后文韵母部分详加分析。

2. 徽州方言中来源于古见、晓组二等韵（开口）的[tɕ]、[tɕʰ]、[ɕ]

徽语有一些方言点，部分见、晓组二等字读为[tɕ]、[tɕʰ]、[ɕ]。具体如下表所示：

表2-11　徽州方言见、晓组二等开口字今读对照表

方言点		例　字
旌德	k:	稼嫁下虾鞋蟹街界疥戒械庚羹耕更埂梗哽坑格革隔客咸闲衔窖讲夹胛掐瞎匣吓角
	k/tɕ:	家架夏阶铰绞教觉敲间监奸甲狭学
	tɕ:	加痂嘉假贾驾价霞厦皆佳介届恰交郊胶较孝校艰减苋腔江腔降项~走、品~幸确
占大	k:	佳街介界疥届戒格革隔客鞋稼加嘉架夹甲掐恰虾狭霞下夏厦瞎胛耕羹羹坑讲咸更羹庚
	k/tɕ:	解假痂教间闲衔江铅觉角学
	tɕ:	交郊胶敲孝校腔项艰奸简哽行~走、品~杏幸确

续表

方言点	例　字
绩溪	k: 加痂嘉枷贾架驾嫁虾下夏间街奸艰监简祠介界疥戒鞋闲咸蟹陷铰茭窖觉敲梗更江讲项耕更庚羹哽坑杏角确格革隔客恰掐狭匣瞎
	k/tɕ: 家假解交教孝降行~~走,~品~学
	tɕ: 稼霞阶皆佳械届郊胶绞较校幸腔
歙县	k: 家嘉痂街假贾架驾价阶虾下夏厦解介界疥芥届戒械蟹鞋讲降~下~项巷狭匣监奸艰间耕更减坑咸衔闲陷馅限胶教窖觉敲学庚羹哽埂梗杏夹甲胛恰掐匣瞎瞎格隔革客吓角确学
	k/tɕ: 孝加江
	tɕ: 霞佳皆交郊绞铰校腔降投~
淳安	k: 家加痂嘉架驾嫁价假虾夏厦下佳街解鞋蟹阶介界芥疥届戒械茭教~书校~对窖觉~绞敲孝监间奸江降更庚羹耕减简坑苋咸衔闲行~走,~品~陷馅限项巷杏讲夹甲胛格隔革客掐客吓瞎狭匣学角确胛
	k/tɕ: 交
	tɕ: 贾郊铰校学~,上~教~育巧艰降腔幸觉知~恰
休宁	k: 家加稼假贾架驾嫁虾夏厦下霞皆价街械佳介界芥疥戒交胶教绞监奸艰间减简祠陷馅咸闲衔江讲项巷更~换更~解埂梗革格客隔限杏吓觉困~窖角校孝学夹甲胛恰掐瞎狭
	k/tɕ: 郊敲觉~得,知~确绞行坑
	tɕ: 更—~耕铰巧艰腔
祁门	k: 家加稼假贾架驾嫁价价虾夏厦下佳街解鞋蟹阶介界芥疥届戒械茭教校窖觉绞敲孝间奸江降更庚羹耕减简坑咸衔闲行~走,~限项巷杏幸讲夹甲胛格隔革客掐客吓瞎狭匣学角确胛
	k/tɕ: 巧监
	tɕ: 苋

　　从表 2-11 所列例字今读形式可见，见、晓组二等字在外围徽语区例如旌占片的旌德、占大读成[tɕ]、[tɕʰ]、[ɕ]的最多；其次是徽语北部地区绩歙片的绩溪、歙县和浙江徽语严州片的淳安。祁婺片的祁门读[tɕ]、[tɕʰ]、[ɕ]的最少。这代表了见、晓组二等字在徽语五片的今读情况，见、晓组二等字读[tɕ]、[tɕʰ]、[ɕ]的字由外围徽语区到中心徽语区、由北到南逐渐减少。这些方言点不同程度存在见、晓组二等字文白异读现象，一般读[k]、[kʰ]、[x]的代表白读层，读[tɕ]、[tɕʰ]、[ɕ]的代表文读层。徽语地域上表现出来的见、晓组二等字腭化的情况其实也是见、晓组二等字在时间上演变的反映，北部徽语区受官话影响程度较深、时间较早，腭化音变出现较早，演化速度较快。相比较而言，中心徽语区腭化音变发生的时间较晚，腭化程度相对较弱。但有一个现象值得注意，那就是梗摄二等字在休黟片休宁（以及休宁南乡的五城）表现比较特殊，一般来说，见、晓组二等字读[tɕ]、[tɕʰ]、[ɕ]的大多是方言中的非口语词或者是文读音，但梗摄二等字"耕、坑"等

字在休宁与此相反，读[tɕ]、[tɕʰ]的是口语词或是白读音。据罗常培记录的半个多世纪前的休宁方言中梗摄见、晓组二等字"更~换、庚、羹、耕、哽"均与见、晓组三四等字同读为[tɕ]声母。而据更早时期的休宁地方文献《休邑土音》（民国前期胡义盛抄记），梗摄见、晓组二等字混入见、晓组三四等字的更多。例如：二等字"耕、更、羹、庚、骾、梗、哽"等均归于四等字"经"目下，与三、四等见组字"京、颈、肩、见"互见；二等字"坑"与三四等字"牵、卿、谦"互见。这些字大多是方言中较为常用的口语字，读成三四等字应该不能归结于文教力量的影响。从《休邑土音》到现在的休宁方言，梗摄见组二等字读[tɕ]、[tɕʰ]、[ɕ]的反而越来越少，而且，这种现象仅见于梗摄二等见组字。这种现象可能与徽语中流摄见系一等字读如三等字的现象相似。

三 徽州方言中来源于古知三、章组的[tɕ]、[tɕʰ]、[ɕ]

前文曾提及徽州方言的[tɕ]、[tɕʰ]、[ɕ]除了来源于中古精、清、从、心、邪和见、溪、群、晓、匣母外，还有部分来源于中古知三、章组字。徽州方言中，知三、章组声母今读比较复杂（这里我们没有把知二和庄组考虑进来是因为庄、知二在徽州方言中除极少数字外一般不读腭化音。庄、知二和章、知三在徽州方言中基本保持分立。下文将会对知二庄和知三章的分合详加讨论），徽语几乎所有方言点都不同程度存在知三、章组声母读为[tɕ]、[tɕʰ]、[ɕ]的现象，不同方言点知三、章组声母字读[tɕ]、[tɕʰ]、[ɕ]的辖字范围不太一致，不同韵摄的知三、章组字今读形式也存在差异。具体情况如表2-12所示（因《方言调查字表》中果、梗、宕、曾、梗这几摄合口三等韵均无知三、章组字分布，蟹合三、咸开三分布的知三、章组例字太少且无口语词，故不予考察；个别转读普通话音的书面用字例如"庶、拙"等也不纳入考察范围）：

表 2-12　中古知三、章组声母在徽州方言中今读（下表续）

	假开三	遇合三	蟹开三	止三 开	止三 合	效开三	流开三	深开三 舒	深开三 入	宕开三
绩溪	tɕ/ts	tɕ	ts	ts	tɕ/ts	tɕ	ts	tɕ		tɕ/ts
荆州	tɕ/ts	tɕ	ts	ts	tɕ/ts	tɕ	ts	tɕ		tɕ/ts
歙县	tɕ/ts	tɕ	tɕ	tɕ	tɕ/ts	tɕ	tɕ	tɕ		tɕ
屯溪	tɕ	tɕ	tɕ	tɕ	tɕ/ts	tɕ	tɕ/t[①]	tɕ		tɕ

---

① 屯溪知三、章组字读成[t]的是"昼"字，如"上昼上午""下昼下午""当昼中午"，未见其他知三、章组字存在同类现象。休宁、五城读成[t]的也仅限于"昼"字。

续表

	假开三	遇合三	蟹开三	止三 开	止三 合	效开三	流开三	深开三 舒	深开三 入	宕开三
休宁	tɕ	tɕ	tɕ	tɕ	tɕ/ts	tɕ	tɕ/t	tɕ		tɕ
五城	tɕ	tɕ	tɕ	tɕ/ts	tɕ/ts	tɕ	tɕ/t	tɕ		tɕ
黟县	tɕ/tʃ	tʃ	ts	ts	tɕ/tʃ	tɕ/s	tʃ/s	ts		tɕ/s
祁门	tʂ/ɕ	tɕ	tʂ/ɕ	tʂ/ɕ	tɕ/tʂ①	tʂ	tʂ/ɕ	tʂ/ɕ		tʂ
婺源	ts/ɕ	tɕ	tɕ	ts	tɕ/s	tɕ	ts	ts		
浙源	ts	tɕ	ts	ts	ts	tɕ	ts	ts		
浮梁	tɕ	tɕ	tɕ	tɕ	tɕ	tɕ	tɕ	tɕ		
旌德	tɕ②/ts	tɕ/ts	ts	ts	ts	tɕ/ts	ts	tɕ	tɕ	tɕ/ts
占大	ts/ʂ③	tɕ	tɕ	ts/ʂ	ts/ʂ	tɕ	ts	ts	ts/ʂ	
淳安	ts	tɕ	ts	ts	tɕ/ts	ts	ts	ts		
遂安	tɕ	tɕ/ts	tɕ/ts	ts	tɕ/k（f）	tɕ	tɕ	tɕ		tɕ/ts

	山三 开 舒	山三 开 入	山三 合 舒	山三 合 入	臻三 开 舒	臻三 开 入	臻三 合 舒	臻三 合 入	曾开三 舒声	曾开三 入声	梗开三 舒声	梗开三 入声	通合三 舒声	通合三 入声
绩溪	tɕ/ts	tɕ	tɕ	tɕ	tɕ	tɕ/ts	tɕ	tɕ	tɕ	tɕ	tɕ	tɕ	ts	ts
荆州	tɕ/ts	tɕ	tɕ	tɕ	tɕ	tɕ/ts	tɕ	tɕ	tɕ	tɕ	tɕ	tɕ	ts	ts
歙县	tɕ	tɕ	tɕ	tɕ	tɕ	tɕ	tɕ	tɕ	tɕ	tɕ	tɕ	tɕ	tɕ	tɕ
屯溪	tɕ	tɕ	tɕ	tɕ	tɕ/ts	tɕ	tɕ	tɕ	tɕ	tɕ	tɕ	tɕ	ts	tɕ
休宁	tɕ	tɕ	tɕ	tɕ	tɕ	ts	tɕ	tɕ	tɕ	tɕ	tɕ	tɕ	tɕ	tɕ
五城	tɕ	tɕ	tɕ	tɕ	tɕ	tɕ	ts	tɕ	tɕ	tɕ	tɕ	tɕ	tɕ/ts	tɕ/ts
黟县	tɕ/s	tʃ	ts	tʃ	tʃ/ts	ts	tʃ/ts	tʃ/s	tʃ	tʃ	tʃ	tʃ	tʃ/t	tʃ/t
祁门	tʂ/ɕ	tɕ	tʂ/ɕ	tɕ	tʂ/ɕ	tɕ	tʂ/ɕ	tʂ	tʂ	tʂ	tʂ	tʂ/ɕ	tʂ/ɕ	tʂ/ɕ
婺源	tɕ	ts	tɕ	tɕ	tɕ	ts	ts	ts	ts	ts	ts	ts	ts	ts
浙源	ts	k	ts	k/ts	ts	ts	ts	ts	ts	ts	ts	ts	ts	ts
浮梁	tɕ	tɕ	tɕ	tɕ	tɕ	tɕ	tɕ	tɕ	tɕ	tɕ	tɕ	tɕ	tʂ	tʂ

① 祁门止合三知三、章组读ts的是"追、锥"这两个字，其他韵摄的知三、章组字均不见ts组这样的今读形式。

② 旌德假开三知三、章组字读成 tɕ 组辅音的只有"扯"字。

③ 占大音系中除了擦音还保持舌尖前后的对立，而舌尖塞擦音只有舌尖前ts、tsʰ一套了，严格地说是部分知系字ts、tsʰ和tʂ、tʂʰ自由变读。但在八十多岁老年人的口语中还保持舌尖前ts、tsʰ、s和舌尖后tʂ、tʂʰ、ʂ的对立。

续表

	山三				臻三				曾开三		梗开三		通合三	
	开		合		开		合		舒声	入声	舒声	入声	舒声	入声
	舒	入	舒	入	舒	入	舒	入						
旌德	ts	tɕ/ts	tɕ/ts	tɕ	ts	tɕ	tɕ/ts	tɕ/ts	ts	tɕ/ts	ts	ts
占大	ts/ɕ	ts/ʂ	tɕ	ts	ts/ʂ	tɕ	ts	ts/ʂ	ts	ts/ʂ	ts/ʂ
淳安	ts	tɕ[①]/ts	ts	ts	ts	ts	ts	ts
遂安	tɕ	k（f）	tɕ	tɕ/k（f）	tɕ	tɕ	tɕ/ts

从表 2-12 我们看到，中古知三、章组声母在徽语中一共有这样几组今读形式（还有未见表格的黄山等地，中古知三、章组声母有读为 tɬ、tɬʰ、ɬ 的，黄山等地的 tɬ、tɬʰ、ɬ 应该是和 ts、tsʰ、s 组属于同一语音层次而不同演变方向的今读形式）：ts、tsʰ、s，tʂ、tʂʰ、ʂ，tɕ、tɕʰ、ɕ，tʃ、tʃʰ、ʃ，k、kʰ、x（f），t。其中，tʃ、tʃʰ、ʃ 仅见于黟县，除此，通合三入声字还出现了 t 的今读形式；祁婺片的浙源和严州片的遂安还出现了知三、章组读成 k、kʰ、x（f）的现象。徽语每个方言点，知三、章组声母都不同程度出现了分化，今读形式最复杂的是黟县，出现了四组今读形式：ts、tsʰ、s，tɕ、tɕʰ、ɕ，tʃ、tʃʰ、ʃ，t。祁婺片的祁门出现了三组形式：tʂ、tʂʰ、ʂ，tɕ、tɕʰ、ɕ，ts、tsʰ、s。大部分方言点的知三、章组大多分化为两组，旌占片的少数方言点例如占大还有祁婺片的一些方言点分化为 tʂ、tʂʰ、ʂ，tɕ、tɕʰ、ɕ，绩歙片、休黟片、严州片大多数方言点知三、章组大多分化为 ts、tsʰ、s，tɕ、tɕʰ、ɕ。除去特殊韵摄外（例如止摄、通摄），我们大致可以将徽语知三、章组读音归为三类：

1. 不论开合以读舌面音为主。即不论中古地位是开口韵还是合口韵，知三、章组均以舌面音 tɕ、tɕʰ、ɕ 为主。祁婺片的浮梁和绩歙片的歙县是典型代表，知三、章组与见晓组混并后读成 tɕ、tɕʰ、ɕ 所辖的韵摄最多，除了通摄外，其余韵摄的知三、章组字几乎都读成 tɕ 组。除此，绩歙片的杞梓里、许村和休黟片的黄山、屯溪、休宁、五城、溪口等知三、章组不分开合以读细音为主。

2. 舌尖音（包括 ts、tsʰ、s，tʂ、tʂʰ、ʂ）和舌面音呈互补分布态势：开口韵读舌尖音，合口韵读舌面音。这种类型主要见于祁婺片一些方言点，例如祁门、婺源、浙源等；旌占片的一些方言点，例如占大、柯村；严州片的一些方言点，例如建德等，开口韵前知三、章组一般读 ts、tsʰ、s/tʂ、

[①] 淳安山开三知三、章组入声字中仅有"舌"读 tɕ 组音，其他都读成 ts 类。

tʂʰ、ʂ，合口韵前一般读舌面音 tɕ、tɕʰ、ɕ。

3. 不论开合以读舌尖音为主。主要有旌占片的旌德和严州片的淳安等，知三、章组字很少读舌面音 tɕ、tɕʰ、ɕ。

以上所归纳的徽语知三、章组今读三种类型实则代表知三、章组声母发展的不同层次。其中，第一种类型的徽语最为保守，这种类型代表知三、章组在徽语的较早阶段，这一阶段，知三、章组没有随韵母的开合发生分化；第二种类型中，知三、章组声母已经开始依韵母的开合发生分化，这个阶段，开口韵中的卷舌化音变已经开始出现（部分方言点进一步演变为舌尖前音），而合口韵则保持舌面音不变；第三种类型代表知三、章组发展的较晚阶段，无论开口韵还是合口韵基本完成了舌面音向卷舌音继而向舌尖前音的演变。

当然，这里还涉及知三、章组声母的合流以及合流以后又重新组合的问题，我们下文将结合知二、庄组声母对此详作分析。知三、章组声母在合流前曾经历不同的发展阶段，徽语共时平面上存在的几组读音正是知三、章组声母历时发展的反映，只不过不是每一个方言点都会完全经历这个音变过程，语音发展本来就是不平衡的。从音理上来说，tʂ＞ts＞tɕ 的演变也是可行的，tʂ或ts声母受 i 介音的同化从而腭化为 tɕ。只不过，目前还没有确切的证据显示徽语某个方言点曾经发生"tʂ＞tɕ"的反向演变（汉语方言中是存在这种方向演变模式的。例如：万荣话和岳西话中有部分见、晓组字白读为tʂ组声母。当然，这种现象只见于极少数方言，不具有普遍性）。而我们把 tɕ 看作是音变链的上环则是有方言根据的。一些方言点存在不同年龄层之间的语音差异。例如：歙县徽城老派读成 tɕ、tɕʰ、ɕ 的声母字，中年人大都读成 tʃ、tʃʰ、ʃ，青少年却读成了 ts、tsʰ、s。这种新老差异可以说是历时差异的反映。除此，还有某些方言点存在的城乡语音差异也可以说明 tɕ 是音变链的上环。例如，祁门知章组读成舌面塞音或塞擦音所辖的字由西到东呈现递减趋势，在远离城区的箬坑乡（祁门西路话）大部分知三、章组字读成 tɕ、tɕʰ、ɕ，而同属于西路话但离县城较近的闪里话宕开三、梗开三的知章组字已经读成了 tʂ、tʂʰ、ʂ。离县城最近而且语音系统最接近城区话的南路话只有假、蟹、止、深几摄的开口知三、章组字读为 tɕ、tɕʰ、ɕ，而在其他的开口三等韵前则读tʂ、tʂʰ（本点没有ʂ声母，古生、书母不论在洪音还是细音前都读为ɕ，如：沙=烧 ɕiuɐ[11]）。到了城区，除了在大多数合口韵前知三、章组字读成 tɕ、tɕʰ、ɕ，在开口韵前只能从[ʂ]、[ɕ]的自由变读中看出知章组字历史上曾经有过舌面音的读法（祁门城区话中，[ʂ]与[ɕ]不对立，在开口呼和合口呼韵母前读[ʂ]，在齐齿呼和撮口呼韵母前读[ɕ]。这两种声母的字有小部分可以自由变读如：梳馊收[ʂe[11]]～[ɕie[11]]|

束[ʂe³⁵]~[ɕie³⁵]｜深身升[ʂæn¹¹]~[ɕiæn¹¹]｜兴高兴[ʂæn²¹³]~[ɕiæn²¹³]｜成[ʂæ̃⁵⁵]~[ɕiæ̃⁵⁵]）。

另外，徽语某些方言点出现了一些特殊读音。例如，祁婺片的浙源和严州片遂安的古知三、章组在部分合口韵前读成 k、kʰ、x（f）（古书、禅二母读成f）。我们发现，这些知三、章组字与同等音韵地位的见组字相混。例如：

浙源：专砖=捐[kuĩ³³]　川穿=圈[kʰuĩ³³]　船=悬[xuĩ⁵¹]　肫=军[kuein³³]

遂安：追[kyei⁵³⁴]　说=血[fɛ²⁴]　专砖=捐[kyɛ̃³³]　传=权[kʰyɛ̃³³]　肫=军[kyen⁵³⁴]

这些字都来自古合口韵，说明与后接元音的影响有关；而且又与见组字相混，说明是与见组合流为舌面音后受后接元音影响进一步音变为舌根音。即：

tɕ、tɕʰ、ɕ＞k、kʰ、x__y（u）

至于遂安少数书、禅母字今读 f 声母则是与晓、匣母同读为 x 声母的后续性音变结果，即"x＞f__y（u）"的音变，遂安方言的 f 所辖的字基本来自古合口韵。

知三、章组在合口韵里读为 k、kʰ、x 的现象并不限于徽语的浙源、遂安等地区。据蒋希文[①]，湖南醴陵的知三、章组字在合口韵前与见、晓组字一样，读成 k、kʰ、x。

除此，在休黟片的一些方言点例如屯溪、休宁、五城、黟县知三、章组有读为 t 的现象。屯溪、休宁、五城仅一个"昼"字，且在休宁南乡较早地方文献《休邑土音》中"昼"未见与端母字互见，我们怀疑今天屯溪、休宁、五城的"昼"可能只是训读。据《徽州方言研究》中的黟县音系，知三、章组读 t 的仅见于通合三的入声字"嘱、瞩、粥、祝、竹、筑"几个字，而从比《徽州方言研究》更早的《黟县方音调查录》中看到，知章组读同端组现象有两处，一处源于通摄入声韵字，其例字只比《徽州方言研究》多了一个"竺"；另一处源于山摄字：穿[②]=夺 tʰuə。

如何看待黟县知三、章组字读同端组的现象呢？我们认为，这种现象形式上与"古无舌上音"现象很像，但实质并不相同。主要表现在："古无舌上音"一般指的是《切韵》音系的知、彻、澄三母，在上古时代，其读音与端、透、定无异。但《徽州方言研究》和《黟县方音调查录》中读同端组的除了知组字还有章组字。学界一般认为，现代汉语方言中留存"古无舌上音"现象的当以闽语为典型，而闽语中与端组字同读的一般限于知

[①] 蒋希文：《湘赣语里中古知庄章三组声母的读音》，《语言研究》1992 年第 1 期，第 74 页。

[②] 《黟县方音调查录》（1935）中，"穿"另有一读同于"川"。

组字（知二、知三），章组和庄组字则另读一类，读舌尖塞擦音、擦音。与黟县相似的是，湘、赣语有些地区以及湘南土话中存在知三、章读如端组的现象（蒋希文，1992）。"中古知、章组声母字在湘赣语里有些地区读舌尖塞音在已发表和未发表的一些论著里，不少作者援引钱大昕的'古无舌上音'的说法，认为这种现象是'古音的遗留'。"[①] 罗常培在《临川音系》里说过："舌上音读成舌尖音在闽系方言和高丽、日本汉字译音里也还有同样的现象。这足以证明钱大昕'舌音类隔说不可信'的结论是可以成立的。至于正齿三等字也变成舌头音的现象，在别的方言却很少见。这个现象的来源是很古的。"[②] 蒋先生认为："临川话中古知二组和庄组字读一类，读舌尖塞擦音，知三组和章组字另读一类，读舌尖塞音。临川话中古知、庄、章三组字的演变模式和闽语不是一样的。湘赣语知章组读舌尖塞音似乎应当另有解释，不能笼统地用'古音遗留'一句话来搪塞。"[③] "在以上三个方言（临川、双峰、安化）里，来自中古的知章组字今音读舌尖塞音是有限制的，是以今音韵母读音为条件的。……在临川、双峰、安化三个方言里来自中古知、章组字今音读舌尖塞音的，可以认为是由舌面塞擦音演变（经过移位、硬化）的结果。"[④]

与湘、赣语知三、章组字读舌尖塞音相似，黟县话中古知三、章组字读同端组用例极少，且声类、韵类、调类皆受限，只能用较晚的音变来解释这个现象，音变产生的原因应该还是与韵母有关。

徽州方言三四等字的腭化与非腭化问题相对北京话来说更为复杂，汉语的腭化问题本来就是历史比较语言学中的一个老难题，本书讨论的这些问题还须结合更多的方言材料及汉语史的材料作更深入的讨论。

第三节　徽州方言古知、庄、章组分立格局的分析

《广韵》音系的"知彻澄、章昌船书禅、庄初崇生"三组音，到了十三、十四世纪时发生了归并，在现代汉语共同语中这三组音已经合并为一组卷舌音[tʂ]、[tʂʰ]、[ʂ]，从历史上看，"知""章""庄"三组演变成[tʂ]、[tʂʰ]、[ʂ]不是同时的。它们是怎样归并的，归并后形成多少个声母？中古的知、庄、章声母发展到《中原音韵》中到底分为几组，学界一直以来意见不一：

[①] 蒋希文：《湘赣语里中古知庄章三组声母的读音》，《语言研究》1992年第1期，第69页。
[②] 罗常培：《临川音系》，科学出版社1958年版，第108页。
[③] 蒋希文：《湘赣语里中古知庄章三组声母的读音》，《语言研究》1992年第1期，第69页。
[④] 同上书，第73页。

一派学者主张将《中原音韵》中知、庄、章分作两组,知三章为一组,跟[i]相拼,拟为舌面音*[tɕ-],知二、庄为一组,拟为翘舌音*[tʂ-]。另一派学者主张将整个知、庄、章看成一组,或都拟为舌叶音,或都拟为卷舌音。例如杨耐思根据八思巴字译音系统的声韵配合关系看到"一个韵母里面,'知、章、庄、日'的出现,只有一套,没有对立现象",因此提出"我们可以毫不犹豫地认定它们是一套声母"。① 而在现代汉语方言中,例如南部吴语、客赣方言、徽语中,知庄章一般分成两组:知二庄一组,知三章一组,形成二极分立的格局。如何看待包括徽语在内的方言中知、庄、章的分立趋势呢?这样的格局又是怎样形成的?下面我们就以徽语为视角来观察知、庄、章组的今读情况,我们先以笔者的母语——祁门城区话中的大坦话为例来考察徽语庄组和知章组的音韵表现。

祁门大坦话中庄组和知章组声母的今读共有三组:tʂ、tʂʰ、ʂ;tɕ、tɕʰ、ɕ;ts、tsʰ、s。下面是知、庄、章组字在祁门大坦话中的今读情况:

表 2-13　　　　　　祁门大坦话中知庄章组声母今读

声母	韵摄		韵　字
tʂ-	假摄		茶(知二) 查渣榨炸叉权差~不多沙纱(庄二) 遮者蔗车马~扯(章)
	遇摄		初楚础助梳所数(庄二)
	蟹摄		斋豺债钗差出~柴筛晒寨(庄二) 制(章)
	止摄		知池驰迟致稚痴雉置耻持治(知三) 支枝肢梔纸翅脂旨指至之芝止趾址志痣嗤齿(章) 厕(庄二)
	效摄		罩(知二)朝超潮召(知三) 抓爪找笊抄钞巢(庄二) 昭招照烧少绍邵(章)
	流摄		昼抽丑绸稠筹(知三) 馊瘦(庄二) 周舟州洲帚咒臭仇酬收手首守兽受寿授售(章)
	咸摄		站赚(知二)沾(知三) 斩插闸搀杉衫(庄二) 占折~衣裳褶(章)
	深摄		沉蛰(知三) 参人~渗(庄二) 针枕执汁湿深沈审(章)
	山摄	开	盏铲山产删扎察杀铡(庄二) 展缠哲彻撤(知三) 战折~断浙舌(章)
		合	闩拴刷(庄二)
	臻摄		珍镇趁陈尘阵侄秩(知三) 榛臻(庄二) 真诊疹振震晨质臣神身申伸辰肾慎(章)
	宕、江摄		撞桌啄戳(知二)张长涨帐张胀肠丈仗着(知三) 窗双捉铿(庄二) 庄装壮疮闯创床状霜(庄二) 章樟掌障瘴昌菖厂唱倡商伤常尝偿上尚焯(章)
	曾摄		征橙澄直值(知三) 测侧色(庄二) 蒸拯证症称秤乘剩胜承丞织职植塍绳升(章)
	梗摄		撑掌拆泽择宅摘坼(知二)贞侦逞呈程郑(知三) 生甥省~争筝责策册栅(庄二) 正征整政声成城诚圣盛隻赤尺石(章)
	通摄		中忠虫冢重宠竹筑畜(知三) 崇缩(庄二) 终众铳充钟种肿舂烛触束属(章)

---

① 杨耐思:《汉语"知、章、庄、日"的八思巴字译音》,《近代汉语音论》(增补本),商务印书馆2012年版,第80页。

续表

声母	韵摄		韵　字
tɕ-	假摄		蛇赊射社舍麝（章）
	遇摄		猪除苎箸诛蛛厨柱住（知三）　煮处杵书暑鼠薯朱珠硃主注蛀枢输殊竖树（章）　缏（庄三）
	蟹摄		世势誓税（章）
	止摄	开	*师狮士柿使史驶事*（庄三）　匙是豉尸屎示视始试时市侍（章）
		合	锤槌（知三）　吹炊垂睡谁水（章）　帅（庄三）
	流摄		*收手首守兽受寿授售*（章）　馊瘦（庄三）
	咸摄		闪涉（章）
	深摄		十拾什*深沈审*（章）　参人~渗（庄三）
	山摄	开	善扇设（章）
		合	转传（知三）　专砖川穿串船说（章）
	臻摄	开	实失室*神身申伸辰肾慎*（章）
		合	椿术白~（知三）　肫准春蠢唇顺舜纯醇出术技~（章）
	曾摄		*塍绳升*（章）
	梗摄		射适释（章）
ts-	通摄		*束属*（章）
	遇摄		阻（庄三）
	止摄		只~有（章）　滓（庄三）　追（知三）　椎锥（章）
	效摄		稍捎（庄三）
	流摄		皱愁搜（庄三）
	深摄		簪森（庄三）
	臻摄		衬（庄三）

从表 2-13 中我们看到：

1. 知系字中，除了部分生母字有可能读成舌面擦音，从而与书母字相混外（还有部分生母字和书母字可以自由变读ʂ和ɕ。这种情况在祁门南路话里更为典型，比如溶口话的音系中就没有ʂ声母的存在，所有的生母字都读成ɕ）。其他庄组字一般不读舌面音 tɕ、tɕʰ、ɕ。

2. 知三、章组字分读 tʂ、tʂʰ、ʂ 和 tɕ、tɕʰ、ɕ。读 tɕ、tɕʰ、ɕ 的多为合口三等韵字，还有部分是开口韵中读成擦音的书、船、禅母字，这些擦音声母遇主元音为前半高元音或前半低元音时自由变读为ʂ和ɕ。

3. 祁门方言中，除了止合三的知母字"追"和章母字"椎锥"读成ts声母外，知系字中读成 ts、tsʰ、s的都是庄组字。

由此，我们看到庄组和知章组在大坦话中呈现分立趋势：庄组、知二组以读 tʂ、tʂʰ、ʂ为主，少部分读为ts、tsʰ、s；知三章组基本以开合口为条件分读 tʂ、tʂʰ、ʂ 和 tɕ、tɕʰ、ɕ。不过，祁门大坦话这种分立趋势在徽语中尚不算典型，徽语的很多方言点知系字大多只有两类今读形式，而且这两类今读形式的分布大致是知二、庄为一组，知三、章为一组，具体情况如表 2-14 所示，为了更好地观察知二、庄和知三、章的分立趋势我们将韵字的声母、韵母均予以列出：

表 2-14　　　　徽州方言中知、庄、章组今读对照表

	假摄		遇摄				蟹摄			
	茶澄二 查彻~、崇二	车昌	初初	梳生	猪知三 珠章	书书	债庄二	柴崇二	制章	世书
绩溪	tsʰo	tɕʰiɔ/ tsʰo	tsʰu	su	tɕy	ɕy	tɕiɔ	ɕiɔ	tsɿ	sɿ
荆州	tsʰo	tɕʰiɔ/ tsʰo	tsʰu	su	tɕy	ɕy	tɕiɔ	ɕiɔ	tsɿ	sɿ
歙县	tsʰa	tɕʰia	tsʰu	su	tɕy	ɕy	tsa	sa	tɕi	ɕi
屯溪	tsɔ	tɕʰia	tsʰɛu	sɛu	tɕy	ɕy	tsa	sa	tɕi	ɕie
休宁	tsɔ	tɕʰia	tsʰau	sau	tɕy	ɕy	tsa	sa	tɕie	ɕie
五城	tsʰɔ	tɕʰia	tsʰɤ	sɤ	tɕy	ɕy	tsa	sa	tɕie	ɕie
黟县	tʃo	tɕʰi:e	tʃʰu	ʃu	tʃu	ʃu	tʃa	ʃa	tsɿ	sɛɛ
祁门	tʂʰa	tʂʰi:a	tʂʰu	ʂe	tɕy	ɕy	tʂa	ʂa	tʂi	ɕi:ɐ
婺源	tsʰo	tsʰɛ	tsʰu	su	tɕy	ɕy	tso	so	tɕi	ɕi
浙源	tsʰo	tsʰe	tsʰu	su	tɕy	ɕy	tsɔ	sɔ	tse	se
浮梁	tʂo	tɕʰie	tʂʰəu	ʂəu	tɕy	ɕy	tɕia	ɕia	tɕi	ɕi
占大	tsʰo	tʂʰa	tsʰy	ʂy	tɕy	ɕy	tʂa	ʂa	tsɿ	sɿ
淳安	tsʰo	tsʰo	tsʰua	ɕya	tɕya	ɕy	tsa	sa	tsɿa	se
遂安	tsʰa	tɕʰiɛ	tsʰu	su	tɕy	ɕya	tsa	sa	tsɿ	ɕiei

续表

	止摄				效摄				流摄			
	事崇三	帅生三	是禅	水书	罩知二 笊初二 庄二	抄初二	照章	超彻三	愁崇三	瘦生三	绸澄三 仇禅	兽书
绩溪	sɿ	sa	sɿ	ɕy	tsɤ	tsʰɤ	tɕie	tɕʰie	tsʰi	si	tsʰi	si
荆州	sɿ	sa	sɿ	ɕy	tsɤ	tsʰɤ	tɕie	tɕʰie	tsʰɿi	sɿi	tsʰɿi	sɿi
歙县	sɿ	sɛ	ɕi	ɕy	tsɔ	tsʰɔ	tɕiɔ	tɕʰiɔ	tsʰio	ɕio	tɕʰio	ɕio
屯溪	sɿ	?	ɕi	ɕy/si	tsɤ	tsʰo	tɕio	tɕʰio	tsʰiu	ɤ	tɕʰiu	ɕiu
休宁	sɿ	so	ɕi	ɕy	tsɤ	tsʰo	tɕio	tɕʰio	tsʰiu	ɤ	tɕʰiu	ɕiu
五城	sɿ	sɤ	ɕi	ɕy	tsɤ	tsʰo	tɕio	tɕʰio	tsʰiu	ɤ	tɕʰiu	ɕiu
黟县	sɿ	ʃuɯ	sɿ	ʃu	tʃau	tʃʰau	tɕi:u	tɕʰi:u	tʃʰɯ	sɯ	tʃʰɯ	sɯ
祁门	ɕi	ɕy:ɛ	ɕi	ɕy	tʂɐ:u	tʂʰu:ɐ	tʂa	tʂʰa	tʂʰe	ʂe	tʂʰe	ʂe
婺源	sɿ	ɕiø	ɕi/sɿ	ɕy	tsɒ	tsʰɒ	tsɒ	tsʰɒ	tsʰɑ	sɑ	tsʰɑ	sɑ
浙源	sɿ	sɤ	sɿ	ɕy	tsou	tsʰou	tsɔ	tsʰɔ	tsʰao	sao	tsʰao	sao
浮梁	ʂɚ	sa	ɕi	ɕy	tʂɒ	tʂʰau	tɕiau	tɕʰiau	siəu	ɕiau	tɕʰiəu	ɕiəu
占大	sɿ	suɛ	sɿ	ɕye	tsɒ	tsʰɒ	tsɒ	tsʰɤ	sɤ	tsʰɤ	ɤ
淳安	sɿa	?	tsʰa	ɕya/ɕy	tsə	tsʰə	tsə	tsʰə	tsʰɯ	sɯ	tsʰɯ	sɯ
遂安	sɿ	sua	sɿ	ɕy	tsɔ	tsʰɔ	tɕia	tɕʰia	tɕʰiu	ɕiu	tɕʰiu	ɕiu

	咸摄				深摄		山摄（开）			
	站知二庄二 斩知二庄二	插初二	占~位子,章	折叠,章	参人~,生三	深书	盏庄二	山生二	展知三	扇书
绩溪	tsʰɔ tsɔ	tsʰɔʔ	tɕyẽi	tɕyaʔ	sã	ɕiã	tsɔ	sɔ	tsẽi	ɕyẽi
荆州	tsʰɔ tsɔ	tsʰɔʔ	tɕyɔ̃	tɕyaʔ	sɛ	ɕiɛ	tsɔ	sɔ	tsɔ̃	ɕyɔ̃
歙县	tsʰɛ tsɛ	tsʰa?	tɕie	tɕie?	sã	ɕiã	tsɛ	sɛ	tɕie	ɕye
屯溪	tsʰɔ tsɔ	tsʰɔ	tɕi:a	tɕia	san	ɕian	tsɔ	sɔ	tɕi:e	ɕi:e
休宁	tsʰɔ tsɔ	tsʰɔ	tɕia	tɕia	san	ɕiẽn	tsɔ	sɔ	tɕia	ɕia
五城	tsʰou tsou	tsʰɔ	tɕiɛ	tɕia	san	ɕian	tsou	sou	tɕiɛ	ɕiɛ
黟县	? tʃoŋ	tʃʰoŋ	tɕi:e	tɕi:ɛ	saŋ	sɿ	tʃoŋ	soŋ	tɕi:e	si:e
祁门	tʂõ	tʂʰa	tʂĩ:ɛ	tʂĩ:ɛ	sæn	sæn	tʂõ	ʂõ	tʂĩ:e	ɕĩ:ɛ
婺源	tsum	tsʰo	tɕĩ	tsɛ	sein	sein	tsum	som	tɕĩ	ɕĩ

续表

	咸摄				深摄		山摄（开）			
	站知二 斩庄二	插初二	占~位子,章	折折叠,章	参人~,生三	深书	盏庄二	山生二	展知三	扇书
浙源	tsõ	tsʰo	tsĩ	tse	sein	sein	tsõ	sõ	tsĩ	sĩ
浮梁	tsaŋ tʂo	tʂʰo	tɕi	tɕie	ʂoŋ	ɕiən	tʂo	ʂo	tɕi	ɕi
占大	tsã tsõ	tsʰɔ	tɕiẽ	tsɛ	sã	sən	tsɔ̃	sɔ̃	tsɔ̃	ɕyẽ
淳安	tsã tsã	tsʰɑʔ	tsã	tsəʔ	sã	sen	tsã	sã	tsã	sã
遂安	tsã	tsʰɑ	tɕiẽ	tɕiɛ	ɕin	tsã	sã	tɕiẽ	ɕiẽ

	山摄（合）			臻摄			宕、江摄			
	栓生二 刷生二	传遗~,澄三 船船	说书	衬初三	陈澄三	春昌	双生三 霜生二	桌知二 捉知二	伤书	着~衣,知三
绩溪	sɔ sɔʔ	tɕʰyẽi	ɕyaʔ	tɕʰiã	tɕʰiã	tɕʰyã	sõ	tsoʔ	ɕiõ	tɕyoʔ
荆州	sɔ sɔʔ	tɕʰyɔ̃	ɕyaʔ	tɕʰiɛ	tɕʰiɛ	tɕʰyɛ	sõ	tsoʔ	ɕiõ	tɕyoʔ
歙县	ɕye suaʔ	tɕʰye	ɕyeʔ	tɕʰiÃ	tɕʰiÃ	tɕʰyÃ	so	tsoʔ	ɕia	tɕiaʔ
屯溪	su:ə	tɕʰy:e ɕy:e	ɕy:e	tɕʰian	tɕʰian	tɕʰyan	sau	tso	ɕiau	tɕio
休宁	su:ə	tɕʰy:e	ɕy:e	tɕʰiĕn	tɕʰiĕn	tɕʰyĕn	sau	tso	ɕiau	tɕio
五城	su:ɐ	tɕʰy:ɐ ɕy:ɐ	ɕy:ɐ	tɕʰian	tɕʰian	tɕʰyan	sɔu	tso	ɕiɔu	tɕio
黟县	ʃu:ɐ	tɕʰy:ɐ ʃu:ɐ	ʃu:ɐ	tsʰʅ	tsʰʅ	tʃʰu	soŋ	tʃau	soŋ	tʃau
祁门	ʂũ:ɐ ʂu:ɐ	tɕʰỹ:ɐ ɕỹ:ɐ/ tɕʰy:ɐ	ɕy:ɐ	tsʰæn	tsʰæn	tɕʰyæn	ʂũ:ɐ	tʂu:ɐ	ʂũ:ɐ	tʂo
婺源	som so	tɕʰỹ ɕỹ	ɕiø	tsʰein	tsʰein	tsʰiəŋ	ɕiã	tsɒ	ɕiã	tsɒ
浙源	sũ so	kʰuĩ xuĩ	xue	tsʰein	tsʰein	kʰuein	sɔ̃u	tsɔu	sɔ̃u	tsao
浮梁	ʂo ?	tɕʰyi ɕyi	ɕye	tsʰən	tɕʰiən	tɕʰyən	ʂaŋ	tʂau	ɕia	tɕia
占大	ɕyẽ ɕya	tɕʰyẽ	ɕye	tsʰən	tsʰən	tɕʰyn	sɔ̃	tso	sɔ̃	
淳安	suã suãʔ	tsʰuã suã	suãʔ	tsʰen	tsʰen	tsʰuen	som sã	tsoʔ	sã	tsaʔ
遂安	fẽ fɛ	kʰyẽ fẽ	fɛ	tɕʰin	tɕʰin	kʰyen	som	tsɔ tsu	ɕiã	tɕiã

续表

	曾摄		梗摄						通摄	
	色 生三	识 书	争 庄二	生 生二	拆 彻二 策 初二	郑 澄三 正 章	声 书	尺 昌	缩 生三	熟 禅
绩溪	ɕiaʔ	ɕieʔ	tsã/tsēi	sã/sēi	tɕʰiaʔ	tɕʰiã tɕiã	ɕiã	tɕʰieʔ	sɤʔ	sɤʔ
荆州	ɕiaʔ	ɕieʔ	tsɔ̃/tsɛ	sɔ̃/sɛ	tɕʰiaʔ	tɕʰiɛ tɕiɛ	ɕiɛ	tɕʰieʔ	sɤʔ	sɤʔ
歙县	sɛʔ	ɕiʔ	tsɑ̃/tsɛ	sɑ̃/sɛ	tsʰɛʔ	tɕʰiɑ̃ tɕiɑ̃	ɕiɑ̃	tɕʰiʔ	suʔ	su
屯溪	sa	ɕi	tɕiːe	ɕiːe	tsʰa	tɕʰiːe tɕiːe	ɕiːe	tɕʰie	sɤ	ɕiu
休宁	sa	ɕi	tsa/tɕia	ɕia	tsʰa	tɕʰia tɕia	ɕia	tɕʰie	sau	ɕiu
五城	sa	ɕi	tɕiɛ	ɕia/ɕiɛ	tsʰa	tɕʰiɛ tɕiɛ	ɕiɛ	tɕʰie	sɤ	ɕiu
黟县	sa	sɿ	tʃa	sa	tʃʰa	tsʰɿ tʃa	sa	tʃʰa	sau	ʃu
祁门	ʂa	ɕi	tʂã	ʂã	tsʰa	tsʰæ̃ tsæ̃	ʂæ̃	tʂʰa	ʂuːe	ʂe
婺源	sɔ	sɑ	tsɔ̃	sɔ̃	tsʰɔ	tsʰɔ̃ tsɔ̃	sɔ̃	tsʰɔ	?	su
浙源	sɔ	sɿ	tsã	sã	tsʰa	tsʰã tsã	sã	tsʰɔ	sou	su
浮梁	ɕiai	ɕiai	tɕia	ɕia	tɕʰia	tɕʰiai tɕiai	ɕiai	tɕʰiai	ʂau	ʂue
占大	sɛ	sɿ	tsã	sã	tsʰa tsʰɛ	tsən tsən	sã	tsʰa	so	ʂu
淳安	səʔ	səʔ	tsã	sã	tsʰaʔ	tsʰen tsen	sen	tsʰaʔ	soʔ	sɔʔ
遂安	səɯ	ɕiei	tsã	sã	tsʰa	tɕʰin tɕin	ɕin	tsʰa	sɔ	su

下面我们分别从声母和韵母两个角度来观察表2-14所列的今读形式。

（一）从声母看知、庄、章分组格局

上一节我们归纳知三、章组声母在徽语中的今读类型时曾提到，徽语每个方言点，知三、章组声母都不同程度出现了分化，除了黟县出现了四组今读形式，祁婺片的祁门、浮梁知三、章组一般分化为[tʂ、tʂʰ、ʂ]和[tɕ、tɕʰ、ɕ]这样两组，大部分方言点的知三、章组一般分化为[ts、tsʰ、s]和[tɕ、tɕʰ、ɕ]这样两组，旌占片的占大则分为[ts、tsʰ、s/ʂ]和[tɕ、tɕʰ、ɕ]。现在加上知二、庄组后，祁门、浮梁这样的方言点知、庄、章组一共有三组今读形式：[tʂ、tʂʰ、ʂ]，[tɕ、tɕʰ、ɕ]，[ts、tsʰ、s]，一般是知二、庄组分读[tʂ、 tʂʰ、ʂ]和[ts、tsʰ、s]，知三、章组分读[tɕ、tɕʰ、ɕ]和[tʂ、tʂʰ、ʂ]。而如绩歙片、休黟片（黟县除外）、严州片等大多数方言点依然保持[ts、tsʰ、s]和[tɕ、tɕʰ、ɕ]两极分立格局（休黟片的黄山也存在知二/庄、知三/章这两类声母的对立，与休黟片、绩歙片大多数方言点不同的是，这两类声母形成的是"[tɬ、tɬʰ、ɬ] : [tɕ、tɕʰ、ɕ]"的对立模式）。无论是"[tʂ、tʂʰ、ʂ] : [tɕ、tɕʰ、ɕ] : [ts、tsʰ、s]"三极分立模式的方言点还是"[tɕ、tɕʰ、ɕ] : [ts、tsʰ、s]"二极分立模式的方言点，知二、庄都很少读成[tɕ、tɕʰ、ɕ]，而有三极分立的方言点，知三、章都很少读成[ts、tsʰ、s]。在这些方言点中，绩歙片的歙县和休黟片的屯溪、休宁、五城以及祁婺片的浮梁以及严州片的遂安，二极分立趋势最为明显：知二、庄组读[ts、tsʰ、s]，知三、章组读[tɕ、tɕʰ、ɕ]。不可否认，几乎每个方言点都存在一些例外现象，除了擦音声母字和通摄字整体比较特殊外，有些例外在很多方言点都存在。例如，庄组字"衬"在绩溪、荆州、歙县、屯溪、休宁、五城、遂安都读成[tɕʰ]，从而混于知三组字"趁"；梗摄庄组字"争、生"等字在屯溪、休宁、五城、浮梁等地都读成[tɕ]和[ɕ]。

以上所列的大多是徽语中知二/庄、知三/章对立比较明显的方言点（也基本是中心徽语区域所在的方言点），就是在知二/庄、知三/章这两类声母趋向混同的方言点，比如黟县、婺源、旌德、柯村、淳安、建德、寿昌等地，这种分立的局势还留存在为数不多的韵摄里。比如，在黟县，庄和知三、章基本合流，只有假开三、止合三（"追、锥"）、效开三、咸山开三、山合三、宕开三的知章组还保留[tɕ、tɕʰ]的读法，体现与知二、庄组的不同。在婺源，遇合三的知章组字、蟹开三的章组字、止开三的大部分知章组字、止合三的知章组字、咸山二摄开口二等的知章组舒声字、山合三的知章组字、臻合三的知章组入声字（"率、术、述、秫"）、宕开三的大部分知章组字都读成[tɕ、tɕʰ、ɕ]，而大部分知二、庄组字以读[ts、tsʰ、s]为常。

（二）从韵母看知、庄、章组字的分组趋势

从上文知、庄、章组字在徽州方言中的今读对照表中我们看到，知、庄、章组的分组趋势在韵母上也有所体现。除了韵母依等分立外，同属三等韵，庄三组字和知三、章组字也出现了韵母上的分立趋势，且不都是介音有无的区别。其中遇摄表现得最为明显，除了黟县外，其他方言点庄组和知三、组字韵母均不同，大多表现为"庄 u : 知三、章 y"的对立模式；其次是深摄，休宁、黟县、浮梁、淳安、遂安等地，"参生三"和"深书"不但韵母存在洪细音之别，而且主元音也不相同；再次是宕摄，"霜生三"和"伤书"在歙县、浮梁、遂安不但韵母存在洪细音之别，而且主元音也不相同。流、止摄的庄和知三、章组字在韵母上存在不同主要存在于歙县、屯溪、休宁、五城、浮梁等方言点中。绝大多数韵摄，庄组与知章组首先在声母上就保持对立的格局，韵母也大多表现为洪细之别。

我们看到，从中心徽语区的绩歙片（比如绩溪、许村、歙县、深渡等）、休黟片（屯溪、休宁、五城、溪口等）到外围徽语区的旌占片（比如旌德、柯村等）、严州片（比如淳安、建德、寿昌等），知庄章三组声母二分趋势渐弱，合一趋势渐强。我们想这应该是古知庄章三组声母不同发展阶段的反映。其中，知二庄、知三章分立代表着早期阶段，三组合一代表着最晚的阶段。

前文提及，中古知、庄、章三组声母在很多方言中，比如南部吴语、客赣方言、徽语中，知庄章一般分成两组：知二庄一组，知三章一组，形成二极对立的格局。其实，知二/庄、知三/章这两组声母分立的现象在汉语方言里分布非常广，据李建校研究，这种现象向北一直延伸到新疆一带，向西一直延伸到青海，向南一直延伸到湘语、赣语区，向东一直延伸到胶辽半岛。①这种格局我们在一些历史文献中也可以看到。五代后蜀毋昭裔所作的《尔雅音图》反映的是五代宋初北方语音。据冯蒸的研究，《尔雅音图》音注音系中就是知二与庄组合流，知三与章组合流。前文提及，学术界对中古的知、庄、章三组声母在《中原音韵》中到底分为几组持有不同意见，但其实在最重要的一点上是一致的，即《中原音韵》的知、庄、章声母字从字音上看是分为对立的两组的：知二全部、庄全部加上止摄章为一组，而知三、章（除止摄）加上通摄舒声庄（"崇"）为另一组。

知二/庄组为一类，知三/章组为一类，让我们感觉两类声母似乎是依等分立的。但又似乎不全是，因为首先，庄组声母不仅可以和二等韵相拼，也可以和三等韵相拼，只不过在韵图中和三等韵相拼的字被权宜放在二等地位上；其次，对于知组声母分为二三等问题，李新魁曾提出："《广韵》音系中的舌上音声母包括知二[ṭ]和知三[ṭ]两类。知二组较早地变为塞擦音[tʂ]组而与庄组合流。但知三组在宋代前期尚读为[ṭ]等音。"同时，他还指出："知组声母的变入照组声母，当是发生于宋代。知三组声母的变化首先是从[ṭ]等变为[tɕ]等，即先与章组合流变为[tɕ]，然后再与庄组合流"。②但是邵荣芬曾对《广韵》"知彻澄娘"作为反切上字在二、三等使用情况进行考察，发现知组声母中单独用于二等韵的反切上字只有"卓、拏"二字，且只出现一次，而其他的用于二等韵的反切字，同样可以用于三等字。③

---

① 李建校：《陕北晋语知庄章组读音的演变类型和层次》，《语文研究》2007年第2期，第59页。
② 李新魁：《中古音》，商务印书馆1991年版，第77—78页。
③ 参考蒋冀骋《〈回回药方〉阿汉对音与〈中原音韵〉"章"、"知"、"庄"三系的读音》，《古汉语研究》2007年第1期，第2—15页。

那现代方言中，知二/庄组、知三/章组这两类声母的分立趋势又该如何解释呢？下面我们就将这个问题分解为两个小问题进行分析：一是庄组如何与同韵摄的知三章组声母形成对立的；一是知二和知三组声母在诸如徽语、南部吴语、客赣方言中为何会出现按等分立的格局。

对于第一个问题，很多学者都曾给出合理的解释。

徐通锵认为，由于章组的形成，"为了保持语言单位的语音区别，音系中发生了一次链移性的音变，使庄组字由[tʃ]或[tɕ]变成[tʂ]，[-i-]介音消失，就像在某些现实方言中所发生的音变那样。这样，在那些有独立二等韵的韵摄里，庄组字转入二等，形成照系二等字，而在那些没有独立二等韵的韵摄里，它仍旧寄留在三等，形成反切上字并无分等趋势的庄组字一部分在二等、一部分在三等这种异常的分布状态。"①陈泽平从现代方言推论《韵镜》《七音略》将三等韵的庄组字排在二等位置是有"时音"基础的。从《切韵》到《韵镜》的五百多年间庄组声母的发音部位由舌叶音转为舌尖后，导致[-i-]湮灭，韵母由细转洪，庄组字的韵母已不再具有三等的特征，同韵摄的庄章两组字的韵母洪细对立。②平山久雄也注意到这种现象，他说："庄组字在某些三等韵前读音与其他知、章组字的读音存在区别，比如遇摄合口三等、止合三、宕开三、曾开三的入声韵。日译汉音将东三、钟、鱼、虞、阳、尤等韵里的舌齿音字都译作细音，包括知组字在内，如东三韵'仲'、'忠'tiu，鱼韵'箸'、'褚'tiyo，阳韵'张'、'仗'tiyau等均如此。舌齿音里只有庄组字译做洪音，如东三韵'崇'suu，鱼韵'初'、'庶'so，虞韵'数'suu，阳韵'庄'、'霜'sau等。朝鲜译音也有同样的对比……。这就表示介音 i 的语音表现在庄组字里弱化（或中心化）较甚，知组字里则不至于如此。"③

徐通锵先生运用内部拟测法从语音演变角度对庄组字和章组字的对立作出分析，陈泽平乃是根据福州话以及其他南方方言同类现象来对同韵摄庄章两组字的韵母洪细对立作出推测，可谓殊途同归。他们的分析是着眼于庄组字和章组字的韵母出现对立的问题。而我们所关注的是徽语中庄组和知三章组声母的对立问题。其实，汉语史上介音对立转为声母对立，或声母对立转为介音对立的实例屡见不鲜。我们可以设想，本来，知三、章组、庄组都只与细音韵母组合，一旦庄组字的介音-i-消失，庄组字的声母

---

① 徐通锵：《语言论》，东北师范大学出版社1997年版，第163页。

② 陈泽平：《从现代方言释〈韵镜〉假二等和内外转》，《闽语新探索》，上海远东出版社2003年版，第63页。

③ 平山久雄：《用声母腭化因素 *j代替上古汉语的介音 *r》，《平山久雄语言学论文集》，商务印书馆2005年版，第90—91页。

也逐渐随之发生变化,这样,在徽语等方言中知三、章组和庄组字之间不但韵母存在洪细之别,声母也形成对立。这和我们接下来要分析的知二和知三在方言中的分化道理相同。

对于第二个问题,我们在前面曾经提到邵荣芬对《广韵》的研究,指出知组在那个时期并没有分等的证据。但不等于其后知组不发生分化。相反,知组后来根据介音的不同发生了分化和合流的重组:知二入庄,知三入章。中古知组陆志韦、董同龢、李荣、邵荣芬、郑张尚芳都拟作ȶ。在三等韵里,ȶ在前高的-i-介音作用下由破裂音变为相同发音部位的破裂摩擦音 tɕ,与章组合流。知组分化后与庄、章重组,知二入的是没有-i-介音的庄,知三入的是有-i-介音的章。这也是徽州方言中很多知三章组字都读成 tɕ 组的原因;而知二走的是与三等韵字不同的发展路线,ȶ变为tʂ,这样就与庄组合流了。而在一些方言里,tʂ再进一步发展,平舌化为ts。知组的分化进而重组形成了知二庄、知三章两分对立的格局。

我们把知、庄、章三组声母从《切韵》到《中原音韵》再到北京话的发展轨迹拟测如下:

庄组:tʃ>tʂ

章组:tɕ>tʃ>tʂ

知二:ȶ>tʂ

知三:ȶ>tɕ>tʃ>tʂ

这三组声母在合流前曾经历了不同的发展阶段,而发展方向基本一致,从 tɕ 到 tʃ 再到tʂ都是舌体逐渐后化的结果。① 从中古知庄章三组声母发展到近代两组声母,再到北京话合为一组,是一个知三章组不断归入知二庄组的过程。而语音发展是不平衡的,尽管知庄章组字在各个方言的发展方向基本一致,但不同的地区三组声母发展速度并不一定同步。因此,表现在现代汉语各大方言里就是知庄章组的今读所处的音变阶段不尽相同。有的方言还保持着二分格局(分立的具体音值也有区别,有的方言里知二/庄组和知三/章组的对立格局是[tʂ、tʂʰ、ʂ]:[ts、tsʰ、s],有的方言是[ts、tsʰ、s]:[tɕ、tɕʰ、ɕ],而有的方言是[tʂ、tʂʰ、ʂ]:[tɕ、tɕʰ、ɕ],等等),有的方言里古知庄章三组已经完全合流)。

《中原音韵》时期,知庄章三组声母以二分为主,但合一趋势已初露端倪,止开三章组、通合三知章组阳声韵、蟹合三知章组、止合三知章组已经并入知二庄组。前文曾提及,对于《中原音韵》知庄章三组声母的分合,音韵学家们意见分歧很大。各家分歧首先表现在三系两分还是三系合一上。

---

① 刘泽民:《客赣方言的知章精庄组》,《语言科学》2004年第4期,第19—28页。

罗常培、赵荫棠、杨耐思、薛凤生、李新魁等都主三系合一之说；陆志韦、蒋希文、宁忌浮等则主张两分。但不论是主合派还是主分派，都承认《中原音韵》知庄章三系字分为两类。分歧在于，主合者认为两类之分在于韵母不同，主分者则认为主要是声母不同，也有韵母的不同。[①]但是我们知道，在汉语发展中，声母和韵母的变化总是互相影响的。既然能用韵母条件来推测声母的分派，也应当同时考虑到韵母条件会制约声母的归属。而诸如徽语这样的方言直到今天还保留着共同语《中原音韵》时期的二分格局，但合一趋势已经显现出来。我们在《徽州方言三四等字的腭化与非腭化问题》一节曾提到过，歙县老派话的[tɕ、tɕʰ、ɕ]声母字，中年人大都读为[tʃ、tʃʰ、ʃ]，青少年却读成了[ts、tsʰ、s]。这种新老差异就是历时差异的反映。此后的演变轨迹可能就是知三章组逐渐放弃[tɕ、tɕʰ、ɕ]的读法而向知二庄组靠近，最后可能就像北京话里一样，知庄章三组声母完全合一。

第四节 徽州方言古泥、来母的今读分析

一 徽州方言泥、来母今读分混类型

来母的发音从古到今、从共同语到方言相对而言都比较稳定，而泥母则比较复杂，汉语方言中，泥母与来、日、疑甚至是喻母都不乏相混的用例。其中，泥母与来母相混现象在汉语方言中最为常见。徽州方言中，泥、来母也存在一定程度的相混，但不同方言点泥、来母相混的程度存在差异，相混的条件和相混后的音值分布情况也不尽相同。一般来说，泥、来母相混跟韵母有一定的关系。现代汉语方言中，韵母影响泥、来母分混的因素主要有两个：一是介音，包括韵母的洪细开合；二是韵尾，主要指鼻音韵尾和非鼻音韵尾。为了观察不同方言点泥、来母分混条件，我们选取古韵母洪细、开合、阴阳相对且常用的例字10组。其中因为徽州方言中泥、来母在一等和二等韵前均没有分化，且二等韵例字分布较少也不常用，所以比对字组没有选二等字；四等合口韵位置少有泥、来母分布，因此也不予选取。总的来看，徽州方言中泥、来母分混类型无外乎三种：不混型、半混型、全混型。具体情况如表2-15所示：

---

① 李行杰：《知庄章流变考论》，《青岛师专学报》1994年第2期，第22页。

表 2-15　　　　　　　　　徽州方言泥、来母分混类型

		一等				三等				四等	
		开		合		开		合		开	
		阴	阳	阴	阳	阴	阳	阴	阳	阴	阳
		脑-老	男-蓝	奴-炉	暖-卵	纽-柳	娘-良	女-吕	浓-龙	泥-犁	年-怜
不混型	许村	n - l	n - l	n - l	n - l	n - l	n - l	n - l	n - l	n - l	n - l
	寿昌	n - l	n - l	n - l	n - l	ȵ - l	ȵ - l	ȵ/n - l	∅ - l	ȵ - l	ȵ - l
	黟县	n - l	n - l	n - l	n - l	ȵ - l	ȵ - l	ȵ - l	ȵ - l	ȵ - l	ȵ - l
	歙县	n - l	n - l	n - l	n	ȵ	ȵ	ȵ	ȵ	ȵ	ȵ
半混型	屯溪	l	l	l	l	ȵ - l	ȵ - l	l	ȵ - l	ȵ - l	ȵ - l
	休宁	l	l	l	l	ȵ - l	ȵ - l	l	ȵ - l	ȵ - l	ȵ - l
	五城	l	l	l	l	ȵ - l	ȵ - l	ȵ - l	ȵ - l	ȵ - l	ȵ - l
	婺源	l	l	l	l	ʔ - l	ȵ - l	l	ȵ - l	l	ȵ - l
	淳安	l	l	l	l	∅ - l	∅ - l	∅/l - ∅	l	∅ - l	∅ - l
	遂安	l	l	l	l	∅ - l	∅ - l	∅/l - l	l	∅ - l	∅ - l
	建德	n - l	l	l	l	∅ - l	ȵ - n	ȵ/n - l	∅ - l	∅ - l	ȵ - n
	旌德	l	l	l	l	ȵ - l	ȵ - l	l	l	l	l
	占大	l	l	l	l	∅ - l	∅	∅	∅ - n	∅ - l	∅ - n
	柯村	n	n	n	n	ȵ - n	ȵ - n	ȵ - n	n	ȵ - n	ȵ - n
全混型	绩溪	n	n	n	n	ȵ	ȵ	ȵ	ȵ	n	n
	荆州	n	n	n	n	ȵ - n	ȵ - n	ȵ	n	n	ȵ/n - n
	祁门	l	n	l	l	∅ - l	∅ - l	∅ - l	l	l	l
	浮梁	l	l - n	l	l	∅ - l	n	∅-l	∅-l	l	n
	浙源	l	l	l	l	ȵ - l	l	l	l	l	l

说明：表格中例字如有文白异读，则在这个字的声母下划单横线代表白读，划双横线代表文读。

我们从表 2-15 可以看到，半混型在徽语中较为常见，不混型、全混型较少。每一种类型里面泥、来母今读情况又不尽相同。

属于不混型的除了表格中所列出的绩歙片的许村、歙县、休黟片的黟县、严州片的寿昌外，还有休黟片的黄山汤口。许村、歙县、黄山汤口泥、来母对立格局与共同语同，即[n] : [l]；寿昌泥、来母对立格局稍有不同：[n]/[ȵ] : [l]，泥母依今读韵母洪细发生分化，逢洪音读[n]，逢细音读[ȵ]（这里所说的洪细不是指历史来源，而是指今读，洪音指的是开口、合口呼韵母，细音指的是齐齿、撮口呼韵母，下文的"洪混细分"同此）；这里需

要说明的是，黟县和歙县应该不算严格意义上的泥、来母不混型，绝大多数情况下泥、来母对立，但这两个点都存在少数来母字混入泥母今读形式中的现象。黟县混入泥母读音层的来母字有"鲁卤橹论卵"，其中"卵"有[n]和[l]两读。这种现象是古已有之，还是后起的呢？我们爬梳黟县清代地方文献《黟俗土语千字文》，只看到一处来母与泥母互见用例，即"论"作为韵目，其后跟着泥母字"嫩"以示同音。再查阅1935年魏建功、舒耀宗等人合著的《黟县方音调查录》发现，来母字混入泥母读音层的有"鲁卤滷橹刽蔺论"这些字，其中"论"和"刽"都有[n]和[l]两读，抛开"滷刽蔺"这样的非常用字不论，我们可以看到从《黟县方音调查录》到《徽州方言研究》，来母字混入泥母读音层的似有增多趋势（"论"由[n]和[l]两读向[n]一读演变，"卵"由[l]一读向[n]和[l]两读演变）。歙县混入泥母读音层的来母字有"卢庐炉芦鸬房路赂露鸬鹭驴懒恋卵"等字。所以，也可将黟县、歙县视为不混型与半混型过渡的中间状态。

半混型较为复杂，泥、来母分混条件不尽相同，不过大多属于"洪混细分"的情况。屯溪、休宁、五城、婺源、旌德等属于一类，泥来母的分混格局基本是洪音前泥、来母混为[l]，细音前泥母读为[ȵ]，从而有别于来母；淳安、遂安、占大为一类，其中，淳安和遂安洪音前泥、来母混为[l]，细音前泥母读为零声母，从而有别于来母，而占大除了"洪混细分"外，洪音前的泥、来母又依韵母为鼻音和口音分读[n]和[l]；柯村洪音前泥、来母混为[n]，细音前泥母读为[ȵ]。半混型中建德非常特殊，分混条件涉及古音类："泥母今洪音字读[n]声母；今细音中，咸山宕三摄的古阳声韵字读[ȵ]声母，其他字读零声母。来母不论洪细，咸山宕三摄的古阳声韵字和深臻曾梗四摄的部分古阳声韵字今读[n]声母，其他字读[l]声母。因此，泥母洪音字与来母咸山宕摄古阳声韵字相混。"[①]

泥、来母全混型见于绩歙片的绩溪、荆州和祁婺片的祁门、浮梁、浙源等地。这种类型中，泥、来母相混后大多出现两种条件变体，或者是以韵母洪细为条件出现交替，例如绩溪，泥、来母逢洪音和[i]韵母混为[n]声母，逢[i]韵母除外的细音混为[ȵ]声母等；或者是以韵母是否读鼻音为条件出现交替，例如祁门，泥、来母在口音韵前混读为[l]，在鼻音韵（包括鼻尾韵和鼻化韵）前混读为[n]声母，根据互补原则也可将[l]和[n]合为一个音位。浙源的古泥、来母在鼻化韵[i]前多读成[n]，在其他韵前多读为[l]，[l]与[n]不对立，所以也可合为一个音位。浮梁稍微复杂一些，据谢留文[②]研究，

[①] 曹志耘：《徽语严州方言研究》，北京语言大学出版社2017年版，第106页。
[②] 谢留文：《江西浮梁（旧城村）方言》，方志出版社2012年版，第15页。

浮梁泥、来母也是混的，不过，具体音值与今韵母有关，也与古音来历有关：逢韵母[a o ai i]，不论泥、来母，古阳声韵字今读[n]，其他字读[l]；逢其他韵母，不论泥来母都读[l]。不过，需要特别说明的是，全混型中部分泥母三等字（即娘母字）是不混于泥、来混读音层的，对此我们后文将深入探讨。

以上这三种类型究竟哪一种代表徽语较早阶段呢？

在泥、来母混读问题上，学界传统观点认为，现代泥、来母混读的方言都是由泥、来不混的方言发展而来。诚然，在现代汉语方言音变中，确实有方言的纵向音变是从泥、来不混走向混读的。例如，据陈泽平研究，属于闽语十五声系统的福州方言，《戚林八音》①和《福州话拼音字典》（成书于1840年）都清楚地区分"日"（包括古日母部分字和古泥母字）和"柳"（对应于古来母）两母，而1930年陶燠民发表《闽音研究》时已有部分福州人[n-]、[l-]不分（即泥、来相混），而陈泽平1982年曾作过一个关于[n-]、[l-]分混的专题调查，结果表明："福州方言区分[n-]和[l-]的时期已经成为历史，现在的福州人如果不说是全部，至少是绝大多数不分这两个声母。不仅在福州市区内是如此，混同[n-]和[l-]的区域还包括了闽侯、长乐、连江三个郊县。"②

除了以上提到的泥、来母从不混走向相混的方言，现代汉语方言的纵向音变中也不乏泥、来母从混读走向不混的。例如，鲍明炜在《南京方言历史演变初探》一文中分析的旧南京话到新南京话转化的一项重要语音变化就是泥、来母字由混读向不混演变。③再如，笔者调查过的福建南平土官话中，老年人口语中泥、来母是相混的，而青年人却开始区分。

权威方言（亦即读书音）泥来有别的标准从未发生动摇，而方言中何以会存在完全相反的音变方向？据我们观察，一些方言报告中提到的方言泥、来由相混到不混发生的音变是较晚近才出现的。而且泥、来母由相混到不混的音变一般肇始于年轻人，可能是因为他们接受文教力量的渗透程度比老年人深，普通话自然也说得较好，他们感觉的[n-]、[l-]之别多半是按普通话折合的。以我们调查的福建南平土官话为例，无论是城关还是乡郊的老年人口语中的[n-]、[l-]基本是相混的，而乡郊的青年人在多数情况下[n-]、[l-]的读法与普通话相同，但对比字组时，发音人却认为[n-]、[l-]没有

---

① 《戚林八音》为《戚参将八音字义便览》与《太史林碧山先生珠玉同声》二部韵书的合订本，前书大约成于1562年，后书成于1688年。
② 陈泽平：《福州方言研究》，福建人民出版社1998年版，第7页。
③ 杨苏平：《西北汉语方言泥来混读的类型及历史层次》，《北方民族大学学报》2015年第3期，第68页。

区别。而城关的青年人口语中[n-]、[l-]的读法与普通话基本对应，而且发音人自己认为[n-]、[l-]是有区别的。鉴于此，我们认为发音人区分[n-]、[l-]是由无意识逐渐向有意识发展的，这种逐渐区分是文教力量渗透程度逐渐加深的结果。对同一种方言来说，例如南京话、南平土官话，泥、来母的相混属于各方言区较早阶段出现的音变，这是语音发展不平衡性的体现；而由相混到再次区分则属于较为晚近才发生的音变，是权威方言影响的结果。

而对于徽语，我们趋向于认为与福州话一样，不混型代表较早阶段，全混型代表较晚阶段。影响泥、来母由不混向混同发展的音素是韵母。例如，黟县和歙县来母混入泥母的大多发生在合口韵母前。除此，徽语中所谓的半混型主要表现在洪混细分，即以韵母洪细为条件产生相混，也可以说是在细音韵母前泥、来母尚保持区别，在洪音韵母前泥、来母对立消失。那韵母的洪细为什么可以影响到声母的发音活动呢？我们想，这大概是因为其中的细音发音时口腔共鸣腔空隙狭小，辅音声母与之相拼时，出于发音和谐，声母发音势必也减小口腔的开度，气流更多从鼻腔通道流出，而泥母本来就是鼻音声母，细音韵母前鼻化较重，洪音韵母前鼻化较轻，这可能就造成了泥母在细音前和在洪音前的差别。洪音前的泥母逐渐与来母合流，细音前的泥母则以词汇扩散的方式逐渐并入泥来相混读音层中。

二 关于泥、娘母是否有别[①]

前文曾提及，徽州方言泥、来母分混类型中的全混型方言，部分泥母三等字（即娘母字）表现与其他泥、来母字不一样，这是否意味着徽州方言中存在泥、娘有别的现象呢？《切韵》时代究竟是否有娘母，泥、娘母是否有别，这一直是音韵学界存有争议的问题，归纳起来大致有两种观点：

（1）泥娘不分

很多音韵学家认为从《切韵》反切系联的结果来看，泥、娘两母本来就不分，现代方言里也找不到区分泥、娘的证据。持这种观点的主要有高本汉、李荣等学者。高本汉（1940）认为《切韵》时泥娘二母没有分立的痕迹，娘母是宋代等韵学家为求韵表相称而人为设立的。[②]李荣（1952）认为："知彻澄没有相当的鼻音，碰巧另外有个日母，没有相当的口音，截长补短，就拿日配知彻澄……后来的人认为知彻澄配日不妥当，便造出一个娘母来。"[③]

[①] 这段讨论泥、娘母的文字曾以单篇论文形式刊发于《中国语文》2016年第6期，文题为"从现代汉语方言看古泥娘母的分立问题"。

[②] 高本汉：《中国音韵学研究》，商务印书馆1940年版，第36页。

[③] 李荣：《切韵音系》，科学出版社1952年版，第126页。

（2）泥娘分立

持这种观点的主要有罗常培与邵荣芬等学者。罗常培从梵文字母的译音、佛典译名的华梵对音、藏译梵音、韵图的排列等方面证明自己的假设，认为："在知、彻、澄和端、透、定有分别的时候，娘和泥一定也是有分别的；不过因为鼻声比较塞声容易混淆，所以在各方面都往往和泥母分划不清。"[①]邵荣芬从《切韵》的反切入手，认为"泥""娘"应分为两类。此外他还根据曹宪《博雅音》、何超《晋书音义》、颜师古《汉书》注、慧苑对音、《古今韵会举要》等材料证明《切韵》《广韵》之外其他文献中也存在泥、娘二分的情况。[②]尉迟治平[③]、施向东[④]等从梵汉对音角度得出泥、娘分立的结论。

音韵学家们对历代相关文献已经进行了详尽的排比和研究，我们将尝试从现代汉语方言泥、娘母的音韵表现入手去探寻泥、娘二母发展的线索。

中古泥、娘二母分布呈互补状态：泥母出现在一四等韵前，娘母出现在二三等韵前。娘母常用字很少，《方言调查字表》中所列娘母二等字仅有"拿、奶、铙、挠、闹、攮"六个；三等字有"女、尼、腻、你、纽、扭、黏、聂、镊、蹑、赁、碾、娘、酿、匿、浓"十六个。这二十二个娘母字在现代汉语方言中是否确有不同于泥母的音韵表现呢？据我们调查所得的材料和目前可见的书面材料，泥、娘母在徽语、湘语、客家话、晋语的一些方言点中存在最小对立，这种对立以泥、娘母在细音前的表现更为常见。

（一）泥、娘母在三四等韵前的对立

按照泥、娘母在细音韵前对立模式的不同我们将对立分成两种类型：

1. l(n) — ȵ

现代汉语方言中，虽然泥、娘母今读 l(n) 和 ȵ 交替现象很常见，但部分方言中这种声母的交替实则是洪细韵母影响的结果，即 ȵ 是 l(n) 在齐撮韵母前的条件变体，泥、娘母不存在最小对立。例如：

表 2-16　　　　　　　　部分方言泥、娘母字今读形式

	闹娘	奴泥	尼娘　泥泥	碾娘—年泥
湘语汨罗方言	ləɯ²¹	ləɯ¹³	ȵi¹³	ȵĩ²⁴ — ȵĩ¹³
官话临猗方言	lau⁴⁴	lou¹³	ȵi⁵³	ȵiæ²⁴ — ȵiæ¹³
吴语绍兴方言	nɒ¹¹	nu²³¹	ȵi²³¹	ȵiẽ¹¹³ — ȵiẽ²³¹

---

① 罗常培：《知彻澄娘音值考》，《罗常培语言学论文集》，商务印书馆2004年版，第63页。
② 邵荣芬：《切韵研究》，中国社会科学出版社1982年版，第33—39页。
③ 尉迟治平：《周、隋长安方音初探》，《语言研究》1982年第2期，第22页。
④ 施向东：《玄奘译著中的梵汉对音和唐初中原方音》，《语言研究》1983年第1期，第30页。

我们所说的泥娘母在细音韵前的"l(n)— ȵ"对立类型仅在语音形式上与以上所举的汨罗、临猗、绍兴方言相同，但性质上两者并不相类。据我们考察，泥、娘二母"l(n)— ȵ"对立类型见于徽语休黟片的江湾话①和泰兴客家话②中。

（1）徽语江湾话

江湾话中泥母在鼻化韵ĩ前与来母字同读为n，在其他韵前与来母字大多同读为l，l与n呈互补分布状态。娘母字在江湾话中有分化，洪音前的娘母字读同泥母；细音前的娘母字有两种走向。我们调查江湾话得到细音前的娘母字共有"尼、你、女、扭、纽、碾、黏、娘、酿、孃姑母、浓、聂、镊"十三个字（《方言调查字表》中其他四个细音的娘母字"腻、赁、匿、蹑"，发音人表示不知道方言读法），这十三个字在江湾话中的今读分为两组：

表 2-17　　　　　　　徽语江湾话娘母字今读形式

声组	例　字
ȵ	尼 ȵi⁵¹ ｜ 纽扭 ȵiɛ²⁵ ｜ 聂镊 ȵiɛ⁵⁵ ｜ 娘 ȵiɔ̃⁵¹ ｜ 酿 ȵiɔ̃⁵⁵ ｜ 孃 ȵiɔ̃²¹⁴ ｜ 碾 nĩ²⁵
l	你文读 li²¹ ｜ 女 li²⁵ ｜ 黏 nĩ³³

江湾话中 ȵ 声母来自古娘、疑、日母字，没有一个古泥、来母字混入其中。以上"尼、扭、纽、碾、娘、酿、聂、镊"九个娘母字与部分疑、日母字同读，从而与泥、来母保持对立。例如：

表 2-18　　徽语江湾话娘（疑、日）母与泥（来）母今读对比

娘（日、疑）母字	泥（来）母字	娘（日、疑）母字	泥（来）母字
尼娘 宜疑 ȵi⁵¹	泥泥 lɛ⁵⁵ ｜ 离来 li⁵¹	聂镊娘 艺疑 热日 ȵiɛ⁵⁵	捏泥 烈来 lɛ⁵⁵
纽扭娘 ȵiɛ²⁵ ｜ 牛疑 ȵiɛ⁵¹ ｜ 肉日 ȵiɛ⁵⁵	柳来 lɛ²¹	碾染娘 ȵĩ²⁵ ｜ 言疑 nĩ⁵¹	年泥 nĩ⁵¹ ｜ 念泥 nĩ⁵⁵
娘娘 ȵiɔ̃⁵¹ 酿娘 ȵiɔ̃⁵⁵ ｜ 孃 ȵiɔ̃²¹⁴ ｜ 仰疑 壤日 ȵiɔ̃²¹	良来 liɔ̃⁵¹ 亮来 liɔ̃⁵⁵		

除去这九个读同疑、日母的娘母字，江湾话中细音前的"你、女、黏"

---

① 江湾位于江西省婺源县城东28公里处，江湾话被当地人界定为"东北乡腔"，属于徽语祁婺片。除了古流摄字的韵母和少数全浊声母字是否送气，少数村落例如大畈段村、江湾村读音稍有不同外，江湾话内部大体一致。江湾话材料为笔者和王健调查所得。

② 泰兴客家话材料来源于兰玉英等《泰兴客家方言研究》，中国社会科学出版社2007年版。

这三个娘母字读同泥、来母,其中"你"只有文读音 li²¹;读成 ni³³ 而义为"贴近、碰、具有黏性"的本字是否确为"黏"字目前只能存疑(因为 33 调为婺源音系中的阴平调,而"黏"字为古次浊平声字,按声调演变规律该读为阳平调,即 51 调)。

根据以上内容我们得出,江湾话中娘母在细音前的主流读音表现出与泥母对立的格局。

另外,我们从清代的徽州方言韵书中也观察到:娘母在细音前有不同于泥母的音韵表现。例如在编于大清嘉庆年间婺源方言韵书《重编摘注乡音集要字义》手抄本中,古泥、来母总是同见于某一个小韵(例如:平声卷二十二中收有"连小韵",所包括的韵字有泥母字"年",也有来母字"莲连"),而"忸、扭、纽"三个娘母字不与泥、来母字同见,而与疑母字"偶、藕、耦"同归于"藕"小韵中;娘母字"碾"不与泥、来母字同见,却与疑母字"研"、日母字"染、冉、苒"同归于"染"小韵中。在编于晚清时期另一部婺源方言韵书《新编乡音韵字法》中,古泥、来母已合流,而五个娘母字即"扭、忸、纽、娘、碾"并不混入泥、来母行列中,它们或是单列一小韵或是读同疑母字。两部韵书中异于泥、来母音韵表现的娘母字也比较一致,这从另一个角度说明,娘母与泥母确实留有分立的痕迹。

(2)客家泰兴话

泰兴客家话中古泥、来母一般相混为 l,部分娘母字读为 ȵ,有别于泥、来母。例如:

表 2-19　　　　客家泰兴话娘母与泥(来)母今读对比

娘母字	泥(来)母字	娘母字	泥(来)母字
尼娘 你娘 ȵi¹³	泥泥 lai¹³ | 离来 li¹³	女娘 ȵy³¹	吕来 ly³¹
纽娘 扭娘 ȵieu³¹	柳来 lieu⁴⁵	碾娘 ȵiɛn⁴⁵	鲇泥 liɛn¹³
娘娘 ȵiɔŋ¹³	良来 liɔŋ¹³	酿娘 ȵiɔŋ⁵³	亮来 liɔŋ⁵³

泰兴话中的泥、娘母表现并不是泾渭分明的,也有少数泥母字在细音前读成了 ȵ,但大多数还是读为 l,而细音前的娘母字据我们看到的资料无一例外读为 ȵ。可见,泰兴客家话中泥娘母留有对立的痕迹。

2. l(n)— ∅

从目前可见的材料来看,这种对立类型主要见于徽语、湘语等部分方言点中。这种类型与第一种类型存在一个共性,即古泥、来母相混,但部分娘母字并不混于其中。

(1) 徽语祁门话

就目前可见的材料而言，徽语中泥、娘母有别的现象除了上文所说的江湾外还见于祁婺片的一些方言点，例如祁门的城区、浮梁的旧城村[①]以及鹅湖[②]。祁门城区话泥、来母在非鼻尾韵和非鼻化韵前混读为 l，在鼻尾韵和鼻化韵前混读为 n。而部分娘母字却不跟泥母字同变，从而与同韵或邻韵的泥、来母字保持对立。例如：

表 2-20　　　　　徽语祁门话娘母与泥（来）母今读对比

娘母字	泥（来）母字	娘母字	泥（来）母字
娘娘 iõ⁵⁵ ｜ 孃娘 iõ³⁵	良来 niõ⁵⁵	纽娘 ie⁴²	柳来 le⁴²
浓娘,"汤汁稠"之义 iəŋ⁵⁵	龙来 nəŋ⁵⁵	呢~子,娘 i:ɐ⁵⁵	泥泥 犁来 li:ɐ⁵⁵

其中娘母字"呢~子"的今读异于泥母字"泥"、来母字"犁"；"娘"和"浓"异于泥、来母字的零声母读法只留存于老派和有特别义项的词汇中，例如当"娘"的义项为"母亲"或组词为"新娘"时才读为 iõ⁵⁵，而在"小姑娘""王母娘娘"等词中则与来母字"良"同读为 niõ⁵⁵；"浓"只有老派并且义项为"汤汁稠"时才读为 iəŋ⁵⁵，其他义项比如"颜色深、气味重"时与来母字"龙、聋"等同读为 nəŋ⁵⁵。

祁门城区话泥来母合流，与娘母形成"泥来≠娘"的对立。这个对立表现为几个口语常用的娘母字读零声母，而泥母字今读中无一例是零声母。可见，祁门城区话中娘母有着和泥母不一样的音韵表现。

(2) 湘语新化话

湘语泥、娘母"l（n）—∅"对立类型主要见于老湘语娄邵片的新化方言[③]，其音系中泥、来母大多混读为 l，略带鼻化色彩。但部分娘母字读成零声母，与泥、来母保持对立。如：

表 2-21　　　　　湘语新化话娘母与泥（来）母今读对比

娘母字	泥（来）母字	娘母字	泥（来）母字
娘娘 yõ¹³ ｜ 腻娘 iõ⁴⁵ ｜ 酿娘 yõ⁴⁵	良来 liõ¹³ ｜ 亮来 liõ⁴⁵	女娘 y²¹	吕来 liəu²¹
尼娘 in¹³	泥泥,白读 lin¹³	纽娘 扭娘 iəu²¹	柳来 liəu²¹
聂娘 镊娘 ie²⁴	列来 lie²⁴ ｜ 捏泥 lia⁴⁵	碾娘 iẽ²¹	鲇泥 liẽ²¹
浓娘,白读 yn¹³	农泥龙来 lən¹³		

[①] 浮梁的旧城村话材料参看谢留文《江西浮梁（旧城村）方言》，方志出版社 2012 年版。
[②] 浮梁鹅湖话材料参看段亚辉《浮梁（鹅湖）方言研究》，南京师范大学 2006 年硕士学位论文。
[③] 湘语新化方言材料来源于罗昕如《新化方言研究》，湖南教育出版社 1998 年版。

据可见材料，新化方言娘母三等字的白读音无一例外读成零声母（文读层中仅有"浓"一字读为 1），而零声母字的行列中绝少见到泥母字的白读音（文读层中读为零声母的仅有"捏 ie²⁴"和"泥 in¹³"）。可见，新化方言中泥、娘母也有着不同的音韵表现。

以上我们从徽语、湘语、客家话部分方言点中娘母三等字与泥母字有着不同的音韵表现得出：现代汉语方言中娘母与泥母在细音前留有对立的痕迹。

（二）晋语并州片泥、娘二母按等分读

白静茹发现吕梁片泥母三等字表现独特，认为："从今天吕梁方言的材料看，独特的三等泥母有可能就是中古娘母存在过的证据。"[①]据王琼研究，晋语并州片部分方言点存在泥、娘二母按等分读的现象。现从中摘录出并州片部分方言点泥、娘二母今读情况：

表 2-22　　晋语并州片部分方言点泥、娘二母字按等分读类型

	一等	二等	三等	四等
平遥	n（ⁿz 暖）	n	ȵ 碾镊扭纽黏 / ⁿz 女腻 / n 浓	ȵ（ȵ 鲇拈）
孝义	n	ⁿz 挠攮 / n 闹	ȵ 碾镊扭纽 / ⁿz 女腻 / ʐ 賃	n
文水	n（ⁿz 暖）	n（ⁿz 挠）	ⁿz 女尼腻你黏碾镊聂娘 / n 浓	ȵ（ⁿz 泥鲇拈）
介休	n	ⁿz 奶挠攮 / n 闹	ȵ 碾镊扭纽黏 / ⁿz 女腻	

据王琼统计，在并州片这几个方言点的 30 个一等字中，除去"暖"其余字几乎都读成 n，四等13个字中除去"鲇、拈、泥"外几乎都读成 ȵ 或 n；二等有读 ⁿz 的，也有读 n 的，相比较 ⁿz 占主流，并且在有文白读对应的例字中，ⁿz 是白读音，n 是文读音；三等字中有文白读对应的，一般白读 ȵ 或 ⁿz，文读 n。一四等读音的差别可视作洪细韵母的交替导致声母 n 和 ȵ 的互补分布格局，而二三等字独特的读音和一四等字形成最小对立。[②]例如：

表 2-23　　晋语并州片部分方言点泥、娘母字今读形式

	一等		二等		三等		四等	
	难	脑	攮	挠	碾	扭	年	尿
平遥	naŋ	nɔ	—	—	ȵəŋ	ȵəu	ȵiəŋ	ȵiu
孝义	naŋ	nao	ⁿzaŋ	ⁿzao	ȵaŋ	ȵou	ȵiaŋ	ȵiao

[①] 白静茹：《吕梁方言语音研究》，北京大学 2009 年博士学位论文，第 20 页。
[②] 王琼：《并州片晋语语音研究》，北京大学 2012 年博士学位论文，第 26—27 页。

续表

	一等		二等		三等		四等	
	难	脑	攮	挠	碾	扭	年	尿
文水	naŋ	nau	—	ⁿzau（白）nau（文）	ⁿzɛ	ⁿzou（白）n̠iou（文）	n̠iən	n̠iau
介休	næ	nɔu	ⁿzæ̃	ⁿzɔu（白）nɔu（文）	ŋæ̃	ŋɐu（白）n̠iɐu（文）	n̠iẽ	n̠iɔu

从以上表格我们看到，文水的读音形成一四等和二三等二分对立格局（一等的 n 和四等的 n̠ 可视为互补分布，以下几点相同），其他几点形成一四等、二等、三等的三分格局。而且，据王琼研究，娘母二等和三等的分别恰好与知组二三等是否有别相应相称：在知组二三等有别的方言中，如介休、孝义，知组三等读为 tʂ 组，娘母三等读为相应的 ŋ，知组二等读为 ts 组，娘母二等则读为 ⁿz；在知组二三等没有分别的方言中，知组读为 ts 组，娘母不论二等还是三等均读为 ⁿz。娘母二三等和知组二三等读音呈现出分布上的相应相称性。[①]

晋语并州片泥、娘二母表现出一四等对二三等的对立格局与端、知组的分布保持一致，这种对称性是泥、娘有别的反映和娘母存在的证据。

现代汉语方言中韵母的洪细往往成为声母分化的条件，泥、娘母在洪音韵前的分立现象除了晋语并州片很少见于其他方言，泥、娘二母在细音韵前分立的现象则见于徽语、湘语、客家话等一些方言点中。这些方言点中泥、娘母不同程度存有相异的音韵表现，这一定程度上的相异性至少能说明历史上泥、娘母的差别在现代汉语方言中有相应的表现，或者至少能说明泥、娘母的发展路线不尽相同。

邵荣芬说："泥娘的区别在中古是存在的。虽然在现代方言里我们一时还找不到证据，那可能是由于我们在这方面知识的局限性造成的。随着方言调查工作的进一步深入，很可能会有新的发现。"[②]由上文呈现的方言材料可知，泥娘母在徽语、湘语、客家话、晋语的部分方言中确实存在对立。语言的共时变异体现语言的历时变化。泥、娘母在现代汉语方言中的共时语音系统中的几种对立类型正是泥、娘母不同发展阶段的反映。我们将泥、娘二母的发展路径构拟如下：

[①] 王琼：《并州片晋语语音研究》，北京大学 2012 年博士学位论文，第 30 页。
[②] 邵荣芬：《切韵研究》，中国社会科学出版社 1982 年版，第 39 页。

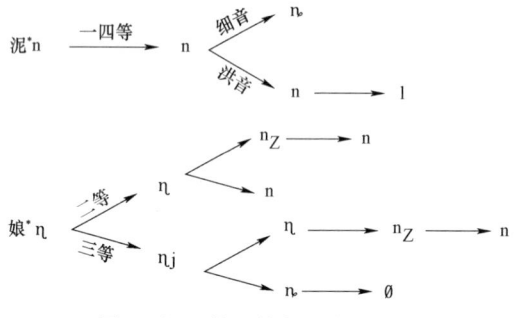

图 2　泥、娘母的发展路径拟测

　　泥母在一等韵前一般保持不变（部分方言在某些韵母前出现 n>l 的变化，从而与来母相混，如徽语的祁门和江湾、湘语的新化等）；在四等韵前因介音影响腭化为 nʑ，如湘语的汨罗、官话的临猗等。

　　娘母在二三等韵前一般会发生分化（也有部分方言二三等韵前不分化，如晋语的文水等）：在二等韵前出现了发音部位前移的变化，从而与泥母发生不同程度的合并，这是娘母音变的主要模式；在三等韵前或者丢失介音读为开口呼，如晋语的平遥、孝义、介休，或者在介音影响下腭化为 nʑ，继而可能丢失声母，如徽语的祁门、浮梁和湘语的新化等。泥、娘二母在循着各自的音变轨迹发展时会因某个阶段音变后的语音形式相类而出现不同程度的合流，因此大部分方言里都很难找到泥、娘母最小对立的现象，然而徽语祁婺片和湘语娄邵片、晋语并州片等部分方言点中泥、娘母还留有分立的痕迹。

　　虽然泥、娘母在徽语等方言中确有分立的痕迹，但本书在进行音韵梳理和对比时，从古今对应规律考虑，不特意区分泥、娘母，一般仍统称泥母。

第五节　徽州方言古日母的今读分析[①]

　　《切韵》音系中，日母处于单向对立的地位。"这种类型的音位一般可以向两个方向演变：一是失去自己的区别性特征，并入其他的音位系列，从而使音系中处于单向对立的音位或消失，或改变单向对立的位置；一是促使其他的音位系列也产生新的、能和它配对的音位，从而使音系中出现

---

　　① 这一节讨论徽州方言日母字今读形式的部分内容曾以单篇论文形式刊发于《贵州民族学院学报》2011 年第 5 期，文题为"论古日母的发展路径——从现代方言中日母与泥、来二母的分合说起"，此处有修改。

新的双向对立的结构。"①处于单向对立地位的日母一般容易发生特殊的音变。由《切韵》系统发展到今天,日母经历了颇为复杂的分合嬗变。在现代汉语方言中,日母的表现复杂多样,据董同龢研究②,古日母在现代方言中的具体读法概括起来至少有以下几种类型:

(1) 除"儿、耳、二"等字读成零声母外,都是浊擦音ʐ-或z-——如北京话和一部分官话方言。

(2) 一部分是零声母。其他是鼻音n-(或 l-)——一部分官话方言,一部分闽语。

(3) 大致全是舌面鼻音ȵ-——客家话,一部分吴语。

(4) 除少数字是零声母,多与从邪床禅等母字混为z-与dʑʰ——一部分吴语。

(5) 全部读成零声母——如粤语代表的广州话。

(6) 差不多全是dʑ-——一部分闽语。

而徽州方言中古日母表现也非常复杂,现将徽州方言古日母今读形式列表对比如下:

表 2-24　　　　　　　　徽州方言日母今读对照表

	鼻音(包括鼻音声母和鼻辅音自成音节)		零声母	边音	擦音
绩溪	ȵ: 惹绕忍人₁认让软热弱入肉	ȵ: 儿耳二尔你这	∅: 乳人₂忍绒闰瓢然若入辱儿二耳		
荆州	ȵ: 惹绕忍人认染₁让然₁软热弱肉	ȵ: 揉染₂ ȵ: 儿耳二尔你这	∅: 乳人瓢绒然然₂若入辱儿二耳		
上庄	ȵ: 绕热人肉		∅: 如儿二耳然软		z: 人日闰弱
歙县	ȵ: 日汝瓢让软热绕肉弱褥人₁忍认	ȵ: 尔你这	∅: 乳嚷儿二耳然绕揉人₂任绒闰若入辱		
屯溪	ȵ: 日热弱绕染软让肉揉认忍人₁仍	ȵ: 尔二	∅: 乳惹然瓢柔任人₂闰绒耳儿		
休宁	ȵ: 耳日绕饶弱揉染肉染热软壤认忍	ȵ: 尔二	∅: 乳惹然仍扰柔瓢若辱任扔人绒闰耳儿		
五城	ȵ: 汝热日若弱绕饶染染软肉柔揉娘壤让忍认耳	ȵ: 尔儿二	∅: 如乳儿2耳然惹瓢人任绒闰蕊		
黟县	ȵ: 耳₁日人忍肉揉认弱绕热惹染软让	ȵ: 瓢 ȵ: 尔你	∅: 儿耳₂任如蕊柔日人忍扰若绒闰入	l: 辱	
祁门	ȵ: 尔你		∅: 惹如乳儿二耳绕扰揉柔染任入然热软人认日闰瓢让弱绒肉		

①徐通锵:《历史语言学》,商务印书馆 2008 年版,第 181 页。
②董同龢:《汉语音韵学》,中华书局 2001 年版,第 154 页。

续表

	鼻音（包括鼻音声母和鼻辅音自成音节）			零声母	边音	擦音
浮梁	n: 染入娘瓤让		ṇ: 尔你	∅: 如弱惹热软饶柔揉肉儿耳二而人忍认闰绒茸		
婺源	n: 日肉热绕扰染软让人 2 认任		ṇ: 尔你	∅: 如乳揉柔入儿二耳弱若然壤绒人₁忍闰		
浙源	n: 日热绕揉肉染让认		ṇ: 尔你	∅: 如乳儿二耳₂弱若然壤瓤人忍绒	l: 耳₁辱褥	v: 软闰润
旌德	n: 惹绕扰染软人认忍闰让瓤日热肉辱入弱		ṇ: 尔你	∅: 如乳儿耳二任绒		
占大	ṇ: 尔你日人忍认			∅: 如乳惹绕热揉柔肉儿耳二染让然闰绒软弱入		
淳安	ṇ: 尔你			∅: 如扰揉染壤任人仍忍认绒儿二₂耳₂日惹弱若热辱褥肉	l: 儿耳₁二₁	v: 软闰润
遂安	ṇ: 儿耳尔你任人仍忍认₁			∅: 如乳绕弱若扰惹热柔揉入日儿耳二壤让然染软认₂闰	l: 肉辱褥绒茸	
建德	ȵ: 惹染软	n: 扰	ṇ: 儿尔你耳二	∅: 如饶柔揉让人仁忍认闰绒日肉辱褥乳绕壤而饵	l: 任润刃纫若	s: 日弱然 ɕ: 孺汝
寿昌	n: 热染惹软饶绕认弱肉辱褥入日	n: 忍	ṇ: 儿尔耳二	∅: 如让绒儿耳二然若	l: 闰人仍任润入日	s: 入 ɕ: 乳

（一）徽州方言中日母的今读类型

从表 2-24 我们看到，日母在徽语所有方言点都存在分化，从音值上看大致有这几种类型：

1. 除去个别止摄日母字如"尔第二人称代词"读自成音节的鼻音外，其余都读成零声母。徽语中这样的方言点比较少，祁婺片的祁门以及绩歙片的深渡属于这种类型。

2. 除去个别止摄日母字如"尔第二人称代词"等读自成音节的鼻音外，古日母分读零声母、边音声母、擦音声母，这种类型除了严州片的淳安之外，很少见于其他徽州方言。淳安日母读为擦音的限于几个合口字：软vã⁵⁵，闰润ven⁵³⁵；日母读为边音的限于止摄字，而且淳安的止摄日母字几乎都有异读形式，除了"尔第二人称代词"外，止摄日母字"儿、耳、二"都有[l]声母和零声母的异读形式。例如：儿la⁴⁴⁵白/ əl⁴⁴⁵文，二la⁵³⁵~哥/ əl⁵³⁵十~，耳la⁵⁵~朵/ əl⁵⁵木~。

3. 除去个别止摄日母字如"尔第二人称代词"等读自成音节的鼻音外，古日母分读鼻音声母和零声母。这种类型在徽语中最为常见，绩歙片的绩溪、荆州、歙县和休黟片的屯溪、休宁、五城、溪口以及祁婺片的婺源、浮梁还有旌占片的旌德、柯村等都属于这种类型。这种类型中日母除了读为零声母外读成鼻音的包括三种情况，一种读成[ȵ]，一种读成[n]，一种是部分读[ȵ]，部分读[n]的。前面所列举属于这种类型的方言点中歙县和浮梁部分日母字读成[n]；荆州属于既有读[ȵ]，也有读[n]的，不过，读[n]的只有极少数不常用的口语词，或者是文读音。其余方言点除零声母外都读成[ȵ]。除去荆州，日母分读[ȵ]和零声母、日母分读[n]和零声母这两种情况其实并没有本质的区别，[ȵ]和[n]都是方言里日母与泥母相混的语音形式，而且读成[n]的方言里也不存在[ȵ]和[n]的对立。荆州的日母表现其实也可看成是与绩溪、歙县同性质的类型。

4. 除去个别止摄日母字如"尔第二人称代词"等读自成音节的鼻音外，古日母分读鼻音声母、零声母、擦音声母或边音声母。这种类型主要见于严州片徽语，除此，还有绩歙片的上庄、休黟片的黟县以及祁婺片的浙源也都属于这种情况。其中擦音声母也有几种形式：有上庄的[z]、浙源的[v]、建德的[s]和寿昌的[ɕ]。最复杂的要数严州片的建德、寿昌，日母各有七种今读形式，除止摄日母字所读的[ṅ]外，还有这样一些音值：[ȵ]，[n]，[Ø]，[l]，[s]/[ɕ]。

从表 2-24 可见，徽语内部分歧虽然很大，但部分日母字的读音在徽语内部却是较为一致的。例如，对于分读鼻音和零声母的方言来说，"日、肉、热、软、染、认、让"这样一些字基本读为鼻音，而像"如、柔、然、润、壤、绒、任"等字基本读成零声母。

总的来看，除[ṅ]外，日母在徽语共时语音系统中存在不同语音形式的九种音类[ȵ]，[n]，[Ø]，[l]，[l̩]，[z]，[v]，[s]，[ɕ]。除了曹志耘[①]为淳安的止开三几个日母字所拟的[]之外，其余八个音类都不是日母的独立音位，也就是说，日母在徽语中已经丧失它的独立性而与其他声母发生有条件的合流。徽语中日母丧失独立存在的音韵地位究竟起于何时呢？据高永安[②]研究，明代日母在徽语各地都是独立存在的。到了清代，日母在东部地区是独立存在的。但是在西部地区的黟县型、婺源型日母则发生了分化：拼洪音韵母时变成了零声母，拼细音韵母时变成了鼻音。据我们考察，在 18 世纪二三十年代徽州休宁南乡地方韵书《海阳南乡土音音同字异音义》中，日母字既有与疑、泥二母的细音字同见于一个小韵，也有与喻、影母的细音字同见于一个小韵的，说明日母一部分与疑、泥母合流，一部分与影、喻母合流；但是也有少数日母字不与其他声母字同见而单列一个小韵的情况。除了作为一个韵部单列的"儿"韵部（其所收韵字均来源于止摄开口

---

① 曹志耘：《徽语严州方音研究》，北京语言大学出版社 2017 年版。
② 高永安：《明清皖南方音研究》，商务印书馆 2007 年版。

三等的日母字），上册"溪"韵部的"日"小韵，与同韵部的"逆"小韵和"亦"小韵形成对立；下册"东"韵部的"人"小韵，与同韵部的"音"小韵和"银"小韵形成对立；下册"休"韵部的"辱"小韵，与同韵部的"欧"小韵（一等读同三等）和"肉"小韵形成对立。各小韵所辖韵字如下所示：

人_{日真}忍_{日轸}认_{日震}任_{日侵}绒_{日东}茸①_{日钟} ： 银_{疑真}垠_{疑真}吟_{疑侵}龈_{疑痕} ： 音_{影侵}印_{影震}引_{以轸}容_{以钟}孕_{以证}

日_{日质}入_{日缉} ： 逆_{疑陌}艺_{疑祭}倪_{疑齐}昵_{娘栉}泥_{泥齐}尼_{泥脂} ： 亦_{易译}_{以昔}翼_{以职}益_{影昔}噎_{影屑}

辱_姆溽_蓐_{日烛} ： 肉_{日屋}褥_{日烛}玉_狱_{疑烛}牛_{疑尤}藕_{疑厚}钮扭纽忸_{泥有} ： 揉柔_{日尤}欧_{影侯}优_{影尤}有_{云有}育_{以屋}

同一韵部中，以上所列的"日"小韵、"人"小韵、"辱"小韵与疑泥母细音字组成的小韵以及影、喻母组成的小韵均对立存在。这是不是说明"日"母当时还是一个独立的声母，只是已经出现了分化，大部分日母字都已经并入其他声母里，"日"母作为单立的声母所辖仅剩这些韵字了。

而编于19世纪60年代的清代徽州婺源环川（今浙源岭脚）韵书《新安乡音字义考正》中显示，日母不独立，分别并入零声母和疑母。可见徽语日母至少在19世纪后半期就已经失去独立地位。

前文提及，日母在现代徽州方言中出现了九种音类，这些音类中较早的形式是什么？这些音类彼此之间存在怎样的关系？因为日母在徽语中已经失去独立地位，那么溯本求源，这些音类最初都是从一个什么样的原始形式发展而来的呢？

近人章炳麟曾提出"古音有舌头泥纽，其后支别，则舌上有娘纽，半舌半齿有日纽，于古皆泥纽也"②。郑张尚芳也认为日母主要由上古泥母 j 化而来。③的确，无论是从谐声系统还是声训、又读、异文材料上，日母与泥母都表现出不同寻常的联系。例如，《白虎通·德论》《释名》皆云："男，任也。"又曰："南之为言任也。"《释名》："入，内也。"还有从谐声系统来看，日母和泥母的关系也非常密切。例如：

而－耐　　若－诺　　弱－溺　　孃－壤　　乃－仍　　女－汝

尽管如此，章氏的"日纽归泥说"并没能得到学术界的一致认可。因为该说不能解释一个关键问题：如果上古没有日母，那《切韵》时期日母从泥母中分化出来的条件是什么？因为日母与泥母在分布上并不呈互补关系。

---

① "茸"阳平的读法见于"人"小韵，还有上声的读法见于韵书下册三东韵部的"笼"小韵，与来母字同读，一同归入"笼"小韵与"茸"同音的还有日母字"冗"字。这当是日母字的新文读，全书仅见此二例。

② 章太炎：《古音娘日二纽归泥说》，《国故论衡》，商务印书馆2010年版，第40页。

③ 郑张尚芳：《汉语方言异常音读的分层及滞古层次分析》，《郑张尚芳语言学论文集》，中华书局2012年版，第175页。

日母在古代其音值性质是怎样的，语言学家对此很伤脑筋。高本汉说："拟测古代汉语的声母系统，日母是最危险的暗礁之一。一方面，好多近代方言，尤其是南部方言，读这个古声母很不一致，在同一方言里同时会跑出几种音来，并且在同一个字里往往也有异读，所以我们很难找出一个定律确定哪一个字应当用哪一个音。另一方面，在近代汉语里代表古日母的音既然有这么些花样，我们就很难找出一个音来把所有近代的音都能推本到它。"[①]他把日母拟为nʑ，认为"nʑ可以把近代方言解释的最好"。

高本汉把日母拟成复辅音一直以来就受到很多学者的质疑，潘悟云就曾指出"在《切韵》系统中，只有日母拟作复辅音，这在音系结构上是很不规则的"。[②]

董同龢认为高本汉的构拟牵强难用，他提出"除去失落的情形，我们可以从两条路线追寻日母的古读：一是浊擦音，一是鼻音。"[③]他根据日母字的声调变化与明、泥、来等次浊声母字同，上声字在现在多数方言与全清次清同属一个声调的情况，认为日母字在中古不可能是浊擦音。把日母假定为原来是鼻音，"在声调变化上是蛮说得通的"，然后跟现代很多方言日母的鼻音读法更相合，至于现代方言中出现的擦音的读法，也可以设想为ɳ→ʑ→ʐ̢→z。

王力（1980）将日母拟为*ɳ，他认为日母从上古到中古的发展的情况是这样的：

$$ɳ \longrightarrow ɳj \longrightarrow nʑ$$

由于韵头ǐ的影响，ɳ的后面产生了舌面的半元音j，后来这个j越来摩擦性越重，就变了辅音ʑ了。[④]"nʑ"是一个破裂摩擦音。当破裂成分占优势的时候，摩擦成分消失，就成为今天客家方言和吴方言（白话）的ɳ；当摩擦成分占优势的时候，破裂成分消失，就剩一个ʑ，后来变z，成为今天吴方言文言的z。但是，假定这个nʑ跟着 tɕ、tɕʰ、dʑʰ、ɕ、ʑ变为nʒ，后来摩擦成分占优势，破裂成分消失，就变为ʒ→ʐ̢了。有些地方的日母变了半元音j，这是直接由nʑ→z变来，没有经过变ɳ或z的阶段，因为ʑ的发音部位近j的缘故。[⑤]

日母改拟为*ɳ为越来越多的学者所接受。那么从中古到现代汉语方言

---

① 高本汉：《中国音韵学研究》，商务印书馆1940年版，第338页。
② 潘悟云：《汉语历史音韵学》，上海教育出版社2000年版，第52页。
③ 董同龢：《汉语音韵学》，中华书局2001年版，第154页。
④ 王力：《汉语史稿》，中华书局1980年版，第75—76页。
⑤ 同上书，第128—129页。

中日母又经历了怎样的音变呢？下面我们将根据日母在现代徽州方言中的表现探索日母的演变轨迹。

（二）古日母在徽语中的历史层次

1. 鼻音 ȵ、n 层

上文提及，章炳麟、郑张尚芳都主张"日"母源于"泥"母，虽然这种观点没有被一致认可，但可以肯定的是在中古时期，日、泥两母在发音上是接近的。日母读为鼻音[ȵ]，泥母[n]在细音前受舌面介音的影响可能会腭化为[ȵ]，从而可能与日母发生混同。吴语、湘语、赣语、客家话中就有这种情况。徽州大部分方言点中，日母也有读为[ȵ]的现象，且多出现在口语词中，在有文白异读相对应的方言点中，ȵ通常出现在日母的白读层，与泥母相混。我们据此认为鼻音 ȵ 在徽语中代表的是最古老的层次。部分方言，泥母未出现洪细音的分化，由于日母[ȵ]在音系中处于单向对立的地位，语音系统中在发音方法上没有同系列的其他音类与之相配，ȵ孤独不成系列，所以比较容易发生音变，向距其音值最相近的[n]音靠近。这种音变反映在徽语中就是如歙县、浮梁等方言点，部分日母字与泥母字合流为[n]（系统中无[ȵ]），我们也可将[n]视为与[ȵ]同一层次的读音。例如：

	染日—碾泥	让日—娘泥	热日—捏泥	认日
绩溪	ȵiẽi²¹³	ȵiõ²²- ȵiõ⁴⁴	ȵiaʔ³²	ȵiã⁴⁴
歙县	ne³⁵	nia³³- nia⁴⁴	ne³³	niʌ̃⁴⁴
休宁	ȵi:e¹³	ȵiau³³- ȵiau⁵⁵	ȵi:e³⁵-ȵi:e²¹²	ȵin³³
黟县	ȵi:e⁵³	niŋ³- niŋ⁴⁴	ȵi:e³¹	ȵiɛ³
婺源	nĩ³¹	ȵiã⁵¹- ȵiã¹¹	ȵiɛ⁵¹	ȵiein⁵¹
旌德	ȵi²¹³	ȵiæ⁵⁵- ȵiæ⁴²	ȵi⁵⁵	ȵiŋ⁵⁵
寿昌	ȵi⁵³⁴	iã³³-ȵiã⁵²	ȵi²⁴-ȵiəʔ⁵	ȵien³³

不过，需要说明的是，如果一个方言系统里日母有读为ȵ也有读为 n，这时候读 n 的通常是非口语词或者是文读层，例如荆州（揉 nɵ³³，染 ȵiõ²¹³/nə²¹），黟县（瓤 niŋ⁴⁴）、建德（扰 nɔ⁵⁵）、寿昌（忍 niɛ⁵²），这时候就不能把 n 视为这些点日母较早的语音层次。

2. ∅、v 层

普通话中日母仅在止摄开口韵中读为零声母，而在徽语中，几乎所有方言点都存在止摄开口韵以外的日母字读为零声母的现象，而且读成零声母的字基本一致。大多数方言点，日母分读鼻音声母和零声母，不同读音存在于不同的词汇中。例如：在绩溪，"人"在"新人"这个词中读为ȵiã⁴⁴，而在"人民"这个词中则读为 iã⁴⁴;"忍"白读为ȵiã²¹³,而在"忍耐"这个文读色彩较浓的词中则读为 iã²¹³;"然"在"不然"中读为ȵiẽi⁴⁴,而在"突然"中则读为 iẽi⁴⁴。部分常用字只有鼻音声母一读,例如"热、软、让、认、日、弱";非常用的字只有零声母一读,例如"如、燃、任、乳"等。这么看,部分方言点中日母读为鼻音声母和零声母是白读音和文读音的对应关系,事实上,零声母与鼻音声母之间也可以是一种演化关系,零声母由鼻音声母弱化而来,鼻音声母的弱化甚而脱落这一音变出现于很多方言中,北方方言疑母的失落就是明证。在南方方言日母保持舌面鼻音[ȵ]阶段时,北方话的日母率先发生了由ȵ→∅的音变。至今,北方方言的一些地区日母还保持零声母的读法。比如当阳、沈阳等地,部分日母字(非止摄开口字)读为零声母。例:

	人	日	热	如	软
当阳	ən	ɯ	ɯ	u	uan
扬州		iə			
沈阳	in	i	ie	y	yan
汉口		ɤ		y	yan

随着文教力量的逐渐渗透,这种音变也波及南方方言。而一些南方方言区自身也发生了鼻音声母弱化直至脱落这样的音变。日母在南北不同地方发生相同性质的音变,其结果就是:很多南方方言例如徽语、湘语、赣语、客家话中都有部分日母字读为零声母的现象。

部分方言受北方方言的影响,原本读为鼻音的日母字吸收了北方方言零声母的读法,将鼻音声母的读法和零声母的读法叠置在同一系统中,形成了文白异读的对应关系。这就导致了包括徽语在内的一些方言中,日母既有异源层次的鼻音声母与零声母叠置,也有鼻音声母与零声母的同源异读。

日母弱化为零声母的结果是导致部分日母字与云、以母字混同。例如:

	如日—余以	柔日—油以	然日—延以	闰日—运云	绒日—融以
绩溪	y⁴⁴	?—iɤ⁴⁴	iẽi⁴⁴	yɑ̃³⁵—yɑ̃²²	yɑ̃⁴⁴
歙县	y⁴⁴	io⁴⁴	ie⁴⁴	yʌ̃³¹³—yʌ̃³³	yʌ̃⁴⁴
休宁	y⁵⁵	iu⁵⁵	ia⁵⁵	yen³³	ien⁵⁵—in⁵⁵
黟县	yεi⁴⁴	iaɯ⁴⁴	i:e⁴⁴	yεi³	iaŋ⁴⁴
祁门	y⁵⁵	ie⁵⁵	ĩ:ɐ⁵⁵	yæn³³	iəŋ⁵⁵
婺源	y¹¹	iɑ¹¹	ĩ¹¹	iɐin⁵¹—vɐin⁵¹	iɔm¹¹
占大	y³³	ie³³	iẽ³³	yn³⁵	ioŋ³³
遂安	y³³	iu⁵³⁴	iẽ³³	yen⁵²	lən³³

在徽语的少数方言点，比如许村、浙源、淳安等地，古日母出现了v声母的读法。这些读成v声母的字基本都是合口三等字，大多出现在山、臻摄的合口三等韵前，而且，这些方言点中，读成v的除了日母，还有云、以、疑母，由此我们判断这些方言点中日母与云、以、疑母在读为v之前都经历了一个零声母的阶段，v是由元音u引发的唇齿化造成的。例如：

许村：闰_日vian^33 — 匀_以vian^55

浙源：软_日=远_云vi^25　　闰润_日=运_云vein^43

淳安：软_日=远_云vã^55　　闰润_日=运_云ven^535

据项梦冰研究，这种情况在客赣方言里比较常见，与徽语相同的是，客家话古日母字读成v声母的通常是"润""闰"两字，其他韵摄的古日母字读成v声母的并不多。①

3. z层

普通话中，日母除了在止摄开口韵前读为零声母外，其他日母字的音值尚有争议，有记成浊擦音[z]的，也有记成通音[ɻ]的，这只是音值处理的不同，可以肯定的是日母已经发展为与鼻音、零声母音色不同的音了。日译吴音以鼻音对译汉语的日母，而日译汉音则用浊擦音对译日母，可见唐时已有一些方言读日母为浊擦音了。宋代三十六字母中的日母称为"半齿音"，意味着它已读为与齿音章组字同一部位的音。徽州方言中，古日母在上庄等地出现了[z]的读法，这在徽州方言内部是个较为特殊的读音。从可见的材料来看，上庄日母读[z]的有这样的一些字："任[zæ^24]""人[zæ^42]"（另一读为[niæ^42]）"入[zeʔ^32]""日[zeʔ^32]""闰[zæ^24]""弱[zoʔ^32]"。上庄日母[z]的读法是方言自身纵向演变产生的结果，还是来自权威方言——北京话的横向渗透（在上庄的语音系统里没有卷舌声母的存在，[z]便是对应于北京话的[z]/[ɻ]的读法）？如果认为上庄日母[z]的读法是来自北京话的渗透，那大概不好回答为什么"日""弱""入"这样常用的口语词只有对应于北京话[z]/[ɻ]的文读音[z]，却没有与之相对应的白读音。所以，我们倾向于认为上庄日母所读的[z]乃是源自零声母的进一步擦化。我们可以从现代汉语方言日母的今读中找到支撑这一假设的证据。比如南方的粤方言区，日母与喻母以及三等韵前的影母今读显示了零声母变读为浊擦音的可能性：

	惹-爷	扰-要-摇	柔-忧-有	软-冤-远	人-因
廉江	iɛ	iu	iɐu	ŋiŋ-iŋ-iŋ	(ŋ)iɐn-iɐn
广州	jiɛ	jiu	jiɐu	jyn	jiɐn
东莞	zø	ziu	zau	zøn	naz

---

① 项梦冰：《客家话古日母字的今读——兼论切韵日母的音值及北方方言日母的音变历程》，《广西师范学院学报》2006年第1期，第80页。

古日母在廉江、广州、东莞三地读音的差异可以视为日母的纵向演变在空间上的反映。北方方言区，比如东北、京津和冀鲁一带，零声母和浊擦音的交替也是很常见的现象。北京话中部分喻母字（如"荣、容、融"）读同日母字为[z]/[ɻ]。天津话中，"庸、拥、雍、永、泳、涌、用、佣"等影、喻母字都读作浊擦音[z]，而"闰、润、然、让、热、忍、肉、入、软"等部分日母字却读为零声母。河北廊坊地区部分来自中古的喻母字，现在有的保留零声母，有的变成了浊擦音[z]，从而使原来同声同韵的字分化。诸如"庸、允、永、泳、咏、勇、涌、用"等喻母字都与部分日母字同读为[zuŋ]。

我们推测，零声母在三等韵前有擦化的倾向，擦化的产生导源于三等介音，三等介音（-i-）发音时舌位最高、最前，开口度最小，这些因素综合起来促成了发音时擦化的可能性。这可能不是真正的擦音。朱晓农、王力、陆志韦等人都认为北京话中的日母不是一个纯粹的"硬音"，它的摩擦并不大于[j]，只是韵母同部位有少量摩擦。[①]这就表明包括北京话中的浊口音读法事实上只是零声母的进一步擦化。

除了上庄日母所读的[z]外，严州片徽语中的建德、寿昌点少数日母字还有读成擦音[s]和[ɕ]的。不过，这两地的[s]、[ɕ]声母基本是与鼻音声母或零声母相对应的文读形式。据曹志耘（2017），建德读成[s]声母的日母字有："然、燃[sã²¹¹]"，"日、弱[səʔ¹²]"（"日"在"日本"这个词里读成[s]声母，而在"今日"这个词中则读成零声母）；建德读成[ɕ]声母的日母字有："孺~子；妇女[ɕy⁴²³]"，"汝文[ɕy⁵⁵]"。寿昌读成[s]声母的日母字仅见"入~死娘[səʔ³¹]"（"入"义为"装"时读为[nʲiəʔ³¹]，另外还有一个文读音为[ləʔ³¹]）；读为[ɕ]声母的仅见"乳文[ɕy⁵⁵]"。

日母字读成[s]声母在现代汉语方言中是不多见的，据钱乃荣[②]，在吴语区也有一些日母字文读为[s]声母，在杭州、溧阳还存在部分日母字读成复辅音[sz]的现象。如：

丹阳：扰sɒ⁴¹　辱szo²⁴

金华：仍sən³²⁴　蕊szᵘeɪ²⁴

江阴：忍sɛŋ⁴⁵　染sə⁴⁵

溧阳：扰szɤ³²³　仁仍szən³²³　忍szən²²⁴　认szən²³¹　蕊szæE²³¹　辱szo²²³　日szə²²³

杭州：仁仍人文读szən²¹²　戎szoŋ²¹²　认闰szən¹¹³　让szaŋ¹¹³　绒szoŋ²¹²　蕊szyeɪ¹¹³　辱szo¹²

永康：仁人szəŋ³²²　蕊szəɪ²¹⁴　辱szu³²³

温州：仍szʌŋ²³¹

[①] 朱晓农：《关于普通话日母的音值》，《音韵研究》，商务印书馆2006年版，第132—133页。

[②] 钱乃荣：《当代吴语研究》，上海教育出版社1992年版。

徽语和吴语在古日母读为[s]声母方面所体现出来的共性不是偶然的。建德、寿昌存在对内使用白读、对外使用文读的独特的双方言现象，是因为跟吴语区相邻。建德对内说话叫做"梅城白话"，对外说话叫做"浙江方言"；寿昌人把白读叫作"寿昌说话"，把文读叫作"浙江方言"，也有人叫作"地方方言"。白读系统是严州片徽语原有的语音系统，而"文读系统是在浙江权威方言杭州话和汉语共同语等的影响下形成的一种比较接近杭州话的语音系统"①。建德和寿昌文读系统中古日母字的[s]、[ɕ]声母的读法，就是杭州话和汉语共同语影响下出现的读音。

除了吴语，据我们所知，还有桂南平话、粤语玉林方言中少数口语非常用字的今读也为[s]声母。比如宾阳的"儒""如""然""燃""乳""若""辱""褥""忍""壤"都读[s]声母；粤语玉林方言的"如""然""燃"读[s]声母。对于桂南平话和粤语玉林方言日母字的这种读法，覃远雄表示"是方言自身纵向的演变，还是周边方言的横向渗入目前还不知道"。②

4.1 层

古日母在徽语的严州片遂安、建德、寿昌和休黟片的黟县以及祁婺片的浙源等地出现了[l]声母的读法。

遂安：肉辱褥 lu²¹³　戎绒茸 lən³³

建德：<u>任润刃</u> len²¹³　<u>䌷</u> len⁵⁵　<u>惹</u> lə¹²

寿昌：闰 len³³　<u>扔</u> len³³　<u>人仁仍</u> len¹¹²　<u>壬任</u>贵<u>润</u> len²⁴　<u>入日</u>~本 ləʔ¹³

黟县：辱 lu³¹

浙源：耳~朵 li²⁵　辱褥 lu⁴³

徽语五个方言点不同程度地存在日母字读为[l]声母的现象，如何看待这种现象呢？

高本汉对日母读为[l]的现象是这样解释的："在有些方言里，我们见过l。我们要知道这个情形发生在喜欢拿l代替n的三个方言（扬州、汕头、厦门），那么我们就可以了解在这些方言里的l是一个n的代用品。"③高本汉的这个解释能否覆盖所有日母字读为[l]声母的现象呢？我们认为大概不能。我们需要对日母字读为[l]声母的现象进行分类分析，这就涉及日母字读为[l]声母是发生在文读层还是方言系统内部的音变问题。例如严州片徽语中的建德、寿昌，日母字读为[l]声母的代表的都是文读音，这些方言白读系统中，[l]与[n]是对立存在的。黟县日母字"辱"读为[l]与建德、寿昌日母

---

① 曹志耘：《徽语严州方言研究》，北京语言大学出版社 2017 年版，第 141 页。
② 覃远雄：《桂南平话古见组声母和日母的今读》，《方言》2006 年第 3 期，第 237 页。
③ 高本汉：《中国音韵学研究》，商务印书馆 1940 年版，第 343 页。

字读为[l]大概属于同一性质。黟县的[l]与[n]是对立存在的两个音位，日母字大多分读为[ȵ]和零声母。而据《黟县方音调查录》，除了"辱"，还有"肉文""褥文"都读为[l]声母，与来母字相混，其中"肉""褥"白读为[ŋ]声母，与疑母字相混（下面的"="仅限于声母、韵母相同，而不涉及声调）：

  褥日烛肉日屋=玉狱疑烛 ŋəù 褥辱日烛肉日烛=禄鹿碌录麓漉辘来屋 lu

而今天的黟县方言中，"褥"和"肉"仅存白读层的读音[ȵ]，而不见文读层的[l]，"辱"的文读音[l]则一直保留至今。

同类现象除了高本汉所举的扬州，也见于一些南方方言如客赣方言和吴语中。例如，在梅县，泥母和来母并不相混（比如"耐[nai]"≠"赖[lai]"），而少数日母字一样读[l]声母。比如："扰"读为[lau]，同等音韵地位的"绕围~"则读为[ȵiau]。在南昌、吴城等地，虽然泥母和来母有混同现象，部分日母字读成[l]声母，但也有部分日母字读[ȵ]声母，读成[l]声母的日母字都是非常用字，或者是一字兼有两种读音，其中[l]声母代表着文读音。例如：

  南昌 染 ȵien白 lɛn文 人忍认 ȵin白 lən文

  吴城 染 ȵien头发 len传~ 认~得人家 ȵin 忍~不住 认~为人~民 忍~心 lən 日 ȵit~头 lət~本

对于南昌方言日母字的今读张光宇也曾论及：南昌方言日母的白读是ȵ-，文读是 l-、∅-。其中的 l- 是 z̩- 的变体，只在洪音出现。∅- 只见于止摄开口三等"耳、二"等字[①]。

除此，在吴语区也有古日母字读成[l]声母的情况。吴语区古日母字读成 l 声母现象出现的时间并不长。赵元任那时调查出来的日母字在吴语的文读系统中读为擦音[②]。而时隔 60 年后，日母字在吴语区文读音层面发生了由 z>l 的变化（>左边是老派音，右边是新派音）。江阴、上海、松江、金华、衢州、童家桥的新派都如此。据钱乃荣研究，"仁"在金华就有三种异读：[ȵim^{224}]/[lən^{224}]/[ɕin^{224}]。"乳"在金坛读为[ləu^{35}]，在丹阳读为[ləu^{213}]；"扰"在衢州读为[lɔ^{31}]，等等。[③]

至于祁婺片浙源的少数古日母字读为[l]声母大概就是如高本汉所说的拿 l 代替 n。在浙源，古泥、来母在鼻化韵[ĩ]前多读成[n]，在其他韵前多读为[l]，[l]与[n]不对立，所以合为一个音位。其中"耳"在"耳朵"一词中读为[li^{25}]，在"木耳"一词中读为[ɣ^{21}]，这个[l]声母乃是发生在系统内部的一种音变结果，是比[∅]更早的语音层次。而至于"辱褥"读为[lu^{43}] 究竟是

---

① 张光宇：《闽客方言史稿》，南天书局 1996 年版，第 51 页。
② 赵元任：《现代吴语的研究》，商务印书馆 2011 年版，第 62 页。
③ 钱乃荣：《当代吴语研究》，上海教育出版社 1992 年版。

拿l对应权威方言ʐ的结果，还是拿l代替n，目前尚无法判断。

至于严州片的遂安日母逢通摄读[l]声母，而在其他韵摄里则读成零声母的现象，我们暂时也还不知道如何解释。

以上我们对徽州方言日母的几种音类层次进行了梳理，就来源而言，鼻音ȵ、n层和ø、v层可视为同源层次，存在嬗变的关系；l、ʐ层大多属于异源层次，是从北方的权威方言传入徽语中的。

第六节　徽州方言古匣母的今读分析[①]

古匣母在北方方言大多读同晓母：洪音读[x/h]声母，细音读[ɕ]声母。而在南方方言中古匣母的读音则比较复杂，口语中除了读为[x/h]、[ɕ]等清擦音声母，还有塞音[k/kʰ]、零声母、浊擦音[v]等今读形式，体现出与群、云母密切的关系。徽州方言也不例外，古匣母在徽州方言中表现复杂。下面我们将徽州方言中的匣母字按照韵母开合等呼列出今读形式：

表2-25　　　　　　　　徽州方言古匣母今读对照表

	一等		二等		四等	
	开	合	开	合	开	合
绩溪	x	kʰ/k/ø/v/x/f	kʰ/x/ɕ/tɕ[①]	kʰ/ø/v/f	ɕ/s[②]	ɕ/f
荆州	x	kʰ/k/ø/v/x/f	kʰ/tɕ/tɕʰ/v[③]/x/ɕ/s[④]	kʰ/ø/v/f	ɕ/s	ɕ/s/f
歙县	x	kʰ/ø/v/x	k/kʰ/tɕ/x/ɕ	v/x	ɕ	ɕ/x
屯溪	k/x/ɕ	ø/v/x	k/ø[⑤]/x/ɕ[⑥]	ø/v/x	ɕ	ø/ɕ
休宁	k/x/ɕ	ø/v/x	k/tɕ/x/ɕ	ø/x	ɕ	ø/ɕ
五城	x/ɕ	ø/v/x	k/tɕ/x/ɕ	ø/v/x	ɕ	ø/ɕ
黟县	x/s	ø/v/x	k/x	k/v/x	ʃ/s	ø/ʃ
祁门	k/x/ɕ	ø/x	k/kʰ/x/ɕ	ø/x	ɕ	ɕ/x
婺源	x/ɕ	ø/v/x	k/x/ɕ	v/x	ɕ	ɕ/x
浙源	x/ɕ	ø/v/x	k/v/x/ɕ	v/x	ɕ	ɕ/x
浮梁	x/f	ø/f/x	ø/f/x	ø/x	x/ɕ/s[⑦]	ɕ/f
旌德	x	ø/x/f	kʰ/k/ x/ɕ	ø/x	ɕ/s	ɕ/x
占大	x/ɕ	ø/x	kʰ/ø/x/ɕ	ø/x	ɕ	ɕ/x
淳安	k/x/f	ø/v/x/f	kʰ/tɕ/ø/x/ɕ	ø/v/x/f	ø/ɕ	ø/v/s

---

① 这一节曾以单篇论文形式发表于《黄山学院学报》2011年第4期，论文题目是"匣母在徽语中的历史语音层次"，本节在原文基础上进行了修改。

续表

	一等		二等		四等	
	开	合	开	合	开	合
遂安	k/x/f	∅/x/f	kʰ/k/∅/x/ɕ⑧	∅/x/f	∅/ɕ/s	∅/ɕ/f
建德	∅/x	∅/x	k/∅/x/ɕ	∅/x	ȵ/ɕ	∅/ȵ/ɕ
寿昌	x/ɕ	∅/ŋ/x	kʰ/tɕ/∅/x/ɕ	∅/x	∅/ɕ	∅/ɕ

说明：①绩溪二等开口匣母字读为[tɕ]声母的仅"械 tɕiɔ³⁵"，声调不符合浊去字在绩溪话中的对应规律，这种现象还见于荆州、婺源、淳安、遂安、旌德等方言。②绩溪四等开口匣母字读为[s]声母的仅"系联~sŋ³⁵"，声调不符合浊去字在绩溪话中的对应规律。③荆州开口二等匣母字读为[v]声母的仅"核阳~: 肿大的淋巴结 vɤʔ³"，同样的现象还见于婺源、淳安；除此，还有一些方言如浮梁、遂安、建德、寿昌、旌德、占大"核"义为"果核"时读为合口呼韵母，与"胡切切，没韵匣母"的音韵地位吻合，但很多方言这一读音形式所对应的义项符合麦韵匣母"核"，所以二等韵位置出现的这个读音暂不作分析。④荆州开口二等匣母字读为[s]声母的仅"苋 sã³⁵"。⑤屯溪开口二等匣母字读为零声母的仅"下ₓ~ɔ²⁴"（"下"还有一读中读为 xɔ²⁴）⑥屯溪开口二等匣母字读为[ɕ]声母的仅"行不~ɕie⁵⁵"（且"行"在"行为"中读为 xɛ⁵⁵）；休宁、婺源同上。⑦浮梁匣母字读为[s]声母的仅开口四等字"系联~sei³³"。⑧遂安开口二等匣母字读为[ɕ]声母的仅有"幸 ɕin⁵²"。

从表 2-25 我们看到，匣母在徽州方言共时语音系统中共存在 12 种今读形式：[k]、[kʰ]、[tɕ]、[tɕʰ]、[∅]、[ȵ]、[v]、[x]、[f]、[ɕ]、[s]、[ʃ]，其中读为[ȵ]的只见于严州片建德，读为[ʃ]的只见于休黟片黟县，读为[tɕʰ]的只见于绩歙片荆州的"降投~tɕʰiõ³³"。这 12 种语音形式在不同开合等呼韵母前出现的频率很不相同，例如，[v]、[f]大多出现在合口韵前，其中[v]大多出现在合口洪音韵即一二等韵前；零声母一般不出现在开口一等韵前；[ɕ]基本不出现在合口二等韵前；各点读[k]、[kʰ]的字都很少。最为复杂的是开口二等韵字，以上提到的匣母 12 种今读形式基本都有分布。

徽州方言中匣母的 12 种今读形式属于不同的语音层次：

第一层是[k]/[kʰ]层。从我们所见到的材料中可见，匣母在徽州方言中读为[k]、[kʰ]的一般是这样一些字："蛤~蟆""糊动词，粘""滑""厚""含衔""环""蟹""械""校学~""降投~""合~得来""桧""绘""舰"，其中有些字的舌根音读法在徽语内部分布较为一致。这十个字在一些方言点的具体读音如下：

绩溪　　糊动词，粘 kʰu³¹　蛤~蟆 kʰo⁴⁴　环~刀：半圆形的刀 kʰu⁴⁴　桧 kʰua³⁵　绘 kua³⁵
荆州　　糊动词，粘 kʰu³¹　蛤~蟆 kʰoʔ³　环~刀：半圆形的刀 kʰu³³　舰 kʰo²¹³　桧 kʰua³⁵　绘 kua³⁵
歙县　　蛤~蟆 kʰa⁴⁴　蟹 kʰa³⁵　械白读 ka³¹³　桧绘 kʰuɛ³⁵
屯溪　　蛤~蟆 kɔ⁵　合~得来 kɤ⁵　降投~kau⁵⁵
休宁　　蛤~蟆合~家：鳏寡成家 kɤ²¹²　降投~kau⁵⁵
五城　　蛤~蟆 kɔ²³

黟县　　蛤~蟆koɐ³¹　　滑很~kuauɯ³¹　　校学~kau³²⁴　　舥 kʰɔ⁵³

祁门　　糊动词,粘kʰu⁵⁵　　蛤~蟆kʰa⁵⁵　　含衔kʰõ⁵⁵　　合~得来;(绳子)等两股合成一股kua³⁵　　校~长ko²¹³
　　　　械 ka²¹³

婺源　　械 kɔ³⁵

浙源　　蟹玲=~;螃蟹kɔ⁴³

旌德　　蛤~蟆kʰa⁴²/kʰɔ⁴²　　匣箱~ka⁵⁵　　械 ka²¹³

占大　　蛤~蟆kʰɔ³³　　含衔kʰɔ³³　　械 ka⁵⁵

淳安　　厚kʰɯ⁵⁵　　蛤~蟆kʰã⁴⁴⁵　　合~眼kɑ²⁴　　械 ka²²⁴

遂安　　蛤~蟆kʰɑ³³　　械 ka⁴²²

建德　　蛤~蟆ko³³⁴　　械 ka⁵⁵

寿昌　　蛤~蟆kʰuə⁵²

　　一般来说，匣母读为[k]/[kʰ]代表的是匣母读如群母的古老的层次。匣、群都属于古全浊声母，从声调的古今对应规律来看，一般都应该读为各方言系统中的阳调。例如，徽州方言中读为[k]/[kʰ]的匣母字"蛤~蟆""糊动词,粘""滑很~""厚""含衔""环""蟹"一般归入的是系统中的阳调类（有些方言浊声母字清化后归入的是阴调类除外，例如黟县的浊入字读如系统中的阴平调），与群母字的声调古今对应规律相同，可以视为匣母读如群母的古老的层次。然而，徽州方言中部分读为[k]/[kʰ][1]的匣母字却读同系统中的阴调类，这就需要将这部分字剔除在匣母读如群母的层次外。例如："械"在徽语很多方言点（去声分阴阳）都读同见母字"戒"（如屯溪、婺源、五城、祁门、淳安、遂安等），而与同等音韵地位的匣母字声调不同，从声调上看不符合音变规则，可能是形声类推后产生的误读，大概不能纳入匣母读如群母这一古老的层次。"校~长"在黟县、祁门等地读同见母字"校~对"，"降投~"在屯溪、休宁等地读同见母字"降下~"，这些字都不是口语常用字，大概受到同形见母字的影响，也不能纳入匣母读如群母这一古老的层次。

　　剔除了非口语常用字后，匣母读如群母的字在徽州方言中虽然不多，但较为一致，我们据此认为这就是匣母读同群母的存古层次，也是徽语中匣母的最古层。

　　匣母读如群母的现象，除了徽语，还见于其他一些南方方言中。闽语最为典型，吴语次之。曹志耘说："在南部吴语里，匣母读如群母的现象以衢州、上饶、丽水地区尤其是上丽片方言较为多见，温州地区也不少。"[2]曹

---

[1] 之所以有 k、kʰ的区别是因为浊塞音清化后在徽语中有的方言点以读送气清音为主，比如祁门、荆州等地；有的方言点浊塞音清化后分读送气不送气，比如五城等地。

[2] 曹志耘：《南部吴语语音研究》，商务印书馆 2002 年版，第 54 页。

书列举了南部吴语中常读如群母的一些匣母字:"糊面~""怀名~""厚""含""挟~菜""寒""汉""滑""降~投~",其中"糊""厚""含""滑"四个匣母字在徽语的一些方言点中也读同群母。

第二层是[ø]([ŋ̍])/[v]层。从表 2-25"徽州方言古匣母今读对照表"中,我们看到,匣母读为零声母或唇齿浊擦音[v]主要发生在合口韵中。其中有的字在徽语中读音较为一致。举例如下(以下仅列白读;为醒目起见,表中略去不读为[v]或是[ø]的字音):

表 2-26　　　　徽州方言中读为[ø]/[v]声母的匣母字

	胡~须/~子	坏	话	活	还~有/~钱	滑假~	黄~色	横~直	核果子核/淋巴结
绩溪	vu⁴⁴	vɔ²²	θ²²	vɔʔ³²	vɔ⁴⁴	vɔʔ³²	õ⁴⁴	vẽi⁴⁴	
荆州	vu⁵⁵	vɔ³¹	θ³¹	vɔʔ³	vɔ³	vʔ³	õ³³	vɔ̃³³	vɤʔ³
歙县	vu⁴⁴	va³³	va³³	va³³	vɛ⁴⁴	vaʔ²¹	o⁴⁴	vɛ⁴⁴	
屯溪	vu⁵⁵	va¹¹	u:ə¹¹	u:ə¹¹	u:ə⁵⁵		au⁵⁵	vɛ⁵⁵	
休宁	vu⁵⁵	ua³³	u:ə³³	u:ə³⁵	u:ə³³	u:ə³⁵	au⁵⁵	ua⁵⁵	uɤ³⁵
五城	vu²³	va¹²	u:ɐ¹²	u:ɐ²²	u:ɐ²³/vɐ²³	u:ɐ²²	ɔu²³	vɛ²³	uɤ¹³
黟县	vu⁴⁴	va³	vu:ɐ³	vu:ɐ³¹	vu:ɐ⁴⁴		oŋ⁴⁴	va⁴⁴	vu:ɐ⁴⁴
祁门	u⁵⁵	ua³³	u:ɐ³³	u:ɐ³³	ũ:ɐ⁵⁵		u:ɐ⁵⁵	uæ̃⁵⁵	ua³³
婺源		vo⁵¹	vo⁵¹	ɑ¹¹			vɔ̃¹¹	vɔ̃¹¹	
浙源	vu⁵¹	vo⁴³	vo⁴³		vo⁴³		vã⁵¹	vao⁴³	
旌德	u⁴²		ue⁵⁵				uo⁴²	ue⁴²	u⁵⁵
占大	u³³	ua³⁵	uɔ³⁵	uɤ¹¹	a³³/uɔ̃³³	uɔ¹¹	uɔ̃³³	uã³³	uɤ¹¹
淳安	va⁴⁴⁵	uɑ⁵³⁵	vu⁵³⁵	uaʔ¹³	ɑ⁴⁴⁵	uaʔ¹³	uã⁴⁴⁵	uã⁴⁴⁵	uɔʔ¹³
遂安	u³³	ua⁵²	ua⁵²	uɑ²¹³	uɑ³³	uɑ²¹³	om³³	uã³³	uəɯ²¹³
建德	u³³⁴	uɑ³³⁴	o⁵⁵	o²¹³	ɑ³³⁴		o³³⁴	uɛ³³⁴	uəʔ¹²
寿昌	u⁵²	uɑ¹¹²	u³³	uə²⁴	uə⁵²		uã⁵²	uã⁵²	uə³¹

从表 2-26 我们可以看到,祁门、旌德、占大、遂安、建德、寿昌等方言点中匣母字有读为[ø]但没有读为[v]声母的(有的方言点例如遂安点,合口呼零声母字年轻人读作[ʋ]声母);绩溪、荆州、歙县、屯溪、休宁、黟县、婺源、浙源、淳安等方言中匣母字既有读[ø]又有读[v]声母的,但相同音韵地位的匣母字,不会形成分读[ø]和[v]的局面,[ø]和[v]并不对立。我们观察表 2-26 中所列的各方言点匣母的今读后看到,匣母读[ø]和[v]的现象几乎都发生在合口韵中。这些合口韵字今天或者读为合口呼韵母,[u]介音继续保

留，或者将圆唇特点融合到主元音中去。如果[u]的作用进一步加强，就会增生唇齿浊擦音[v]，所以我们把匣母读为[ø]和[v]看成同一层次，这一层次与第一层次的[k]/[kʰ]层之间存在演化关系：上古匣群本为一体，发展到中古，其三等韵字分化出来成为群母，保留[g]的读音；其余弱化为浊擦音[ɣ]，成为中古舌根浊擦音匣母。匣母读为零声母是[ɣ]遇合口介音[u]后弱化乃至脱落的结果。匣母归零也不仅仅发生在徽语中，在闽语、吴语、粤语、赣语、客家话、湘语等方言中广泛存在。而且，读归零声母或[v]声母的匣母字与一些来源于其他古声类的字可能出现混同，例如逢洪音与疑、影母字同音，逢细音与疑、喻母字同音。例如：

荆州：胡~子,匣=吴疑vu³³　坏~日子,坏人,匣=外疑vɔ³¹　黄~色儿,匣=王云õ³³
休宁：胡~子,匣=吴疑vu⁵⁵　坏匣=外疑温影ua³³　话匣=岸疑安影uːɔ³³　黄~色儿,匣=王云au⁵⁵
祁门：胡~子,匣=吴疑u⁵⁵　坏果实等腐坏,匣核桃~,匣=外疑ua³³　黄~色儿,匣=王云ũːɐ⁵⁵
旌德：核桃~,匣=屋影u⁵⁵　胡~子,匣=吴疑u⁴²　黄~色儿,匣=王云uo⁴²
淳安：和~尚,匣=鹅疑vu⁴⁴⁵　核桃~,匣=月疑vɔʔ¹³　黄~色儿,匣=王云uɑ̃⁴⁴⁵　划~船儿,匣=牙疑o⁴⁴⁵

在绝大多数方言点中，匣母字"黄"声母弱化脱落为零声母后与同摄的喻三"王"读音相同。这种现象也不仅仅出现于徽语中，明代陆容《菽园杂记》中就曾记有"吴语黄王不辨"之说，可见在吴语中这种现象也是很普遍的。当然，匣母与喻三的混读也不一定是发生在匣母弱化为零声母后。近代音韵学家曾运乾在他的《喻母古读考》一文中提出"喻三归匣"，认为中古的"喻三"在上古读作"匣"母。除了与喻三的混读不一定发生在匣母读为零声母后，与疑、影母的相混应该都是发生在匣母读归零声母后。

上文中曾提到建德的匣母字出现了[ȵ]声母的读法，在建德白读音系统中，读为[ȵ]声母的还有古疑、影、日、泥、喻母字，疑、日、泥母字同读为[ȵ]声母，可以视为较早的音变趋同现象，而影、匣、喻母字也混读为[ȵ]声母，这只能发生在这几个声母读为零声母后，属于较晚出现的音变趋同现象。与此相似的是寿昌的少数匣母字读成[ŋ]声母，从而与疑母等混同。这也应该是发生在匣母读成零声母后。具体混同用例如下：

建德：嫌贤弦匣=严疑=盐以=年泥 ȵie³³⁴　县匣=愿疑 ȵye⁵⁵ — 冤影 ȵye⁴²³ — 远于 ȵye²¹³
寿昌：还副词华金~,匣=牙疑 ŋuə⁵² — 弯影 ŋuə¹¹² — 换匣 ŋuə³³"

第三层是[x]、[f]层。随着浊音清化音变的发生，中古的浊音[ɣ]不能再维持了，它清化为[x]，与晓母合流。这在现代汉语方言中是一种极为普遍的现象。这一层与第二层通常以文白异读的方式共存于徽语中，口语词或词的口语化义项通常读[ø]或者[v]，非口语词或词的书面化义项通常读[x]或者[f]。例如：

绩溪：胡 vu⁴⁴~须/fu⁴⁴姓~　黄 õ⁴⁴~色/xõ⁴⁴~山　话 θ²²讲~/fɔ²²电~　坏 vɔ²²~日子;坏人/fɔ²²~破~
休宁：胡 vu⁵⁵~须/xu⁵⁵姓~　黄 au⁵⁵~色/xau⁵⁵姓~　划 ua⁵⁵~船/xua⁵⁵~拳

第二章 徽州方言的声母　　89

祁门：糊 u⁵⁵ 稀~、烂糊 /xu⁵⁵ ~涂　　横 uæ̃⁵⁵ ~直、反正 /xuæ̃⁵⁵ ~—~竖　　核桃~ua³³/xua³³ ~桃

旌德：活 ue⁵⁵ 白 /xue⁵⁵ 文　　环 uæ⁴² 门~/xuæ⁴² ~境　　黄 uo⁴² ~色/xau⁴² 姓~

淳安：和 vu³³ ~尚/xu³³ ~气　　狐 va³³ ~狸/xu³³ ~臭　　划 ua³³ ~水/xua³³ ~船

虽然这一层与第二层的语音形式常常以文白异读形式共存于一个方言中，但实际上这两层是存在演化关系的。

至于匣母读为[f]的现象，徽州方言中主要见于绩歙片的绩溪、荆州、杞梓里、深渡、许村和祁婺片的浮梁、旌占片的旌德和柯村以及严州片的淳安和遂安。

除了浮梁、淳安和遂安存在少数开口匣母字读为[f]之外（如浮梁的"痕含衔~口钱：放在死者嘴里的铜钱 fən²⁴"、淳安的"贺姓 fu⁵⁵""河护城~ u⁴⁴⁵"、遂安的"河何荷~花 fə³³""贺 fə⁵²"），一般匣母读为[f]的现象发生在合口韵中。由[x]发展到[f]还是因为合口介音[u]的作用。[u]是个圆唇高元音，发音时双唇拢圆，因而使下唇和上门齿靠得很近，形成窄缝，这使得[x]很容易变为[f]。这种现象也发生在很多方言中。

匣母由[x]读为[f]，就会出现与非组字相混的问题。实际上，包括匣母在内的晓组与非组出现混同现象见于很多方言，不过，不同方言混同模式存在差别。概括起来大概有两种：非敷奉母向晓匣母归并，同读为[x]类声母；晓匣母向非敷奉母归并，同读为[f]声母。而在徽语中，以第二种为常，但是部分方言宕摄合口三等的晓匣母与非奉敷母字则以第一种相混方式为常。例如：

表 2-27　　徽语晓、匣组声母与非组声母混同情况对照表

	遇摄	宕摄	其他
绩溪	[f]：胡姓=符 fu⁴⁴ 虎=斧 fu²¹³	[x]：荒=方 xõ³¹ 黄~山=房 xõ⁴⁴	[f]：徽=飞 fi³¹　回 fa⁴⁴　华=凡 fɔ⁴⁴ 混=份 fã²²　宏 fei⁴⁴　忽=福 fəʔ³²
许村	[f]：虎=斧 fu³⁵	[x]：荒=方 xo³¹	[f]：徽灰=飞 fai³¹　婚=分 fan³¹
黟县	[x]：胡姓=符 xu⁴⁴	荒 xoŋ³¹≠方 foŋ³¹	徽 xuɛi³¹≠飞 fɛi³¹　回 xuau⁴⁴≠浮 fau⁴⁴ 画 xu:e³≠发 foe³　婚 xuaŋ³¹≠分 faŋ³¹
浮梁	[f]：虎=斧 fu²¹ 互=负 fu³³	[f]：荒=方 faŋ⁵⁵ 黄~山=房 faŋ²⁴	[f]：徽=飞 fei⁵⁵　婚=分 fən⁵⁵　灰 fe⁵⁵ [x]：冯=红 xoŋ²⁴　花 xo⁵⁵≠翻 fo⁵⁵　烘 xoŋ⁵⁵≠风 foŋ⁵⁵
旌德	[f]：虎=斧 fu²¹³ 互=付 fu⁵⁵	[x]：荒=方 xo³⁵ 黄=房 xo⁴²	徽 xuɪ³⁵≠飞 fi³⁵　婚烘 xuəŋ³⁵≠分风 fəŋ³⁵ 滑 xua⁵⁵≠发 fa⁵⁵　还动词 xuæ⁴²≠凡 fæ⁴²
柯村	[f]：虎=斧 fu³⁵	[f]：荒=方 fɔ³¹	[f]：徽=飞 fɛ³¹　灰 fɛ³¹　婚=分 fɛ̃³¹
淳安	[f]：虎=斧 fua⁵⁵ 呼 xu²²⁴≠肤 fu²²⁴	[f]：荒₂欢₂=方 fã²²⁴ [x]：荒₁欢₁xuã⁵⁵	[f]：婚=分 fen²²⁴　或=佛 fəʔ⁵　风₁ fəm²²⁴ [x]：烘=风₂xuen²²⁴
遂安	[f]：虎=斧 fu²¹³ 互=负 fu⁵²	[x]：荒=方 xom⁵³⁴ 杭=房₁xom³³ [f]：晃=放₂fã⁴²² 房₂fã³³	[f]：婚=分 fən⁵³⁴　花 fa⁵³⁴　—法 fa²⁴　怀 fa³³ 毁=佛 fəu²¹³　慧 fei⁵²　—废 fei⁴²²

从表 2-27 可见，除了宕摄字，非组声母与晓匣母在徽语中的相混形式以晓匣母向非组方向归并为常。其中，旌占片的柯村混读形式较为单一，即晓匣母与非组声母只混读为[f]，未见混读为[x]。从韵母来观察，[f]除了与单元音[u]相拼外，一般不与合口呼韵母相拼。宕摄表现较为特殊，与遇摄等其他韵摄中晓匣母向非组母方向归并趋势不同的是，在绩溪、许村、旌德、遂安等地，非组声母向晓匣母方向归并，即两组声母混读为[x]（遂安出现两种归并方向，一般两组声母混读为[x]的多为口语词）。说明非组与晓匣母归并情况与韵母有一定的关系。

黟县非敷奉母与晓匣母相混情况同其他点都不一样，表现在仅为遇摄的少数非组字读同晓匣母，其他韵母前这两组字并不相混。为何黟县仅有少数遇摄的非敷奉母与晓匣母相混，这种现象暂时还无法解释。

匣母在徽语今读形式中的第四层是[ɕ]/[s]层。这一层当出现在腭化音变发生之后，匣母与发音部位同为舌根音的见组一样都由于受舌面前元音（i、y）的影响而发生腭化，变为舌面音[ɕ]。徽语中，四等韵前的匣母绝大多数腭化为[ɕ]，而二等韵前的匣母在徽语很多方言点依然保持舌根音的读法。与见组字腭化趋势保持一致，二等韵前读为[ɕ]的匣母字从中心地区向外围呈递增趋势，[ɕ]与第三层的[x]多以文白异读的方式共存于一些方言点中。如：

绩溪：学 xoʔ³² 中~/ɕyoʔ³² 化~　下 底~ xo²¹³ — 霞 ɕio⁴⁴　杏 xẽi²¹³ — 幸 ɕiã³⁵

荆州：学 xoʔ³² 中~/ɕyoʔ³² 化~　杏 xə̃²¹³ 白读，~儿/ɕiɛ²¹³ 文读，银~

旌德：学 xuo⁵⁵ 白读，~堂/ɕio⁵⁵ 文读　夏 xɔ⁵⁵ 春~/ɕia⁵⁵ 文读，姓~　狭 xa⁵⁵ 白读/ɕia⁵⁵ 文读

在绩溪、荆州、黟县、浮梁、遂安、旌德等少数方言点，少数匣母字又由[ɕ]进一步舌尖化为[s]。

语言的共时变异体现语言的变化。匣母在徽语的共时语音系统中的若干音类其实就是匣母在徽语中的古今演变规律的表现。

第七节　徽州方言古全浊声母的今读分析

古全浊声母的今读是汉语方言分区的一个主要标准。在现代汉语方言中，古全浊声母的今读情况纷繁复杂。对古全浊声母的研究往往从几个角度来进行：一是古全浊声母是否清化，二是清化后送气与不送气的规律，三是古全浊声母中的擦音声母今读规律。对于现代汉语及方言来说，对古全浊声母的前两个研究角度所得大体可归结为以下四种情况：

1. 以平仄声调为区分界限，平声送气、仄声不送气：以北京话为代表的北方方言大抵如此。

2. 不论平仄声调，全浊声母清化后塞类、塞擦类一律读送气清音：客家话和赣语基本如此。

3. 不论平仄声调，全浊声母一律不送气：今天的吴语、湘语基本如此。吴语和湘语的大多数地方古全浊声母仍读浊声母。

4. 全浊声母送气不送气兼而有之，不以《切韵》的韵类或调类为分化条件：闽方言基本如此。

徽州方言中，古全浊声母全部清化，清化后的表现不太一致。其中一些非常用字需要排除在外，据赵日新研究，这些字大多是仄声字，而且在仄声分阴阳调的方言中都读阴调。赵日新认为少数今读不送气清声母的全浊声母字，是因为普通话影响所致，也就是说它们是被当作阴调类字从普通话中借入的。[①]我们打算选取若干口语常用字从两个角度来对徽州方言中的全浊声母进行考察：

一 古全浊声母清化后逢塞音、塞擦音送气和不送气声母的分化规律

为了归纳徽州方言中古全浊声母送气规律，我们选取了68个较为常用的全浊声母字（虽然根据韵图，《切韵》的船母是塞擦音，但船母字在徽州方言中几乎都读为擦音，所以考察送气与否时不选船母字），将它们在徽州方言五片17个方言点中的今读形式对比如下：

表2-28　　　　徽语古全浊声母的今读（下表续）

	婆並	爬並	步並	牌並	败並	币並	皮並	跑並	拔並	辫並	盘並	薄厚~並	凭並	白並	病並	瓶並
绩溪	pʰ	pʰ	pʰ	pʰ	pʰ	pʰ	pʰ	pʰ	pʰ	pʰ	pʰ	pʰ	pʰ	pʰ	pʰ	pʰ
荆州	pʰ	pʰ	pʰ	pʰ	pʰ	pʰ	pʰ	pʰ	pʰ	pʰ	pʰ	pʰ	pʰ	pʰ	pʰ	pʰ
歙县	pʰ	pʰ	pʰ	pʰ	pʰ	pʰ	pʰ	pʰ	pʰ	pʰ	pʰ	pʰ	pʰ	pʰ	pʰ	pʰ
屯溪	pʰ	pʰ	pʰ	pʰ	pʰ	pʰ	pʰ	pʰ	pʰ	pʰ	pʰ	p	pʰ	pʰ	pʰ	p
休宁	pʰ	pʰ	pʰ	pʰ	pʰ	pʰ	pʰ	pʰ	pʰ	pʰ	pʰ	pʰ	pʰ	pʰ	pʰ	pʰ
五城	pʰ	pʰ	pʰ	pʰ	pʰ	pʰ	pʰ	pʰ	pʰ	pʰ	pʰ	p	pʰ	pʰ	pʰ	p
黟县	pʰ	pʰ	pʰ	pʰ	pʰ	pʰ	pʰ	pʰ	pʰ	pʰ	pʰ	pʰ	pʰ	pʰ	pʰ	pʰ
祁门	pʰ	pʰ	pʰ	pʰ	pʰ	pʰ	pʰ	pʰ	pʰ	pʰ	pʰ	pʰ	pʰ	pʰ	pʰ	pʰ
婺源	pʰ	pʰ	pʰ	pʰ	pʰ	pʰ	pʰ	pʰ	pʰ	pʰ	pʰ	pʰ	pʰ	pʰ	pʰ	pʰ
浙源	pʰ	pʰ	pʰ	pʰ	pʰ	pʰ	pʰ	pʰ	pʰ	pʰ	pʰ	pʰ	pʰ	pʰ	pʰ	pʰ
浮梁	pʰ	pʰ	pʰ	pʰ	pʰ	pʰ	pʰ	pʰ	pʰ	pʰ	pʰ	pʰ	pʰ	pʰ	pʰ	pʰ
旌德	pʰ	pʰ	pʰ	pʰ	pʰ	pʰ	pʰ	pʰ	pʰ	pʰ	pʰ	pʰ	pʰ	pʰ	pʰ	pʰ

---

① 赵日新：《徽语古全浊声母今读的几种类型》，《语言研究》2002年第4期。

续表

	婆並	爬並	步並	牌並	败並	币並	皮並	跑並	拔並	辫並	盘並	薄厚~並	凭並	白並	病並	瓶並
占大	pʰ	pʰ	pʰ	pʰ	pʰ	p	pʰ	pʰ	pʰ	pʰ	pʰ	pʰ	pʰ	pʰ	pʰ	pʰ
淳安	pʰ	pʰ	pʰ	pʰ	pʰ	pʰ	pʰ	pʰ	pʰ	pʰ	pʰ	pʰ	pʰ	pʰ	pʰ	pʰ
遂安	pʰ	pʰ	pʰ	pʰ	pʰ	pʰ	pʰ	pʰ	pʰ	pʰ	pʰ	pʰ	pʰ	pʰ	pʰ	pʰ
建德	p	p	p	p	pʰ	p	p	p	p	p	p	p	pʰ	p	p	pʰ
寿昌	pʰ	pʰ	pʰ	pʰ	pʰ	pʰ	pʰ	pʰ	pʰ	pʰ	pʰ	pʰ	pʰ	pʰ	pʰ	pʰ

	大定	弟定	地定	道定	条定	豆定	谈定	甜定	达定	屯定	唐定	动定	毒定	坐从	在从	罪从	字从
绩溪	tʰ	tsʰ	tsʰ	tʰ	tʰ	tʰ	tʰ	tʰ	tʰ	tʰ	tʰ	tʰ	tʰ	tsʰ	tsʰ	tsʰ	tsʰ
荆州	tʰ	tsʰ	tʰ	tʰ	tʰ	tʰ	tʰ	tʰ	tʰ	tʰ	tʰ	tʰ	tʰ	tsʰ	tsʰ	tsʰ	tsʰ
歙县	tʰ	tʰ	tʰ	tʰ	tʰ	tʰ	tʰ	tʰ	tʰ	tʰ	tʰ	tʰ	tʰ	tsʰ	tsʰ	tsʰ	tsʰ
屯溪	tʰ	tʰ	tʰ	tʰ	tʰ	tʰ	tʰ	t	tʰ	t	t	t	t	tsʰ	tsʰ	ts/ tsʰ	tsʰ
休宁	tʰ	tʰ	tʰ	tʰ	tʰ	tʰ	tʰ	t	tʰ	t	t	t	t	tsʰ	tsʰ	tsʰ	tsʰ
五城	tʰ	tʰ	tʰ	tʰ	tʰ	tʰ	tʰ	t	tʰ	t	t	t	t	tsʰ	tsʰ	tsʰ	tsʰ
黟县	tʰ	tʰ	tʰ	tʰ	tʰ	tʰ	tʰ	tʰ	tʰ	tʰ	tʰ	tʃʰ	tʃʰ	tʃʰ	tsʰ		
祁门	tʰ	tʰ	tʰ	tʰ	tʰ	tʰ	tʰ	tʰ	tʰ	tʰ	tʰ	tʰ	tʰ	tsʰ	tsʰ	tsʰ	s
婺源	tʰ	tʰ	tʰ	tʰ	tʰ	tʰ	tʰ	tʰ	tʰ	tʰ	tʰ	tʰ	tʰ	tsʰ	tsʰ	tsʰ	tsʰ
浙源	tʰ	tʰ	tʰ	tʰ	tʰ	tʰ	tʰ	tʰ	tʰ	tʰ	tʰ	tʰ	t	tsʰ	tsʰ	tsʰ	tsʰ
浮梁	tʰ	tʰ	tʰ	tʰ	tʰ/t	tʰ	tʰ	tʰ	t	tʰ	tʰ	tʰ	tʰ	tsʰ	tsʰ	tsʰ	s
旌德	tʰ	tʰ	tʰ	tʰ	tʰ	tʰ	tʰ	tʰ	tʰ	tʰ	tʰ	tʰ	tʰ	tsʰ	tsʰ	tsʰ	tsʰ
占大	tʰ	tʰ	tʰ	tʰ	tʰ	tʰ	tʰ	tʰ	tʰ	tʰ	tʰ	tʰ	tʰ	tsʰ	tsʰ	tsʰ	tsʰ
淳安	tʰ	tʰ	tʰ	tʰ	tʰ	tʰ	tʰ	tʰ	tʰ	tʰ	tʰ	tʰ	tʰ	s	ts	s	s
遂安	tʰ	tʰ	tʰ	tʰ	tʰ	tʰ	tʰ	tʰ	tʰ	tʰ	tʰ	tʰ	tʰ	s	s	s	s
建德	tʰ	t	tʰ	t	tʰ	t	tʰ	t	tʰ	t	tʰ	t	t	ts	ɕ	s	
寿昌	tʰ	tʰ	tʰ	tʰ	tʰ	tʰ	tʰ	tʰ	tʰ	tʰ	tʰ	tʰ	s	tɕʰ/ɕ	ɕ	s	

	集从	钱从	泉从	绝从	贼从	静从	茶澄	除澄	柱澄	迟澄	治澄	赵澄	沉澄	丈澄	着睡~澄	直澄
绩溪	tɕʰ	tsʰ	tɕʰ	tɕʰ	tsʰ	tɕʰ	tsʰ	tɕʰ	tɕʰ	tɕʰ	tɕʰ	tɕʰ	tɕʰ	tɕʰ	tɕʰ	tɕʰ
荆州	tɕʰ	tsʰ	tɕʰ	tɕʰ	tsʰ	tɕʰ	tsʰ	tɕʰ	tɕʰ	tɕʰ	tɕʰ	tɕʰ	tɕʰ	tɕʰ	tɕʰ	tɕʰ
歙县	tsʰ	tsʰ	tɕʰ	tɕʰ/tɕ	tsʰ	tɕʰ	tsʰ	tɕʰ	tɕʰ	tɕʰ	tɕʰ	tɕʰ	tɕʰ	tɕʰ	tɕʰ	tɕʰ
屯溪	tsʰ	tsʰ	tɕʰ	tsʰ/tɕ	tsʰ	tɕʰ	ts	tɕʰ	tɕ	tɕʰ	tɕ	tɕʰ	tɕʰ	tɕʰ	tɕ	tɕʰ
休宁	tsʰ	tsʰ	tsʰ	tsʰ/tɕʰ	tsʰ	ts	tɕʰ	tɕʰ	tɕʰ	tɕʰ	tɕʰ	tɕʰ	tɕʰ	tɕʰ	tɕʰ	

第二章 徽州方言的声母

续表

	集从	钱从	泉从	绝从	贼从	静从	茶澄	除澄	柱澄	迟澄	治澄	赵澄	沉澄	丈澄	着睡~澄	直澄
五城	tsʰ	tsʰ	tɕʰ/tsʰ	tsʰ	tsʰ	tsʰ	ts	tɕʰ	tɕʰ	tɕʰ	tɕʰ	tɕʰ	tɕʰ	tɕʰ	tɕʰ	tɕʰ
黟县	tʃʰ	tɕʰ	tɕʰ	tɕʰ	tʃʰ	tʃʰ	tʃ	tʃʰ	tʃʰ	tɕʰ	ts	tɕʰ	tɕʰ	tɕʰ	tɕʰ	tɕʰ
祁门	tsʰ	tsʰ	tsʰ	tsʰ	tsʰ	tʂʰ	tsʰ	tsʰ	tʂʰ	tsʰ	tʂʰ	tsʰ	tʂʰ	tsʰ	tʂʰ	tʂʰ
婺源	tsʰ	tsʰ	tsʰ	tsʰ	tsʰ	tsʰ	tsʰ	tsʰ	tsʰ	tsʰ	tsʰ	tsʰ	tsʰ	tsʰ	tsʰ	tsʰ/ts
浙源	tsʰ	tsʰ	tsʰ	tsʰ	tsʰ	tsʰ	tsʰ	tsʰ	tsʰ	tsʰ	tsʰ	tsʰ	tsʰ	tsʰ	tsʰ	tsʰ
浮梁	tsʰ	tsʰ	tsʰ	tsʰ	tsʰ	tsʰ	tsʰ	tsʰ	tʂʰ	tsʰ	tsʰ	tsʰ	tsʰ	tsʰ	tsʰ	tsʰ
旌德	tɕʰ	tɕʰ	tɕʰ	tɕʰ	tɕʰ	tɕʰ	tɕʰ	tɕʰ	tɕʰ	tɕʰ	tɕʰ	tɕʰ	tɕʰ	tɕʰ	tɕʰ	tɕʰ
占大	tɕ	tɕʰ	tɕʰ	tɕʰ	tɕʰ	tsʰ	tsʰ	tɕʰ	tɕʰ	ts	ts	tsʰ	tsʰ	tsʰ	tsʰ	tsʰ
淳安	ɕ	ɕ	ɕ	ɕ	s	s	tsʰ	tɕʰ	tɕʰ	tɕʰ	tɕʰ	tɕʰ	tɕʰ	tsʰ	tsʰ	tsʰ
遂安	tɕ	ɕ	ɕ	ɕ	s	ɕ	tsʰ	tɕʰ	tɕʰ	tɕʰ	tɕʰ	tɕʰ	tɕʰ	tsʰ	tsʰ	tsʰ
建德	tɕ	tɕ	ɕ	ɕ	ɕ	ɕ	tɕ	tɕʰ	tɕʰ	ts	tɕʰ	ts	ts	ts	ts	ts
寿昌	tɕ	tɕʰ	tɕʰ	ɕ	ɕ	tɕʰ	tɕʰ	tɕʰ	tɕʰ	tsʰ	tsʰ	tsʰ	tsʰ	tsʰ	tsʰ	tsʰ

	程澄	虫澄	重轻~澄	锄崇	柴崇	巢崇	床崇		程澄	虫澄	重轻~澄	锄崇	柴崇	巢崇	床崇
绩溪	tɕʰ	tsʰ	tsʰ	ɕ	ɕ	tsʰ	s	浙源	tsʰ	tsʰ	tsʰ	s	s	tsʰ	s
荆州	tɕʰ	tsʰ	tsʰ	ɕ	ɕ	tsʰ	s	浮梁	tɕʰ	tʂʰ	tʂʰ	ʂ	ɕ	tʂʰ	ʂ
歙县	tɕʰ	tsʰ	tsʰ	s	s	tsʰ	s	旌德	tɕʰ	tsʰ	tsʰ	s	s	tsʰ	s
屯溪	tɕʰ	tsʰ	tsʰ	s/tsʰ	tsʰ	tsʰ	s	占大	tsʰ	tsʰ	tsʰ	ɕ	tsʰ	tsʰ	s
休宁	tɕʰ	tsʰ	tsʰ	s	s	tsʰ	s	淳安	tsʰ	tsʰ	tsʰ	ɕ	s	tɕʰ	s
五城	tɕʰ	tsʰ	tsʰ	tɕʰ	tsʰ	tsʰ	s	遂安	tsʰ	tsʰ	tsʰ	tɕʰ	s	tɕʰ	s
黟县	tʃʰ	tʃʰ	tʃʰ	s	s	tɕʰ	s	建德	tsʰ/ts	ts	ts	s	s	tɕʰ	s
祁门	tʂʰ	tʂʰ	tʂʰ	ɕ/tɕʰ	tʂʰ	tʂʰ	ʂ	寿昌							s
婺源	tsʰ	tsʰ	tsʰ	s	s	tsʰ	ɕ								

	骑群	跪群	葵群	桥群	件群	杰群	权群	近群	狂群	极群	共群	局群
绩溪	tsʰ	kʰ	kʰ	tɕʰ	tɕʰ	tɕʰ	tɕʰ	tɕʰ	kʰ	tɕʰ	kʰ	tɕʰ
荆州	tsʰ	kʰ	kʰ	tsʰ	tɕʰ	tɕʰ	tɕʰ	tɕʰ	kʰ	tɕʰ	kʰ	tɕʰ
歙县	tɕʰ	kʰ	kʰ	tɕʰ	tɕʰ	tɕʰ	tɕʰ	tɕʰ	kʰ	tɕʰ	kʰ	tɕʰ
屯溪	tɕʰ	tɕʰ	kʰ/tɕ	tɕʰ	tɕʰ	tɕʰ	tɕʰ	tɕʰ	kʰ	tɕʰ	k	tɕʰ
休宁	tɕʰ	tɕʰ	tɕʰ	tɕʰ	tɕʰ	tɕʰ	tɕʰ	tɕʰ	kʰ	tɕʰ	tɕʰ/k	tɕʰ
五城	tɕʰ	tɕʰ	tɕ	tɕʰ	tɕʰ	tɕʰ	tɕʰ	tɕʰ	kʰ	tɕʰ	k	tɕʰ

续表

	骑群	跪群	葵群	桥群	件群	杰群	权群	近群	狂群	极群	共群	局群
黟县	tʃʰ	tɕʰ	tɕʰ	tɕʰ	tɕʰ	tɕʰ	tɕʰ	tʃʰ	kʰ	tʃʰ	tʃʰ	tʃʰ
祁门	tɕʰ	tɕʰ	tɕʰ	tɕʰ	tɕʰ	tɕʰ	tɕʰ	tɕʰ	kʰ	tɕʰ	tɕʰ	tɕʰ
婺源	tɕʰ	tɕʰ	tɕʰ	tɕʰ	tɕʰ	tɕʰ	tɕʰ	tɕʰ	kʰ	tɕʰ	kʰ	tɕʰ
浙源	tɕʰ	tɕʰ	tɕʰ	tɕʰ	tɕʰ	tɕʰ	kʰ	tɕʰ	kʰ	tɕʰ	tɕ	tɕʰ
浮梁	tɕʰ	kʰ	kʰ	kʰ	tɕʰ	tɕʰ	tɕʰ	tɕʰ	tɕʰ	tɕʰ	kʰ	tɕʰ
旌德	tsʰ	kʰ	kʰ	kʰ	tɕʰ	tɕʰ	tɕʰ	tɕʰ	tsʰ	tɕʰ	kʰ	tɕʰ
占大	tɕʰ	kʰ	kʰ	kʰ	tɕʰ	tɕ	tɕʰ	tɕʰ	tɕʰ	tɕʰ	kʰ	tɕ
淳安	tɕʰ	kʰ	kʰ	kʰ	tɕʰ	tɕʰ	tɕʰ	tsʰ	tɕʰ	tɕʰ	tsʰ/kʰ	tɕʰ
遂安	tsʰ	tɕʰ	kʰ	tɕʰ	tɕʰ	tɕʰ	tɕʰ	kʰ	tɕʰ	tɕʰ	kʰ	tɕʰ
建德	tɕ	k	k	tɕ	tɕʰ	tɕ	tɕʰ	tɕ	k	tɕ	kʰ	tɕ
寿昌	tɕʰ	kʰ	kʰ	tɕʰ	tɕʰ/tɕ	tɕ	tɕʰ	tɕʰ	kʰ	tɕ	k	tɕ/tɕʰ

从表 2-28 我们看到，徽州方言中全浊声母字逢塞音、塞擦音以读送气音为主。除了严州片 4 点（严州片较为特殊，后面将单独分析），徽语 13 个方言点中 68 个古全浊声母字中全部读成送气清音的有：婆、爬、败、皮、跑、盘、拔、凭、白、病、大、弟、地、道、条、座、在、钱、泉、贼、静、除、迟、沉、丈、直、程、虫、重轻~、巢、骑、跪、桥、件、权、近、狂这样 38 个字。在比较多的方言点读成不送气清音的有：辫（6 个方言点不送气）、币（6 个方言点不送气）、薄厚~（5 个方言点不送气）、甜（5 个方言点不送气）、动（5 个方言点不送气）、毒（5 个方言点不送气）、牌（4 个方言点不送气）、瓶（4 个方言点不送气）、茶（4 个方言点不送气）、治（4 个方言点不送气）、屯（3 个方言点不送气）、唐（3 个方言点不送气）、葵（3 个方言点不送气）、共（3 个方言点不送气）。全部送气和比较多的方言点不送气的字既有平声字，也有仄声字；既有古入声韵字，也有阳声韵字和阴声韵字。所以，从韵母、声调上看，送气与否没有一定规律可循。

从方言点的今读形式来看：

（一）除了读成清擦音的少数崇、从母字以外，古全浊声母逢塞音、塞擦音不论平仄几乎都读为送气清音，这应该是徽州方言的主流。绩歙片、祁婺片、旌占片大多数方言点都属于这种情况。以上所列举的这些例字中，全部读成送气清音的方言点有绩歙片的绩溪、荆州和祁婺片的祁门等。

（二）除了读成清擦音的少数崇、从母字以外，古全浊声母逢塞音、塞擦音大多数读送气音，少数读不送气音，送气与否尚看不出规律，这种情况主要见于休黟片的大多数方言点以及绩歙片的歙县和祁婺片的浙源。有时同一音韵地位且同样常用的全浊声母字在同一个方言点中会分读送气和不送气音，甚至同一个字有送气和不送气两读。例如：

屯溪：期棋旗祁 tɕi⁵⁵—奇骑 tɕʰi⁵⁵　弹~弓 tɔ⁵⁵—檀 tʰɔ⁵⁵　堂唐塘棠螳 tau⁵⁵—糖 tʰau⁵⁵
　　　铜桐童筒 tan⁵⁵—同 tʰan⁵⁵　填甜 ti:e⁵⁵—田 tʰi:e⁵⁵　长~短场 tɕiau⁵⁵—肠 tɕʰiau⁵⁵
　　　抬台 tɤ⁵⁵/苔 tʰɤ⁵⁵　群 tɕyan⁵⁵—裙 tɕʰyan⁵⁵　题提蹄 te⁵⁵—啼 tʰe⁵⁵
　　　拌 pu:ə²⁴—伴 pʰu:ə²⁴　裴 pɤ⁵⁵/ pʰɤ⁵⁵　勤 tɕin⁵⁵/ tɕʰin⁵⁵　罪 tsɤ²⁴—tsʰɤ²⁴

休宁：期棋旗祁 tɕi⁵⁵—奇骑 tɕʰi⁵⁵　铜桐童筒 tan⁵⁵—同 tʰan⁵⁵
　　　堂唐塘棠螳 tau⁵⁵—糖 tʰau⁵⁵
　　　填甜 ti:e⁵⁵—田 tʰi:e⁵⁵　弹~弓 tɔ⁵⁵—檀 tʰɔ⁵⁵　投 tiu⁵⁵—头 tʰiu⁵⁵　题提蹄 te⁵⁵—啼 tʰe⁵⁵
　　　长~短场 tɕiau⁵⁵—肠 tɕʰiau⁵⁵　拌 pu:ə¹³—伴 pʰu:ə¹³　勤 tɕin⁵⁵/ tɕʰin⁵⁵

五城：棋期旗奇祁 tɕi²³—骑其 tɕʰi²³　瓶 pɛ²³—萍平坪评 pʰɛ²³
　　　调~和油 投 tiu²³—条头 tʰiu²³
　　　填甜 ti:e⁵⁵—田 tʰi:e⁵⁵　球 tɕiu²³—求 tɕʰiu²³　弹~琴唐堂塘棠螳 tɔʊ⁵⁵—檀糖 tʰɔʊ⁵⁵
　　　铜童瞳筒 tan²³—同桐 tʰan²³

黟县：棋旗祁芹 tʃɛi⁴⁴—其期奇骑勤 tʃʰɛi⁴⁴　杷琶 poe⁴⁴—爬 pʰoe⁴⁴
　　　投 tau⁴⁴—头 tʰau⁴⁴　弹~弓 toe⁴⁴—檀 tʰoe⁴⁴　赔 pɤe⁴⁴—培陪 pʰɤe⁴⁴
　　　停亭题提蹄 tɛɛ⁴⁴—庭廷啼 tʰɛɛ⁴⁴　填甜 ti:e⁴⁴—田 tʰi:e⁴⁴
　　　铜桐童筒 taŋ⁴⁴—同 tʰaŋ⁴⁴　长~短场 tɕiŋ⁴⁴—肠 tɕʰiŋ⁴⁴
　　　堂~屋塘 toŋ⁴⁴—唐糖堂学 tʰoŋ⁴⁴　毒 tu³¹—读 tʰu³¹　荡 toŋ³ 放~ / tʰoŋ³ 慢行

浙源：毒 tu⁴³—读 tʰu⁴³　电殿奠佃 ti⁴³—垫 tʰi⁴³　苎 tɕy²⁵/ tɕʰy²⁵

从以上所举例字今读形式我们可以看到，古全浊声母送气与否在徽州方言中似乎没有明显的规律，但具体到一些例字的今读同一个方言片例如休黟片内部则较为一致。从地理位置上来看，以上列举的古全浊声母送气与不送气两种形式并存的区域主要在徽语的中心地带，且彼此相邻。这些方言点远离其他方言区（赣语、江淮官话等），比起第一种类型，这种类型应该更能代表徽语较早时期的特征。但是古全浊声母早期要么送气，要么不送气，不可能两者兼而有之。这就说明送气的读法或者不送气的读法是后起的音变。古全浊声母在周边徽语区的很多方言点都以送气的读法为主，而中心地区不送气的读法比周边地区明显增多；再者，清代江永《音学辨微·榕村〈等韵辨疑〉正误》中说："即如吾婺源人呼'群、定、澄、事、并'诸母字，离县治六十里以东，达於休宁，皆轻呼之；六十里以西，达於饶，皆重呼之。""前言吾婺源人於最浊位，离县六十里以东皆轻呼，以西皆重呼，不但仄声，即平声亦然。"[①]（原注：惟"奉从"二字否）所谓

[①] 高永安：《明清皖南方音研究》，商务印书馆 2007 年版，第 54—55 页。

"轻呼之"即不送气，"重呼之"即送气。由此可见，至少在三百年前，徽语祁门、黟县、屯溪、休宁等地的古全浊塞音塞擦音声母清化后还是不送气的，而婺源以西的赣语则是送气的。再者，我们联系清代韵书来观察。休宁南乡方言韵书《休邑土音》中有一些全浊声母字，例如"辨、步、捕、埠、渠、瞿、裴、婢、池、驰、其、馗、遞、葵、柜、赚、站、频、着寻~：找着、庞、特、橙、澄~清事实、棚、坪、艇、敌、重~复"与全清声母字互见，而今天休宁南乡五城话中这些字都读成了送气声母。可见，休宁南乡话从韵书时代到今天的演变趋势是由不送气发展为送气的。此外，从上文列出的浙源全浊声母今读形式来看，虽然今天浙源话中读不送气音的全浊声母字并不多，但据发音人反映，他们这一代读成送气声母的部分古全浊声母字如"旗、棋、祁、排、菩、甜、赔、长、桥、糖"等在他的父辈那一代都是读成相应的不送气音的，因为这种不送气的读法代表的是所谓识别度很高的乡下口音，很容易遭城里人取笑，因而他们渐渐舍弃不送气的读法而改读为送气音。今天的浙源岭脚话中，这些不送气的读音已经很少能听见了。由不送气音到送气音，这应该是古全浊声母在浙源岭脚话中的演变趋势。

由此，我们推测，徽语古全浊声母的不送气层要早于送气层，送气的读法是后起的音变。那么，送气化音变产生的原因是什么呢？

平田昌司在研究徽语的这一现象时采用了余蔼芹的语言层次说，认为徽语中"古全浊声母的不规则分化是由于汉语内部的派系和层次等原因而产生的"，接着他根据清代婺源人江永《音学辨微·榕村〈等韵辨疑〉正误》中关于婺源方音的描述，得出"现代休宁方言中不送气的是古层，送气应是近几百年间显著地增加的新层"的结论。[①]

赵日新对徽语古全浊声母的今读进行梳理，归纳出四种类型后提出："我们猜测，徽语古全浊塞音塞擦音声母今读的这种格局和赣语的影响有关。因为所受影响的情况不同，所以在今徽语中，古全浊塞音塞擦音声母有的已变为'全送气'清音；有的一部分变为送气清音，一部分仍为不送气清音；有的则是按古调类的不同有规则地分化。另外，我们还可以推断，赣语对徽语在古全浊塞音塞擦音声母今读的这种影响可能是同时的，即不存在先后的区别，因为从目前徽语的共时差异中我们无法找出一条先后相继的链条来。"[②]

刘祥柏对徽州中心区域七个方言点的全浊字今读进行统计后得出：徽

[①] 转引自庄初升《中古全浊声母闽方言今读研究述评》，《语文研究》2004年第3期，第56—60页。
[②] 赵日新：《徽语古全浊声母今读的几种类型》，《语言研究》2002年第4期，第109页。

州方言全浊字今读塞音、塞擦音声母时,既有送气声母,也有不送气声母,都占有相当的比例。对于徽州方言全浊字的今读送气和不送气没有明显的规律,刘祥柏的推论是徽州方言全浊字清化以后逢塞音、塞擦音,读送气音声母。后来由于跟吴语的大量接触,吴语的浊塞音和浊塞擦音折合成了清塞音、清塞擦音进入徽州方言。他认为不送气的读法是受吴语的影响所致。①

王福堂也赞同"层次说",他认为"既然徽州方言原来是吴方言的一部分,不送气音应该是吴方言的一部分,后来出现的送气音是赣方言影响的结果"。②因为所受影响的具体情况有所不同,所以哪些字声母送气,哪些字声母不送气,徽语内部如休宁和黟县等地也不尽一致。

伍巍看到了徽州方言与闽方言全浊声母读音的共同特点是送气不送气音兼而有之,且不受平仄声调的制约。他对比了徽语区的休宁、黟县和闽语区的福州、厦门部分生活常用字的今读后看到,徽语和闽语"在全浊声母送气不送气的问题上却如此惊人地一致",他提出"徽州与闽南远隔数千里之遥,在语言上尚找不出直接的接触关系,但在全浊声母送气不送气的问题上却如此惊人地一致,恐怕应该是古汉语语音某种共同机制的支配"。③他认为早期徽语和闽南语古全浊声母都是不送气的,送气的读法是后起的音变。

全浊声母在徽语区的部分方言点的今读情况跟闽语的确相似。例如:

在福州,"弹"读为[₌taŋ],而"檀"则读为[₌tʰaŋ];"堂唐塘"读为[₌touŋ],而"糖"则读为[₌tʰouŋ];"独"读为[tuʔ₋],而"读"则读为[tʰuʔ₋]。

在厦门,"堂唐塘"文读为[₌tɔŋ],白读为[₌tŋ̍],声母都是不送气清音,而"糖"文读为[₌tʰɔŋ],白读为[₌tʰŋ̍];"独"文读为[tɔk₋],白读为[tak₋],而"读"[tʰɔk₋],白读为[tʰak₋]。声母存在送气与不送气的对立。

我们趋向于认为,徽语区古全浊声母不送气音的读法代表着较早的层次,送气音的读法代表着较晚的层次,送气化音变应该源于赣语。与徽语古全浊声母今读情况相似的还有南部吴语。古全浊声母在今南部吴语里的读音纷繁复杂,我们抛开读浊音和所谓的"清音浊流"不看,单看南部吴语古全浊声母中已经发生清化的那些字的读音。"全浊声母清化是吴语边缘地区方言出现的新兴语音变化。在南部吴语区域内,除了金华地区里跟吴语腹地相连的部分县市,以及偏居东海之滨的温州地区以外,其他邻近徽

---

① 刘祥柏:《徽州方言全浊字今读与吴语的关系》,《吴语研究:第二届国际吴方言学术研讨会论文集》,上海教育出版社2003年版。

② 王福堂:《汉语方言语音的演变和层次》,语文出版社2005年版,第85页。

③ 伍巍:《中古全浊声母不送气探讨》,《语文研究》2000年第4期,第45页。

语、赣语、闽语的地区，都已不同程度地出现了全浊声母清化的现象。"①曹志耘认为，南部吴语里古全浊声母读不送气清音完全可以解释为受闽语的感染，而与徽语、赣语相邻的地区，比如说江山地区，"江山方言里的古全浊声母'送气化'的现象，我们把它看作是受赣语感染的结果"。②

暂时抛开吴语和徽语历史上的密切关系不说，我们看到赣语对徽语和吴语等邻近方言区曾经并正在施加影响，使得这些方言区的周边地区古全浊声母发生了送气的音变，这种音变在徽语区由四周逐渐向中间扩散，所以才使得徽语区的古全浊声母今读出现了不以《切韵》的韵类或调类为条件而分读为送气与不送气的现象。

（三）北京话读成塞擦音的几个古崇、从母字在部分方言点读成了擦音，且较为一致。

1. 徽州方言中古崇母字大多读为塞擦音，而"柴""豺""床""锄"却表现特殊，在大多数方言点读为擦音，"馋"在少数方言点也读为擦音。例如（凡不读为擦音的一律不列举今读形式）：

表 2-29　　　　　　　徽州方言中读为擦音的古崇母字

	柴（豺）	床	锄	馋		柴（豺）	床	锄	馋
绩溪	ɕiɔ⁴⁴	sõ⁴⁴	ɕy⁴⁴		浙源	sɔ⁵¹	sɔu⁵¹	su⁵¹	
荆州	ɕiɔ³³	sõ³³	ɕy³³		浮梁	ɕia²⁴	ʂaŋ²⁴	ʂəu²⁴	
歙县	sa⁴⁴	so⁴⁴	su⁴⁴		旌德	sa⁴²	so⁴²	su⁴²	
屯溪	sa⁵⁵	sau⁵⁵	sɛu⁵⁵		占大	ʂa³³	sɔ̃³³		ɕy³³
休宁	sa⁵⁵	sau⁵⁵	sau⁵⁵		淳安	sɒ⁴⁴⁵	sã⁴⁴⁵/sɔm⁴⁴⁵	ɕya	
五城	sa²³	sau²³	sɔu²³	sɔu²³	遂安	ʂa³³	som³³		
黟县	sa⁴⁴	soŋ⁴⁴		soe⁴⁴	建德	so³³⁴	so³³⁴	su³³⁴	
祁门	ʂa⁵⁵	ʂũːɐ⁵⁵	ɕy⁵⁵	ʂũːɐ⁵⁵	寿昌	sa⁵²	ɕyã⁵²	sɿ⁵²	
婺源	sɔ¹¹	ɕiã¹¹	su¹¹						

除了这几个崇母字外，徽语中还有之韵的"士仕柿事"这几个字与北京话一样也读成了擦音。崇母读为擦音这种现象不独见于徽语。《汉语方音字汇》（第二版）中显示，20 个方言点中，吴语区的苏州和温州两个点把"锄"（两地白读均为 [ᶎ̩]）和"柴豺"（苏州"柴"读为[ᶎɒ]，"豺"读成[ᶎᴇ]；

---

① 曹志耘：《南部吴语的全浊声母》，《吴语研究：第二届国际吴方言学术研讨会论文集》，上海教育出版社 2003 年版，第 218—222 页。

② 曹志耘：《南部吴语的全浊声母》，《吴语研究：第二届国际吴方言学术研讨会》，上海教育出版社 2003 年版，第 221 页。

温州两个字都读为[ˬza])、"床"（苏州读为[ˬzɒŋ]；温州读为[ˬjyɔ]）都读成了擦音。除此还有阳江把"柴""豺""床"也读成了擦音。当然，吴语比徽语有更多的崇母字读成擦音，而且在吴语中，不仅仅是崇母字，还有很多澄母、从母字都读成擦音，这是其他方言区比较少见的现象。我们认为，"锄"和"柴""豺""床"这几个崇母字在徽语中的擦音读法显然承自吴语，是由吴语浊擦音读法清化而来。

2. 除了古崇母字外，很多从母字在徽语严州片也以读擦音为常。例如：

表 2-30　　　　　　　严州片徽语读为擦音的从母字

	坐	字（自）	罪	绝	贼	静	皂	蚕	墙	财	前	就
淳安	su⁵⁵	sɿa⁵³⁵	se⁵⁵	ɕiɔʔ²¹³	sɘʔ²¹³	ɕin⁵⁵	sɔ⁵⁵	sã⁴⁴⁵	ɕiã⁴⁴⁵		ɕiã⁴⁴⁵	ɕiɯ⁵³⁵
遂安	sɔ⁴²²	sɿ⁵²	sɘɯ⁴²²	ɕiɛ²¹³	sɘɯ²¹³	ɕin⁴²²	sɔ⁴²²	sɘn³³	ɕiɑ̃³³	sɘɯ³³		ɕiu³³
建德	su²¹³	sɿ⁵⁵	ɕye³³	ɕiɔʔ¹²	sɘʔ¹²	ɕin²¹³	sɔ²¹³	sɛ³³⁴	ɕie³³⁴	sɛ³³⁴	ɕie³³⁴	ɕiɘɯ⁵⁵
寿昌	su⁵³⁴	sɿ³³	ɕiɛ⁵³⁴	ɕi²⁴	sɘʔ³¹	ɕien⁵³⁴	sɤ⁵³⁴	ɕiɛ⁵²	ɕiɑ̃⁵²	ɕiɛ⁵²	ɕi⁵²	

我们知道，从母字在吴语里以读浊擦音[z ʑ]为常，严州四县不少从母字读成擦音，应该是徽语严州片和吴语有着密切关系的反映。

少数从母字在徽语其他点也有读成擦音的，例如：

绩溪、歙县：曾sɛ³⁵ ₌不~、末/tsʰɛ³⁵ ₌经

荆州：自sɿ³¹ ₌家、自己/tsʰɿ³¹ ₌留地　　曾sɛ⁵⁵ ₌不~、末/tsʰɛ⁵⁵ ₌经

屯溪、休宁：曾sɛ⁵⁵ ₌不~、末/tsʰɛ⁵⁵ ₌经

祁门：字自sɿ³³　脐sɿ⁵⁵ ₌肚/tsʰiːɛ⁵⁵ ₌带　　瓷sɿ⁵⁵ ₌洋~碗儿、搪瓷碗/tsʰɿ⁵⁵ ₌器　　餈sɿ⁵⁵ ₌糕

浙源：曾sɛ⁵¹ ₌不~、末/tsʰɛ⁵¹ ₌经

浮梁：磁餈 ₌黏性大sɿ²⁴　字牸sɿ²⁴ ₌水~、母水牛自sɿ³³　泉sie²⁴　存sɘn²⁴

旌德：餈sɿ⁴² ₌巴

我们可以看到，徽语中读为擦音的从、崇母字比较一致，特别是位于浙江的严州片徽语较为普遍，我们据此认为徽语从、崇母字读成清擦音是由吴语的浊擦音清化而来的。这也是徽语和吴语在历史上曾有过密切联系的反映。

（四）严州片建德比较特殊，古全浊声母清化后，今读清塞音、塞擦音声母的，白读去声送气，平、上、入声不送气；文读平声送气，上、去、入声不送气，文读系统与共同语一致。建德古全浊声母的这种分化比较特殊，在其他方言里尚未发现。至今也没有学者对此作出解释。寿昌的白读系统以及淳安、遂安，塞音塞擦音清化后不论平仄绝大部分读送气清音，这一点跟徽语的主流读音是相合的，但寿昌的文读系统与建德一样，逢古

平声读送气清音，逢古上、去、入声读不送气清音。例如：

表 2-31　　　　　　　　严州片古全浊声母字今读

	平		上		去		入	
	婆	权	棒	件	度	阵	薄厚~	择
淳安	pʰu⁴⁴⁵	tsʰuã⁴⁴⁵	pʰɔm⁵⁵	tɕʰiã⁵⁵	tʰua⁵³⁵	tsʰen⁵³⁵	pʰɔʔ²¹³	tsʰɑʔ²¹³
遂安	pʰɔ³³	kʰyɛ̃³³	pʰom⁴²²	tɕʰiɛ̃⁴²²	tʰu⁵²	tɕʰin⁵²	pʰɔ²¹³	tsʰa²¹³
建德白读	pu³³⁴	tɕye³³⁴	po²¹³	tɕie²¹³	tʰu⁵⁵	tsʰen⁵⁵	pu²¹³	tsɑ²¹³
寿昌白读	pʰɯ⁵²	tɕʰyei⁵²	pʰã⁵³⁴	tɕʰi⁵³⁴	tʰu³³	tsʰen³³	pʰɔʔ³¹	tsʰɔʔ³¹

二　古全浊擦音声母清化后的表现

根据韵图，《切韵》古全浊擦音声母包括奉、邪、匣、禅母。这些声母在徽州方言中也都已经清化，清化后分读清擦音和清塞擦音。其中，奉、匣母的今读类型上一节已经分析过，这里主要分析邪、禅母以及虽属于古全浊塞擦音但在徽语中以读擦音为常的古船母。

（一）关于邪、从不分的问题

现代的汉语音韵学家们大多将中古邪母拟作浊擦音[z]。而被拟为古擦音声母的邪母在严州片以外的徽州方言中不同程度地出现了与从母同读为塞擦音的现象。例如：

表 2-32　　　　　　几个常用邪母字在徽语区的今读形式
注：凡不读塞擦音的均不列出。

	邪	徐	寺	随	袖	寻	席草~	像	松~树
绩溪	tɕʰiɔ⁴⁴	tɕʰy⁴⁴	tsʰɿ²²	tsʰi⁴⁴	tsʰi²²	tɕʰiã⁴⁴	tɕʰieʔ³²	tɕʰiõ²²	tsʰiã⁴⁴
荆州	tɕʰiɔ³³	tɕʰy³³	tsʰɿ³¹和尚~		tsʰɿi³¹	tɕʰiɛ³³ 找	tɕʰieʔ³	tɕʰiõ²¹³	tsʰɛ³³
歙县		tɕʰy⁴⁴	tsʰɿ³³		tsʰio³³	tsʰiɤ̃³³	tsʰɿ³³	tsʰia³³	tsʰʌ̃³³
屯溪	tsʰiːe⁵⁵	tsʰi⁵⁵	tsʰɿ¹¹ 岩~	tsʰi⁵⁵		tsʰin⁵⁵		tsʰiau²⁴	tsʰan¹¹
休宁	tsʰiːe⁵⁵	tsʰi⁵⁵	tsʰɿ³³	tsʰi⁵⁵		tsʰin⁵⁵		tsʰiau¹³	
五城	tsʰiːɛ²³	tsʰi²³	tsʰɿ²³	tsʰi²³		tsʰin²³ 找		tsʰiɔu¹³	tsʰan²³
黟县	tsʰiːe⁴⁴	tɕʰyɛi⁴⁴	tsʰɿ³	tɕʰyɛi⁴⁴	tʃʰau³	tʃʰɛi⁴	tʃʰɛɛ³¹	tɕʰiŋ⁴⁴	tʃʰɑŋ⁴⁴
祁门	tsʰiːe⁵⁵	tsʰy⁵⁵	tsʰɿ³³ 和尚~	tsʰyːe⁵⁵	tsʰe³³	tsʰæn⁵⁵	tsʰa³³	tsʰiõ⁴²	tsʰəŋ⁵⁵
婺源	tsʰɛ¹¹	tsʰy¹¹	tsʰɿ⁵¹	tsʰi¹¹	tsʰɑ⁵¹	tsʰein¹¹~死	tsʰɔ⁵¹	tsʰiã³¹	
浙源	tsʰe⁵¹	tsʰi⁵¹	tsʰɿ⁴³	tsʰi⁵¹	tsʰao⁴³	tsʰein⁵¹	tsʰɔ⁵¹	tsʰiɔu²⁵	tsʰəŋ⁵¹
浮梁			tsʰɿ³³		tsʰiəu³³	tsʰən²⁴		tsʰa³³	tsʰoŋ²⁴
旌德	tɕʰia⁴²	tsʰɿ⁴²	tsʰɿ⁵⁵		tsʰiu⁵⁵			tɕʰiæ²¹³	tsʰəŋ⁵⁵
占大		tɕʰi³³	tsʰɿ³⁵		tɕʰio³⁵	tsʰin³³		tɕʰiɔ̃³⁵	tsʰoŋ³³

从表 2-32 我们看到，这些古邪母字在严州片以外的徽语区以读成塞擦音为常，少数方言点的邪母字还存在塞擦音和擦音的异读。例如：绩溪、荆州方言中，"徐"有[tɕʰ]和[ɕ]两读；荆州、祁门、屯溪的"寺"有[tsʰ]和[s]两读（荆州"寺"在"和尚寺"里面读为"tsʰɿ³¹"，在"寺庙"里读为"sɿ³¹"；祁门"寺"在"和尚寺"里面读为"tsʰɿ³³"，在"寺庙"里读为"sɿ³³"；屯溪"寺"在"岩寺徽州地区的一个地名"里面读为"tsʰɿ¹¹"，而在"寺庙"里读为"sɿ¹¹"）；荆州的"寻"有"tɕʰiɛ³³ 找"和"ɕiɛ³³ 常~"两读，婺源的"寻"也有"tsʰein¹¹ ~死"和"sein¹¹ ~找"两读。读成塞擦音的一般代表白读层，读为擦音的代表文读层。

古邪母读为塞擦音从而与从母相混的现象不止见于徽语中。据侯兴泉研究，就整个汉语方言而言，从、邪母的分合情况呈现明显的南北差异：北方方言基本上从、邪有别；南方方言从、邪白读音基本上出现程度不一的相混现象，其中吴语、徽语、老湘语、粤语和平话绝大多数从、邪母的白读音都是不分的，而客家话、赣语、闽语和新湘语中只有部分口语常用字仍保留有从、邪不分的现象。[①]这种现象究竟产生于何时、发祥于何地，又是如何产生的，这些问题暂不可考，不过从、邪相混现象在典籍资料中倒是有明确记载，《颜氏家训·音辞篇》中记有颜之推批评南人以"钱"为"涎"，以"贱"为"羡"[②]，说的就是这种现象。可见，至少在隋代南方方言里就有从、邪相混的现象了。

（二）关于船、禅母不分的问题

现代的汉语音韵学家一般把船母构拟为[dʑ]，而把禅母构拟为浊擦音[ʑ]。船、禅二母在《玉篇》和《经典释文》的反切里都有相混的情况。颜之推《颜氏家训·音辞篇》提到南方方言中"以石（禅）为射（船）""以是（禅）为舐（船）"，说明了隋代南方方言里船禅已经有了合并的现象。合并的方向可以是古船母流向古禅母，读为擦音；也可以是古禅母流向古船母，读为塞擦音；或者相混后擦音、塞擦音两读并存。王力在谈到崇船禅三母演变时曾指出："……船禅为一类，仄声不分化（一律是ʂ）只有平声分化（船母：'乘'tʂʻ-，'绳'ʂ-；禅母：'成'tʂʻ-，'时'ʂ-），这种分化远在十四世纪就完成了，《中原音韵》和《洪武正韵》里都有很明显的证据。"并且认为："不能认为禅母平声字自古就有破裂摩擦和摩擦两类……广州的'晨''臣'都念ʃɐn（与'陈'有别），'成''城''乘''丞'都念ʃiŋ（与'程'有别），客家、闽南和闽北都有类似的情况，可见禅母本来是单纯摩

[①] 侯兴泉：《论粤语和平话的从邪不分及其类型》，《中国语文》2012 年第 3 期。
[②] 颜之推：《颜氏家训·音辞》第十八。

擦（ʐ→ʑ→ʂ）……可见是由声调影响才分别出来的。"[1]以《方言调查字表》中所收韵字为例，今天的官话系统中，船母读为塞擦音的有"船、唇、乘、塍"；读为擦音的有"蛇、射、麝、舐、示、甚、舌、神、实、顺、术、述、绳、剩、食、蚀、射、赎"。禅母读为塞擦音的有"嫦、常、尝、偿、徜、垂、陲、臣、辰、晨、宸、谌、淳、纯、醇、莼、鹑、成、城、郕、诚、承、丞、忱、蜍、婵、蝉、单单于、禅禅宗、酬、仇、雏、腨、植、殖"；读为擦音的有"是、氏、市、视、十、侍、嗜、什、拾、时、匙、石、逝、誓、噬、谁、殊、墅、竖、树、睡、署、曙、薯、娕、熟、塾、孰、佘、涉、社、韶、盛茂盛、上、尚、善、鳝、缮、膳、禅禅让、单姓也、擅、赡、甚、慎、肾、蜃、受、授、寿、售、硕、召、邵、劭、绍、勺、芍"。船、禅母分读规律基本符合王力的概括，即仄声不分化读为擦音，平声分化为塞擦音和擦音。

船、禅母在徽州方言中以读擦音为常，少数字读为塞擦音，下面我们将各方言点读塞擦音的船、禅母字列表对比如下：

表 2-33　　　　徽州方言中读为塞擦音的船、禅母字

	船母	禅母
绩溪	乘船舌	是真~｜不~邵植殖酬仇晨臣承丞成~功城诚纯醇常嫦尝偿蝉
荆州	乘加减~除船舌	是~不~邵植殖酬仇晨臣承丞醇成~功城诚常偿
歙县	船乘	植殖酬仇常偿成城诚盛~满臣承丞蝉禅蟾
屯溪	舌乘加减~除唇₁	殊植殖酬仇垂₂常臣晨承辰₂纯₁莼₁醇
休宁	船唇	植殖酬仇售₁臣丞
五城	舌唇₂剩舐舔	植殖仇酬署殊售常₂
黟县	舌~苔	植殖禅蝉仇酬售承₂婵人名禅~宗
祁门	剩舌船₂	殊₁薯₁植殖禅蝉仇酬常₂晨臣丞
婺源	舌	殊竖仇酬售蝉禅
浙源	舌	殊薯垂仇酬蟾禅蝉植
浮梁		殊丞植仇酬
旌德	船唇乘₂剩醇文	垂殖植绍₁常尝偿仇酬售承辰₂晨臣丞成城诚
占大	船唇乘	殊植殖仇酬臣晨承丞成诚城
淳安	射解大小便唇舌₂	是垂仇酬售常偿成诚城禅~｜地名植殖
遂安[2]	射解大小便乘	仇酬植殖常偿尝成诚城狮~｜地名臣
建德	射解大小便乘	是仇酬植殖常臣承丞垂诚
寿昌	唇₂乘	是仇酬售垂常睡瑞蝉禅丞诚植殖蜀

---

[1] 王力：《汉语史稿》，中华书局 1980 年版，第 117 页。
[2] 遂安的"垂"读为 kyei³³，当是由舌面音 [tɕ] 声母的舌根化音变而来，前文曾对此作出过分析。

从表 2-33 可见，徽州方言中船母读为塞擦音的字非常少，且大多集中在"是、船、乘、舌、剩"这几个字上，船母在部分方言存在塞擦音和擦音的异读，存在异读的方言中一般读塞擦音的较读擦音的不常用。

相比较而言，排除一些不太常用的字可能转读普通话的音外（例如"植殖仇酬臣丞嫦"），徽州方言中禅母读擦音的字比读塞擦音的要多，禅母读塞擦音也比船母更普遍。

邵荣芬认为："根据韵图，《切韵》的船母是塞擦音，常母（禅母，笔者注，下同）是擦音。《古韵说略》曾经根据一些理由提出疑问，认为事实可能是恰恰相反，即常母是塞擦音，船母是擦音。所说的理由虽然不一定可靠，但这个问题的确是存在的。"[①] "了解了常、船两母从《切韵》时代到唐宋间由分到合的大致情况，特别是了解了《广韵》和《集韵》在处理常、船问题上所犯的错误以后，我们就知道等韵图确实有可能把常、船的位置给安排错了。"[②] 单就古船、禅母在徽语中的今读形式来看邵荣芬先生的推断似乎是有道理的。

徽州方言中，少数禅母字在一些方言存在异读现象，如"是、成、城、售、常、绍、殊、纯"等，奇怪的是，这些异读的字中有时候读擦音的更为口语化，例如严州片徽语中淳安和遂安的"城"，在地名时读为塞擦音，在"城里"这一词中读为擦音；休宁的"售"、祁门的"殊、薯"有送气塞擦音和擦音两读，其中塞擦音读法更为常用。但是如"晨"这样的非口语字，一般读为塞擦音，而同等地位却更为口语化的"辰时~"却读为擦音。

不单是禅母，徽州方言中前面提到的古邪母以及清擦音声母心、书母在徽语一些方言点中不同程度地存在塞擦音的读法。例如：

绩溪：鼠书tɕʰy213　湿书tɕʰieʔ32　翅书tsʰɿ35　伸tɕʰyã31

歙县：鼠书tɕʰy35　湿书tɕʰieʔ32　翅书tɕʰi313

屯溪：鼠书tɕʰy32　湿书tɕʰi5

休宁：鼠书tɕʰy31　湿书tɕʰi212　翅书tɕʰi55

五城：撕心tsɿ22/sɿ22　鼠书tɕʰy21　湿书tɕʰiʔ55　翅书tɕʰi22

黟县：鼠书tʃʰu53　湿书tsʰɿ3　翅书tsʰɿ324

祁门：撕心tsɿ11　鼠书tɕʰy35　湿书tʂʰi35　翅书tʂʰi55　伸tɕʰyæn11

婺源：鼠书tɕʰy2　湿书tsʰɑ51　翅书tɕʰi35

浙源：撕心tsɿ33/sɿ33　鼠书tɕʰy21　湿书tsʰɿ43　翅书tsʰɿ215

旌德：撕心tsʰɿ

[①] 邵荣芬：《切韵研究》，中国社会科学出版社 1982 年版，第 101 页。
[②] 同上书，第 106 页。

占大：鼠书tɕʰy²¹³　翅tsʰi⁵⁵

淳安：撕心tsʰɿ⁵⁵/sɿ⁵⁵　髓心tsʰue⁴⁴⁵　鼠书tɕʰya⁵⁵　翅tsʰɿ⁰

遂安：鼠书tɕʰy²¹³

建德：撕心tsʰɿ⁴²³　鼠书tsʰɿ²¹³　翅书tsʰɿ⁵⁵

寿昌：撕心tsʰɿ¹¹²　犀心tɕʰi³³　鼠心tɕʰy⁵⁵

  中古擦音声母读塞擦音现象不只存在于徽语中，闽语、客家话、粤语、吴语、湘语、赣语都不同程度地存在这种情况，在闽语里甚至是一个普遍现象。据张双庆、郭必之研究，"深""鼠""碎""水""笑"等清擦音声母字念塞擦音声母，是闽语一项重要的语音特征。罗杰瑞比较了"水"类字在各种闽语中的读音后说："闽东语部分念塞擦音的字，在一些闽西语中会读成擦音。面对这种情况，我们有理由相信塞擦音的形式比擦音的形式来得更古老，而擦音的形成是和非闽语方言接触的结果。"①

  昆山吴语"有的人有的字z母读作[dz]"，上海话"ʑ声母不稳定，有些人有些字读dʑ母"。②王文胜认为："从地理分布上看，（吴语处州方言）读塞擦音声母的心邪书禅母字，处州西部地区比东部地区多，呈现自西而东渐渐降低的局面，这与非敷奉母读重唇、知彻澄母读舌头、匣母读如群母的比例等存古特点在处州地区的表现是一致的。因此本文认为，心邪书禅母读塞擦音相对于读擦音而言应该是更早的语言现象。"③

  到底是塞擦音读法更早还是擦音读法更早呢？以上提到吴语、闽语的学者大多认为他们的方言中塞擦音读法是早于擦音读法的。从发音方法上看，似乎也更支持塞擦音早于擦音：从塞擦音到擦音更符合省力原则，擦音化是浊塞擦音声母最常见的弱化现象。在汉语方言中，浊塞擦音声母擦音化涉及的范围很广，几乎多数方言都发生过程度不一的擦音化音变。而塞擦音比擦音增加了闭塞成分和送气成分；从发音器官的动程上看，增加了舌尖的活动并加重了发音器官的紧张程度。然而，从徽州方言韵书来看这个问题就会遇到麻烦。

  清代休宁南乡方言韵书《休邑土音》中与清塞擦音声母同见的古禅母字仅有"禅僧家有~说、蝉、单~于，匈奴名号、蟾、遄、酬、仇、蜍"这样一些平声字，今天休宁南乡方言五城话中出现塞擦音读法的古禅母字"植、殖、仇、

---

① 转引自张双庆、郭必之：《从石陂话"水类字"看南部吴语对闽北方言的影响》，《方言》2005年第3期，第194页。

② 钟江华、陈立中：《现代湘语和吴语浊音声母发音特征的比较》，《湖北民族学院学报》2012年第4期，第129页。

③ 王文胜：《吴语处州方言特殊语言现象的地理分布》，《杭州师范大学学报》2010年第3期，第100页。

酬、署、殊、售、常"中,"署、殊、售、常"在韵书中均与古清擦音声母同见。例如:"署、殊"归于"书"小韵下;"售"归于书母字"叔"小韵下;"常"归于书母字"商"小韵下,这些小韵中不见一个古塞擦音声母字。

除了休宁的韵书,还有一部反映清代(同治丁卯,1875)婺源环川音系(环川即今天的婺源浙源乡岭脚村)的韵书——《新安乡音字义考正》,除了"蜍、澶、僐、嬗、婵、禅_{静也浮图家有禅说}、单_{单于广大之貌}、蝉、酬、仇、雠、膞、埴、植、蜀"这样少数字与塞擦音同读外,这部韵书中绝大部分禅母字读成了擦音。发展到今天的婺源浙源岭脚村话音系中,大部分禅母字在归类上没有什么变化,然而"薯、殊、垂"这样在韵书时期读成擦音的字现在却读成了塞擦音。

就古禅母而言,休宁南乡方言和婺源环川方言由韵书时代到今天的五城话、浙源乡岭脚村话中,读塞擦音的字有增多趋势,这种异于吴语、闽语的现象我们暂时也无法解释。

综上,古全浊声母在徽州方言中全部清化,其清化规律可以概括为:全浊塞音和塞擦音清化后绩歙片、祁婺片、旌占片和严州片的淳安、遂安以及寿昌的白读系统不分平仄,以读送气为常;休黟片和严州片的建德出现了分读送气与不送气的现象,除了严州片的建德送气与否与调类有关之外,休黟片大多数方言点送气与否没有明显的分化规律;浊擦音一般清化为同发音部位的清擦音,其中船禅母除了清化为同部位的清擦音外,还与精组、见系的擦音声母关系密切。古全浊塞擦音声母崇、船母在徽州方言中出现了擦音化现象,从母在严州片出现了擦音化现象,邪母在严州片以外的方言片出现了读同塞擦音的现象,这些现象导致了徽州方言中不同程度地出现船、禅母相混和从、邪母不分的趋势。

第三章 徽州方言的韵母

本章将从六个方面对徽州方言在韵母方面表现出来的特点进行分析，这六个方面依次是：中古开合分韵的一等韵在徽州方言中的今读、一二等韵在徽州方言中的反映形式、三四等韵在徽州方言中的今读、徽州方言中一三等韵的分合、中古阳声韵在徽州方言中的今读、中古入声韵在徽州方言中的今读。前四个方面主要从分化与合流角度探讨徽州方言中不同等次的一些韵的演变及其分合关系，后两个方面集中讨论古阳声韵和入声韵在徽州方言中的音韵表现。

第一节 中古开合分韵的一等韵在徽州方言中的今读分析[①]

《广韵》的韵部有开合口分韵、开合口合韵、仅有开口韵和仅有合口韵几种类型，其中，开合口分韵的有灰咍、痕魂、寒桓、歌戈等几对韵。这些开合分韵的韵部在《切韵》中和那些开合合韵的韵部一样，是被合在一起的，一直到王仁昫的《刊谬补缺切韵》、孙愐的《唐韵》以及开元年间的撰本都是不分的。《广韵》却将它们分开了。有的学者认为，《广韵》之所以这样做，是由于这些原来合在一起的开合分韵的韵部内部发生了变化，明确地说，是主要元音发生了变化，正是这种变化才使韵书的作者不得不将它们分部设立。[②]

按照俞敏、施向东和冯蒸等诸位先生的意见："'痕魂''咍灰''欣文'每对之间均非开合对立韵，每组间均是主要元音不同的两个韵，如'痕魂'的中古音可是-on/-un，'咍灰'是-oi/-ui 等。"[③] 潘悟云也提出，如果咍与灰

[①] 本节内容曾以单篇论文《从徽语看中古开合分韵的一等韵》发表于《贵州大学学报》2007 年第 3 期，此节内容在原文基础上进行了修改。

[②] 杨雪丽：《从〈集韵〉看唇音及其分化问题》，《郑州大学学报》（哲学社会科学版）1996 年第 5 期，第 45 页。

[③] 冯蒸：《龙宇纯教授著〈中上古汉语语音韵论文集〉评介》，《古籍整理研究学刊》2004 年第 3 期封三。

只是开合相配、主元音相同的 ɘi 和 uɘi，我们就很难解释为什么部分的开合相配的两类都放在同一韵目之下，只有哈灰、痕魂等少数韵放在两个韵下。他还提出哈灰都有唇音字，如果这两韵主元音相同，只是开合相配，那就否定了唇音没有开合对立的结论。[①]李新魁先生则拿粤音同《广韵》音系作比较，看到了它们之间存在相当严整的语音对应规律，认为"粤语区分寒、桓，把它们读为不同的主要元音，近于《广韵》而与《切韵》不合"，并且提出："《切韵》之混寒、桓为一与《广韵》分立两韵，实为所据方音有异。大概在隋唐以至宋代之时，汉语共同语的读书音中，包容有南音与北音的微小差异；而寒与桓是 an-ɔn 的对立还是 an-uan 的对立，正是这种差异的表现之一。"[②]李新魁先生从粤语中观察到了寒桓主元音不对等的现象，且看到自中古以后的各地方言，寒、桓是否读不同元音乃南北方言之间一大差异。那作为南方方言的徽语，其包括寒桓在内的开合口分韵的一等韵表现又如何呢？

以下是中古哈灰、痕魂、寒桓、歌戈等这些开合口分韵的一等韵在徽语五片十个点的今读情况：

表 3-1　徽州方言主要代表点歌戈、哈灰、痕魂、寒桓韵今读

	绩溪	歙县	休宁	黟县	祁门	婺源	旌德	占大	淳安	建德
多歌	tɵ	to	to	tau	tu:ɐ	to	tu	to	tu	tu
躲戈	tɵ	to	to	tau	tu:ɐ	to	tu	to	tu	tu
歌歌	kɵ	ko	ko	kau	ko	ko	kω	ko	ku	ku
锅戈	kɵ	ko	ko	kau	ku:ɐ	ko	kω	ko	ku	ku
河歌	xɵ	xo	xo	xau	xu:ɐ	xo	xω	xo	xu	u
禾戈	xɵ	xo	xo	xau	u:ɐ	vo	xω	xo	xu	u
来哈	na	lɛ	lo	luɯ	la	lɛ	la	lɛ	le	lɛ
雷灰	na	lɛ	lo	luɯ	ly:ɐ	lɛ	la	lɛ	le	le
猜哈	tsʰa	tsʰɛ	tsʰo	tʃʰuɯ	tsʰa	tsʰɤ	tsʰa	tsʰɛ	tsʰe	tsʰɛ
催灰	tsʰa	tsʰɛ	tsʰo	tʃʰuɯ	tsʰy:ɐ	tsʰɤ	tsʰa	tsʰɛ	tsʰe	tɕʰye
开哈	kʰa	kʰɛ	kʰɤ	kʰuɯ	kʰua	kʰɤ	kʰa	kʰɛ	kʰe	kʰɛ
盔灰	kʰua	kʰuɛ	kʰɤ	kʰuɯ	kʰua	kʰɤ	kʰua	kʰuɛ	kʰue	kʰue
害哈	xa	xɛ	xɤ	xuɯ	aux	xɤ	xa	xɛ	xe	xɛ
会灰,不~	va	xuɛ	xɤ	xuɯ	xua	xɤ	xua	xuɛ	xue	ue

---

① 潘悟云：《反切行为与反切原则》，《中国语文》2001 年第 2 期，第 106—107 页。
② 李新魁：《粤音与古音》，《学术研究》1996 年第 8 期，第 76 页。

续表

	绩溪	歙县	休宁	黟县	祁门	婺源	旌德	占大	淳安	建德
丹寒	tɔ	tɛ	tɔ	tɒ	tõ	tom	tæ	tɔ̃	tã	tɛ
端桓	tɔ	to	tu:ə	tu:ɛ	tũ:ɛ	tom	te	tɤ̃	tã	tɛ
烂寒	nɔ	lɛ	lɔ	lɒ	nõ	nom	læ	lɔ̃	lã	nɛ
乱桓	nɔ	lo	lu:ə	lu:ɛ	nũ:ɛ	nom	le	nɤ̃	lã	nɛ
伞寒	sɔ	sɛ	sɔ	sɒ	sõ	som	sæ	sɔ̃	sã	sɛ
酸桓	sã	so	su:ə	su:ɛ	sũ:ɛ	som	se	sɤ̃	sã	sɛ
肝寒	kɔ	kɛ	ku:ə	ku:ɛ	kũ:ɛ	kom	ke	kɤ̃	kã	kɛ
官桓	kuɔ	kuɛ	ku:ə	ku:ɛ	kũ:ɛ	kom	kue	kuɤ̃	kuã	kuɛ
安寒	ŋɔ	ŋɛ	u:ə	vu:ɛ	ŋõ	m	ŋe	ɤ̃	ã	ŋɛ
碗桓	vɔ	vɛ	ɛ:u	vu:ɛ	ũ:ɛ	m	ue	uɤ̃	uã	uɛ
达曷	tʰɔʔ	tʰa	tɔ	tʰɒ	tʰa	tʰo	tʰa	tɔ	tʰɑʔ	tʰəʔ
脱末	tʰɔʔ	tʰɔʔ	tʰu:ə	tʰu:ɛ	tʰu:ɛ	tʰo	tʰe	tʰɤ̃	tʰeʔ	tʰəʔ
渴曷	kʰɤʔ	kʰɔʔ	kʰu:ə	kʰu:ɛ	kʰu:ɛ	kʰo	kʰe	kʰɤ̃	kʰəʔ	kʰəʔ
阔末	kʰuɔʔ	kʰuaʔ	kʰu:ə	kʰu:ɛ	kʰu:ɛ	kʰo	kʰue	kʰuɤ̃	kʰuaʔ	kʰo
吞痕	tʰã	tʰã̃	tʰin	tʰuaŋ	tʰỹ:ɛ	tʰein	tʰe	tʰɤ̃	tʰã	tʰen
屯魂	tʰã	tʰã̃	tu:ə	tʰuaŋ	tʰỹ:ɛ	tʰein	tʰe	tʰɤ̃	tʰen	ten
根痕	kã	kã̃	kua	kuaŋ	kuæ	kuein	ke	kɤ̃	ken	ken
滚魂	kuã	kuã̃	kua	kuaŋ	kuæ	kuein	kuəŋ	kuɤ̃	kuen	kuen
恩痕	ŋã	ŋã̃	ŋa	vuaŋ	uæ	vein	ŋe	ɤ̃	en	ŋɛ
温魂	vã	vã̃	ua	vuaŋ	uæ	vein	uəŋ	uɤ̃	ven	uen

从表 3-1 所列韵字的今读形式我们可以看到，咍灰、痕魂、寒桓、歌戈这几对开合分韵的一等韵在徽州方言中出现了不同程度的混读现象。其中，歌戈相混程度最高，徽州方言中几乎各个方言点歌戈韵都出现了相混现象，相混后或者读为合口呼韵母，或者读为开口呼韵母但主元音大多是个圆唇元音（祁门的歌、戈韵出现了以声母为条件的分化，歌、戈韵部分非见系字相混为开口呼韵母，部分非见系字相混为合口呼韵母）。我们可以根据咍灰、痕魂、寒桓、歌戈韵混同情况，以及混读后的今读形式将这些开合分韵的一等韵在徽州方言中的表现分为以下几种类型：

（一）除了咍（咍韵一些口语不常用的字派入泰开，这反映的是后起的咍泰合流层次，与咍灰韵之间的混同无关）、痕等韵本身出现了分化外，咍灰、痕魂、寒桓、歌戈这几对开合分韵的一等韵两两之间均相混。徽州方言中这样的方言点较少，祁婺片的婺源属于这种类型，休黟片的黟县除了寒桓韵的非见系字保持对立外，其他开合分韵的几对韵之间均相混。不过，相混后黟县以读合口呼韵母为主，婺源以读开口呼韵母为主。

（二）除了咍、痕等韵本身出现了分化外，咍灰、痕魂、寒桓这几对开合分韵的一等韵两两之间不同程度地出现了以声母为条件的相混现象。具体又可分为两种类型：

1. 除歌、戈韵不以声母为条件混同外，其余开合分韵的一等韵两两之间非见系字相混，见系字表现为主元音相同而开合口（我们把读为[v]声母的字视为合口呼读法，[v]是合口元音[u]的摩擦化的结果）相对的对立模式。这种类型主要有绩歙片的绩溪和歙县、旌占片的占大和旌德、严州片的建德和淳安等，但不同方言点相混情况又有差异。例如：

绩歙片的绩溪，咍灰、寒桓、痕魂韵非见系字相混而见系字主元音相同而开合口相对。

绩歙片的歙县和旌占片的占大，咍灰、痕魂韵属于非见系字相混而见系字主元音相同而开合口相对的类型；寒桓韵见系字保持主元音相同而开合口相对的对立模式，但寒桓韵的非见系字虽都读为开口呼但韵母并不相同。

旌占片的旌德，咍灰韵属于非见系字相混而见系字主元音相同而开合口相对；寒桓韵见系字保持主元音相同而开合口相对的对立模式，但寒桓韵的非见系字虽都读为开口呼但主元音并不相同；痕魂韵非见系字相混，但见系字虽然开合口对立但主元音不相同。

严州片的淳安，咍灰韵非见系字相混而见系字主元音相同而开合口相对；痕魂韵的见系字也保持主元音相同而开合口相对的对立模式，但非见系字虽都读为开口呼但韵母并不相同；寒桓韵则完全对立，有意思的是寒桓韵的韵母出现了"寒韵非见系字：寒韵见系字、桓韵非见系字：桓韵见系字"、痕魂韵的韵母出现了"痕韵非见系字：痕韵见系字、魂韵非见系字：魂韵见系字"这样的三极对立模式，这种对立模式中前两者表现开合一致但主元音不同，后两者表现为主元音相同但开合口相对。

严州片的建德，寒桓、痕魂非见系字相混而见系字主元音相同而开合口相对；咍灰韵则完全对立。

2. 除歌、戈韵不以声母为条件混同外，其余开合分韵的一等韵两两之间非见系字对立，见系字相混。休黟片和祁婺片的很多方言点都属于这种情况。例如：

休黟片的休宁，寒桓、痕魂韵非见系字基本保持对立，寒桓韵的韵母表现为"寒韵非见系字：寒韵见系字、桓韵字"二极对立模式；咍灰韵非见系字相混为开口呼韵母，见系字混为合口呼韵母。休黟片除了休宁，还有屯溪、五城、溪口等均属于这种类型。不过联系方言韵书看待这个问题，我们认为休宁的这种非见系字保持对立是较晚时期出现的现象。我们从清代休宁南乡方言韵书《休邑土音》中痕魂韵的小韵所辖韵字可见非见系字与见系字一样也是相混的，如：

吞痕：褪恩遁钝恩盾混

根：跟痕昆琨裩鹍魂滚衮辊鲧混棍恩

坤：髡溪魂垦恳很悃捆混困恩

昏：惛婚阍混恩魂浑馄魂痕痕

温魂：恩痕瘟魂稳混

而今天的休宁南乡五城话中：

吞痕 tʰin²² ：褪恩 tʰɤ⁴² 遁钝 tuːɐ⁴² 盾混 tuːɐ¹²

跟痕 kɛ²² ：根 kuɛ²²昆 kʰuɛ²² 滚混 kuɛ²¹ 棍恩 kuɛ⁴²

垦恳很 kʰɛ²¹ ：坤 kʰuɛ²² 捆混 kʰuɛ²¹ 困恩 kʰuɛ⁴²

痕痕 xɛ²³ ：很很 xuɛ²¹ 昏婚 xuɛ²² 魂浑馄 xuɛ²³ 混恩xuɛ¹³

恩痕 ŋɛ²² ：温瘟魂 vɛ²² 稳混 vɛ²¹

从以上材料可见，现代五城话臻摄一等开合口相混的字已经很少了，除了"根痕很很"读成合口呼韵母从而与臻摄合口一等字相混外（与"根"同等音韵地位的"跟"并不混入合口韵母中），其他字开合口基本不混。由此可见，开合分韵的一等韵在休宁等地由混趋分。

祁婺片的祁门，寒桓基本属于非见系字保持对立，见系字相混为合口呼韵母，与休宁一样，寒桓韵的韵母表现为"寒韵非见系字：寒韵见系字、桓韵字"这样的二极对立模式；咍韵的舌齿音出现了[yːɐ]（如"胎台抬待代贷栽"）和[a]（如"戴态来灾宰再猜彩菜才财裁在腮鳃在赛"）的分化，其中[yːɐ]是与灰韵舌齿音相混的读音，咍灰韵的见系字基本混为[ua]；痕魂韵的相混模式与咍灰韵是平行的，即舌齿音字混为齐齿呼读法，见系字混为合口呼读法。

我们观察到，开口韵字在徽州方言中大多读成开口，但大多数牙喉音字读成合口；合口韵的舌齿音字则很多方言点读成开口，只有牙喉音字保持合口。也就是说无论哪种类型，牙喉音字都容易保持或容易读成合口。"再放开眼去还会发现，吴语所有的合口韵，舌齿音声母都没有 u 介音而与相应的开口韵同韵，开合对立只在牙喉音中保持。"[①]这些现象说明合口读法与牙喉音的关系非常密切。这从音理上容易得到解释：舌根音的舌位靠后，

---

① 王洪君：《也谈古吴方言覃谈寒桓四韵的关系》，《中国语文》2004 第 4 期，第 362 页。

与圆唇后高元音发音相谐，自然容易读成合口呼也容易保留合口成分。"切韵时代的合口字大部分是在舌根音底下出现，或者是在唇音后头出现的。"①而舌齿音的发音动作容易与 u 相冲突，从而冲淡 u 介音的发音特点，所以容易丢失合口成分。

我们再联系本着"今所撰集，务从赅广"精神的《集韵》这部韵书，里面有部分字既收在开口韵痕韵中，又收在合口韵魂韵中，而字义并没什么不同。例如"跟"同释为"踵也"但却有"古痕""公浑"两套反切；"恳"同释为"诚也"，也有"口很""苦本"两套反切；还有"很""垦"等字都是开合韵兼收且有两套反切，这些字在《广韵》里都置于开口韵中，声母都是牙喉音。《集韵》收字的这个特点恰好与徽州方言开合口相混的现象不谋而合，这应该不是偶然。

我们进而观察到，徽州方言无论哪种类型，寒桓韵均非严格的开合对立韵，这些韵彼此之间主元音存在差别。祁婺片、休黟片的一些方言点中寒韵的舌齿音字自成一类，寒韵的牙喉音字则读成与桓韵相同的合口呼韵母。绩歙片、旌占片、严州片的一些方言点中，寒韵的舌齿音字自成一类，它的牙喉音字则与桓韵的舌齿音字读成相同的开口韵母，与桓韵的牙喉音字形成开合对立。

徽州方言中开合分韵的一等韵之间的两种对立模式是否也存在于其他汉语方言中呢？下面我们来看寒桓两韵字在现代汉语方言中主元音的表现（鉴于唇音声母一般认为是一组比较特殊的声母，赵元任、李荣先生都曾主张唇音字不分开合口，本书不涉及唇音字韵母的考察。另外由于闽语语音层次非常复杂，这里也不予考察）：

表 3-2　　　　　现代汉语方言中寒桓韵母的今读

方言点 \ 韵母	寒 舌齿	寒 牙喉	桓 舌齿	桓 牙喉
北京	an	an	uan	uan
济南	æ̃	æ̃	uæ̃ æ̃	uæ̃
西安	æ̃	æ̃	uæ̃	uæ̃
太原	æ̃	æ̃	uæ̃ æ̃	uæ̃
武汉	an	an	an	uan
成都	an	an	uan	uan

---

① 李方桂：《上古音研究》，商务印书馆 1980 年版，第 98 页。

续表

韵母\方言点	寒 舌齿	寒 牙喉	桓 舌齿	桓 牙喉
合肥	æ̃	æ̃	ũ	ũ
扬州	iæ̃	æ̃	uõ	uõ uæ̃
苏州	E	ø	ø	uø uE
温州	a	y ø	ø aŋ	y ø aŋ a ua
长沙	an	an	õ	õ uan yẽ
双峰	æ̃	æ̃ uæ̃	ua	ua
南昌	an	ɔn	ɔn	uɔn ɔn
梅县	an	ɔn an	ɔn	uɔn ɔn uan an
广州	an	ɔn	yn	un yn an uan
阳江	an	ɔn	un	un an

说明：(1) 表中所用材料全部根据北京大学中国语言文学系语言学教研室编的《汉语方音字汇》(第二版)；(2) 同一类字在某一方言点有几个韵母时，以放在前面的为主流读音。

表 3-2 所示，寒韵的舌齿音字主元音基本为一个前低舌面元音，牙喉音字在南方方言中以读成圆唇元音为主。桓韵的舌齿音字或是读成合口，或是主元音为一个圆唇元音；桓韵的牙喉音字基本读成合口。寒、桓两韵主元音相同的有北京、济南、西安、太原、武汉、成都，而主元音存在区别的有合肥、扬州、苏州、温州、长沙、双峰、南昌、梅县、广州、阳江。从这些材料我们看到，寒、桓是否读不同元音可以视为南北方言之间的一大差异。南方方言中苏州、温州、南昌、梅县、广州、阳江等地不仅寒桓两韵韵母不同，而且寒韵内舌齿音与牙喉音后面的韵母也存在差异。其中苏州、温州、南昌、梅县等地寒韵的舌齿音字自成一类，它的牙喉音字则与桓韵的舌齿音字读成相同的开口韵母，与桓韵的牙喉音字形成开合对立。这样的对立模式与徽州方言休宁、祁门等地的寒桓今读对立模式相似。

前文提到，包括寒桓在内的歌戈、哈灰、痕魂这些开合分韵的韵部在《切韵》中和那些开合合韵的韵部一样，是被合在一起的，为何《广韵》却将它们分开，而发展到现代汉语南方方言中又会出现主元音不对等的现象呢？

我们推测中古以前的某个历史阶段，哈灰、寒桓、歌戈、痕魂几对韵的主元音是相同的，直到《切韵》时期还是这样。李方桂先生发表于 1931 年的《〈切韵〉的来源》这篇文章，就根据《诗经》押韵和谐声字的研究两个方面提出了《切韵》中"哈""灰"等两个韵如不计开合介音，它们本是同一个韵。

语言是发展的，但在不同的地区表现出发展的不平衡性。我们推测，从《切韵》时代发展到《广韵》时代，南方方言中诸如桓韵这样的合口韵，其主元音由于受 u 介音同化变成了一个不同于寒韵的圆唇元音，而与之相对的开口韵，元音没有 u 介音的影响，所以仍然保留着不圆唇的特点。这样原本开合口对立的寒桓韵主元音就变得不同了。而北方方言自形成时起就相对稳定，保留了《切韵》中如寒桓等韵开合相配而主元音相同的特点。李新魁曾提出寒、桓主元音上的差异，在元代周德清的《中原音韵》中已有表现，在书中分立寒山、桓欢两韵。[①]而蒋冀骋先生根据元曲用韵（"寒山"与"寒桓"基本上是混用，"桓欢"独用的例证非常少）以及从元曲作家的籍贯和履历（凡"寒山""寒桓"合用者，多为北方作家；凡"桓欢"独用者，多为南方赣、吴方言区的作家）、时代相近的音韵材料、现代赣吴方言的实际等多方考察提出：《中原音韵》"寒山""桓欢"两分，并不是当时北方语音的反映，而是赣、吴方言特别是周德清方音影响的结果。[②]这就体现了当时南北方言的差异。[③]

而汉语发展过程中所留下的这些"脚印"，则栩栩如生地保留在现代南北各地方言中：寒桓韵在北方方言中保持开合口对立、主元音相同。而在南方方言里则有的地方依然保持开合口对立，但主元音已表现不同；有的地方则依声母的不同而分读为不同的韵母，由于舌齿音的发音动作与 u 相冲突从而冲淡了 u 介音的发音特点，桓韵舌齿音后的合口成分融合到主元音中去因而读成了开口，但与寒韵的舌齿音读法还是不同的。而某些方言如徽语祁婺片的见系开口韵字读成了合口，则是因为舌根音后容易产生合口成分，这种合口成分会接着影响主元音，使主元音发生后化或者高化、圆唇化音变。所以，某些方言点如苏州、温州、南昌、梅县还有周德清的老家——江西高安老屋周家等地寒韵的舌根音即便读成开口呼韵母，但主元音与同韵的舌齿音也是不同的，而与桓韵的主元音相同。随着北方权威方言向南方方言渗透力的逐渐加强，很多南方方言的歌戈、咍灰、寒桓、痕魂等韵之间的主元音由不同逐渐趋同，这种主元音不对等的特点有的方言只保留在白读层里了。

综上所述，《切韵》时期原本开合相对的韵发展到了《广韵》，其韵部内部发生了变化使得原本开合相配、主元音对等的格局变成了开合相配但主元音不对等的格局，这种主元音不对等是 u 介音同化的结果。

---

① 李新魁：《粤音与古音》，《学术研究》1996 年第 8 期，第 76 页。
② 周德清：元代江西高安人，著有《中原音韵》。蒋冀骋认为《中原音韵》中"寒山""桓欢"两分是周德清受自己母语——高安方言影响的结果。
③ 蒋冀骋：《〈中原音韵〉，"寒山""桓欢"分立是周德清方音的反映》，《中国语言学报》2003 年第 11 期。

第二节　一二等韵在徽州方言中的结构关系

关于中古汉语元音的构拟，瑞典汉学家高本汉从山摄入手，构拟出山摄一二等两个开口主元音，一等是一个深（"grave"）a（写作 ɑ），二等是一个浅（"aigu"）a（写作 a），并用方言来证实这一区分的假设。高本汉的区分为王力所接受。按照他的观点，古汉语中，一二等韵配对的各摄和与此相关的一二等韵的主元音，一等为 * ɑ，二等为 * a，一二等韵之间的结构关系是"后∶前"。但是演变到现代汉语中，同摄的一二等韵之间已经基本合流。除二等见系字已经腭化以外，一等合流于二等，"ɑ∶a"的对立已经消失。原来四角构型的元音系统已变成三角构型的系统。而发展到现代汉语各大方言中，同摄的一二等韵在有的方言里虽未合流，但一二等韵的主元音也已经不再是"ɑ∶a"的对立了。徽州方言中，同摄的一二等韵有合流趋势，但中心徽语区的一些方言点保有一二等韵对立的痕迹，对立的模式主要表现为主元音的不同，这种主元音的差别究竟是舌位高低的不同，还是舌位前后的不同，还是唇型圆展的不同呢？接下来我们就对徽州方言一二等韵的结构关系进行考察，除了考察蟹、效、咸、山这样一摄统有一二等韵的，我们还把歌和麻二、宕一和梗二这样虽不是同摄但中古主元音相近的一二等韵也放在一起考察，它们的元音与 * ɑ、* a 有关。

一　果摄一等韵和假摄二等韵

中古时期，果摄一等歌韵[* ɑ]和假摄麻韵二等[* a]主元音接近，假摄只有二等和三等，如果忽略后起的"伽"类字，果摄恰好可以和假摄互补空缺。所以，《四声等子》以后的韵图果假都是同图排列的。现代汉语方言中，果摄一等歌韵字和假摄二等麻韵字出现了不同程度的混同，这种现象也见于徽语部分方言点中，而部分方言点歌、麻₂则依然保持对立格局。下面我们将徽州方言中歌和麻₂的今读韵母列表对比如下（辖字最多的韵母排在最前面，凡有条件限制的在该韵母后列出限制条件，辖字较少又没有声母等限制条件的韵母则在该韵母后列出所辖例字）：

表 3-3　　　　徽州方言中歌、麻₂（开口）的今读

	歌	麻₂（开口）
绩溪	ɵ, ɔ（我大~学生那），a（哪）	o, io（部分见系字）
歙县	o, a（我他哪那）	a, ia（加）
屯溪	o, a（我个大~哪阿）	ɔ（非帮组字），uɛ（大部分帮组字），a（爸坝洒）

续表

	歌	麻₂（开口）
休宁	o，a（个阿大~学他读字哪挪读字）	ɔ（非帮组字），ɜːə（大部分帮组字），a（爸拿读字洒）
五城	o，a（个他其~大~队）	ɔ（非帮组字），o（大部分帮组字），a（爸拿读字洒）
黟县	au，a（我个儿~大~学生他那），oɐ（那）	oɐ，a（爸拿）
祁门	o，uːe（多罗河何荷阿~股），a（我何~里、哪里大~家、~学他~阿~姨）	a（非帮组字、"爸"），ɜːə（"爸"之外的帮组字）
婺源	o，ɤ（鹅₁蛾₁饿₁歌哥₂个₂可₂河₂何₂荷₂），u（大~师傅贺），ɒ（他其~哪那）	o，ɒ（拿加~大），ɔ（拿洒），ɑ（爸）
浙源	o，ɔ（我个他其~大~学），u（大~细；大小贺），ao（哥蛾鹅俄饿）	o，ɔ（爸洒）
浮梁	o（"我"之外的非见系字），ie（哥个可鹅蛾俄饿），e（河何荷贺），uo（阿~股），	o，a（爸洒）
旌德	u，ɷ（见系字），a（大~王），ɔ（那哪）	ɔ，cu（虾鱼~鸦丫~头桠~杈），a（巴芭洒），ia（加假）
占大	o，a（大他），	ɔ，a（爸妈帕查姓~），ia（假故~痂霞亚雅）
淳安	u，ɑ（个他大~学哪），ua（舵），o（可）	o，ɑ（爸把介词拿给洒），u（把个~），
遂安	ə（非见系），eu（大部分见系字），a（个~~拖大~蒜哪阿），ɔ（驼₂舵俄），ɛ（个~~），	ɑ，a（洒）
建德	u，ɑ（个~~拖大~蒜、~家哪他大~哥那），o（可我贺荷簿~）	o，ɑ（爸洒马~铃薯拿），
寿昌	u，ɑ（我个~~哥~~大拖他哪那）	ɤ（大部分帮组字），uɐ（大部分见系字），yɐ（知系），ɒ（家自~自己爸把介词洒霸怕麻~烦骂），ɒi（雅霞瑕遐厦夏暇亚）

从以上表格我们看到，歌、麻₂韵在徽州方言中均发生了不同程度的分化，分化最为复杂的当数祁婺片和严州片，分化出来的音类多且几乎找不到分化的条件。从每个方言点歌、麻₂韵主体层次的今读来看，除了祁门，祁婺片大多数方言点歌、麻₂韵合流，歌、麻₂韵的主体层同为[o]，而且除了戈韵以及由入声韵或阳声韵归入的字外，这些歌、麻₂韵合流的方言点不见其他阴声韵的韵类杂入其中。

从主体层的今读韵母来看，绩歙片、休黟片、旌占片、严州片徽语大都保持歌、麻₂韵有别的格局。这四片方言点歌、麻₂韵主体层次对立的模式是：

绩溪：ɵːo

歙县：oːa

屯溪、休宁、五城、占大：oːɔ

黟县：au：ɔ
旌德：u/ɯ：ɔ
淳安、建德：u：o
遂安：ə：eu/ə
寿昌：u：ɤ/uə/yə

我们可以看到，从主体层次来看，徽州方言中歌韵今读韵母大多是个后高或半高的圆唇元音，而麻₂韵今读韵母形式较为多样，有后半高、半低的圆唇元音，也有低元音。除了黟县，歌、麻₂韵主体层次结构关系基本是"高：低"。歌、麻₂韵由中古的"*ɑ：*a"的对立格局如何发展到今天徽州方言中元音的"高：低"对立格局的呢？下面我们分别从歌、麻韵的发展演变途径来分析。

（一）歌韵的演变途径

o类读音是徽语歌韵的主体，分布在徽语的中心地区，如休黟片的大部分方言点（如黄山、屯溪、休宁、五城、溪口、婺源）和绩歙片的部分地区（如上庄、歙县）；其次是 u，分布范围也较广，相对于o的分布范围来说，歌韵读为 u 的主要分布在徽语的外围地区，例如有严州片的淳安、建德、寿昌和祁婺片的德兴以及旌占片的旌德。u 音读的分布地区就像一个包围圈从东、南、北三面将o音读区包围在中间（与吴语包围徽语的方式相同）。由o到 u 正是汉语基本语音演变规则（元音高化）的反映。自汪荣宝的《歌戈鱼虞模古读考》问世后，歌戈韵在唐宋以上读 *ɑ 已成共识，徽州方言中，这样的读音如今还作为音变滞后的古老层次留在有限的几个字上，例如"我、个、破、座、何"等。这里需要排除几个也读为ɑ或 a 的非口语常用字，如"他、那、哪、阿~姨"；或者异读中的文读音，例如"大"在"大小"中是白读音，而在"大学"等词中读的是文读音。属于音变滞后层次的歌戈韵字在徽语各方言点的今读如下：

表 3-4　　　　　　　徽州方言歌戈韵白读ɑ或 a 的例字

我歌	歙县 a31/a32　屯溪 a24　黟县 ŋa31　祁门 a42　寿昌 a534
个歌，一~	屯溪、休宁 ka55　五城 ka42　黟县 ka324　淳安 ka224　遂安 ka422　建德 ka334　寿昌 ka33
拖歌	遂安 tʰa534　建德 tʰa423
哥歌	寿昌 ka55
何歌，~里：哪里	祁门 xa55
破戈	屯溪 pʰa55　休宁 pʰa33　五城 pʰa42　黟县 pʰa324　淳安 pʰa224　遂安 pʰa422　建德 pʰa334　寿昌 pʰa33
簸戈	淳安 pa224　遂安 pa422　寿昌 pa33
坐戈	祁门 tsʰa42

唐宋以降，汉语各大方言的果摄一等元音大都经历了＊ɑ＞＊ɔ＞＊o 的后高化音变，这是汉语语音史上的一项重要音变，而部分方言沿着后高化轨迹还会继续高化至 u 甚至出现裂变。

朱晓农归纳了汉语历史上的元音大转移：

	ai	a	o/io/iɤ	u/iu	əu
汉魏晋（上古韵部）	歌	鱼	侯	幽	
北朝初（中古韵目）	歌	模虞鱼	侯尤	豪	

这是发生在上古汉语到中古汉语过渡阶段时的首次元音链移高化：歌韵高化为 o 后迫使模韵高化为 u，继而迫使侯韵高顶出位裂变为 əu。徽州方言中歌韵也经历了元音后高化的音变，因为不同方言点音变不一定同步，所以，各种不同的"历史"变体就表现为"地域"变体，除了滞后音变层的 ɑ 或 a，有的方言点歌韵读为 o（如歙县、屯溪、休宁、五城、祁门、占大），有的读为 u（如旌德、淳安、建德、寿昌）。有的方言点，原属于音变滞后层的 ɑ 或 a 也发生了后高化，与更早高化的 o 类音形成同源的两个层次叠置在一个方言系统中。例如：绩溪歌韵主体层次读音是 ɵ，但"我"的滞后层读音为[ɔ²¹³]；浙源歌韵主体层次读音是 o，但"我"读为[ɔ²⁵]，"个"读为[kɔ²¹⁵]。

朱晓农归纳的汉语历史上的元音大转移涉及歌、模虞鱼、侯尤、豪这些韵类，语言发展的不平衡性决定了不同方言点不同韵类元音发生高化的速度不一定一致，所以这些韵类之间就可能发生合流现象。[①]在徽州方言中这些韵类之间就出现了不同程度、不同类型的合流。就歌（戈）韵而言，就有歌（戈）、模合流和歌（戈）、侯合流以及歌豪合流等不同类型。具体来看：

1. 歌（戈）、模合流型

这种类型主要见于严州片徽语中（不过，淳安的模韵出现了分化，主体层读音与歌韵不混），此外，旌占片的旌德，歌韵非见系字与模韵字同读，还有绩歙片的绩溪少数模韵字混入歌韵字今读形式中，祁婺片的婺源、浙源等有部分歌、戈韵字混入模韵今读形式中。具体例字如下：

淳安：多＝都 tu²²⁴　搓＝错 tsʰu²²⁴　歌＝菇 ku²²⁴　荷~花＝狐~臭 xu⁴⁴⁵

建德：多＝都音~tu⁴²³　罗＝炉 lu³³⁴　左＝祖 tsu²¹³　歌＝孤 ku⁴²³　河＝湖 u³³⁴

寿昌：多＝都音~tu¹¹²　罗＝炉 lu⁵²　搓＝粗 tsʰu¹¹²　歌＝孤 ku¹¹²　鹅＝吴 ŋu⁵²

绩溪：多＝都副词 tɵ³¹　搓 tsʰɵ³¹—错 tsʰɵ³⁵

旌德：多＝都 tu³⁵　锣＝炉 lu⁴²　搓＝粗 tsʰu³⁵

[①] 朱晓农：《元音大转移的起因——以上、中古汉语过渡期的元音链移为例》，《音韵研究》，商务印书馆 2006 年版，第 424 页。

婺源：破=铺 pʰu³⁵　刹=妒 tu³⁵　大~师傅=度 tʰu⁵¹　过=故 ku³⁵
浙源：破=铺 pʰu²¹⁵　磨~刀=模 mu⁵¹　刹=妒 tu²¹⁵　贺祸=护 xu⁴³　过=故 ku²¹⁵

中古《切韵》时期歌韵读 *ɑ，模韵读 *o，近代发生了元音高化链变后，歌韵读 *o，模韵读 *u。歌韵和模韵都处在元音后高化音变链上，如果两韵音变速度整齐划一，那只会出现链移现象，而不会出现歌戈韵和模韵的相混。事实上，语音演变的过程中经常出现某个音类所辖的部分词已经发生变化，而部分词还保持旧的形式未变，或者变得较慢的情形。当歌韵后高化演变的速度快于模韵时，歌韵和模韵就有可能出现混同。徽州方言中部分方言点歌（戈）韵与模韵混读为 u 便是明证。而歌（戈）、模合流这种类型在吴语中最为典型。徽语各方言片中，果摄一等与遇摄一等合流程度最深的是严州片，严州片徽语被吴语三面包围：北接吴语太湖片，东邻吴语婺州片，南接吴语处衢片（处衢片的龙游、云和方言果摄一等字与遇摄一等字合流为 u）。据刘泽民研究，吴语不少方言歌韵继续高化，或与模合流，或逼迫模韵复元音化。① 郑伟通过对吴语近百个方言点的观察，对歌韵主体层的读音进行梳理并归纳出七种演化类型，其中，有四个类型歌韵和模韵有不同程度的合并。元末明初刘基《郁离子》说"东瓯之人谓火为虎"，可见当时的南部吴语中歌、模合流已成事实。② 而徽语与吴语历史上关系密切，元音后高化致使歌（戈）、模韵相混便是吴语和徽语的一项共同特征。

2. 歌（戈）、侯尤合流型

这种类型主要见于绩歙片的一些方言点如歙县、向杲、北岸、深渡、杞梓里等地，但因为侯尤韵在徽语中大多出现以声母为条件的分化，所以与歌（戈）韵的合流现象只见于有限的几个字。例如：

歙县：破=剖 pʰo³¹³　磨石~=贸 mo³³　左=走 tso³⁵　梭=搜 so³¹
向杲：破=剖 pʰɤ²¹⁴　磨石~=贸 mɤ²²　梭=搜 sɤ⁵²　哥锅=勾鸠 kɤ⁵²　窝=欧 ŋɤ⁵²

除此，祁婺片的浙源也存在少数歌韵见系字如"哥 kao³³、蛾鹅俄 ŋao⁵¹、饿 ŋao⁴³"读入侯韵的现象，只是侯韵见系字除了"欧殴瓯呕 ŋao³³"这几个不常用的影母字还读成洪音之外，其他都已经混入三等读成了细音，例如，"勾钩沟"读为 [tɕiao³³]，"口"读为 [tɕʰiao²¹]，"后厚"读为 [ɕiao²⁵]，而非见系字则基本读为 [ao]，例如"偷"读为 [tʰao³³]，"凑"读为 [tsʰao²¹⁵]。而我们对照两百多年前反映环川（即今天的浙源岭脚村）音系的《新安乡音字义考正》后看到，今天浙源岭脚话中读入侯韵的几个歌韵字除了"饿"与

---

① 刘泽民：《吴语果摄主体层次分析》，《语言科学》2014 年第 3 期，第 298 页。
② 郑伟：《吴方言比较韵母研究》，商务印书馆 2013 年版，第 30—31 页。

第三章 徽州方言的韵母　　　　　　　　　　　　　　　119

蟹开一字混读外（一起归入入声卷十一国韵中），其他歌韵字与绝大多数歌韵字表现无异，"哥、蛾、鹅、俄"在韵书中是与"歌、河、荷、阿"等歌韵字一起归入平声卷十八家韵中的，可见歌韵入侯这种音变应该是发生在韵书之后，另外，今天浙源话中"哥、蛾、鹅、俄、饿"这些字归入侯韵后与侯韵的非见系字韵母相同，却并没有跟着侯韵见系字一起腭化，说明这些字是在侯韵的见系字发生腭化后才归入侯韵的。

3. 歌（戈）、豪合流型

这种类型在徽语中不多见，据掌握的资料，徽语中仅见于祁婺片的祁门。例如：

驮=桃 tʰo⁵⁵　锣=劳 lo⁵⁵　左=早 tso⁴²　歌=高 ko¹¹　鹅=熬 ŋo⁵⁵　婆=袍 pʰo⁵⁵

而在效摄一、二等有别的休黟片中，歌（戈）韵大多与效摄二等肴韵合流。

上面我们讨论了徽州方言中的果摄韵母的今读类型，在徽语中歌（戈）韵的主元音基本是一个舌位较高的元音，其分合演变涉及中古假、遇、流、效诸摄的很多韵类。接下来我们分析麻₂韵在徽语中的表现形式。

（二）麻韵的演变途径

麻韵二等字在很多方言特别是北方方言的表现大体一致，几乎沿袭了《切韵》时代的*a。我们从《汉语方音字汇》（第二版）中所列举的20个方言点的麻韵今读形式来看，除了吴语区的苏州、温州和湘语区的双峰读成[o]以外，其他点都读成[a]。而在徽州方言中，麻韵二等的音韵表现各异。例如：

表3-5　　　　　　徽州方言中麻₂韵字的读音

	爬	骂	茶	沙	家	牙	下底~	哑
绩溪	pʰo⁴⁴	mo²²	tsʰo⁴⁴	so³¹	ko³¹ 大~/tɕio³¹ 国~	ŋo⁴⁴	xo²¹³	ŋo²¹³
歙县	pʰa⁴⁴	ma³¹³	tsʰa⁴⁴	sa³¹	ka³¹	ŋa⁴⁴	xa³⁵	ŋa³⁵
屯溪	pʰuːə¹¹	muːə¹¹	tsɔ⁵⁵	sɔ¹¹	kɔ¹¹	ŋɔ⁵⁵	xɔ²⁴	ŋɔ⁵⁵
休宁	pʰuːə⁵⁵	muːə³³	tsɔ³³	sɔ³³	kɔ³³	ŋɔ⁵⁵	xɔ¹³	ŋɔ³¹
五城	pʰo²³	mo¹²	tsɔ²³	sɔ²²	kɔ²²	ŋɔ²³	xɔ¹³	ŋɔ²¹
黟县	pʰoɐ⁴⁴	moɐ³	tʃoɐ⁴⁴	soɐ³¹	koɐ³¹	ŋoɐ⁴⁴	xoɐ⁵³	oɐ⁵³
祁门	pʰuːɐ⁵⁵	muːɐ³³	tʂʰɐ⁵⁵	ʂɐ¹¹	kɐ¹¹	ŋɐ⁵⁵	xɐ⁴²	ŋɐ⁴²
婺源	pʰo¹¹	mo⁵¹	tsʰo¹¹	so⁴⁴	ko⁴⁴	ŋo¹¹	xo³¹	ŋo²
浙源	pʰo⁵¹	mo⁴³	tsʰo⁵¹	so³³	ko³³	ŋo⁵¹	xo⁴³	ŋo³³
浮梁	pʰɔ²⁴	mo³³	tsʰɔ²⁴	ʂɔ⁵⁵	kɔ⁵⁵	ŋɔ²⁴	xɔ³³	ŋɔ²¹
旌德	pʰɔ⁴²	?	tsʰɔ⁴²	sɔ³⁵	kɔ³⁵	ŋɔ⁴²	xɔ²¹³	ŋɔ²¹³/uɔ²¹³
占大	pʰɔ³³	mɔ³⁵	tsʰɔ³³	ʂɔ¹¹	kɔ¹¹	ŋɔ³³	xɔ³⁵	ŋɔ²¹³
淳安	pʰo⁴⁴⁵	mo⁵³⁵	tsʰo⁴⁴⁵	so²²⁴	ko²²⁴	o⁴⁴⁵	xo⁵⁵	o⁵⁵

续表

	爬	骂	茶	沙	家	牙	下底~	哑
遂安	pɑ³³	mɑ⁵²	tshɑ³³	sɑ⁵³⁴	kɑ⁵³⁴	ɑ³³	xɑ⁴²²	ɑ²¹³
建德	po³³⁴	mo⁵⁵	tso³³⁴	so⁴²³	ko⁴²³	o³³⁴	xo²¹³	o²¹³
寿昌	phɤ⁵²	maə²⁴	tɕhyə⁵²	ɕyə¹¹²	kuə¹¹² 大~/kɑ¹¹² 自~	ŋəu⁵²	xuə⁵³⁴	uə²⁴

从表 3-5 可见，麻₂韵在徽语中的今读形式大致有这样的三类：

1. o 类，包括 o、ɔ、ɷ。这是麻韵二等字在徽州方言中分布最广的今读类型，广见于徽语绩歙片、休黟片、旌占片、祁婺片、严州片的大多数方言点中。

2. a 类，包括 a、ɑ、ɒ。a 类除了出现在主体层，也见于作为特字出现的层次（例如各点方言的"爸""洒"，不过"洒"麻、佳韵两属，读 a 类音大概取的是佳韵的读音），还出现在文读层。我们这里要归纳的是主体层的今读形式，这种类型在徽语中分布范围较小，主要见于绩歙片的歙县（包括城关、深渡、北岸、大谷运等）、祁婺片的祁门（非帮组字）、严州片的遂安。

3. ɤ 类。这一类比较少，主要见于寿昌，大部分帮组字读为 ɤ，大部分见系字读为 uə，大部分知系字读为 yə。

有些方言的麻₂韵字出现了以声母为条件的分化。例如，休黟片屯溪、休宁，大部分麻₂韵字读为 ɔ，而帮组字读为 uːə；祁婺片的祁门，大部分麻₂韵字读为 a，而帮组字读为 uːɐ。除此，也有黄山的未出现分化的 uɐ 今读形式。

麻₂韵在现代徽州方言中的这几类今读形式其实是麻₂韵历时演变不同阶段的反映。与歌戈韵的发展过程相似，麻₂韵的元音在徽州方言中也发生了后高化连续式音变，大致沿着"a＞ɑ＞ɔ＞o/ɤ"这样的方向发展。而在部分声母例如帮组声母影响下，麻₂韵的部分字经历了大致平行的变化"uɐ＞uo＞uə"。

歌韵和麻韵的演化过程很相似，不过歌韵的后高化音变应该早于麻韵。中古的歌韵一般拟为 *ɑ；王力将宋代汉语的歌韵拟作 *ɔ，将《中原音韵》的歌韵拟为 *o，而麻韵自中古到《中原音韵》时代一直拟为 *a。[①] 现在的北方方言里，歌韵字读为后高元音，而麻韵二等字几乎沿袭了《切韵》时代的音值 *a。徽语大部分方言点中，歌、麻₂韵因为演化过程相似而后高

[①] 王力：《汉语语音史》，商务印书馆 2008 年版。

化的速度不一定同步，所以两韵主元音形成了"高：低"的对立格局。这种对立格局具体来看可以有不同的形式：

1. 歌韵与麻₂韵的元音形成"o/ə：a/ɑ/ɒ"对立格局

这种对立格局见于歙县、祁门、柯村、遂安等地。

2. 歌韵与麻₂韵的元音形成"o：ɔ"对立格局

麻韵高化为[ɔ]时，歌戈韵由[ɔ]高化为[o]。这种格局见于屯溪、休宁、溪口、占大等地。

3. 歌韵与麻₂韵的元音形成的"u/ɵ：o/ɔ/ɤ"相配的格局

这种格局主要分布在绩溪、德兴、旌德、淳安、建德、寿昌等地。歌戈韵与麻韵的这种相配格局与吴语一些地方非常相似，"吴语有把二等字读-o的，这时歌戈韵字多是-u，二者也与中古的-a，-ɑ相应"。①

以上列举的是徽语中较为典型的例子，除此还有元音持续高化而导致裂变的，例如黟县的"au：oɐ"对立模式。

另外，正因为歌、麻韵演化路径相似，而不同方言点演化速度又不一定同步，所以就可能出现有的地方歌韵的元音后高化速度慢于麻₂韵，当麻₂韵元音后高化的速度赶上歌韵时，就可能出现与麻韵的合流。如前文提到的祁婺片的大多数方言点例如婺源、江湾、浙源、浮梁等地歌韵与麻₂韵合流为o。而且这种合流现象早在清代就已经出现，编于同治六年（1867）反映"环川"（即今天婺源的浙源岭脚村）方言音系的韵书《新安乡音字义考正》中，歌、麻韵字同见比比皆是，例如，平声"十八家"所收的韵字相当于《广韵》中的歌戈麻三韵，其中"家"小韵中就收有"哥、歌、戈、锅、过、家、加、嘉、枷、珈、瓜"等字；"牙"小韵中就收有"俄、鹅、蛾、讹、牙、芽、衙"等字。可见，歌（戈）麻相混至少在清代就已经出现了。

上文我们分析了现代徽州方言中歌、麻₂韵之间的结构关系，大致可以分为两种情况：一种是歌、麻₂韵之间的元音形成"高：低"的对立格局，这是徽州方言的主流；一种是歌、麻₂韵合流。

二　蟹摄一二等韵主元音的结构格局

《切韵》音系中，蟹摄开口一二等韵特别复杂，共包含咍、泰两个一等重韵和皆、佳、夬三个二等重韵。发展到现代汉语北方官话中，几对重韵之间的对立基本消失；除了二等见系字发生腭化，蟹摄一二等韵之间的对立也基本消失，这几个韵类之间大致形成了"咍泰+皆佳_非见系_：皆佳_见系_"这样的二极对立。然而在徽州方言中，除去三个二等重韵之间基本合流外，

---

① 董同龢：《汉语音韵学》，中华书局2001年版，第174页。

蟹摄开口一二等的几个韵类之间的分合关系则要复杂得多。具体如表 3-6 所示（辖字最多的韵母排在最前面，凡有条件限制的韵母在该韵母后列出限制条件，辖字较少又没有声母等限制条件的韵母则在该韵母后列出所辖例字）：

表 3-6　　　　蟹摄开口一二等韵在徽语中的今读

	一等		二等		
	咍	泰	皆	佳	夬
绩溪	a，ɔ（态）	a（帮组，见系），ɔ（端系）	ɔ（帮组，见系，奶），ci（见系文读，债筛柴），a（斋寨洒），o（稗差出~晒）		
荆州	a，ɔ（戴~帽态乃来不怕~去∣巴不得），ɣ（腮络~胡）	a（帮组，见系），ɔ（端系，艾）	ɔ（帮组，见系，奶），ci（见系文读，豺债柴筛），a（寨斋豺洒骇挨捱），o（稗差出~晒）		
歙县	ɛ，a（戴乃耐）	a（端系），ɛ（帮组，见系，蔡）	a，ia（皆佳谐解姓）		
屯溪	ɣ（端系，爱碍），uɣ（见系），a（呆戴动词态耐乃孩哀埃）	a（端系，艾），uɣ（见系），i（贝），ɣ（沛）	a，ɔ（佳涯）		
休宁	o（端系），uɣ（见系），a（呆贷态耐乃哀埃）	a（端系，艾），uɣ（见系），i（贝），ɔ（癞）	ɔ（稗钗崖涯）		
五城	ɣ（端系，爱碍），uɣ（见系），a（呆态乃耐孩）	a（带太泰奈赖蔡蔡），uɣ（见系），ɣ（沛），i（贝），ɔ（癞）	a，iɛ（奶乳汁），ɔ（钗佳涯崖），o（稗）		
黟县	uaɯ，aɯ（来哀埃爱），a（呆戴动词态贷乃耐孩）	a（端系，艾），uaɯ（见系），ɛi（贝），ɚ（沛）	a		
祁门	a（端系），y:ɛ（胎台苔抬袋怠代贷黛待栽），ua（见系）	a（端系，艾，沛），ua（见系），i（贝）	a，u:ɛ（稗）		
婺源	ɣ，ɔ（贷态耐灾栽菜菜），ɛ（来₁宰₂载₂再鳃），o（挨）	ɔ（端系），ɣ（见系，沛），i（贝）	ɔ，o（稗钗挨）		
浙源	ao（端系），uao（见系），ɔ（呆书~子戴态贷耐灾栽菜），a（乃宰载千~难逢彩采腮）	ɔ（端系），uao（见系），ao（沛薳），i（贝）	ɔ，o（稗差出~钗晒₁涯崖），ao（埋）a（奶）		
浮梁	e（端系），ie（见系），a（戴态待灾宰赛），ei（栽），o（鳃）	a（带奈赖癞，艾），ie（系），e（贝蔡害）	a（非知系），ia（知系），o（稗）		
旌德	a	a，i（贝）	a，ia（少数见系字），ɔ（稗涯）		
占大	ɛ，a（戴咳）	a（带奈赖癞艾），ɛ（见系，沛太泰蔡蔡），i（贝）	a，ia（佳），ɛ（蟹挨楷迈隘寨奶），ɔ（稗钗）		
淳安	e，a（戴动词乃）	ɑ（端系），e（见系，贝蔡奈）	ɑ，o（稗晒钗）		
遂安	əɯ，a(殆戴态乃耐载在赛），ə（再猜）	a（端系），əɯ（贝沛蔡艾害），ɯ（盖）	a，ɑ（稗晒）		
建德	ɛ，e（呆戴姓词胎台~州∣地名苔舌~），a（戴动词）	a（带名词太蔡赖~皮癞~头），ɛ（见系，癞鲐始癞泰奈赖姓），e（贝沛）	a，ɛ（寨捱），o（稗钗）		
寿昌	iɜ（端系），ie（见系），ɛ（赛台~州∣地名态乃栽载改概溉孩哀埃），a（戴动词∣姓）	a（带名词太赖泰大~夫）ie（系），ɛ（蔡泰奈丐），iɜ（贝）	a，ia（佳涯），ɣ（稗），yɜ（晒），ɛ（寨崖挨），iɜ（皆阶介届解~放楷械谐）		

第三章 徽州方言的韵母

从表 3-6 我们看到，徽州方言中，除了旌德的咍韵和黟县二等开口的皆、佳、夬韵外，其他方言点中每一个韵都至少存在两种今读形式，有的韵则达六种之多，如严州片徽语寿昌点的开口二等韵。如何厘清这些异读之间的关系，对分析徽语复杂的韵母系统而言无疑是一个具有代表意义的研究视角。下面我们将围绕三个问题展开讨论：一等重韵咍、泰是否对立；一二等之间是否对立，对立格局是什么；同韵之间不同今读形式属于什么性质的异读。

（一）一等重韵咍、泰在徽语中的音韵表现

前文提过，除了旌德的咍韵和黟县的开口二等韵，蟹摄一二等韵在徽语中同一古韵类基本都存在至少两种异读形式，这些同韵之间出现的异读形式有的是以声母为条件的分化，这是条件式音变的结果，有的是新、旧读，有的是文白异读。下面我们将对此分别进行讨论。

1. 异读性质的分析

（1）以声母为条件的分化

①咍韵以声母为条件的分化

从上文"蟹摄开口一二等韵在徽语中的今读"表中我们看到，休黟片的屯溪、休宁、五城和祁婺片的祁门、浙源、浮梁以及严州片的寿昌，咍韵基本都出现了"端系：见系"的二极分化。具体例字今读形式如下：

	屯溪	休宁	五城	祁门	浙源	浮梁	寿昌
胎透	tʰɤ11	tʰo33	tʰɤ22	tʰy:ɐ11	tʰao33	tʰe55	tʰiɛ112
猜清	tsʰɤ11	tsʰo33	tsʰɤ22	tsʰa11	tsʰao33	tsʰe55	tɕʰiɛ112
该见	kuɤ11	kuɤ33	kuɤ22	kua11	kuao33	kie55	kie112
开溪	kʰuɤ11	kʰuɤ33	kʰuɤ22	kʰua11	kʰuao33	kʰie55	kʰie112

从分化形式来看，休黟片和祁婺片的祁门、浙源，咍韵见系字基本都读成了合口呼韵母，本章的第一节"中古开合分韵的一等韵在徽州方言中的今读"曾对此有过详细的分析，这也是中心徽语区一个较为一致的方言特征。而浮梁、寿昌的咍韵见系字则出现了齐齿呼的读法，浮梁咍韵见系字与部分歌韵字相混，寿昌咍韵见系字则与桓韵的见系字相混。以上这些特殊的读法都发生在几个开合分韵的一等韵中，可见与声母、韵母的主元音都有一定的关系，对于齐齿呼的读法，我们在后文关于一三等韵的分混中将会详加讨论。

另外，我们还看到，屯溪、五城、浙源、浮梁这几个点咍韵的端系字和见系字主要是介音有无的不同，而主元音是相同的；休宁、祁门、寿昌，哈韵的端系字和见系字除了介音，主元音也存在一定程度的区别。

②泰韵以声母为条件的分化

比起哈韵，泰韵存在更为普遍的以声母为条件的分化现象，除了以上提到的哈韵存在以声母为条件分化的那些方言点（例如休黟片的屯溪、休宁、五城和祁婺片的祁门、浙源、浮梁以及严州片的寿昌），剩下来的方言点例如绩歙片的绩溪、荆州、歙县和休黟片的黟县以及祁婺片的婺源还有严州片的淳安、遂安、建德等，也同样存在以声母"端系：见系"为条件的二极分化现象。具体例字如下：

表 3-7　　　　　　　部分方言点泰韵字今读

	太透	赖来	盖见	害匣		太透	赖来	盖见	害匣
绩溪	tʰɔ³⁵	nɔ²²	ka³⁵	xa²²	婺源	tʰɔ³⁵	lɔ⁵¹	kɤ³⁵	xɤ⁵¹
荆州	tʰɔ³⁵	nɔ³¹	ka³⁵	xa³¹	浙源	tʰɔ²¹⁵	lɔ⁴³	kuao²¹⁵	xuao⁴³
歙县	tʰa³¹³	na³³	kɛ³¹³	xɛ³³	浮梁	tʰa²¹³	la³³	kie²¹³	xe³³
屯溪	tʰa⁵⁵	la¹¹	kuɤ⁵⁵	xuɤ¹¹	淳安	tʰɑ²²⁴	lɑ⁵³⁵	ke²²⁴	xe⁵³⁵
休宁	tʰa⁵⁵	la³³	kuɤ²¹²	xuɤ³³	遂安	tʰa⁴²²	la⁵²	kɯ⁴²²	xəɯ⁵²
五城	tʰa⁴²	la¹²	kuɤ⁴²	xuɤ¹²	建德	tʰɑ³³⁴	lɑ⁵⁵白/lɛ²¹³文	kɛ³³⁴	xɛ⁵⁵
黟县	tʰa³²⁴	la³	kuɯ³²⁴	xuɯ³	寿昌	tʰɑ³³	lɑ³³	kie³³	xie³³
祁门	tʰa²¹³	la³³	kua²¹³	xua⁵³					

我们将哈、泰韵今读表放在一起对比就会看到，从分化出来的形式来看，在哈韵"端系：见系"两分的方言点，泰韵见系字与哈韵见系字合流；在哈韵未出现以声母为条件的分化的方言点，泰韵见系字一般归入哈韵主体层读音中，就这一类型而言，哈、泰韵之间在端系保持对立，在见系合流。对此，我们后文将详加讨论。

（2）扩散式音变产生的新旧读

上文提到部分方言点哈韵存在以声母为条件的分化现象，除此，大多数方言点的哈韵字（主要是端系字）还存在不是以声母为条件的异读，而且不同读音之间辖字多寡存在一定的倾向性。下面我们将根据我们掌握的材料来考察哈韵端系字不同音读所辖字数的比例（我们将异于泰韵端系字的读音放在前面；建德、寿昌等地明显属于文读层的读音不予呈现；一个字以词汇为条件出现的不同读音计量统计时算不同字次计入总数）。

表 3-8　　徽州方言中哈韵端系字不同音读所辖字数的比例

	总字次	异于泰韵的读音 1			异于泰韵的读音 2			同与泰韵的读音		
		读音	字次	比例	读音	字次	比例	读音	字次	比例
绩溪	36	a	35	97%				ɔ	1	3%
荆州	44	a	40	91%				ɔ	4	9%
歙县	36	ɛ	32	89%				a	4	11%
屯溪	34	ɤ	29	85%				a	5	15%
休宁	34	o	29	85%				a	5	15%
五城	32	ɤ	28	88%				a	4	12%
黟县	36	uɯ	30	83%				a	6	17%
祁门	34	y:y	11	32%				a	23	68%
婺源	33	ɤ	22	67%	ɛ	5	15%	ɔ	6	18%
浙源	32	ao	18	56%	a	6	19%	ɔ	8	25%
浮梁	21	e	15	71%				a	6	29%
占大	26	ɛ	24	92%				a	2	8%
淳安	33	e	31	94%				ɑ	2	6%
遂安	33	əɯ	23	70%	ə	2	6%	a	8	24%
建德	31	ɛ	25	81%	e	5	16%	ɑ	1	3%
寿昌	22	iɛ	21	95%				ɑ	1	5%

从表 3-8 的统计数据我们总结出如下倾向：

①除祁门外，哈韵中异于泰韵的读音形式在辖字占绝对优势，可见，哈、泰韵在徽语端系字保持对立格局。

②表格中的统计数字呈现一定的地域性：祁婺片哈韵同与泰韵的读音所辖字数所占比例最高，其次是休黟片，再次是绩歙片和严州片徽语。旌占片呈现两极分化，旌德哈、泰韵完全合流，而占大既有一定比例的哈韵混入泰韵，也有一定比例的泰韵混入哈韵，哈、泰韵之间出现了方向相反的相互归并。旌占片的柯村，哈、泰韵也保持一定程度的对立，对此我们暂时无法给出合理的解释。

③从具体的读音形式上看，徽语中，哈韵同与泰韵的读音多为 a/ɑ、ɔ，除了绩溪、荆州，异于泰韵的即哈韵的主体层读音大多是个舌位较高的元音或复元音，这种对立格局与前面分析的歌、麻二韵之间的对立格局很相似，即元音的"高：低"。

据王力研究，《切韵》时期哈韵属于灰部[*ei]，泰韵属于泰部[*ai]，而"泰部在魏晋南北朝时代，本来是和灰部（咍部）分立的；到了隋唐时代，已经和灰咍合并为一部"①，此后咍、泰的归属在不同方言中，有不同的表现，"北方权威方言，至迟在盛唐，泰与咍灰已合流，……南方方言则至今留有一等重韵的对立，……尽管各地今音音值有不同，但音类分合的归向都是：泰开一端系与咍韵对立而与二等合流，泰开一见系与咍合流而与二等对立。"②作为南方方言，徽州方言中的咍、泰分合情况完全符合王洪君《历史语言学方法论与汉语方言音韵史个案研究》中的概括。即，咍端系：泰开一端系，咍见系=泰开一见系。

下面我们回到咍韵异读性质的分析上来，从上文所列举的徽州方言中咍韵的今读形式来看，除以声母为条件的分化外，咍韵中的异读没有明显的音韵分化条件，部分方言点一字存在两读的大多以词汇为条件。例如：

荆州、屯溪、黟县、建德，"戴"作为姓氏时一律归入咍、泰有别层，作动词时一律归入咍、泰合流层。

荆州的"来"在"出来、来去"这样的词语中读归咍、泰有别层，而在"不怕来去巴不得"中读归咍、泰合流层。

婺源的"来、宰、载"一读归入咍、泰有别层，一读归入咍、泰合流层，异读没有明显的分化条件。

从咍、泰韵端系相混的情况来看，"戴动词"在保持咍泰有别的方言点几乎都读归咍泰合流层，"乃、耐、态"这样的字也以读归咍泰合流层为常。"乃、耐、态"是非口语词，读归咍泰合流层，很容易被认为咍泰合流层属于文读层；但作为动词的"戴"读归咍泰有别层，而作为姓氏的"戴"却归入咍泰合流层，一般作姓氏的词风格色彩属于文读，这样两种"文白异读"的出现环境刚好相反。

我们再以咍泰相混程度最高的祁门方言为例，祁门方言中，属于咍泰有别层次的字仅有"胎、台、苔、抬、怠、袋、代、贷、黛、待、栽"这11个字，而属于咍泰合流层次的字有"呆、戴、态、来、莱、乃、耐、灾、宰、载一年半~、再、载~重、猜、才、材、财、裁、在、采、彩、睬、菜、赛"这23个字。属于咍泰有别层的"怠、贷、黛林~玉"属于非口语词，之所以读成咍泰有别层的 yːe 音，大概是当成"代袋 tʰyːe33"同音字来仿读的；"苔"口语中也几乎不用，照搬"台、抬"的读音而归入了咍泰有别层；"胎、台、抬、袋、代、待、栽"这七个字则是祁门方言中极为常见的口语词。属于咍、泰合流层次的"戴、呆木~~、来、灾、猜、财、睬、彩长~：说吉祥话、材、

---

① 王力：《汉语语音史》，商务印书馆 2008 年版，第 242 页。
② 王洪君：《历史语言学方法论与汉语方言音韵史个案研究》，商务印书馆 2014 年版，第 538 页。

栽、在、再、菜、赛"都是口语中极为常用的；而"莱、乃、耐、宰、载~年半~、载~重~、才、采"基本都属于书面语词，由此看来，很难从风格色彩上将哈、泰有别层次和哈泰合流层进行归类。

综上，我们认为，徽州方言中，哈泰有别层和哈泰合流层的两类读音都应该是本地自生的，是扩散式音变新旧读的关系。对于哈韵来说，哈泰有别层是旧读，哈泰相混层是新读，扩散式音变的方向是"哈→泰"。这一点可以从方言韵书等较早的文献中找到证据。例如：

在编于同治六年的徽州环川方言韵书中，哈泰韵出现了相混的现象，哈韵端系字中与今天浙源岭脚音系同混入哈泰合流层的是"态、贷、耐、灾、栽、菜"；但今天浙源岭脚话中混入哈泰合流层的"戴"在两百多年前的环川音系中与大多数哈韵端系字一样是与灰韵合流的，归入的是去声十一盖韵的"对"小韵中。

《黟县方音调查录》中，与今天黟县音系同混入哈泰合流层的哈韵端系字的是"呆、态、贷、乃、耐"，韵母为ɑ；但今天黟县话中混入哈泰韵合流层的"戴"在《黟县方音调查录》中与大多数哈韵端系字、泰韵端系字是不混的，读为uəù。

而对于泰韵来说，徽州方言中，除了见系、帮组字外，少数方言点出现泰韵端系字混入哈韵的哈泰有别层。例如：歙县的"蔡 tsʰε³¹³"（其他泰韵端系字韵母为a）；浮梁的"蔡 tsʰe²¹³"（其他泰韵端系字韵母为a）；占大的"太 tʰε⁵⁵、泰 tʰε⁵⁵、蔡 tsʰε⁵⁵"（其他泰韵端系字韵母为a）；淳安的"蔡 tsʰe²²⁴、奈 le⁵³⁵"（其他泰韵端系字韵母为ɑ）；遂安的"蔡 tsʰəɯ⁴²²"（其他泰韵端系字韵母为 a）。除此，建德、寿昌的文读系统有些字读同哈韵的哈泰有别层。总的来说，泰韵端系字混入哈韵的哈泰有别层的现象较少见，但非端系特别是见系字与哈韵合流的则极为常见。从哈泰合流的见系字音值来看，在哈泰韵均存在以声母为条件分化的方言点，一般合流的哈泰见系字主元音同于哈韵端系字，而与泰韵端系字的主元音不同，可见，泰韵向哈韵的归并是按声类条件依次进行的，见系字最早向哈韵归并，端系字最后，但这种归并目前已经中断。

（3）文白异读

哈泰韵的异读中除了条件式音变产生的分化形式、扩散式音变产生的新旧读外，在建德、寿昌等地还出现了较为系统的文白异读。这些文白异读从形式上看有的同于哈泰有别层哈韵的读音。这就使得哈泰韵之间的关系变得更为复杂。

总的来看，徽州方言中蟹摄开口一等哈泰端系字有别，见系字合流。哈泰韵存在因条件式音变产生的分化形式、扩散式音变产生的新旧读以及文白异读。

（二）蟹摄二等韵在徽州方言中的音韵表现

从上文"蟹摄开口一二等韵在徽语中的今读"表中我们看到，蟹摄开口二等皆、佳、夬三个重韵基本合流。除了黟县，大多数方言点中这几个韵存在至少两种今读形式，其中也有以声母为条件的分化，例如，浮梁的蟹开二知系字读为 ia，非知系字大多读为 a；有词汇风格色彩的差异形成的文白异读，少数见系字发生腭化，文读为齐齿呼韵母，例如绩歙片、旌占片的方言点以及严州片的寿昌。还有一些异读没有明显的分化条件。

而从主体层读音来看，虽然也存在如旌占片的旌德和绩歙片的绩溪、荆州等徽语北部的一些方言点中蟹开二等与一等的合流现象，但二等皆、佳、夬与泰韵端系字同读而与咍韵字对立是徽州方言的基本音韵特征。例如：

表 3-9　徽州方言中蟹摄部分开口一二等字的今读对照表

	排皆	败夬	奶佳	柴佳	街佳	鞋佳	矮佳	来咍	菜咍	该咍	赖泰	蔡泰
歙县	pʰa⁴⁴	pʰa³³	na³⁵	sa⁴⁴	ka³¹	xa⁴⁴	ŋa³⁵	lɛ⁴⁴	tsʰɛ³¹³	kɛ³¹	la³³	tsʰɛ³¹³
屯溪	pa⁵⁵	pʰa¹¹	la²⁴	sa⁵⁵	ka¹¹	xa⁵⁵	ŋa³²	lɤ⁵⁵	tsʰɤ⁵⁵	kuɤ¹¹	la¹¹	tsʰa⁵⁵
休宁	pa⁵⁵	pʰa³³	la¹³	sa⁵⁵	ka³³	xa⁵⁵	ŋa³¹	lo⁵⁵	tsʰo⁵⁵	kuɤ³³	la³³	tsʰa⁵⁵
五城	pa²³	pʰa¹²	la⁵⁵	sa²²	ka²²	xa²³	ŋa²¹	lɤ²³	tsʰɤ⁴²	kuɤ²²	la¹²	tsʰa⁴²
黟县	pa⁴⁴	pʰa³	na⁵³	sa⁴⁴	ka³¹	xa⁴⁴	ŋa⁵³	lau⁴⁴	tʃʰuau³²⁴	kuau³¹	la³	tʃʰa³²⁴
婺源	pʰɔ¹¹	pʰɔ⁵¹	lī³⁵	sɔ¹¹	kɔ⁴⁴	xɔ¹¹	ŋɔ²	lɛ¹¹/lɤ¹¹	tsʰɔ³⁵	kɤ⁴⁴	lɔ⁵¹	tsʰɔ³⁵
浙源	pʰɔ⁵¹	pʰɔ⁴³	la²¹	sɔ⁵¹	kɔ³³	xɔ⁵¹	ŋɔ²¹	lao⁵¹	tsʰɔ²¹⁵	kuao³³	lɔ⁴³	tsʰɔ⁴³
浮梁	pʰa²⁴	pʰa³³	na²⁴	ɕia²⁴	ka⁵⁵	xa²⁴	ŋa²¹	le²⁴	tsʰe²¹³	kie⁵⁵	la³³	tsʰe²¹³
淳安	pʰɑ⁴⁴⁵	pʰɑ⁵³⁵	lɑ²²⁴	sɑ⁴⁴⁵	kɑ²²⁴	xɑ⁴⁴⁵	ɑ⁵⁵	le⁴⁴⁵	tsʰe²²⁴	ke²²⁴	lɑ⁵³⁵	tsʰe²²⁴
遂安	pʰɑ³³	pʰɑ⁵²	lɑ⁵³⁴	sɑ³³	kɑ⁵³⁴	xɑ³³	ɑ²¹³	ləɯ³³	tsʰəɯ⁴²²	kəɯ⁵³⁴	lɑ⁵²	tsʰəɯ⁴²²
建德	pɑ³³⁴	pʰɑ⁵⁵	nɑ⁴²³	sɑ³³⁴	kɑ⁴²³	xɑ³³⁴	ŋɑ²¹³	lɛ³³⁴	tsʰɛ³³⁴	kɛ⁴²³	lɑ⁵⁵	tsʰɑ³³⁴
寿昌	pʰɑ⁵²	pʰɑ³³	nɑ¹¹²	sɑ⁵²	kɑ¹¹²	xɑ⁵²	ɑ²⁴	liɛ⁵²	tɕʰiɛ³³	kie¹¹²	lɑ³³	<u>tsʰɛ⁵⁵</u>

可见，徽州方言中蟹摄一二等韵的对立主要表现在一等咍韵与二等皆、佳、夬韵的对立，这种对立等同于上文概括出来的一等重韵咍、泰韵端系字的对立模式，即主元音的"高：低"。

上文提及，从主体层读音来看，二等皆、佳、夬与泰韵端系字同读而与咍韵字对立是徽州方言的基本音韵特征。我们从"蟹摄开口一二等韵在徽语中的今读"表中观察到二等韵中除了条件式音变产生的分化形式、叠置式音变产生的文白异读外，部分方言点的二等韵还存在一些没有明显分化条件的今读形式,其中有如绩歙片的绩溪、荆州这样的二等与一等哈韵同读的现象(例如绩溪的"斋=灾 tsa³¹"、荆州的"寨=再 tsa³⁵"),这可视为一二等合流的一种趋势。除此,还有不同于一等哈、泰韵的读音,而这些读音大多同于各音系中的麻韵字,其中,歙县和祁门的蟹摄二等皆、佳、夬韵与假摄二等麻韵基本合流。例如:

绩溪:稗佳=耙麻 pʰo²² 晒佳=舍麻 so³⁵ 差佳,出~=差麻,~别 tsʰo³¹

荆州:稗佳=耙麻 pʰo³¹ 晒佳=舍麻 so³⁵ 差佳,出~=差麻,~别 tsʰo⁵⁵

歙县:摆佳=把麻 pa³⁵ 埋皆=麻麻 ma⁴⁴ 债佳=炸蔗麻 tsa³¹³ 街佳阶皆=家麻 ka³¹ 矮佳=哑麻 ŋa³⁵

屯溪:佳=家麻 kɔ¹¹ 涯佳=牙麻 ŋɔ⁵⁵

休宁:稗佳=耙麻 pʰu:ə³³ 钗佳=叉麻 tsʰɔ³³ 涯崖=牙麻 ŋɔ⁵⁵

五城:稗佳=耙麻 pʰo¹² 钗佳=叉麻 tsʰɔ²² 佳崖=家麻 kɔ²² 涯崖=牙麻 ŋɔ²³

祁门:稗佳 pʰu:ɐ³³—耙麻 pʰu:ɐ⁵⁵ 债佳=炸麻 tsa²¹³ 筛佳=沙麻 ʂa¹¹ 街佳阶皆=家麻 ka¹¹
矮佳=哑麻 ŋa⁴²

婺源:稗佳 pʰo⁵¹—耙麻 pʰo¹¹ 钗佳=叉麻 tsʰo⁴⁴ 挨皆=鸦麻 ŋo⁴⁴

浙源:稗佳=耙麻 pʰo⁴³ 差出~钗佳=差~别叉麻 tsʰo³³ 涯崖=牙麻 ŋo⁵¹

浮梁:稗佳=耙麻 pʰo³³

旌德:稗佳=耙麻 pʰɔ⁵⁵ 涯崖=牙麻 ŋɔ⁴²

淳安:稗佳=耙麻 pʰo⁵³⁵ 差出~钗佳=差~不多叉麻 tsʰo²²⁴ 晒佳=沙麻 so²²⁴

遂安:稗佳=耙麻 pʰɑ⁵² 晒 sɑ⁴²²—沙麻 sɑ⁵³⁴

建德:稗佳=耙麻 pʰo⁵⁵ 钗佳=叉麻 tsʰo⁴²³

寿昌:稗佳=耙麻 pʰɤ³³ 晒=舍麻 ɕyɔ³³

从以上例字今读形式可知,除了歙县和祁门的蟹摄二等和假摄二等基本合流外,其他方言里不同程度存在蟹开二主要是佳韵读入麻韵的现象,而且读入麻韵的佳韵字较为一致,主要是"稗、差出~、钗、晒、涯、崖"这几个字。《切韵》时代的麻韵二等[*a]和佳韵[*æi]主元音接近,但麻韵属于开尾韵,佳韵属于元音尾韵。而徽州方言中,包括佳韵在内的蟹摄一二等韵均丢失了元音韵尾[i],因为主元音接近,又同为二等韵,所以佳、麻同读也就不足为怪了。

综上,蟹摄一等哈、泰在端系有别、见系合流,二等皆、佳、夬与一等泰韵(端系)同韵,一二等韵的对立格局表现为元音的"高:低",这是现代徽州方言的基本音韵特征。

三 效摄一二等韵的结构格局

《切韵》时代的效摄一等豪韵[*ɑu]和二等肴韵[*au]主元音很接近,到了宋代，根据朱熹的反切，"肴韵分化为二：唇音字并入豪韵，合成豪包部；喉牙舌齿字并入萧宵，合成萧肴部。"①这个格局一直留存在今天的北方方言中。而南方方言中豪、肴韵的音韵变化，远比北方方言复杂。《汉语方音字汇》所列的 20 个方言点中，温州、广州、阳江、厦门、潮州、福州豪、肴韵均不混。例如（只列白读）：

  温州：豪韵ɜ，肴韵uɔ（如：保[ᶜpɜ]≠饱[ᶜpuɔ]，高[ᴄkɜ]≠交[ᴄkuɔ]）

  广州、阳江：豪韵ou，肴韵au（保[ᶜpou]≠饱[ᶜpau]，高[ᴄkou]≠交[ᴄkau]）

  厦门、潮州：豪韵o，肴韵a（保[ᶜpo]≠饱[ᶜpa]，高[ᴄko]≠交[ᴄka]）

  福州：豪韵ɔ，肴韵a（保[ᶜpɔ]≠饱[ᶜpa]，高[ᴄkɔ]≠交[ᴄka]）

可以看到，在粤、闽方言区如广州、阳江、厦门、福州等，豪肴韵的对立格局非常相似，其主元音都是高与低且圆唇与展唇的关系，而吴语区如温州的豪、肴韵主元音的对立格局是展唇与圆唇的结构关系。

同属于南方方言，徽州方言中效摄一二等韵的音韵表现如何呢？下面我们就列出豪、肴韵在徽州方言中的今读情况（辖字最多的韵母排在最前面，凡有条件限制的在该韵母后列出限制条件，辖字较少又没有声母等限制条件的韵母则在该韵母后列出所辖例字）：

表 3-10   效摄开口一二等韵在徽语中的今读

	豪	肴
绩溪	ɤ	ɤ，ie（部分见系字，稍稍捎），o（抓）
荆州	ɤ，o（灶~下；厨房）	ɤ，ie（部分见系字，稍稍），o（抓）
歙县	ɔ	ɔ，cɔi（部分见系字），ua（抓）
屯溪	ɤ，o（暴）	o，io（少数见系字），iu（梢），u:ɛ（抓）
休宁	ɤ，o（暴）	o，io（少数见系字），ɤ（罩笊），iu（梢梢），e:ɪ（抓）
五城	ɤ，o（褒暴）	o，io（少数见系字），ɤ（泡肥皂~茅罩巢），ɑ:ɪ（抓）
黟县	ɤɛ，au（暴风~）	au，i:u（梢），u:ɛ（抓）
祁门	o	o（非知系，潲），ɯ:ɛ（知系），a（巢），ia（稍）
婺源	ɔ，ɒ（暴）	ɒ
浙源	a，ɔu（暴）	ɔu，a（巢）
浮梁	au	au
旌德	ɔ	ɔ，cɔi（部分见系字，稍），ua（抓₂爪₂），
占大	ɒ	ɒ，iɒ（部分见系字），ya（抓爪）
淳安	ə	ə，ei（部分见系字，巢捎梢稍）

---

① 王力：《汉语语音史》，商务印书馆 2008 年版，第 340 页。

第三章　徽州方言的韵母

续表

	豪	肴
遂安	ɔ	ɔ、ɔ（茅）
建德	ɔ	ɔ、iɔ（部分见系字，<u>巢捎</u>），o（抓_捉），ya（抓~阄）
寿昌	ɤ（非帮组），ue（帮组），ɒ（<u>褒堡冒岛导淘滔涝遭澡豪壕浩奥懊澳</u>）	ɤ（非帮组，卯锚猫_{三角~}、_{三角架}茅_{~铺}），əue（帮组：包_{~子}胞保饱泡炮刨炮茅_{~棚}、貌豹），iɤ（少数见系字），ya（抓~牌），u（包_{~粽}；玉米~），ɒ（<u>鲍爆跑貌</u>），iɒ（<u>巢较校</u>_{上~}<u>校</u>_{学~}<u>效咬看酒</u>）

从表 3-10 所列内容可见，效摄一等豪韵和二等肴韵保持分立格局的主要集中在徽语休黟片一些方言点中，除了表格所列的屯溪、休宁、五城、黟县，还有未列出来的溪口（豪、肴韵分别为 ɐ、o）；除此，还有原划归休黟片后来划归到祁婺片的婺源地区，包括婺源城关、东乡的江湾（豪、肴韵分别为 ɤ、ɔ）、北乡的浙源等。从具体音值来看，除去二等见系字部分腭化外，这些点大多数一二等韵的主元音保持"展唇：圆唇"的对立格局，如屯溪、休宁、五城的"ɤ：o"，溪口的"ɐ：o"，江湾的"ɤ：ɔ"，浙源的"a：ɔ"。婺源的"ɔ：ɒ"较为特殊，豪、肴韵均为圆唇元音，舌位"高：低"的对立格局倒是类与粤、闽方言区一些方言点。黟县豪、肴韵均读为复元音，其中肴韵沿袭了《切韵》时代的音值[*au]，一等豪韵的主元音也是个展唇的元音[ɤ]。徽州方言中一、二等豪、肴韵的对立格局与吴语温州方言相似[①]。

不过，保持一二等韵分立格局的这些方言点中几乎都存在少数字打破一二等韵的对立格局从而出现混同的现象，如几乎每个存在一二等对立的方言点中都出现了一等豪韵字"暴"读入二等肴韵的现象，二等肴韵中，如休宁的"罩笊"、五城的"泡_{肥皂~}、茅罩巢"、浙源的"巢"都读同一等豪韵。其中，五城的"泡"在"浸泡"一词或作形容词义为"浮躁、不踏实"时读入二等肴韵的 o，在"肥皂泡"短语中读入一等豪韵的 ɤ；黟县的"暴"在"风暴"一词中读入二等肴韵的 au，在"暴雨成灾"这样较为书面化的说法中则读入一等豪韵的 ɤ。我们从方言韵书中可以推知这些打破一二等韵对立格局的例外读音类型至少清代尚未出现。

我们先以休宁南乡五城方言为例，在《休邑土音》中，一等豪韵"暴"

[①] 吴语中除了温州，处衢片的常山其豪肴韵分别为 ɤu、ɔ，如：宝[ˊpɤu]≠饱[ˊpɔ]，高[ˏkɤu]≠交[ˏkɔ]，其主元音也是展唇与圆唇的关系。我们对《吴语处衢方言研究》中列举的 7 个方言点和《当代吴语研究》中所列的 33 个方言点进行观察，豪肴韵大都失去对立，即使保持分立也只是体现在见系声母字里，可见，在徽语与吴语中一、二等分立的温州、常山等地，豪、肴韵的对立格局相同。使我们有理由相信吴语和徽语之间存在深层次的联系，对此我们后文将详细讨论。

归入五高韵的"胚"小韵中，同音字组如下：

佩并队：珮悖并队塻瀑并号

同归入"胚"小韵置于平声位置的还有一等豪韵字"袌并豪"，可见"暴"那时候并未读入二等肴韵中。

而今天读入一等豪韵的二等肴韵字"泡肥皂~茅罩巢"在《休邑土音》中也都未发现与一等豪韵字互见。这几个字所出现的同音字组如下：

拔并黠：抛泡胈滂肴跋并末雹并觉粕滂铎（归入三多韵的"拔"小韵）

破滂过：颇滂过炮泡滂效怕帕滂祸（归入三多韵的"拔"小韵）

麻明麻：磨明戈蟆明麻矛明尤茅锚明肴（归入三多韵的"莫"小韵）

巢崇肴：矬从戈（归入三多韵的"昨"小韵，同归入此韵的肴韵字还有"抄钞初肴炒初巧"）

做精模：罩知效（归入三多韵的"镯"小韵，同归入此韵的肴韵字还有笊庄效爪找庄巧"）

除了休宁南乡，据罗常培的调查，在半个多世纪前的城关，"暴"存在同于一等韵的ɤ（同音字有"杯瀑"）和同于二等韵的o（同音字有"跑豹"）两读。

黟县方言中今天已经读归二等肴韵的"暴"在《黟县方音调查录》中则是与其他一等韵字同读为ɔ的（同音字有"倍佩珮抱剖"等）。

再看婺源环川韵书《新安乡音字义考正》中豪、肴韵字，今天读入二等肴韵的豪韵字"暴"在韵书中被归入入声卷十一国韵的"佩"小韵下，同音字组如下：

佩并队：勃并没珮孛悖焙邶背偝并队塻瀑并号倍并贿蓓并海

今天读入一等豪韵的肴韵字"巢"在韵书中是被作为小韵代表字归入平声卷十六交韵下，十六交韵所收绝大多数为肴韵字。

可见，上述方言中的一二等混同的那些字至少在清代的韵书中还是与同等地的字同读的。

综上，效摄一二等韵在徽州方言的休黟片和祁婺片的部分方言点保持对立的格局，主元音的结构关系主要表现为"展唇：圆唇"的区别，这种对立格局与吴语温州、常山相似。徽州方言其他点效摄一二等韵已经合流。

四　咸山二摄一二等韵的结构格局

咸、山二摄一二等韵所包含的古韵类多且复杂，有一等重韵谈、覃韵和合、盍韵，有咸摄的二等重韵咸、衔以及入声韵洽、狎韵，山摄的山、删以及入声韵黠、辖韵，有开合口分韵的寒、桓韵和相应的入声韵曷、末韵。王力从朱熹的反切中发现，到了宋代寒桓与删山合并为寒山，相应地，曷末与黠辖合并；覃谈与咸衔合并为覃咸，相应地，合盍与洽狎合并。[1]宋代的覃咸到元代不变，只有轻唇字（《切韵》凡范梵韵轻唇字）转入了寒山，可见，咸、山摄开始露出合流端倪。而到了明清，-m 尾消失，咸山二摄合流。咸山二摄的一二等韵在现代汉语方言中有多种不同的反映形式，特别是在南方方言中存在丰富的共时歧异现象。在徽语中，咸、山二摄并未完全合流，一二等之间的对立也不同程度地保留在部分方言点中，这两摄的一二等字部分以声母为条件出现分化，部分相同音韵地位的韵字又出现无规律分读现象。我们先以一二等开口阳声韵为例，具体如下表所示（辖字最多的韵母排在最前面，凡有条件限制的在该韵母后列出限制条件，辖字较少又没有声母等限制条件的韵母则在该韵母后列出所辖例字）：

表 3-11　　　　咸、山摄开口一二等阳声韵在徽语中的今读

	咸		山	
	一等	二等	一等	二等
绩溪	覃：ɔ，ã（坎揞暗）；谈：ɔ	ɔ	ɔ	ɔ，ã（衔）
荆州	覃：ɔ，ɜ（蚕潭深~磡含~着一嘴永庵暗）；谈：ɔ	ɔ	ɔ	ɔ，õ（盼），ã（苋）
歙县	ɜ	ɜ	ɜ	ɜ
屯溪	ɔ（端系，含），ɜ（见系）	ɔ，uːɔ（槛₁赚）	ɔ（端系，刊），uːɔ（见系）	ɔ（非帮组），eːɔ（帮组），iɜ（苋）
休宁	ɔ（端系，坎含），a（见系）	ɔ，eːɔ（赚）	ɔ（端系，刊），eːɔ（见系）	ɔ（非帮组），eːɔ（帮组），iːe（苋）
五城	uɔ（端系，堪勘含），ɜ（见系）	uɔ，aːu（赚）	uɔ（端系，刊），aːu（见系）	uɔ，iɜ（苋）
黟县	ɔo（端系，橄坎砍含），uɑŋ（见系），ɑŋ（暗）	ɔo	ɔo（端系，刊），uːɔ（见系）	ɔo
祁门	õ，uæ̃（坎揞暗泔敢），ã（蚕），ã（三）	õ，ũːɔ（赚馋）	õ（端系，刊干~部安鞍按~时案岸），ũːɔ（见系）	õ（非帮组），ũːɔ（帮组，产小~），ĩːɔ（苋雁）
婺源	um（端系），ṽ（见系），m（暗）	um（知系），ṽ（见系）	om，m（岸安鞍按案），um（担），ṽ（刊）	om（非见系），ṽ（见系）
浙源	õ，əŋ（暗）	õ，ũ（赚）	õ（端系，刊寒₂小~韩），ũ（见系），珊	õ，ĩ（苋）
浮梁	o（端系），iən（见系），ən（蚕），uən（暗）	o	o（端系），iən（见系）	o
旌德	e（非精组），æ	æ	e（非精组），æ	æ

---

[1] 王力：《汉语语音史》，商务印书馆 2008 年版，第 340 页。

续表

	咸		山	
	一等	二等	一等	二等
占大	ɔ̃（端系），ɐ̃（大部分见系字，男南蚕），ã（簪三，小部分见系字）	ɔ̃，iẽ（部分见系字），ã（站蘸岩）	ɔ̃（非见系，刊），ɐ̃（见系），ã（魼）	ɔ̃，iẽ（部分见系字），ã（栈疝）
淳安	覃：ã，ɑ̃（耽参~加惨） 谈：ɑ̃（端系），ã（见系）	ã，ɑ̃（站）	ã（端系），ã（见系）	ã
遂安	ɑ̃（端系，含龛喊），ɔ̃（见系），ən（塨磡）	ã	ã（端系），ɔ̃（见系），ã（岸）	ã
建德	ε ã（文读）	ε ã，iã（文读）	ε ã（文读）	ε iã（文读）
寿昌	覃：iε（端系），ie（见系），uə（耽）； 谈：uə（端系），ie（见系）ã（文读）	uə（见系），yə（知系）	uə（端系），ie（见系），yə（餐）ã（文读）	uə（间颜眼苋）（知系），ɤ（帮组）ã（文读）

根据表 3-11 所列内容，我们接下来从三个方面讨论徽州方言中咸、山二摄一二等韵今读情况。

（一）一等重韵覃、谈韵的音韵表现

《切韵》的开口一等重韵包括蟹摄的哈、泰韵和咸摄的覃、谈韵，前文我们提及蟹摄的哈、泰韵在徽州方言中的音韵表现大体上是端系有别、见系合流。而同为一等重韵的覃、谈韵是不是也有相类似的表现呢？

从上面"咸、山摄开口一二等阳声韵在徽语中的今读"表中，我们看到，显示一等重韵覃、谈有别的只有绩歙片的绩溪、荆州和严州片的淳安、寿昌。其中绩溪、荆州，覃、谈韵的主体层读音已经混同为 ɔ，而覃韵的另一今读形式不见于谈韵字，绩溪覃韵的这一异读形式 ã 主要见于见系字"坎揞暗"；荆州覃韵的异读形式 ε 在端系、见系均有分布："蚕潭深~碳含~着一嘴水庵暗"，其中"潭"在地名"鹰潭"里、"含"在"包含"这样较书面化的语词中读入代表覃、谈相混层次的今读形式 ɔ，而在较为口语化的语词中读的是不见于谈韵字的读音 ε。严州片的淳安、寿昌，覃、谈韵在端系保持对立格局，而在见系则合流。与蟹摄一等重韵哈、泰韵的对立格局很相似。

例如：

淳安：贪覃tʰã224≠坍谈tʰɑ̃224   潭覃tʰã445≠谈痰谈tʰɑ̃445   南男覃lã445≠篮蓝谈lɑ̃445
       感覃=敢橄谈kã55

寿昌：潭覃tʰiε52≠谈痰谈tʰuə52   南男覃liε52≠篮蓝谈luə52
       簪覃tɕiε112 蚕谈ɕiε52—三谈suə112
       含覃ɕie52 庵覃ie112 暗覃ie33—甘柑泔谈kie112 敢谈kie24

除了绩溪、荆州、淳安、寿昌，徽州方言其他点未见一等重韵覃、谈有明显的对立。

（二）咸山摄一、二等韵之间的关系

从上面"咸、山摄开口一二等阳声韵在徽语中的今读"表中，我们看到，在徽州方言中，咸、山摄一二等韵间保持对立程度较高的是严州片的寿昌。例如：

非见系（开口阳声韵）：一等 iɛ、uə：二等 yə、ɤ

见系（开口阳声韵）：一等 ie：二等 uə

虽然寿昌一、二等韵在不同声母后出现分化，分布在一、二等韵的古声类不尽相同，但分化后的今读形式在相同的声类条件下例如见系声母后还是存在对立的。例如：

干 一等寒韵 kie^{112}≠间 二等山韵 kuə^{112}　　敢 一等谈韵 kie^{24}≠减 二等咸韵 kuə^{24}

岸 一等寒韵 ŋie^{112}—眼 二等山韵 ŋuə^{534}　颜 二等删韵 ŋuə^{52}

除了寿昌，徽州方言中咸、山二摄一二等韵之间的关系因声母不同而不同，在部分声母后合流，而在某些声母后还留有对立的痕迹，这里说的某些声母主要指的是见系声母。例如：

表 3-12　徽语部分方言点咸、山摄开口一二等阳声韵字的今读

		咸摄				山摄				
	一等	三 读	参~加,覃	感覃敢谈	暗覃	餐寒	伞寒	干天~,寒	寒寒	岸寒
	二等	杉衫衔	馋咸	减咸	岩衔	盏山	产山	间时~,山	闲山	颜删
屯溪	一等	sɔ^{11}	tsʰɔ^{11}	kɛ^{32}	ŋɛ^{55}	tsʰɔ^{11}	sɔ^{32}	ku:ə^{11}	xu:ə^{55}	u:ə^{11}
	二等		tsʰɔ^{55}	kɔ^{32}	ŋɔ^{55}	tsɔ^{32}		kɔ^{11}	xɔ^{55}	ŋɔ^{55}
休宁	一等	sɔ^{33}	tsʰɔ^{33}	ka^{31}	ŋa^{55}	tsɔ^{33}	sɔ^{31}	ku:ə^{33}	xu:ə^{55}	u:ə^{33}
	二等			kɔ^{31}	ŋɔ^{55}	tsɔ^{31}		kɔ^{33}	xɔ^{55}	ŋɔ^{55}
五城	一等	sɔu^{22}	tsʰɔu^{22}	kɛ^{21}	ŋɛ^{42}	tsʰɔ^{22}	sɔ^{21}	ku:ɐ^{22}	xu:ɐ^{23}	u:ɐ^{12}
	二等		sɔu^{23}	kɔ^{21}	ŋɔ^{23}	tsɔ^{21}	tsʰɔ^{21}	kɔ^{22}	xɔu^{23}	ŋɔ^{23}
黟县	一等	soɐ^{31}	tʃʰoɐ^{31}	kuaŋ^{53}	vaŋ^{324}	tʃʰoɐ^{31}	soɐ^{53}	ku:ɐ^{31}	xu:ɐ^{44}	ɜoɐ^{3}
	二等		tʃʰoɐ^{44}	koɐ^{53}	ŋoɐ^{44}	tʃoɐ^{53}		koɐ^{31}	xoɐ^{44}	ŋoɐ^{44}
祁门	一等	sã^{11}	tsʰõ^{11}	kõ^{42}-kuæ̃^{42}	uæ̃^{213}	tsʰõ^{11}	sõ^{42}	kũ:ɐ^{11}	xũ:ɐ^{55} 伤~,感冒/xõ^{55}~假	ŋõ^{33}
	二等	ʂõ^{11}	ʂũ:ɐ^{55}	kõ^{42}	ŋõ^{55}	tsõ^{42}	ʂũ:ɐ^{42}	kõ^{11}	xõ^{55}	ŋõ^{55}
婺源	一等	sum^{44}	tsʰum^{44}	kỹ^{2}	ŋuin^{35}/m̩^{35}	tsʰom^{44}	som^{2}	kom^{44}	xom^{11}	m̩^{51}
	二等		tsʰum^{11}			tsom^{2}		kỹ^{44}	xỹ^{11}	ŋỹ^{11}

续表

		咸摄				山摄				
	一等	三谈	参谈-加,覃	感覃敢谈	暗覃	餐寒	伞寒	干天~,寒	寒寒	岸寒
	二等	杉咸衫衔	馋咸	减咸	岩衔	盏山	产山	间时~,山	闲山	颜删
浙源	一等	sõ³³	tshõ³³	kõ²¹	ŋəŋ²¹⁵	tshõ³³	sõ²¹	kũ³³	xũ⁵¹	ũ⁴³
	二等		tshõ⁵¹		ŋõ⁵¹	tsõ²¹		kõ³³	xõ⁵¹	ŋõ⁵¹
浮梁	一等	so⁵⁵	tsho⁵⁵	kiən²¹	uən²¹³	tsho⁵⁵	so²¹	kiən⁵⁵	xiən²⁴	ŋiən³³
	二等	ʂo⁵⁵	so²⁴	ko²¹		tʂo²¹	ʂo²¹	ko⁵⁵	xo²⁴	ŋo²⁴
占大	一等	sã¹¹	tshɔ̃¹¹	kã²¹³-kɤ̃²¹³	ŋɤ̃⁵⁵	tshɔ̃¹¹	sɔ̃²¹³	kɤ̃¹¹	xɤ̃³³	ŋɤ̃⁵⁵
	二等	sɔ̃¹¹	tshɔ̃³³	tɕiẽ²¹³	ŋã³³	tsɔ̃²¹³	sɔ̃²¹³/tshɔ̃²¹³	tɕiɛ¹¹	xɔ̃³³/ɕiẽ³³	iẽ³³
淳安	一等	sã²²⁴	tshã²²⁴	kã⁵⁵	ã²²⁴	tshã²²⁴	sã⁵⁵	kã²²⁴	xã⁴⁴⁵	ã⁵³⁵
	二等		tshã⁴⁴⁵	kã⁵⁵	ã⁴⁴⁵	tsã⁵⁵		kã²²⁴	xã⁴⁴⁵	ã⁴⁴⁵
遂安	一等	sã⁵³⁴	tshã⁵³⁴	kã²¹³	ɔ̃⁴²²	tshã²¹³	sã⁴²²	kɔ̃⁵³⁴	xã⁵³	ã⁵²
	二等			kã²¹³	ã³³	tsã²¹³	sã²¹³	kã⁵³⁴	xã³³	ã³³

从表 3-11 和表 3-12 所列内容我们看到，所列出来徽语的五片 17 个方言点中，休黟片的屯溪、休宁、五城、黟县和祁婺片的祁门、浮梁和旌占片的占大以及严州片的淳安、遂安，咸、山摄一二等（开口阳声韵）今读情况大体是见系有别，其他声母后相混。而祁婺片的婺源、浙源的咸摄一二等相混；而山摄一二等见系有别，其他声母后相混。咸、山摄一二等韵之间的区别只体现在见系，具体对立格局如下：

　　u:ə : ɔ（屯溪的山摄）　　ɛ : ɔ（屯溪的咸摄）　　iən : o（浮梁的咸、山摄）
　　u:ə : ɔ（休宁的山摄）　　a : ɔ（休宁的咸摄）　　ɤ̃ : ɔ̃/iẽ（占大的咸、山摄）
　　u:ɐ : ɔ/ɔ:u（五城的山摄）　　ɛ : ɔ（五城的咸摄）　　ã : ã（淳安的咸、山摄）
　　u:ɐ : o（黟县的山摄）　　uɑŋ : ʐo（黟县的咸摄）　　ɔ̃ : ã（遂安的咸、山摄）
　　ũ:ə : õ（祁门的山摄）　　uæ : õ（祁门的咸摄）
　　om : ɤ̃（婺源的山摄）
　　ũ : õ（浙源的山摄）

从以上各点的对立格局我们看到，休黟片的方言点如屯溪、休宁、五城、黟县和祁婺片的大部分方言点如祁门、婺源、浙源等，咸、山二摄的见系字今读存在对立（对此我们下文还将探讨）。这些点中除了婺源，山摄一等开口见系字均为合口呼韵母，而且主元音均为后高元音 u（徽州方言中"u:ə"类形式中，前面的高元音 u 虽然处于介音的位置但不是介音，整个音节是前重后轻、前长后短，所以u是韵腹即主元音，而后面的ə是韵尾），二等韵的主元音为o/ɔ/ɤ，山摄一二等见系字的对立格局基本表现为主元音的"高：低"，与前文分析过的歌、麻韵以及蟹摄一二等韵主元音的对立格局相同。在咸、山二摄见系字对立的这些方言点中，咸摄一等见系字主元音大多是个展唇的元音，一二等见系字的对立格局基本可以概括为主元音的"展唇：圆唇"，与前文分析过的效摄一二等对立格局相似。而在咸、山摄已经混同的方言点，例如浮梁、占大、淳安、遂安，一二等见系字的对立格局基本表现为主元音的"前：后"。

  以上所归纳出来的咸、山摄一二等韵之间的对立格局是就见系字的主体层读音而言的，我们从上面"咸、山摄开口一二等阳声韵在徽语中的今读"表中可以看到，咸、山二摄不是所有字都整齐划一地归入各自的对立格局，尤其是咸开一见系字与其他声组字保持有效区别的范围由中心徽语区向外围逐渐减少。下面我们按照字数由多到寡依次列出各方言点咸摄开口一等见系字中与咸开一二其他字表现不同的字：休宁的"甘泔柑感敢橄堪勘砍庵暗憨"、屯溪的"泔甘感敢橄坎砍堪庵暗揞"、五城的"甘柑泔感敢橄砍坎庵暗"、黟县的"甘柑痒感敢堪庵暗"、祁门的"泔敢坎暗_{捂住,盖住}漆~·漆黑"、渔亭的"甘柑泔敢"、江湾的"甘柑泔暗"。这种共时层面上表现出来的地域差异实际上是咸摄一二等见系字由分立趋向合流的反映，而这种由分立趋向合流的现象也可以从方言韵书中与今天方言的对比中观察出来。我们以清代休宁南乡方言韵书《休邑土音》和今天休宁南乡方言五城话为例。《休邑土音》中咸开一见系字与其他声组字归入不同韵部的有"甘柑泔痒_{见谈}贛_{见勘}感_{影感}敢_{见敢}堪_{溪覃}勘勘_{溪勘}坎砍轗_{溪感}庵谙_{影覃}暗_{影勘}憨蚶_{晓谈}邯_{匣谈}撼_{匣感}[1]憾_{匣勘}"这样21个字，除了现在发音人无法识读的一些书面语用字外，韵书中，不同于一二等其他字的咸开一见系字比现在的五城话要多。当然，韵书中也有少数咸开一见系字与其他声组字表现无异，例如"龛_{溪覃}瞰_{溪阚}橄_{见敢}喊_{晓敢}憾_{匣感}含函涵_{匣覃}"与咸开一端系字、咸开二非见系字一同归入下册四间部。总体来看，从韵书到今天的五城话，咸开一见系字与其他声组字保持区别的程度已经减弱。

  以上我们分析了徽州方言中咸、山摄一二等韵之间的关系，看到一二等韵之间的对立大多仅表现为一二等的见系字不同韵，而一二等见系字对立格局表现不一，主要表现为主元音的"高：低"，除此，也有主元音的"展唇：圆唇"和"前：后"。这与见系声母的特殊性有关。咸山二摄见系一二等保持对立这种现象在吴语中也是极为常见的。《中国语言地图集》举出吴

---

[1] "撼_{匣感}"还见于下册四间部，与咸山摄一二等其他声组字同见。

语语音的 12 项共同特点，其中第七项便是"咸山两摄见系一二等不同韵"。当然这种现象也见于汉语其他方言中，在官话区，一二等基本合并，而二等的见系字增生介音后发生腭化从而与一等见系字保持对立；在非官话区，尤其是南方方言区，见系字的演变方式不同于非见系字，还保留着一二等分立的痕迹。而且一等见系字往往自成一体，非见系字与二等见系字一般为一类。例如（以咸山二摄舒声字为例）：

苏州：一等开口见系、一等合口非见系字读成ø，一等开口非见系字和二等开口字白读为ɛ；

温州：一等见系字大多读成ø和y（咸摄一等的"簪参蚕惨男南探"等字也读成ø），一等开口非见系字和二等开口字大多读为a；

双峰：一等开口见系字白读为ua，一等开口非见系字和二等开口字读成æ；

南昌：一等开口见系字和一等合口字读为ɔn，一等开口非见系字（咸摄的"贪坛探簪蚕"却读成ɔn）和二等开口字读为an。

梅县：咸摄一等读为am；山摄一二等非见系字读为an，一等见系开口字和一等合口非见系字同读为ɔn，二等见系开口字则读为ian。

广州、阳江：咸摄一等非见系字和二等字读为am，山摄一等非见系字和二等字读为an，咸摄一等见系字读为ɐm，山摄一等见系字则读为ɔn。

以上所列的是咸山二摄见系字在吴语、湘语、赣语、客家话、粤语这五大南方方言代表点的今读情况，可以看到，不管哪个代表点，一等见系字的读音都表现得较为特殊。

（三）咸、山二摄之间的关系

从前文"咸、山摄开口一二等阳声韵在徽语中的今读"表中，我们看到，咸、山二摄在徽语中大多已经合流。但在少数方言点，咸、山二摄保持一定程度的对立，其中对立程度较高的是祁婺片的婺源，咸摄与山摄（主要是一二等韵）同等次的韵母保持有效的区别。例如：

耽_{端覃}担_{端谈}tum^{44}≠丹单_{端寒}tom^{44}　　南男_{泥覃}lum^{11}≠难_{泥寒}lom^{11}

斩_{庄咸}tsum^2≠盏 tsom^2　　三_{心谈}杉_{生咸}衫_{生衔}sum^{44}≠山 som^{44}

甘柑_{见谈}kɤ̃^{44}≠干肝竿_{见寒}kom^{44}　　含函_{匣覃}xɤ̃^{11}≠寒_{匣寒}xom^{11}

不过，婺源的咸山摄之间也出现了合流的趋势，主要表现在咸摄一二等的见系字与山摄二等的部分见系字同读为ɤ̃或m̩。

除了婺源，徽语中还有部分方言点，咸、山二摄基本合流，只在一等见系字保持一定程度的对立，相同的声母条件下咸山二摄出现了不同的今读形式。例如：

咸开一见系字与山开一见系字，在屯溪有ɛ和uːɔ的对立，在休宁有a和uːɔ的对立，在五城有ɛ和aːɔ的对立，在黟县有uɑŋ和uːɐ的对立，在祁门有 uæ 和 ũɐːu的对立，在浙源有 ũ 和 õ 的对立。具体例字今读形式如下：

	泔见读—干~湿，见寒	敢见读—赶见寒	含见覃—寒伤~；感冒，见寒	暗见覃—按见寒
屯溪	kɛ^{11}—kuːə^{11}	kɛ^{32}—kuːə^{32}	xɔ^{55}—xuːə^{55}	ŋɛ^{55}—uːə^{55}
休宁	ka^{33}—kuːə^{33}	ka^{31}—kuːə^{31}	xɔ^{55}—xuːə^{55}	ŋa^{55}—uːə^{55}
五城	kɛ^{22}—kuːɐ^{22}	kɛ^{21}—kuːɐ^{21}	xɔ^{23}—xuːɐ^{23}	ŋɛ^{42}—uːə^{42}
黟县	kaŋ^{31}—kuːɐ^{31}	kaŋ^{53}—kuːɐ^{53}	xoɐ^{44}—xuːɐ^{44}	vɑŋ^{324}—vuːɐ^{324}
祁门	kuæ^{11}—kũːɐ^{11}	kuæ^{42}—kũːɐ^{42}	kʰõ^{55}—xũːɐ^{55}	uæ^{213}—ŋũːɐ^{213} 按，揿/ŋõ^{213}~时
浙源	kõ^{33}—kũ^{33}	kõ^{21}—kũ^{21}	xõ^{51}—xũ^{51}	ŋəŋ^{215}—ŋũ^{215}

历史比较法告诉我们，如果韵母的不同是以声母为条件的，则它们可能是后来以声母为条件的分化，而相同的声母条件下咸山二摄的韵母出现对立，说明这些点还保有咸山二摄的区别。只不过，以上提到的这些方言点咸山二摄的区别只能体现在见系声母字中，这种区别应该与各自的韵尾有一定关系，我们想这两摄在鼻音韵尾发生变化（或弱化、或消失）之前韵母就已经发生变化，不然我们找不到合流之后再分化的语音条件。

综上，我们从咸摄一等重韵覃、谈韵的表现、咸山摄一二等韵之间的关系、咸山摄之间的关系这三个角度分析了咸、山二摄一二等韵在徽州方言中的音韵表现，看到了绩歙片的绩溪、荆州和严州片的淳安、寿昌一等重韵覃、谈有别；咸山摄一、二等韵之间的对立大多仅表现为一二等的见系字不同韵；徽州方言中，咸、山摄之间的对立趋于消失，但休黟片和祁婺片的一些方言点咸、山摄一等见系字不同韵。

见系字特殊的演变方式使得元音的特点与"等"的关系呈现出参差和交叉，平行结构出现了非平行演变，看来，"语言的演变，并不一定朝着使分布更均衡、使结构更对称的这条路走的，至少这不是唯一的一条路"[①]。徽州方言咸山二摄一二等的结构关系便是如此。

五 宕、梗摄一二等韵的结构格局

中古音系中宕摄和梗摄都带有舌根辅音韵尾[-ŋ]/[-k]，宕摄有一、三等韵，梗摄有二、三、四等韵，学者们大多将宕摄一等韵拟为*ɑŋ/k，将梗摄二等韵拟为*aŋ/k（梗摄二等有一对重韵：耕韵和庚₂韵，至迟在东汉时来自阳部的庚韵已经同来自耕部的耕韵相通了。在魏晋时期的韵文中，《切韵》耕、庚₂两韵的字已经可以互押，那就是说耕、庚₂已经合流了，发展到现

[①] 何大安：《规律与方向：变迁中的音韵结构》，北京大学出版社2004年版，第66页。

代汉语方言中，一般耕庚₂两韵也已经不再有任何区别了），拿宕摄一等韵和梗摄二等韵相配，一、二等韵的主元音形成后 *ɑ 和前 *a 的对立格局。李荣先生认为，汉语"从古音演变到现代汉语方言，当中有一个阶段，梗摄的元音接近前[a]。区别于梗摄，宕摄的元音接近于后[ɑ]"[①]。下面我们以现代徽州方言为例，宕、梗摄开口一二等韵在现代徽州方言五片17个方言点中的今读情况如下：

表3-13　　　徽州方言宕、梗摄开口一二等韵的今读

	宕摄（一等韵）		梗摄（二等韵）	
	舒声韵	入声韵	舒声韵	入声韵
绩溪	õ, iõ（刚）	oʔ	ã/ẽi, iã（幸行~不~¹品~鹦樱莺），õ（盲浜蚌），ɔ（打），uẽi（梗）	ɔʔ（非知系，摘），iaʔ（知系），ɤʔ（核）
荆州	õ, iõ（刚），ɤ（昂）	oʔ	ɛ/ɜ, iɛ（部分见系字），õ（盲浜蚌），ɔ（打），uɜ（梗篓~）	ɔʔ（非知系），iaʔ（知系），oʔ（择~菜），ɤʔ（核）
歙县	a（非帮组），o/ɔ（帮组）	ɔʔ（清入），ɔ（浊入），o（昨）	ã, ɛ（耕更五~坑硬）, iã（幸行品~鹦樱莺），ɔ（蚌）	ɛʔ（清入），ɛ（浊入）
屯溪	au, iau（刚）	o	ɛ, iːɛ（生甥），ɛn（烹彭膨棚猛），an（棚猛），ian（筝澄），a（打）	a，ɤ（额核~桃）
休宁	au	o	a, ia（大部分知系、见系字），an（迸彭膨棚孟₂猛）	a
五城	ɔu, iɔu（刚~才）	o	ɛ, iɛ（大部分知系、见系字），ɛn（烹膨彭棚猛蚌~埠），ian（筝橙澄）	a
黟县	oŋ	au	a, ɛɜ（萌孟冷），ɜɜi（樱鹦莺），ɑŋ（棚猛）	a, uːɛ（核果~儿）
祁门	õ（非帮组），ũːɛ（帮组，仓谷~葬短期滞制），iõ（刚~~）	o	ã（非帮组，虻），əŋ（帮组），æ（彭~龙，地名冷省），æn（筝橙），iæn（樱鹦莺人名），a（打）	a, ua（核~桃）
婺源	ã	ɒ	ɔ̃, mɔ（棚）	ɔ, o（摘责）
浙源	õu, iõu（刚）	ɔu	ã, əŋ（迸烹棚猛孟），iã（樱鹦莺），uã（梗篓~）	ɔ, a（核~桃），ao（核桃~）
浮梁	aŋ	au, o（摸昨）	a（见系），ia（知系），aŋ（迸蚌猛），oŋ（棚），ai（冷鹦）	a, ia（知系）
旌德	o	o	e, əŋ（帮组），iŋ（少数见系字）	e, u（核梨~）
占大	õ, iõ（刚~~）	o	ã（撑掌争生牲甥省₁节约坑硬樱），oŋ（部分帮组字），ɤ̃（更埂梗羹庚硬），ən（粳亨衡耕耿），in（冷茎哽杏行~为莺鹦幸）	a, ɛ（魄泽窄责策册），uɤ（核桃~）

---

① 李荣：《我国东南各省梗摄字的元音》，《方言》1996年第1期，第5页。

第三章 徽州方言的韵母

续表

	宕摄（一等韵）		梗摄（二等韵）	
	舒声韵	入声韵	舒声韵	入声韵
淳安	ã，ɔm（囡）	oʔ，ɑʔ（泊作昨托落烙酪络洛乐），uʔ（恶）	ã，en（烹彭膨孟粳耿衡）（进棚蚌萌猛），in（幸莺樱鹦），uã（梗）	ɔm ɑʔ，ɤʔ（革核桃~）
遂安	om/ã	ɔ	ã，ən（烹棚笭睁羹₂更~粳衡），ń（莺樱鹦），ã（浜盲虻），en（萌），uã（梗）	a，uɯ（核桃~）
建德	o，ɛ（帮旁膀）	o，u（各搁恶薄），ɔʔ（作）	ɛ，en（彭棚烹羹₂飘~），in（樱鹦），aom（猛孟）	ɑ，uɤʔ（核桃~）
寿昌	ã	ɔʔ	ã，uã（梗），ɔm（棚）en（烹等更~加衡），ien（樱）	ɤʔ，uɤʔ（核桃~）

从表 3-13 所列内容，我们看到，梗摄二等韵比宕摄一等韵表现复杂，特别是舒声韵，徽州方言中，梗摄二等韵都出现了不同程度的分化，大部分分化以声母为条件，例如，很多方言点的帮组声母表现特殊：有的方言点其他声组字鼻韵尾已经脱落只有主元音保留鼻化色彩，而帮组字却保留鼻韵尾，例如祁门、浙源的非帮组字与帮组字形成"ã：əŋ"的互补分布格局；有的方言点其他声组字鼻韵尾脱落后与阴声韵字合流，而帮组字还保留鼻韵尾，如休黟片的一些方言点。很多方言点的见系声母表现也比较特殊，部分见系字发生腭化后今读为齐齿呼韵母。除此，部分方言点梗摄二等字出现了没有明显分化条件的的异读现象。

徽州方言中，宕、梗摄一二等的舒声韵与入声韵发展不完全平行，下面我们分别考察一二等韵的结构关系。

（一）宕、梗摄一二等舒声韵的结构关系

从"徽州方言宕、梗摄开口一二等韵的今读"表中，我们看到，17 个方言点中，仅有严州片的淳安，宕、梗摄开口一二等韵出现合流现象。例如：

忙宕唐=盲虻梗庚 mã⁴⁴⁵　朗宕唐 lã⁵³⁵—冷梗耕 lã⁵⁵　脏宕唐=争梗耕 tsã²²⁴
桑丧宕唐=生牲甥梗庚 sã²²⁴　刚宕唐=庚梗耕 kã²²⁴　康糠宕唐=坑梗庚 kʰã²²⁴

其余方言点宕、梗摄开口一二等韵呈对立关系。这些方言点中，严州片的寿昌、遂安宕、梗摄一二等主元音保持中古音系中的"ɑ：a"的对立格局。例如：

	郎宕唐	藏隐~，宕唐	丧~失，宕唐	刚宕唐	康宕唐	冷梗庚	撑梗庚	生梗庚	庚梗耕耕	坑梗庚
遂安	lɑ³³	tsʰɑ²¹³	sɑ⁴²²	kɑ⁵³⁴	kʰɑ⁵³⁴	lã⁴²²	tsʰã⁵³⁴	sã⁵³⁴	kã⁵³⁴	kʰã⁵³⁴
寿昌	lɑ⁵²	sɑ⁵² 臧	sɑ¹¹²	kɑ¹¹²	kʰɑ¹¹²	nã⁵³⁴	tsʰã¹¹²	sã¹¹²	kã¹¹²	kʰã¹¹²

寿昌、遂安方言是深入浙江的徽语，这两个点的宕、梗摄一、二等韵今读情况与北部吴语区的上海、苏州、无锡、常熟、嘉定、松江、崇明等地宕、梗摄一二等韵今读情况相同，韵母基本都是"ɑ̃∶ã"的对立。

余下方言点宕、梗摄大多能维持一、二等韵主元音"后∶前"的关系，即，宕摄一等主元音基本沿着后低元音发展方向演变。一般来说，中古音系中，舌面后元音的发音以圆唇为正则，以高化为演变趋势。宕摄一等的主元音便可能循着ɑ＞ɒ＞ɔ＞o这样的演化路径发展，或者裂变为复元音；而梗摄二等主元音是个前低元音，一般顺着前元音的途径发展，在徽州方言中，梗摄字今读基本是个前元音。所以，徽州方言的大多数方言点宕、梗摄一二等主元音表现出"高∶低"兼"圆唇∶展唇"的结构格局，少数方言点则表现为"后∶前"的结构关系。例如：

表 3-14　　徽语部分方言点宕、梗摄一二等阳声韵字的今读

	宕摄一等					梗摄二等				
	狼	葬	丧~事	纲	糠	冷	争	生	庚	坑
绩溪	nõ⁴⁴	tsõ³⁵	sõ³¹	kõ³¹	kʰõ³¹	nẽi²¹³	tsã³¹	sã³¹	kã³¹	kʰã³¹
荆州	nõ³³	tsõ³⁵	sõ⁵⁵	kõ⁵⁵	kʰõ⁵⁵	nɔ̃²¹³	tsɛ⁵⁵	sɛ⁵⁵	kɔ̃⁵⁵	kʰɔ̃⁵⁵
屯溪	lau⁵⁵	tsau⁵⁵	sau¹¹	kau¹¹	kʰau¹¹	lɛ²⁴	tsɛ¹¹	ɕiːe¹¹	kɛ¹¹	kʰɛ¹¹
休宁	lau⁵⁵	tsau⁵⁵	sau³³	kau³³	kʰau³³	la¹³	tsa³³	ɕia³³	ka³³	kʰa³³/tɕʰia³³
五城	lɔu²³	tsɔu⁴²	sɔu²²	kɔu²²	kʰɔu²²	lɛ¹³	tɕiɛ²²	ɕia²²/ɕiɛ²²	kɛ²²	tɕʰiɛ²²
黟县	loŋ⁴⁴	tsoŋ³²⁴	soŋ³¹	koŋ³¹	kʰoŋ³¹	lɛɛ⁵³	tʃa³¹	sa³¹	ka³¹	kʰa³¹
祁门	nõ⁵⁵	tsũːɐ²¹³	sõ¹¹	kõ¹¹	kʰõ¹¹	næ	tsã³¹	ʂã¹¹	kã¹¹	kʰã¹¹
浙源	lɔ̃u⁵¹	tsɔ̃u²¹⁵	sɔ̃u¹¹	kɔ̃u³³	kʰɔ̃u³³	lã²⁵	tsã³³	sã³³	kã³³	kʰã³³
旌德	lo⁴²	tso²¹³	so³⁵	ko³⁵	kʰo³⁵	le²¹³	tse³⁵	se³⁵	ke³⁵	kʰe³⁵
占大	nɔ̃³³	tsɔ̃⁵⁵	sɔ̃¹¹	kɔ̃¹¹	kʰɔ̃¹¹	nin²¹³	tsã¹¹	sã¹¹	kɤ̃¹¹	kʰã¹¹
建德	no³³⁴	tso³³⁴	so⁴²³	ko⁴²³	kʰo⁴²³	nɛ²¹³	tsɛ⁴²³	sɛ⁴²³	kɛ⁴²³	kʰɛ⁴²³

除此，祁婺片的婺源、浮梁和绩歙片的歙县，宕、梗摄一二等韵表现较为特殊。特别是婺源，宕、梗摄的一二等主元音形成的是"低∶高"的对立格局，与徽语中的一二等韵主元音的主体对立格局刚好相反（除了阳声韵，婺源宕、梗摄一二等入声韵的结构关系也是表现为"低∶高"）。婺源的宕、梗摄一二等表现跟湘语双峰方言相类，双峰方言宕、梗摄一二等阳声韵形成"aŋ∶õ"的对立格局。大概是宕摄一等韵较为稳定，没有发生后高化音变，而二等梗摄发展速度较快，发生了后高化的音变。

（二）宕、梗摄一二等入声韵的结构关系

从"徽州方言宕、梗摄开口一二等韵的今读"表中，我们看到，徽州方言中，宕、梗摄一二等入声韵不同韵，就是宕、梗摄一二等舒声韵合流的淳安，除了一等入声韵小部分混入二等入声韵外，大部分一等入声韵与二等入声韵也形成了"oʔ：ɑʔ"的对立格局。宕摄一等入声韵铎韵在徽州方言中多为 o 类元音，或者是裂变为 au 类复元音；而梗摄二等入声韵大多为低元音，大多数方言点的一二等韵基本形成主元音舌位"高：低"的对立关系，少数方言点不具备主元音"高：低"的对立关系的，便会表现为"圆唇：展唇"的对立关系。例如：

表 3-15　　徽语部分方言点宕、梗摄一二等入声韵字的今读

	宕摄一等					梗摄二等				
	博	作	昨	各	恶	百	摘	拆	格隔	额
绩溪	poʔ32	tsoʔ32	tsʰoʔ32	koʔ32	ŋoʔ32	pɔʔ32	tsɔʔ32	tɕʰiaʔ32	kɔʔ32	ŋɔʔ32
荆州	poʔ3	tsoʔ3	tsʰoʔ3	kʰoʔ3/koʔ3	ŋoʔ3	pɔʔ3	tsɔʔ3	tɕʰiaʔ3	kɔʔ3	ŋɔʔ3
歙县	poʔ21	tsoʔ21	tsʰo33	koʔ21	ŋoʔ21	pɛʔ21	tsɛʔ21	tsʰɛʔ21	kɛʔ21	?
屯溪	po5	tso5	tsʰo11	ko5	ŋo5	pa5	tsa5	tsʰa5	ka5	ŋa11
休宁	po13	tso212	tsʰo33	ko212	o212	pa212	tsa212	tsʰa212	ka212	ŋa35
五城	po55	tso55	tsʰo22	ko55	o55	pa55	tsa55	tsʰa55	ka55	ŋa22
黟县	pau3	tʃau3	tʃʰau31	kau3	au3	pa3	tʃa3	tʃʰa3	ka3	ŋa3
祁门	po35	tso35	tsʰo33	kʰo35	ŋo35	pa35	tʂa35	tʂʰa35	ka35	ŋa33
浙源	pɔu43	tsɔu43	tsɔu43	kɔu43	ŋɔu43	pɔ43	tsɔ43	tsʰɔ43	kɔ43	ŋɔ43
旌德	po55	tso55	tsʰo55	ko55	ŋo55	pe55	tse55	tsʰe55	ke55	ŋe55
占大	po42	tso42	tsʰo11	kʰo42	o42	pa42	tsa42	tsʰa42	ka42	ŋa11
淳安	poʔ5	tsaʔ5	saʔ13	koʔ5	vu5	pɑʔ5	tsɑʔ5	tsʰɑʔ5	kɑʔ5	ŋɑʔ13
遂安	pɔ24	tsɔ24	sɔ422	kɔ24	ɔ24	pa24	tsa24	tsʰa24	ka24	a213
建德	pə5	tsəʔ5	so213	ku55	u55	pa55	tsa55	tsʰa55	ka55	ŋa213
寿昌	pɔʔ3	tsɔʔ3	tsʰɔʔ13	kɔʔ3	ɔʔc	pəʔ3	tsəʔ3	tsʰəʔ3	kəʔ3	ŋəʔ31

宕、梗摄一二等入声韵主元音的"高：低"对立格局比阳声韵更为明显，以上这些方言点中很多点的一二等主元音还兼有"圆：展"的对立关系。

就宕、梗摄一二等入声韵的结构关系而言比较特殊的是婺源，上文提到婺源宕、梗摄一二等阳声韵主元音对立格局为"低：高"，与徽语主流对

立格局相反，与阳声韵相配的是，宕梗摄一二等入声韵主元音形成的也是"低：高"的对立格局。例如：

  博梓pɒ⁵¹—百陌pɔ⁵¹ 作梓tsɒ⁵¹—摘麦tsɔ⁵¹ 昨梓tsʰɒ⁵¹—拆陌tsʰɔ⁵¹
  各梓kɒ⁵¹—隔麦kɔ⁵¹ 恶梓ŋɒ⁵¹—额陌ŋɔ⁵¹

  婺源宕摄一等入声韵舒化后与效摄二等韵合流，而梗摄二等入声韵舒化后则和效摄一等韵合流，而效摄一二等韵在婺源构成的是元音舌位"高：低"的对立关系。

  综上，我们分别从舒声韵和入声韵两个方面考察了徽州方言中宕、梗摄一二等韵的音韵表现，二者的对立格局主要表现为主元音的"高：低"，部分方言点一二等韵主元音还隐含"圆：展"的对立关系，这种对立关系在中心徽语区尤为明显。相比较咸山二摄（特别是山摄）只在见系字体现一二等韵有别来说，宕一和梗二的区别在徽语中非常显著。"这种分合趋势显见韵尾发音部位在起一定的作用，部位居前的一二等元音合流最早（一般的方言双唇韵尾前一二等元音已大量合流，舌尖尾前、舌根尾前一二等元音区别明显），其次是舌尖尾一二等合流。"①

  徽州方言中，宕梗摄一二等韵主元音区别最为明显，其次是蟹摄和果假摄一二等韵主元音的区别，区别最小的是咸山二摄。

  徐通锵说："'等'和'摄'是《切韵》音系的结构的两个'纲'：'摄'维系着'等'的纵向联系，使'摄'内一、二、三、四等的排列井然有序，而'等'则维系着各'摄'之间的横向联系。"②中古音系中，果、假、蟹、效、咸、山、宕、梗八摄基本构成四对一二等韵相配的格局，一二等韵的对立，表现在主要元音的前后上：一等为 *ɑ，二等为 *a，一二等韵之间的结构关系是"后：前"。这种后前ɑ/a的对立，在今天不同的汉语方言中有不同的音韵诠释，构成很多不同的对立格局。这些差异与辅音韵尾对主元音的影响、元音前边的声母辅音对元音的演变施加的不同影响都有关系，例如，"在辅音韵尾还完整地保存着的方言中，前 *a 和后 *ɑ的关系是从前后的关系改变为上下的关系，后 *ɑ 上升，并且在大多数方言里读成圆唇的 *o。"③对于一二等韵配对的各摄和与此相关的一、二韵的主元音在现代汉语方言中的语音表现，张琨有过全面的讨论。徐通锵对一二等韵在现代汉语方言中的表现进行梳理后总结出：一二等韵的结构关系在北方方言中

---

  ① 张光宇：《从闽方言看切韵一二等韵的分合》，《切韵与方言》，台湾商务印书馆1990年版，第171—172页。

  ② 徐通锵：《历史语言学》，商务印书馆1991年版，第382页。

  ③ 张琨：《切韵的前 *a和后 *ɑ在现代方言中的演变》，《中央研究院历史语言研究所集刊》第五十六本第一分，第68页。

已由"后：前"的结构关系变为"高：低"，在粤、客家、赣方言中已变为"圆：展"，但隐含有高低的关系。然而对于吴语的苏州话，徐先生认为总的特点是一等韵的元音比二等韵的"高"，但它与"等"的关系却呈现出杂乱的状态：……不同的"等"有相同的元音，……同"等"的元音有圆展之别，……同"等"的元音还有前后之分……为此，徐先生认为"吴方言是一种特殊类型的结构格局"。[①]我们从前文对徽语一二等韵的结构格局分析也可以看到，在今天的徽州方言里，一二等韵主元音舌位"高：低"的对立是总的特点。但它与"等"之间的关系同样呈现出杂乱的状态：不同的"等"有相同的元音，例如许村宕开一的元音跟假开二同，梗开二的元音却跟蟹开一同；还有婺源宕开一和梗开一的入声字分别跟效摄的二等韵和一等韵读音合流。同"等"的元音有圆展之别，例如在徽语中，宕开一和梗开二的主元音除了有高低之别还隐含着圆唇和展唇之别，而休黟片但凡效摄一二等韵有别的方言点，一二等主元音基本都是展唇和圆唇的区别。同"等"的元音还有前后之分，例如柯村，假摄二等主元音是个后而且还圆唇的ɒ，而蟹、梗摄二等韵的主元音却是前 a。这种结构格局与吴语一二等结构格局非常相近。结构格局是语言系统的核心，"'语音内容'容易变化，而'结构格局'却很稳固，保守，'变得远不如语音本身那样快'。比较这种保守的结构格局，可以比同源词的语音对应的比较更能深入地了解语言或方言之间的关系的亲疏远近"。[②]吴语和徽语在结构格局上表现出来的这种共性使我们有理由相信：吴语和徽语在深层次上存在发生学的联系。

第三节　徽州方言中三四等韵的今读分析

　　清儒江永在《音学辨微·八辨等列》中说："一等洪大，二等次大，三四皆细，而四尤细。"洪细一般理解为元音开口度的大小，"洪"开口度大，"细"开口度小，"尤细"则说明四等韵比三等韵的开口度更小。现代音韵学家多有根据江永对等次问题所发表的意见而对《切韵》三四等韵的区别进行推测的。推测结果大体可分两派，一派以高本汉为代表，认为《切韵》三四等的不同是介音和主元音两方面都存在某种区别：三等有个弱的辅音性的前颚介音-j-，四等有个强的元音性的前颚介音-i-，三等元音较低，四等元音较高。另一派以李荣为代表，对高氏的双重区别办法不表赞同，认为《切韵》反切上字的分组趋势，四等跟一、二等一类，三等另成一类，其声

[①] 徐通锵：《历史语言学》，商务印书馆 1991 年版，第 400—402 页。

[②] 徐通锵：《历史语言学》，商务印书馆 1991 年版，第 392 页。

韵配合关系也不同于三等而同于一等,同时梵汉对音中四等字只对 e 不对 i,所以纯四等韵没有-i-介音,认为三四等韵的区别主要是主元音的差别,三等低于四等,把四等韵的元音性-i-介音取消。

以上两派争论的焦点说到底是四等韵是否有介音。《切韵》有五个纯四等韵"奇、萧、先、添、青"(以平赅上去入),虽然学界对《切韵》时代纯四等韵是否带有介音意见不一致,但都看到,多数现代汉语方言里四等韵和三等韵一样都带有-i-介音。徽语中四等韵的今读情况如何,三、四等韵之间是否有差别?如果有差别那属于什么性质?下面我们将从两个方面对此进行分析:

一 徽州方言中三四等韵是否有别

表 3-16　　　　徽州方言三四等韵今读(下表续)

	蟹摄			
	开口		合口	
	三等韵	四等韵	三等韵	四等韵
绩溪	ɿ	ɿ, a(梯), y(婿),	i(废肺吠脆ᵀ~岁ᴬ~卫), y(脆ᴬ~岁ᴬ~税)	i(慧), ua(奎), ui(闺桂)
荆州	ɿ	ɿ, a(梯), ɿi(洗), y(婿)	y(脆ᴬ~岁ᴬ~税), ɿi(脆ᵀ~岁ᴬ~缀卫废肺), ui(鳜)	ɿi(惠慧), ua(奎) ui(圭桂)
歙县	i	i	e(废肺吠卫), y(岁税) ue(锐脆鳜)	ue(圭闺桂奎₂惠慧), uɛ(奎₁)
屯溪	i(制艺祭际穄蔽₂币₂弊₂毙₂), e(蔽₁币₁弊₁毙₁), ie(世势), i:e(例)	e(端系, 批米), ie(见系, 泥), i(薜迷谜犁闭启), i:e(洗), ɤ(梯)	e(废肺), ye(鳜), ɤ(税)	ye(桂圭₁闺₁惠), ue(圭₂闺₂)
休宁	e(蔽币弊毙励祭际穄), ie(制世势), i(厉艺蔽滞), i:e(例)	e(端系, 梯ᴬ~, 批~改鳖米), ie(见系, 泥), i(薜闭陛批迷), o(梯楼~)	i(吠卫), e(废肺), ye(鳜), o(税)	ye(圭闺桂惠慧), uɤ(奎)
五城	e(毙蔽币敝祭际穄), i(厉励制艺), ie(世势逝誓), i:ɐ(例)	e(端系, 鳖米), ie(见系), i(陛薜迷递犁隶继启泥), ɤ(梯)	e(废肺卫), ye(鳜), ɤ(税)	ye
黟县	ɛi(蔽币敝弊), iɛi(艺), ɿ(制), əɿ(祭际穄世势誓逝), i:e(毙)	ɛɿ, ɛi(闭犁稽计继启), yɛi(婿)	e(吠废肺卫), yɛi(岁脆锐), uau(税)	yɛi(惠慧桂), uau(奎), yɛ(圭闺)
祁门	i(蔽敝币厉励制誓逝艺), i:ɐ(毙例世势际穄)	i:ɐ, i(薜闭米迷谜启)	i(废肺吠), ui(鳜卫), y:ɐ(脆税), y(岁)	ui(圭闺桂₂惠慧), y(桂₁), ua(奎)

续表

	蟹摄			
	开口		合口	
	三等韵	四等韵	三等韵	四等韵
婺源	i（蔽祭际制势世），ɛ（穄誓逝），iɛ（艺），ɤ（例厉励）	i，ɛ（底~物：什么）	i（废肺吠），y（税钀卫）	y（圭围惠₁慧₂桂），ɤ（奎），uɤ（惠慧）
浙源	e，ie（艺），i（蔽）	e（端系，算批鏖），ie（见系），i（茘闭陛迷米谜）	i（废肺），e（脆岁），y（卫），ue（钀税秽）	ue（圭围桂奎₂惠慧）
浮梁	ei（毙），i（厉制世誓势艺）	ei（非见系），i（见系）	ei（废肺），uei（钀卫），y（税）	ei（惠慧），uei（围桂奎）
旌德	i（非精组、知系），ɿ（精组、知系）	ɿ（精组，见系，批鏖算陛），i（非精组、见系）	uɪ，ɿ（肺废）	uɪ，uɛ（奎）
占大	i（非知系），ɿ（知系），ie（例）	i	ue（缀赘钀卫），e（废肺吠脆），ye（税锐）	ue，uɛ（奎人名）
淳安	i，e（世势誓逝），ɤa（制）	i，ia（低底剃涕屉₂弟第），e（梯屉₁）	e（岁），ue（脆钀卫税），i（吠）	ue
遂安	i（弊币毙蔽敝厉励艺），ɿ（制滞），iei（祭稳世势誓逝）	ei（非见系、精组），iei（见系、精组，泥），i（茘闭鏖体递第黎丽），ɿ（稽启西东~系），iɛ（细小），əɯ（梯）	ei（废肺），i（吠），əɯ（岁），uəɯ（钀卫）	ei（惠慧），uəɯ（桂奎）
建德	i（毙例祭稳艺），ɿ（知系）	i，e（茘梯），ie（细小）	i（肺废岁），ue（钀卫），ye（税脆锐）	ue
寿昌	i，ɿ（制滞）	i，iɛ（梯），ie（细小）	i（肺废），uei（脆锐卫），yei（税）	uei

	效摄		梗摄	
	三等韵	四等韵	三等韵	四等韵
绩溪	ie，ɤ（剿₁）	ie，y（尿）	阳声韵：iã, ã（明~朝：明天），iõ（映） 入声韵：ieʔ，y（剧），ɿ（易）	阳声韵：iã 入声韵：ieʔ，iaʔ（劈）
荆州	ie，ɤ（兆剿₁）	ie，y（尿~素）	阳声韵：iɛ，ɛ（盟明~朝：明天），iõ（映） 入声韵：ieʔ，y（剧），ɿ（易）	阳声韵：iɛ 入声韵：ieʔ，iaʔ（劈）
歙县	cɔ	cɔ	阳声韵：iɛ̃, ia（映） 入声韵：iʔ（清入），i（浊入），y（剧）	阳声韵：iɛ̃ 入声韵：iʔ（清入），i（浊入）

续表

	效摄		梗摄	
	三等韵	四等韵	三等韵	四等韵
屯溪	iu（帮组,端系）,io（知系,见系）	iu（端系）,io（见系）,i（尿）	阳声韵：ɛ（非知、见系）,iːe（知系,见系）,in（劲）,iau（映）入声韵：e（非知、见系）,i（积迹脊赤$_1$斥释适益）,ia（液腋石$_1$）,ie（赤$_2$石$_2$）,y（剧）	阳声韵：ɛ（非见系）,iːe（见系）,in（形$_2$）入声韵：e（非见系）,i（绩吃$_1$）,ie（吃$_2$）
休宁	iau（帮组,端系）,io（知系,见系）	iau（端系）,io（见系）,i（尿）	阳声韵：a（非知、见系）,ia（知系,见系）,in（劲）,iau（映）入声韵：e（非知、见系）,ie（只赤斥尺石）,i（戟释适）,iːe（益译易）,y（剧）	阳声韵：a（非见系）,ia（见系）,iːe（形型）入声韵：e（非见系）,i（激击）,ie（吃）
五城	iu（帮组,端系）,io（知系,见系）	iu（端系）,io（见系）,i（尿）	阳声韵：ɛ（非知、见系）,aːɛ（知系,见系）,ian（劲）,iau（映）入声韵：e（非知、见系）,ie（只赤斥尺石极$_1$）,i（碧适释戟逆易译益）	阳声韵：ɛ（非见系）,iːe（见系）入声韵：e（非见系）,i（激击的$_{日～}$）,ie（吃）
黟县	iːu		iːu,yɛi（尿）	阳声韵：ɜɐ（非知系）,a（知系）,ɐɜi（英婴缨赢盈）,iɛi（迎）,ɿ（郑）,iŋ（映）入声韵：ɛi（帮组,戟）,a（知系）,ɐɜ（逆益）,ɿ（适释）,iɛi（易）,yɛi（剧）	阳声韵：ɐɜ入声韵：iɜ（帮、端组,激击）,ɐɜ（精组,历吃）
祁门	ia（非知系）,a（知系）	ia,y（尿）	阳声韵：æn（帮组）,æ̃（端系,知系,病）,iæn（境景警敬竞迎影颈劲婴缨盈）,ĩːɐ（京惊庆镜英轻鲸）,yæn（赢）,iõ（映）入声韵：i（帮组,展易）,a（端、知系）,iːɐ（益译液腋）	阳声韵：æn（帮组,宁玲）,æ̃（端系）,ĩːe（见系）入声韵：i（帮组,击激的$_{日～}$滴踢）,a（端系）,ɐːɐ（劈吃）
婺源	iɔ（非知系）,ɔ（知系）,ɔi	iɔ,i（尿）	阳声韵：ɔ̃（非见系）,iɔ̃（见系）入声韵：ɔ（非见系）,iɔ（见系）,o（积迹只脊）,i（易）	阳声韵：ɔ̃（非见系）,iɔ̃（见系）入声韵：ɔ（非见系）,iɔ（见系）,o（绩）,i（劈）

	效摄		梗摄	
	三等韵	四等韵	三等韵	四等韵
浙源	ia（帮组，端系），ɔ（知系），ci（见系）	ia（端系），ci（见系），i（尿）	阳声韵：ã（非见系），iɔ̃（映） 入声韵：ɔ（见系），i（易）	阳声韵：ã（非见系），iã（见系） 入声韵：ɔ（非见系），ci（见系）
浮梁	iau	iau	阳声韵：ai（非知系），iai（知系） 入声韵：ai（非知系），iai（知系），i（易）	阳声韵：ai 入声韵：ai
旌德	ci	ci	阳声韵：iŋ 入声韵：i, ɿ（戟积迹脊籍藉炙斥），y（剧）	阳声韵：iŋ 入声韵：i, ɿ（绩戚激击吃）
占大	iɑ（非知系），ɑ（知系）	iɑ	阳声韵：in（非知系），ã/nə（知系） 入声韵：i（非知系），a/ɿ（知系），y（剧），ie（腋液）	阳声韵：in 入声韵：i, ie（劈觅）
淳安	iə（非知系），ə（知系）	iə	阳声韵：in（非知系），en（知系） 入声韵：iʔ（非知系），əʔ（知系）	阳声韵：in 入声韵：iʔ
遂安	iɑ	iɑ	阳声韵：en（帮组，端组），in（精组，知系，见系），n（疑、影、喻母） 入声韵：i（帮组，端组，逆益易译亦），ɿ（精组），a（知系），iei（籍藉夕席适释），aɪ（戟）	阳声韵：en（帮组，端组），in（精组，见系） 入声韵：i（帮组，端组），ɿ（精组，吃），iei（击激戚寂）
建德	iɔ（非知系），ɔ（知系）ci	ci	阳声韵：in（非知系），en（知系） 入声韵：iəʔ（非知系），a（知系），yəʔ（剧）	阳声韵：in 入声韵：iəʔ
寿昌	iɤ（非知系），ɤ（知系），<u>iɑ</u>	iɤ, <u>iɑ</u>	阳声韵：ien（非知系），en（知系），uã（惊怕） 入声韵：iəʔ（非知系），əʔ（知系）	阳声韵：ien 入声韵：iəʔ

续表

	咸摄		山摄	
	三等韵	四等韵	三等韵	四等韵
绩溪	阳声韵：ẽi, iẽi（见系），yẽi（瞻占） 入声韵：iaʔ, yaʔ（折~起来）	阳声韵：ẽi, iẽi（见系，念） 入声韵：iaʔ, ɔʔ（挟）	阳声韵：ẽi（非见系），iẽi（见系，煎然燃），yẽi（扇） 入声韵：iaʔ, yaʔ（哲舌浙₂）	阳声韵：ẽi（非见系），iẽi（见系，年） 入声韵：iaʔ
荆州	阳声韵：ɔ̃, iɔ̃, yɔ̃（知系，阉） 入声韵：iaʔ, yaʔ（折~起来）	阳声韵：ɔ̃, iɔ̃ 入声韵：iaʔ, ɔʔ（挟）	阳声韵：ɔ̃, iɔ̃（碾然燃焉延筵演言老）（知系，鲜），ɔʔ（涎） 入声韵：iaʔ, yaʔ（知系）	阳声韵：ɔ̃, iɔ̃（年₁研₁砚烟咽宴），yɔ̃（弦） 入声韵：iaʔ
歙县	阳声韵：e（帮组，端系），ie（知系，见系） 入声韵：e（端系浊入），ie（知、见系的浊入），eʔ（端系清入，聂蹑镊），ieʔ（知、见系的清入）	阳声韵：e（帮组，端系），ie（见系） 入声韵：e（端系浊入），ie（见系浊入），eʔ（端系清入），ieʔ（知、见系的清入，aʔ（挟）	阳声韵：e（帮组，端系），ie（知系，见系），ye（羡善膳） 入声韵：e（端系浊入），ie（知、见系的浊入），eʔ（端系清入），ieʔ（知、见系的清入）	阳声韵：e（端系），ie（见系） 入声韵：e（端系浊入），ie（见系浊入），eʔ（端系清入，捏），ieʔ（协）
屯溪	阳声韵：iːe, ia（钳） 入声韵：iːe（猎接妾捷），ia（折聂捷涉摄叶页业厣）	阳声韵：iːe 入声韵：iːe, ia（协），ɔ（挟）	阳声韵：iːe 入声韵：iːe（帮系，端系），ia（知系，见系）	阳声韵：iːe, yːe（弦） 入声韵：iːe, ia（结洁捏）
休宁	阳声韵：iːe, ia（大部分知、见系） 入声韵：iːe（端系，业），ia（知系，见系）	阳声韵：iːe, ia（兼） 入声韵：iːe, ia（协），ɔ（挟）	阳声韵：iːe, ia（知系，件谚延演） 入声韵：iːe（知系，揭歇₁蝎₁）	阳声韵：iːe, ia（肩坚茧笕牵烟宴），yːe（弦） 入声韵：iːe, ia（结洁捏）
五城	阳声韵：ɜːe（端系），iɜ（知系，见系），ia（钳） 入声韵：ɜːe（端系），ia（知系、见系，聂）	阳声韵：ɜːe（端系），iɜ（见系） 入声韵：iːe, ia（协），ɔ（挟）	阳声韵：iːe（端系，言），iɜ（知系，见系），yːe（轩） 入声韵：ɜːe（帮组，端系），ia（知系、见系）	阳声韵：ɜːe（端系），iɜ（见系），yːe（弦） 入声韵：iːe, ia（结洁捏）
黟县	阳声韵：iːe 入声韵：iːe	阳声韵：iːe 入声韵：iːe, ɔo（挟）	阳声韵：iːe 入声韵：iːe	阳声韵：iːe, yːe（弦） 入声韵：iːe
祁门	阳声韵：ĩɜ 入声韵：iɜ	阳声韵：ĩɜ 入声韵：iɜ, a（挟）	阳声韵：ĩːɜ, ỹːɜ（轩） 入声韵：iːɜ, yːɜ（薛）	阳声韵：ĩːɜ 入声韵：iɜ
婺源	阳声韵：ĩ 入声韵：ɛ（非见系），iɛ（见系）	阳声韵：ĩ 入声韵：ɛ, iɛ（协）	阳声韵：ĩ 入声韵：ɛ（非见系），iɛ（见系）	阳声韵：ĩ 入声韵：ɛ（非见系），iɛ（见系）
浙源	阳声韵：ĩ 入声韵：e（非见系），ie（见系，聂镊）	阳声韵：ĩ 入声韵：e（非见系），o（挟）	阳声韵：ĩ 入声韵：e（非见系），ie（见系）	阳声韵：ĩ 入声韵：e（非见系），ie（见系，捏）
浮梁	阳声韵：i, ie（阉） 入声韵：ie	阳声韵：i 入声韵：ie	阳声韵：i 入声韵：ie	阳声韵：i 入声韵：ie

续表

	咸摄		山摄	
	三等韵	四等韵	三等韵	四等韵
旌德	阳声韵：i 入声韵：i	阳声韵：i 入声韵：i	阳声韵：i 入声韵：i	阳声韵：i, uɪ（弦） 入声韵：i
占大	阳声韵：iẽ（非知系，占~位子），ã/ɔ̃（知系） 入声韵：ie, ɛ/ɤ（知系）	阳声韵：iẽ 入声韵：ie, ɔ（挟~菜）	阳声韵：iẽ, ã/ɔ̃（知系），yẽ（扇轩） 入声韵：ie（非知系），ɛ/ɤ（知系），ye（薛）	阳声韵：iẽ 入声韵：ie, ye（屑）
淳安	阳声韵：iã（非知系），ã（知系） 入声韵：iəʔ, iɑʔ（猎）	阳声韵：iã 入声韵：iɑʔ（贴帖叠₁碟₁蝶谍），iəʔ（协叠₂碟₂）	阳声韵：iã（非知系），ã（知系） 入声韵：iəʔ（非知系，热舌₁），əʔ（知系），i ɑʔ（列裂烈）	阳声韵：iã 入声韵：iəʔ, iɑʔ（铁捏）
遂安	阳声韵：iẽ, ẽ（贬廉镰） 入声韵：iɛ, ɛ（猎）	阳声韵：ẽ（帮组，端组），iẽ（精组，见系，泥母） 入声韵：ɛ（端组），iɛ（协），ɑ（挟）	阳声韵：ẽ（帮组，端组，来母），iẽ（精组，知系，见系，泥母） 入声韵：ɛ（帮组，来母），iɛ（精组，知系，见系）	阳声韵：ẽ（帮组，端组，来母），iẽ（精组，见系，泥母） 入声韵：ɛ（帮组，端组），iɛ（精组，见系，捏）
建德	阳声韵：ie, ɛ（占闪），ã, iã 入声韵：i（接褶劫），iəʔ	阳声韵：ie 入声韵：ie, iəʔ	阳声韵：ie, ɛ（战扇善），ye（缠） 入声韵：ie, i（别鳖），iəʔ	阳声韵：ie 入声韵：ie, i（撒），iəʔ
寿昌	阳声韵：i, iã 入声韵：i, iəʔ（猎），əʔ	阳声韵：i, iã 入声韵：ie, i（挟）	阳声韵：i, iã, ã, ien 入声韵：i, iəʔ	阳声韵：i, iã 入声韵：ie, i（撒结篾结），yei（结打~）

从表 3-16 所列的三四等韵今读形式来看，徽州方言一些方言点三四等韵似存在分读现象，这些分读现象是否说明徽州方言三四等有别呢？要回答这个问题，我们首先需要对这些分读现象的性质进行分析。根据以上表格所列，徽州方言三四等分读现象可以分为三种情况。

（一）与声母条件有关的分读

三四等韵所分布的声母不完全一致：四等有端组声母分布，三等没有；三等有知系、非组声母分布，四等没有。部分方言点三四等韵出现了与声母条件相联系的分读现象。如：

1. 蟹摄

休黟片中，屯溪、休宁、五城蟹合三非组字有读为[e]的，这样的读音不见于蟹摄合口四等（但见于蟹开四）；黟县蟹合三非组字读为[e]且这样的读音不见于蟹摄四等韵。

祁婺片中，祁门、婺源、浙源蟹合三的非组字读为[i]，这样的今读形式不见于蟹合四（但见于蟹开四）。

旌占片中，旌德蟹合三非组字读为[ɿ]，占大蟹合三非组字读为[e]，这样的今读形式不见于蟹合四；占大蟹开三的知系字读为[ʅ]，这样的今读形式不见于蟹开四。

严州片中，建德蟹开三的知系字读为[ʅ]，这样的今读形式不见于蟹开四；淳安蟹开四的端组字读为[ia]，这样的今读形式不见于蟹摄三等韵。

2. 效摄

祁婺片中，祁门效开三知系字读为[a]，婺源、浙源效开三知系字读为[ɔ]；旌占片的占大，效开三知系字读为[ɒ]；严州片中，淳安效开三知系字读为[ə]；建德读为[ɔ]，寿昌读为[ɤ]。这些今读形式均不见于各自系统中的效开四。

3. 梗摄

休黟片中，黟县梗开三的知系字除了"郑适释"读为[ʅ]外，其余多读为[a]，这两种今读形式均不见于梗开四；屯溪梗开三的以母字"液腋"和禅母字"石"读为[ia]，休宁梗开三以母字"译易"读为[i:e]，这些读法均不见于梗开四。

祁婺片中，浮梁梗开三的知系字读为[iai]，这样的今读形式不见于梗开四。

旌占片中，占大梗开三的知系阳声韵字读为[ã/ən]，入声韵字读为[a/ʅ]，这样的今读形式均不见于梗开四。

严州片中，遂安梗开三的知系入声韵字今读为[a]，建德梗开三的知系阳声韵字今读为[en]，知系入声韵字读为[ɑ]；寿昌的知系阳声韵字今读为[en]，知系入声韵字读为[əʔ]；这样的今读形式均不见于各自系统中的梗开四。

4. 咸、山摄

绩歙片中，绩溪咸、山摄开口三等知系字[yẽi]、[yaʔ]的读法均不见于咸、山摄开口四等韵中；荆州咸、山摄开口三等知系字[yə̃]、[yaʔ]的读法也极少见于咸、山摄开口四等韵中。

严州片中，淳安咸、山摄开口三等的知系阳声韵字读为[ã]，山开三知系入声韵字读为[əʔ]；建德咸、山开口三等的知系阳声韵字有读为[ɛ]的。这样的读法不见于各自系统中咸、山摄四等韵。

以上提到的这些方言点中三四等韵与声母条件相联系的分读现象，我们无法界定究竟是三四等有别的遗留还是以声母为条件的分化。

（二）同等声母条件下三四等韵的分读

三四等韵都有的声母包括帮、滂、並、明、见、溪、疑、晓、匣、影、精、清、从、心、邪、来这样十六个声母，但因为相同声母条件下不同韵摄的三、四等韵不一定都有例字分布，所以可供比较的例字并不多。大体有：

1. 蟹摄

在祁婺片的婺源，蟹开三来母字读为[ɤ]，这个读音不见于蟹开四，同等声母条件下出现了三四等韵的对立：例厉励_{蟹开三来} lɤ：犁黎礼丽_{蟹开四来} li。[ɤ]可以看成三等的鉴别韵。

在严州片的建德，蟹开三四字大多读为[i]，而四等帮组字"苨"却读为[e]，这个读音不见于蟹摄三等韵：毙_{蟹开三並} pi：苨_{蟹开四帮} pe。[e]可以看成四等的鉴别韵。

2. 梗摄

在绩歙片的绩溪、荆州，梗开三四入声字以读[ieʔ]为常，而帮组入声字"劈"异读为[iaʔ]和[ieʔ]，其中[iaʔ]的读法不见于梗开三，同等声母条件下出现了三四等韵的对立：僻_{梗开三滂} pʰieʔ：劈_{梗开四滂} pʰiaʔ。[iaʔ]可以看成四等的鉴别韵。

在祁婺片的祁门，梗开三见系阳声韵字"境景警颈敬竞劲迎影婴缨盈"读为[iæn]，这个读音不见于梗摄四等韵，同等声母条件出现了三四等韵的对立：境景警颈敬劲_{梗开三见} tɕiæn：经_{梗开四见} tɕĩːɐ。[iæn]可以看成三等的鉴别韵。

另外，虽然部分声母既可以与三等韵相拼，也可以与四等韵相拼，但不同韵摄例字分布各有参差，有的韵摄在有的声母或者三等韵有例字分布，而四等韵无例字分布，有的韵摄在有的声母四等韵有例字分布，而三等韵没有。例如：

绩歙片的绩溪、荆州，蟹合三精组字"脆岁"异读为[y]（还有一读同与蟹合四），歙县的"脆"也读为[y]，蟹合四精组字没有例字分布，[y]的读法也不见于蟹合四（但绩溪、荆州蟹开四的"婿"也读为[y]）。祁婺片中，祁门蟹合三的精组字"脆"读为[yːɐ]，这个读法不见于蟹摄四等韵。

休黟片的黟县，梗开三影母字"英婴缨益"和疑母字"逆"读为[iɐʒ]，疑母字"迎"读为[iɛi]，梗开四疑、影母没有例字分布，[iɐʒ]、[iɛi]的读法均不见于梗摄四等韵。

严州片中，遂安梗开三的疑、影母有读为[ṅ]的，梗开四疑、影母无例字分布，[ṅ]的读法也不见于梗摄四等韵。

（三）特字的特殊读音

徽州方言中，少数字在不止一个方言点中出现了特殊的读音。例如：

1. "梯蟹开四透"

在绩歙片的绩溪、荆州读为[a]，这个读音既不见于同为四等韵的其他例字，也不见于蟹摄三等韵。

在休黟片的屯溪、五城读为[ɤ]，在休宁读为[o]，这个读音不见于同为四等韵的其他例字，也不见于蟹开三，但见于蟹合三的"税"字。

在严州片的遂安读为[ue]，这个读音不见于同为四等韵的其他例字，也不见于蟹开三，但见于蟹合三的"岁"字；在寿昌读为[iɛ]，这个读音既不见于同为四等韵的其他例字，也不见于蟹摄三等韵。

2. "奎蟹合四溪"

在绩溪、荆州、祁门读为[ua]，在歙县、旌德读为[uɛ]（歙县的"奎"另有一读为[ue]），在休宁读为[uɤ]。这些读音形式均不见于各自系统中同为四等韵的其他例字，也不见于蟹摄三等韵。

3. "细蟹开四心，小"

在徽语严州片的遂安读为[iɛ]，在建德、寿昌读为[ie]，这样的今读形式既不见于同为四等韵的其他例字，也不见于蟹摄三等韵。

4. "挟~菜，咸开四见"

在徽语很多方言点这个字大多读同二等字"夹"，从而异于咸摄四等韵的其他字，也不同于咸摄三等韵字。《集韵》收有"讫洽切，见母洽韵入声"的读法，徽语中很多方言点取的也是这个读音。

5. "映梗开三影"

在徽语很多方言点例如绩歙片、休黟片的绝大多数方言点以及祁婺片的一些方言点，这个字的读音都很特殊，既不见于同系统中同为梗摄三等韵的其他例字，也不见于梗摄四等韵，但基本同与宕摄开口三等字。《广韵》中的"映"有两读：於敬切，影母映韵三等去声；乌朗切，影母荡韵一等上声。看来徽语很多方言点的"映"大多取的是宕摄的读音。

以上所列举的四个例字今读形式无论是相对于相同韵摄同一等次还是不同等次的例字来说都是特殊的，那能不能把这些特殊字的读音看成是三四等有别层次的读音呢？我们认为至少原本开合相对的"梯蟹开四透"和"奎蟹合四溪"在部分方言点今读形式中也表现为主元音相同且开合相对的，大概可据此判断为四等的鉴别韵。例如绩歙片的绩溪、荆州，"梯蟹开四透"读为[a]，"奎蟹合四溪"读为[ua]。

综上，《切韵》三四等韵的区别在现代汉语方言里大多难见形迹，在徽语中也如此。但通过仔细梳理，我们还是可以看到三四等韵在徽语中还留有区别的痕迹。但不同方言点三四等韵的区别性质不一致，无法从介音有无或是主元音舌位高低前后的不同等方面进行统一概括。但从前文所罗列出来的

第三章　徽州方言的韵母

例字今读形式可见，三四等有别的方言点，一般四等韵主元音开口度低于三等韵的主元音。这与现代音韵学家们对三四等韵差别的构拟刚好相反。而且这种现象不仅仅见于徽语，见于报道的还有浙南吴语。浙南吴语三四等区别主要集中在咸山摄，两者区别在于主元音开口度的大小，即三等韵开口度小，四等韵的开口度大。三四等韵都有-i-介音，四等在-i-后的元音普遍低于三等。可见，吴徽语在三四等韵的区别上表现出来一定的共性。

二　三四等韵在徽语中细音读如洪音现象分析

从上文"徽州方言三四等韵今读"对照表中我们看到，在徽州方言中，三四等韵读为洪音现象较为普遍，不过，不同方言点以及同一方言点内部不同声母后韵母的洪细情况不太一致。一般来说，徽州方言中，三四等韵的见系、知章组、日母字今读以带介音为常（部分方言点如旌占片的旌德、占大知章组字以读洪音为常；少数方言点三四等见组字也有读为洪音的，例如在祁门西路话中，梗摄开口三四等大部分见组字，比如"京惊境景警敬镜庆竞轻颈经吃"等字声母读成舌根音，相应韵母读为洪音。比如"颈"就读为[kã³⁵]），而帮、端、精、庄组字和来母字读成洪音现象则较为普遍；开口韵读洪音现象比合口韵读洪音现象更为普遍。关于三四等韵字是否带介音问题我们在声母部分有所涉及，详见上文"徽州方言三四等字的腭化与非腭化问题"；下文分析一三等韵的混同现象还将涉及，这里我们重点分析三四等读如洪音现象。我们以部分开口三四等韵字今读为例（为了便于阅读，表中略去不读洪音的字音）

表 3-17　　　　　　　　徽州方言部分三四等字今读

	髀蟹开三	低蟹开四	洒流开三	甜咸开四	林深开三	变山开三	亲臻开三	冰曾开三	听梗开四，~见
绩溪	pŋ³⁵	tsŋ³¹		tʰẽi⁴⁴		pẽi³⁵			
荆州	pŋ³⁵	tsŋ⁵⁵	tsɿi²¹³	tʰɔ̃³³		pɔ̃³⁵			
歙县				tʰe⁴⁴		pe³¹³			
屯溪	pe⁵⁵	te¹¹						pɛ¹¹	tʰɛ⁵⁵
休宁	pʰe³³	te³³						pa³³	tʰa⁵⁵
五城	pe⁴²	te²²						pɛ⁴²	tʰɛ⁴²
黟县	tɛɛ³¹	tʃau⁵³		lɛi⁴⁴	tʃʰei³¹	pɛɛ³¹	tʰɛɛ³¹
祁门			tse⁴²		næn⁵⁵		tsʰæn¹¹	pæ¹¹	tʰæ²¹³
婺源			tsɑ²		lein¹¹		tsʰein⁴⁴	pɔ̃⁴⁴	tʰɔ̃³⁵
浙源	pʰe⁴³	te³³	tsao²¹		lein⁵¹		tsʰein³³	pã³³	tʰã²¹⁵
浮梁	pʰei³³	te⁵⁵			lən²⁴		tsʰən⁵⁵	pai⁵⁵	tʰai⁵⁵
遂安		tei⁵³⁴		tʰẽ³³	len³³	pẽ⁴²²		pen⁵³⁴	tʰen⁴²²

徽州方言中，除知系字外，旌占片方言和严州片的淳安、建德、寿昌等较少见到三四等韵字读成洪音的。从表3-17可见，曾、梗摄三四等字读如洪音现象在休黟片、祁婺片以及严州片的遂安非常普遍；蟹摄三四等韵在绩歙片、休黟片读如洪音现象较为普遍；咸、山摄三四等韵字在绩歙片和严州片的遂安普遍存在，而在其他方言片则较少见到。

徽州方言中三四等韵细音读如洪音现象早在清代就已经被学者注意到。清人钱大昕《十驾斋养新录·声相近而化》说婺源人读"命"如"慢"，"性"读如"散"，说明"命性"等细音字读如洪音的事实清代已然。事实上，这种音韵现象在徽语中有可能更早就出现了。我们从编成于万历甲寅年间的徽州韵书《律古词曲赋叶韵统》中可以看到，梗摄没有齐齿呼，二三等可以押韵，而且都是开口。其中四等没有标明呼法。"先盐韵"来自先仙盐添开、合口三四等，本韵只有开口和闭口，也没有"齐齿"。看来这种方音现象由来已久。直到今天的徽州方言中，三四等韵读如洪音现象依然较为常见。

第四节　徽州方言中一三等韵的分合[①]

现代汉语共同语中开、齐、合、撮四呼与中古开合四等间有着较为整齐的对应关系，然而，各地汉语方言特别是南方方言中却存在介音与等的异常对应。前面我们提及的徽州方言中古开口韵和合口韵的分混问题、三四等韵读如洪音等现象就属于这种异常对应，此外，还有一三等韵之间出现的合流现象也属于介音与韵母等的异常对应。共同语中，介音i主要出现在中古三四等韵和开口二等韵的牙喉音字，开口一等字无论是在中古还是现代的共同语中都是不带任何介音的，而中古带有介音的三等韵发展到现代汉语共同语中，除了少数韵摄例如止、通摄和其他韵摄的知系、非组字外，一般都带有介音。而现代汉语方言中，有些三等字丢失介音读成了开口，有些开口一等字却又增生i介音，致使一等韵和三等韵出现了一定程度的合流，徽州方言便是如此。下面我们将分析徽州方言中一三等韵的分合情况。中古音系中同一摄包含一、三等的有果、遇、蟹、效、流、咸、山、臻、宕、曾、通这样11个。这里我们主要观察开口一等韵增生i介音导致一、三等合流，暂不考察合口一、三等韵的今读情况。开口一三等韵字相混情

[①] 本节内容在论文《现代汉语方言开口一等韵字读齐齿呼现象探析》（刊于《集美大学学报》2011年第3期）和《流摄一三等韵在徽州方言中的分合研究》（刊于《中国方言学报》第四期）基础上进行修改而成。

第三章　徽州方言的韵母　　　　　　　　　　　　　　　157

况如下：

绩溪：兜流一=丢流一 ti³¹　楼流一=流流三 ni⁴⁴　走流一=酒帚流三 tsi²¹³　狗流一=韭流三 ki²¹³
　　　脏宕一=庄章宕三 tsõ³¹　索宕一=勺宕三 soʔ³²　塞曾一=色曾一 ɕiaʔ³²

荆州：灶效一=兆效三 tsɤ³⁵　兜流一=丢流一 tɿi⁵⁵　楼流一=流流三 nɿi³³　走流一=酒帚流三 tsɿi²¹³
　　　狗流一=韭流三 kɿi²¹³　脏宕一=庄章宕三 tsõ⁵⁵　索宕一=勺宕三 soʔ³　憎曾一=蒸曾三 tɕiɛ⁵⁵
　　　塞曾一=色曾一 ɕiaʔ³

歙县：兜流一=丢流一 tio³¹　楼流一=流流三 lio⁴⁴　走流一 tso³⁵　酒帚韭流三 tɕio³⁵　狗流一 kio²¹³
　　　北曾一=鳖山一 peʔ²¹

屯溪：贝蟹一 pi⁵⁵　兜流一=丢流一 tiu¹¹　楼流一=流流三 liu⁵⁵　凑流一=愁流三 tsʰiu⁵⁵
　　　狗流一=帚韭流三 tɕiu³²　吞臻一 tʰin¹¹　脏宕一=状宕三 tsau⁵⁵　增曾一=精梗三 tsɛ¹¹
　　　肯曾一 tɕʰin²⁴

休宁：贝蟹一 pi⁵⁵　兜流一=丢流一 tiu³³　楼流一=流流三 liu⁵⁵　凑流一=愁流三 tsʰiu⁵⁵
　　　狗流一=帚韭流三 tɕiu³¹　吞臻一 tʰin³³　脏宕一=庄宕三 tsau³³　增曾一=精梗三 tsa³³
　　　肯曾一 tɕʰin³¹

五城：贝蟹一 pi⁴²　兜流一=丢流一 tiu²²　楼流一=流流三 liu²³　奏流一=皱流三 tsiu⁴²
　　　狗流一=帚韭流三 tɕiu²¹　吞臻一 tʰin²²　簪咸一=脏宕一=庄宕三 tsau²²　北曾一=逼曾三=壁梗三 pe⁵⁵
　　　塞曾一=熄曾一 se⁵⁵　肯曾一 tɕʰin²¹　增曾一=精梗三 tsɛ²²

黟县：贝蟹一=蔽蟹三 pɛi³²⁴　兜流一=丢流一 tau³¹　楼流一=流流三 lau⁴⁴
　　　奏够流一=昼皱咒救流三 tʃau³²⁴　脏宕一=庄宕三 tʃoŋ³¹　崩曾一=冰曾三 pɐɤ³¹
　　　增曾一=京精梗三 tʃɐɤ³¹　默曾一=密臻三 mɛi³¹　塞曾一=吸深三 sɛiʔ³　肯曾一=请梗三 tʃʰɐɤ⁵³

祁门：贝蟹一=蔽蟹三 pi²¹³　楼流一=流流三 le⁵⁵　凑流一 tsʰe²¹³—就流三 tsʰe³³　愁流三 tsʰe⁵⁵
　　　狗流一=韭流三 tɕie⁴²　杂咸一=贼曾一=习深三=疾臻三 tsʰa³³　北曾一=逼曾三=笔臻三=碧梗三 pi³⁵
　　　肯曾一=近臻三 tɕʰiæn⁴²　增曾一=精梗三 tsæ¹¹

婺源：贝蟹一=蔽蟹三 pi³⁵　遭效一=招效三 tsɒ⁴⁴　兜流一=丢流一 tɒ⁴⁴　漏流一=立深三=栗臻三 lɒ¹¹
　　　狗流一=韭流三 tɕiɒ²　走流一=酒帚流三 tsɒ²　朋=凭 pʰɔ̃¹¹　能曾一=菱曾三 lɔ̃¹¹
　　　增曾一=征=精正梗三 tsɔ̃⁴⁴

浙源：贝蟹一=蔽蟹三 pi²¹⁵　灾遭效一=招效三 tsɔ³³　兜流一=丢流一 tao³³　楼流一=流流三 lao⁵¹
　　　走流一=酒帚流三 tsao²¹　狗流一=韭流三 tɕiao²¹　赞山一=战宕三 tsõ²¹⁵　脏宕一=庄宕三 tsõ³³
　　　能曾一=菱曾三 lã⁵¹　肯曾一 tɕʰiã²¹　增曾一=征=精正梗三 tsã³³　北曾一=碧梗三 pɔ⁴³
　　　则曾一=鲫臻三=脊梗三 tsɔ⁴³

浮梁：哥果一=该蟹一 kie⁵⁵　男咸一=林深三=邻臻三 lən²⁴　干山一=甘咸一=跟臻三 kiən⁵⁵
　　　仓宕一=疮宕三 tsʰaŋ⁵⁵　能曾一=菱曾三 nai²⁴　则曾一=鲫臻三=脊梗三 tsai²¹³
　　　刻梗一=庆梗三 kʰai²¹³　黑曾一=兴曾三 xai²¹³

旌德：兜流一=丢流一 tiu³⁵　楼流一=流流三 liu⁴²　走流一=酒九流三 tɕiu²¹³　狗流一 ki²¹³
　　　脏宕一=庄宕三 tso³⁵

占大：贝蟹一=蔽蟹三pi⁵⁵　兜流一=丢流三tio¹¹　楼流一=流流三lio³³　狗流一=酒韭流三tɕio²¹³
　　　参咸一=餐山一=仓宕一=疮宕三tsʰɔ¹¹　肯曾一=请梗三寝深三tɕʰin²¹³

淳安：赛蟹一=世蟹三se²²⁴　糟效一=招效三tsɔ²²⁴　兜流一=丢流三tɯ²²⁴　楼流一=流流三lɯ⁴⁴⁵
　　　走流一=帚流三tsɯ⁵⁵　簪咸一=赞山一=沾咸三战山三tsã²²⁴　根臻一=今深三ken²²⁴
　　　仓宕一=昌宕三tsʰã²²⁴　增曾一=蒸曾三正梗三tsen²²⁴

遂安：兜流一=丢流三tiu⁵³⁴　楼流一=流流三liu³³　走流一=酒帚九流三tɕiu²¹³　狗流一=kɯ²¹³
　　　塞曾一=色曾三sɤɯ²⁴　葬宕一=壮宕三tsom⁴²²

建德：遭效一=招效三tsɔ⁴⁴　兜流一=丢流三tɯɯ⁴²³　走流一=帚流三tsəɯ²¹³　散山一=扇山三sɛ³³⁴
　　　根臻一=今深三ken⁴²³　葬宕一=壮宕三tso⁴²²　增曾一=针深三珍臻三蒸曾三正梗三tsen⁴²³
　　　塞曾一=色曾三sə?⁵

寿昌：灾蟹一=簪咸三tɕiɛ¹¹²　胎蟹一=吞臻三tʰiɛ¹¹²　改蟹一=敢咸三赶山三kiɛ⁴²　糟效一=招效三tsʅ¹¹²
　　　兜流一=丢流三təɯ¹¹²　凑流一=臭流三tsʰəɯ³³　葬宕一=帐宕三tsã³³
　　　曾曾一=针深三珍臻三蒸曾三正梗三tsen¹¹²　根臻一=今深三ken¹¹²

从以上所列17个方言点一三等韵今读情况来看，每个方言点都存在一三等字相混现象，其中严州片的淳安和建德一三等相混现象涉及的韵摄最多，淳安的蟹、效、流、咸、山、宕、曾摄和建德的效、流、山、宕、曾都不同程度存在一三等韵相混现象。一三等韵相混涉及韵摄最少的是绩歙片的歙县，同摄仅见流摄一三等相混。从相混韵字分布的声母来看，除了流摄一三等韵字分布的声母较多外，其他多为一等的精组字和三等的知系字的相混。例如，很多方言中都存在诸如效摄的一等字"遭"和三等字"招"相混、宕摄一等字"脏"与三等字"庄"相混等现象。也有很多方言点除了知系字，其他声组字也有丢失i介音读为洪音从而导致一三等相混的，例如，大多数方言点曾、梗摄三等来母、精组字等读为洪音。这一点在上一节"徽语三四等韵的今读分析"中我们已经讨论过，此处不再赘述。这里我们需要关注的是不受声母条件限制出现的一三等韵相混现象以及一等字今读带i介音现象。

（一）流摄一三等韵字今读相混类型

从上文所列一三等字今读情况来看，一三等韵相混最为普遍的是流摄，除了上文列出的浮梁和尚未列出的德兴，徽语其他方言点均不同程度存在流摄一三等韵相混现象。比起北方官话侯尤（幽）韵形成开齐相配而主元音相同（尤韵的知系字读同一等开口韵除外）整齐格局来说，徽州方言侯尤韵之间的关系略显复杂。具体如表3-18所示（唇音字比较特殊，不打算在这里探讨）：

表 3-18　　　　　　徽州方言流摄一、三等韵字今读形式

	兜（侯）丢（幽）	楼（侯）流（尤）	走（侯）酒（尤）	凑（侯）就（尤）	狗（侯）韭（尤）	厚（侯）休（尤）	丑（尤）	收（尤）	周（尤）
屯溪	tiu¹¹	liu⁵⁵	tsɤ³² tsiu³²	tsʰiu⁵⁵ tɕʰiu¹¹	tɕiu³²	ɕiu²⁴ ɕiu¹¹	tɕʰiu³²	ɕiu¹¹	tɕiu¹¹
休宁	tiu³³	liu⁵⁵	tsɤ³¹ tsiu³¹	tsʰiu⁵⁵ tɕʰiu³³	tɕiu³¹	ɕiu¹³ ɕiu³³	tɕʰiu³¹	ɕiu³³	tɕiu³³
五城	tiu²²	liu²³	tsɤ²¹ tsiu²¹	tsʰiu⁴² tɕʰiu¹²	tɕiu²¹	ɕiu¹³ ɕiu²²	tɕʰiu²¹	ɕiu²²	tɕiu²²
绩溪	ti³¹	ni⁴⁴	tsi²¹³	tsʰi³⁵ tsʰi²²	ki²¹³	xi²¹³ ?	tsʰi²¹³	si⁵⁵	tsi³¹
荆州	tɻi⁵⁵	nɻi³³	tsɻi²¹³	tsʰɻi³⁵ tsʰɻi³¹	kɻi²¹³	xɻi²¹³ sɵ³³	tsʰɻi²¹³	sɻi³⁵	tsɻi⁵⁵
歙县	tio³¹	lio⁴⁴	tso³⁵ tɕio³⁵	tɕʰio³¹³ tsʰio³³	kio²¹³	xio³⁵ ɕio³¹	tɕʰio³⁵	ɕio³¹	tɕio³¹
黟县	tau³¹	lau⁴⁴	tʃɤɐ⁵³ tʃau⁵³	tʃʰau³²⁴ tʃʰau³	tʃau⁵³	sau⁵³ sau³¹	tʃʰau⁵³	sau³¹	tʃau⁵³
占大	tio¹¹	lio³³	tsu²¹³ tɕio²¹³	tɕʰio⁵⁵ tɕʰio³⁵	tɕio²¹³	ɕio³⁵ ɕio¹¹	tsʰɤ²¹³	sɤ¹¹	tsɤ¹¹
祁门	te¹¹	le⁵⁵	tso⁴² tse⁴²	tsʰe²¹³ tsʰe³³	tɕie⁴²	ʂe⁴²/ɕie⁴² ʂe¹¹/ɕie¹¹	tʂʰe⁴²	ʂe¹¹/ɕie¹¹	tʂe¹¹
婺源	ta⁴⁴	la¹¹	tsa²	tsʰa³⁵ tsʰa⁵¹	tɕia²	ɕia³¹ ɕia⁴⁴	tsʰa²	sa⁴⁴	tsa⁴⁴
浙源	tao³³	lao⁵¹	tsao²¹	tsʰao²¹⁵ tsʰao⁴³	tɕiao²¹	ɕiao²⁵ ɕiao³³	tɕʰiao²¹	sao³³	tsao³³
旌德	tiu³⁵	liu⁴²	tɕiu²¹³	tɕʰiu²¹³ tɕʰiu⁵⁵	ki²¹³ tɕiu²¹³	xi²¹³ ɕiu³⁵	tɕʰiu²¹³	ɕiu³⁵	tɕiu³⁵
遂安	tiu⁵³⁴	liu³³	tɕiu²¹³	tɕʰiu⁴²² ɕiu³³	kɯ²¹³ tɕiu²¹³	xɯ⁴²² ɕiu⁵³⁴	tɕʰiu²¹³	ɕiu⁵³⁴	tɕiu⁵³⁴
淳安	tɯ²²⁴	lɯ⁴⁴⁵	tsu⁵⁵ tɕiu⁵⁵	tsʰɯ²²⁴ ɕiu⁵³⁵	kɯ⁵⁵ tɕiu⁵⁵	kʰɯ⁵⁵ ɕiu²²⁴	tsʰɯ⁵⁵	sɯ²²⁴	tsɯ²²⁴
建德	təɯ⁴²³	ləɯ³³⁴ liəɯ³³⁴	tsəɯ²¹³ tɕiəɯ²¹³	tsʰəɯ³³⁴ ɕiəɯ⁵⁵	kəɯ²¹³ tɕiəɯ²¹³	xəɯ²¹³ ɕiəɯ⁴²³	tsʰəɯ²¹³	səɯ⁴²³	tsəɯ⁴²³
寿昌	təɯ¹¹²	ləɯ⁵² liəɯ⁵²	tsəɯ⁵⁵ tɕiəɯ²⁴	tsʰəɯ³³ tɕʰiəɯ²⁴	kəɯ²⁴ tɕiəɯ²⁴	kʰəɯ⁵³⁴ ɕiəɯ³³	tsʰəɯ²⁴	səɯ¹¹²	tsəɯ¹¹²
浮梁	tau⁵⁵ tiəu⁵⁵	lau²⁴ liəu²⁴	tsau²¹ tsiəu²¹	tsʰau²¹³ tsʰiəu³³	kau²¹ tɕiəu²¹	xau³³ ɕiəu²¹	tɕʰiəu²¹	ɕiəu⁵⁵	tɕiəu⁵⁵

根据表 3-18 所列内容，我们将流摄一三等韵在徽州方言中的分合情况归纳为以下几种类型：

1. 侯、尤（幽）合流型

除了少数字（例如"走"），侯、尤（幽）韵合流不受声母等条件限制，

这种类型在徽州方言中最为普遍，休黟片、绩歙片、祁婺片（除浮梁、德兴外）以及旌占片的占大基本属于这种类型。不过，不同方言点侯、尤（幽）合流具体情况不尽相同：有侯、尤（幽）韵合流后未出现以声母为条件的分化，如休黟片和绩歙片的方言；有侯、尤（幽）韵合流后出现以声母为条件的分化，例如见系字与非见系字存在主元音相等而介音有无的区别，例如祁婺片的祁门、婺源、浙源；占大尤韵知系字读为洪音，侯、尤（幽）韵其他字与知系字存在主元音不同且介音有无的区别。再者，从合流的方向来说，这种类型内部也存在差异，大部分是一等向三等合流，即一等带上 i 介音，只是有的地方如歙县侯、尤（幽）两韵见系声母还保持非腭化与腭化的对立；也有三等丢失 i 介音向一等合流的，如黟县方言；也有双向合流，即一等见系字带上 i 介音向三等合流，三等非见系字丢失 i 介音向一等侯韵合流，例如祁婺片的祁门、婺源和浙源便属于这种情况。

2. 侯、尤（幽）有分有合型

这种类型主要出现在旌占片的旌德和严州片徽语几个方言点。从侯、尤（幽）相混程度来看，旌德、遂安的侯、尤（幽）相混程度较高，除了在见系声母后侯、尤（幽）保持对立，其他声母后侯、尤（幽）相混，且一三等合流方向表现为一等带 i 介音向三等合流。不过，旌德、遂安又略有不同，在旌德，一三等见系字同带 i 介音而主元音相对；在遂安，一三等见系字开齐相对，主元音也不相同。建德、寿昌相混程度较旌德、遂安低，除了三等字"丢"以及知系字读同一等字外，一三等字基本保持开齐相配而主元音相同的对立格局。

3. 侯、尤（幽）有别型

这种情况在徽语中除了祁婺片的浮梁、德兴外较少见到。不过，据谢留文研究，浮梁三等尤韵字"丘ᴏ~田"读为[kʰau⁵⁵]、"谋"读为[mau²⁴]、"浮~梁县"读为[fau²⁴]，这些字今读均同于一等字，除此，一等侯韵和三等尤（幽）韵绝大多数字不但存在介音有无的不同，而且主元音也不相同。[1]

根据以上的分析，我们看到，徽州方言中，一等侯韵和三等尤（幽）韵合并是主流，合流的方式无非有两种：一等带 i 介音向三等合流；三等丢失 i 介音向一等合流，显然第一种方式更为常见。那这种音变什么时候产生，为何会发生这样的音变呢？

（二）徽州方言中流摄一三等韵相混在历史文献中的反映

虽然不知道徽州方言中侯、尤韵的合流始于何时，但现有的文献显示，徽州方言中侯尤两韵至少在明末就有合流的迹象了。

---

[1] 谢留文：《江西浮梁（旧城村）方言》，方志出版社 2012 年版。

据高永安研究，编成于万历甲寅（1614年）年间的徽州韵书《律古诗词曲赋叶韵统》第十二卷就来自流摄。分为正、卷、合、抵四类。其中"正"来自知、章组，也有侯韵精组字。"合"来自开口一等，但也掺进"臼舅咎"三个尤韵字。

而在反映清代休宁南乡方言的韵书《休邑土音》中，下册"六休"所收包括一等侯韵字和三等尤（幽）韵字，尽管没有具体音值描写，但从小韵包含的韵字来看，侯、尤（幽）韵合流程度很高。例如：

茂流开一明候：贸流开一明候谬缪流开三明幼

丢流开三端幽：兜流开一端候

留流开三来尤：瘤榴遛骝刘浏流琉硫流开三来尤楼䁖娄髅蝼流开一来侯

奏流开三精候：皱绉流开三庄宥

鸠流开三见尤：钩沟篝流开一见侯阄流开三见尤

朽流开三晓有：吼流开一晓厚

欧流开一影候：呕讴瓯沤区鸥流开一影候优忧櫌流开三影尤幽呦流开三影幽

除此，作于同治六年（1867）反映婺源浙源岭脚一带口音的韵书《新安乡音字义考正》显示侯、尤（幽）韵也已完全合流。我们以平声卷"二十钩"所收韵字来看：

兜流开一端候：丢流开三端幽梇箹流开一端候

留流开三来尤：瑠榴瘤飂遛骝骒鹠流琉硫鎏流刘浏流开三来尤娄嘍喽偻䁖髅楼萋蝼流开一来侯

钩流开一见候：句沟篝鞲韝緱流开一见候夠阄鸠流开三见尤摎流开三见幽

优流开三影尤：忧漫嚘櫌擾麀流开三影尤沤讴呕欧瓯鸥流开一影候幽怮呦流开三影幽殴流开一影厚

据高永安研究，作于清代的徽州韵书《山门新语》中的"十二钩"主要来自侯韵，但明、心、非、日母和照组下的字主要来自尤韵。而"十三鸠"主要来自尤幽韵，但端、透母多来自侯韵，除此，"贸、嗾、篓、漏"这样几个字也是来自侯韵。作者周赟在十三鸠下说："钩鸠二韵，喉齿合音而外，北音读鸠韵如钩韵，南音读钩韵如鸠韵。不知钩韵横口气浅而声曲，为呵气之音，气出于心；鸠韵蹙口气深而声尖，为唏气之音，气出于肺脏。其易辨如菽麦耳！"[①]可见彼时，钩鸠两韵在南北方音里已经有合流趋势，只是归并的方向尚存在差异。

（三）流摄一三等韵合流原因的探讨

对于流摄一三等韵的合流，伍巍认为，由于流摄的主要元音是比较高的元音，这个比较高的元音进一步高化，就势必要产生出一个介音来[②]。高

[①] 高永安：《明清皖南方言研究》，商务印书馆2007年版，第290—291页。
[②] 伍巍：《论徽州方音》，暨南大学1994年博士学位论文，第19—20页。

永安认为这种解释适用于大部分徽州方言点，但对于如黟县等地侯尤两韵合流读为开口韵来说就显得不适用了。他认为："汉语里舌根音声母跟高、半高元音相拼是一种不稳定的状态，所以在不同的方言里，先后发生了舌根音声母舌面化的现象，以使声、韵配合达到一种稳定状态。但是要达到稳定状态，不止有舌根音声母舌面化的一条道路，还可以通过调整韵母来实现，即把跟舌根音声母相拼的细音韵母变成洪音韵母。"[1]他的这种解释是就见系字而言的，我们从上文"徽州方言流摄一、三等韵字今读形式"表来看，其实三等除了见系和知系，也有其他字丢失 i 介音读成洪音韵母的。对于徽州方言来说，三等字丢失介音读为洪音现象很普遍，除了流摄，还有曾、梗摄。接下来我们主要讨论一等韵带上 i 介音的问题。

侯韵带 i 介音与尤韵合流这一现象不仅仅见于徽州方言中，开口一等字带 i 介音现象也不仅仅见于侯韵。据我们掌握的材料，开口一等韵读齐齿呼现象还见于长江以南的吴语、湘语、客赣语、闽语中。例如：

常山（吴语）：抖tiɯ 凑扣tɕʰiɯ 来li 菜tɕʰi 早tɕʰiyɯ 帮piã 膜miaʔ

福州（闽语）：灯₀tiŋ 肯₀kʰiŋ 鹅₀ŋie 来₀ni 苔₀tʰi 岸₀ŋiaŋ

崇安（闽语）：豆tiəu 凑tsʰiəu 钩kiəu 北pie 得tie 刻kʰie 来₀lie 栽₀tsie

新余（赣语）：走tɕiəu 狗kiəu 贼tɕʰie 左tɕio 菜tɕʰioi 枣tɕiau 蚕tɕʰian 根kien 增ɕien 肯kʰien

泰兴（客家话）：头tʰiəu 楼liəu 狗kiəu 灯tien 肯垦kʰien 僧₀ɕien

双峰（湘语）：投₀diɣ 凑₀tɕʰiɣ 口tɕʰie 藕₀niɣ 北pia 得tia 塞sia 刻kʰia

徽州方言中开口一等韵带 i 介音现象主要分布在侯韵，也有部分方言点的登韵字也读成齐齿呼，比如屯溪、休宁、婺源、祁门、占大等地。较为特殊的是江西境内的徽语，比如浮梁、德兴等地，咍韵字有读成齐齿呼的，甚至浮梁的部分歌韵字也读成齐齿呼。浙江境内的徽语特别是寿昌，咍韵、泰韵字以及咸、山二摄开口一等见系字大都读为ie韵。而吴语区中，开口一等韵读齐齿呼现象主要集中在南部地区。相比较其他方言区，南部吴语区中i介音出现在开口一等韵的范围较广，除了侯、登、德韵外，还出现在咍、泰、谈、寒（谈、寒韵字读为齐齿呼的例如有龙游、黄岩、宁波等地）甚至是唐韵中（仅限于这两韵的帮组字，比如南部吴语区的开化、常山、玉山、广丰就存在这种现象）。湘语、客赣方言区中开口一等韵带i介音的现象主要存在于侯韵、登韵和少数痕韵字中，这与徽语的情况很相似。而闽语区开口一等韵带i介音现象除了分布在流摄、曾摄外还见于果、蟹摄。

从开口一等韵字读齐齿呼分布的韵摄来看，以上提及的这些南方方言

---

[1] 高永安：《明清皖南方言研究》，商务印书馆2007年版，第291页。

存在共性，即开口一等韵字读齐齿呼现象主要集中在侯、登韵中。尤其是徽语、湘语、客赣方言在这一点上比较一致，闽语稍显复杂。分布范围最广的当数吴语（不过，吴语的这种广度也仅仅是涉及某几类声母字，比如开口一等韵字读为齐齿呼这一现象出现在谈、寒韵的一般是见组字，出现在唐韵和铎韵的则仅限帮组字）。是什么音变机制使得一等韵在吴语、徽语、湘语、闽语、客赣方言这么大的一片区域内发生相同的变化呢？

《广韵》中开口一等韵有：歌、咍、泰、豪、侯、覃、谈、寒、痕、唐、登韵，这些韵的主元音可以分为两类：*a（歌咍泰豪覃谈寒唐）、*ə（侯痕登）两类。结合上文一些方言区开口一等韵读齐齿呼现象来观察，中古主元音为ə类的韵发展到现代汉语方言中比a类韵更容易读成齐齿呼。这种很多方言区呈现出来的共性显示，开口一等韵带i介音现象是受一定语音条件制约而产生的具有规律性的语音演变的结果。刘宝俊认为中古a元音的前移高化是i介音产生的必要条件，而中古ə元音韵中i介音的产生与它在《广韵》中元音的音值和它在《广韵》音系结构中的地位有直接关系。[①]郑张尚芳认为：a、ə两类韵母出现i介音的原因大不相同。ə类韵母一般是由元音本身前高化来的，a类韵母才来自真正的介音增生。[②]陶寰由吴语萧山话的侯韵今读为[io]进而观察到侯韵在北部吴语区、客赣方言区、湘语区、闽中、闽北等内陆闽语区还有徽语的大部分地区以及江淮官话中的通泰方言区等等一大片区域内都读成带i介音或主元音读前元音，他受四等韵由中古以前主元音为[e]到中古后期普遍产生i介音的启发，提出侯韵"次生的[-i-]介音主要是前元音[e]或[ε]裂变的结果"[③]。由此，他构拟出早期萧山话的侯韵应该是 * eu[④]，相应的尤韵是 * ieu。并且把侯韵这个早期的语音形式的构拟推广至整个南方方言，认为" * eu 很可能是宋代北方话侯韵的读音，它随着移民

[①] 刘宝俊：《论现代汉语方言中的"一等i介音"现象》，《华中师范大学学报》1993年第1期，第76页。

[②] 郑张尚芳：《方言介音异常的成因及e＞ia、o＞ua音变》，《语言学论丛》第26辑，商务印书馆2002年版，第90页。

[③] 陶寰：《吴语一等韵带介音研究》，《吴语研究：第二届国际吴方言学术研讨会论文集》，上海教育出版社2003年版，第16页。

[④] 陶寰之所以把侯韵主元音构拟为前元音，是认为[* əu]无法解释现代汉语南方方言中侯韵主元音为前元音或带[-i-]介音的现象。他认为 * əu 到 * eu 这种演变模式十分奇怪，"[ə]在[-u]韵尾之前发生前化在音理上也很难得到解释"。其实，从平行演变角度来看，这种音变模式也不一定不能存在。中古的德韵，几乎各家都把它拟为 * ək，而发展到现代汉语方言中，德韵主元音读为前元音的比比皆是，比如济南、西安、成都、温州、福州、潮州等地德韵主元音为e，南昌、建瓯读为ε，在双峰文读为e（与侯韵同），白读为ia（与侯韵的白读iʏ一样带上了i介音）。如果我们假设德韵由中古的 * ək 发展到现代汉语中其主元音为e类前元音是合理的，那是不是也可以认为侯韵由 * əu 演变为其主元音为e类前元音是合理的？

的南下带到了现在的区域并成为这些方言侯韵的主体层语音"。①

究竟包括侯、痕、登三韵在内的一等韵产生的i介音是由元音本身前高化而来还是由前元音裂变而来，就目前掌握的材料来看尚无法判断。单从发音部位上来说，ə类比a类元音更接近于介音i的发音部位，这可能也是ə类韵比a类韵更容易产生i介音的原因。

综上，我们分析了徽州方言一三等韵不同程度的合流现象，其中分布最为普遍的是在流摄。流摄一三等相混方式以一等韵带上i介音向三等合流为常，一等韵带i介音现象的产生与韵母主元音有一定的关系。

第五节 中古阳声韵在徽州方言中的今读分析

中古阳声韵包括咸、深、山、臻、宕、江、曾、梗、通9摄35个韵母（举平以赅上去），发展到现代汉语共同语中，从阳声韵韵尾来看，原来的[-m]、[-n]、[-ŋ]三个韵尾合并为[-n]、[-ŋ]两个，从韵类来看，咸山摄、深臻摄、宕江摄、曾梗摄两两之间发生合流，韵类之间的大事合并使得音系大为简化。而发展到现代汉语方言中，阳声韵的表现纷繁复杂。今天的徽州方言中，古阳声韵有的脱落鼻韵尾，读作开尾或元音尾韵，有的失去鼻韵尾后主元音带上了鼻化色彩，韵类合并现象比共同语更为普遍。韵尾的弱化乃至脱落、古韵类之间的合流都是怎么发生的？这些音变的出现都与哪些因素有关？徽州方言中，这样的音变出现于何时？下面我们将围绕这些问题分析中古阳声韵在徽州方言中的今读情况。

一 徽州方言中古阳声韵韵尾的音值

中古阳声韵在现代徽州方言中的韵尾音值如表3-19所示：

表3-19　　　　　徽州方言中阳声韵韵尾音值

	咸	深	山	臻	宕	江	曾	梗	通
绩溪	—/~	~	—/~	~	~	~	~	~	~
荆州	—/~	—	—/~	—	~	~	—	—/~	—
歙县	—	~	—	~	~	~	~	—/~	~
屯溪	—	n	—	n/—	~	~	—/n	—/n	n
休宁	—	n/— （禀）	—/n （天~光）	n/—	~	~	—/n	—/n	n

---

① 陶寰：《吴语一等韵带介音研究》，《吴语研究：第二届国际吴方言学术研讨会论文集》，上海教育出版社2003年版，第19页。

第三章　徽州方言的韵母

续表

	咸	深	山	臻	宕	江	曾	梗	通
五城	－	n	－	n/－	－	－	－/n	－/n	n
黟县	－/ŋ（开一见组）	－/ŋ（参人~）	－	－/ŋ	ŋ	ŋ	－/ŋ	－/ŋ	ŋ
祁门	~	n	~	~/ŋ	~	~	~/n/ŋ（朋）	~/n/ŋ（猛孟棚蚌琼）	ŋ
婺源	~/m	n	~/m	n	~	~	~/n	~	m
浙源	~	n/~（禀）	~	n/ŋ	~	~	~	~/ŋ（开二帮）	ŋ
浮梁	－/n/ŋ（站车~）	n/ŋ（参人~森）	－/n	n	ŋ/－（开三非庄组）	ŋ	~/ŋ（朋）	~/n（清~早哽）/ŋ（开二帮）	ŋ
旌德	－	ŋ	－	－/ŋ	~	~	－/ŋ	－/ŋ	ŋ
占大	~	n	~	~/ŋ	~	~	n/ŋ	n/~/ŋ（开二帮）	ŋ
淳安	~	n/~（参人~）	~	n/~	~/m	~/m	n	n/~/m（开二帮）	m
遂安	~/n	n/~（森参人~）	~	n	m/~	m/~	n/~（朋）	n/~	n
建德	－	n	－/~（现烟）/n（搬）	n/－（恩）	－/~	－	n/m（朋）	－/n/m（开二帮）	m
寿昌	－	n	n	－/m	~/m（螃芒）	－	n	~/n/m（棚）	m

说明："m"、"n"、"ŋ"表示鼻尾；"~"表示鼻化，"－"表示无鼻尾、也不发生鼻化；一般情况下，"/"前的音值比"/"后的音值更常见。凡辖字较少或有明确读音条件的在该音值后注出。

从表3-19所列内容，我们看到，今天的徽州方言中，古阳声韵尾出现一定程度的弱化，各地弱化速度不一，其中，阳声韵鼻尾保留程度较好的是祁婺片的祁门、婺源、浙源和旌占片的占大以及严州片的淳安、遂安等，古阳声韵鼻尾大多留有两个，尚未出现鼻韵尾脱落或者鼻化色彩完全消失的现象。鼻尾弱化程度最深的是绩歙片的一些方言点，如绩溪、荆州、歙县等地，古阳声韵尾[-m]、[-n]、[-ŋ]均已消失，部分韵摄主元音带上鼻化色彩，而部分韵摄连主元音的鼻化色彩也不保留，如荆州的深、臻、曾、通摄，歙县的咸、山、宕、江摄阳声韵字均丢失鼻音韵尾从而读同古阴声韵字。除此，休黟片的很多方言点以及祁婺片的浮梁、旌占片的旌德和严州片的建德、寿昌等地也有很多阳声韵字丢失鼻音韵尾读同古阴声韵字（也有一些方言点的部分阳声韵字丢失鼻音韵尾但并未与阴声韵字合流）。例如：

荆州：凡=怀 fɔ³³　简=姐 tɕiɔ²¹³　惯=怪 kuɔ³⁵

歙县：脏=渣 tsa³¹　谈=抬 tʰɛ⁴⁴　先=些 se³¹　帮=包 pɔ³¹　躲=短 to³⁵

屯溪：浅=且 tsʰi:e³²　班=巴 pu:ə¹¹　艰=家 kɔ¹¹

休宁：本饼=把 pa³¹　牵=车 tɕʰia³³　魂=华 xua⁵⁵　餐=叉 tsʰɔ³³　箭=借 tsi:e⁵⁵
　　　　班=巴 pu:ə³³　兄=靴 ɕy:e³³　堂=图 tau⁵⁵　想=小 siau³¹

五城：演影=也 iɛ²¹　颜=牙 ŋɔ²³　箭=借 tsi:ɐ⁴²　肝关=瓜 ku:ɐ²²　兄轩=靴 ɕy:ɐ²²

黟县：真=知 tsɿ³¹　成=柴 sa⁴⁴　遵=追 tɕyɛi³¹　班=巴 poe¹¹　等=第 tɛɐ⁵³
　　　　见=借 tɕi:e³²⁴　汗=画 xu:ɐ³　宣=靴 ʃy:e³¹

浮梁：年=尼 ni²⁴　浆=灾 tsa⁵⁵　胆=躲 to²¹　鳝=社 ɕie³³

旌德：扁=比 pi²¹³　原=危 uɪ⁴²

建德：胖=怕 pʰo³³⁴　见=借 tsie³³⁴　穿=吹 tɕʰye⁴²³　岸硬=猜 ŋɛ⁵⁵　管=拐 kuɛ²¹³

寿昌：扁=比 pi²⁴　贪吞=胎 tʰiɛ¹¹²　暗=爱 ie³³　圆=围 uei⁵²　眼=瓦 ŋuə⁵³⁴
　　　　餐=叉 tɕʰyə¹¹²　扮=坝 pɤ³³

古阳声韵鼻尾在现代的徽州方言中呈现弱化趋势，那鼻尾弱化肇始于何时呢？"有关徽语古阳声韵鼻尾弱化的最早文献记载，我们目前见到的是明代的一些用例。"①王骥德《曲律》卷二"论须识字"第十三在谈到歙县人汪道昆（1526—1593）所著杂剧的用韵情况时说："至以'纤、歼、盐'三字押车遮韵中，是徽州土音也。"②但我们从反映清代休宁南乡方音的韵书《休邑土音》中却未见到阳声韵字成批与阴声韵字互见现象。造成这种现象的一个原因应该是部分阳声韵字虽然已经丢失鼻音韵尾但韵基不同于阴声韵的韵基，所以尚未与阴声韵字混读。这种现象在今天的休宁南乡五城话中也是存在的，如宕、江摄和曾梗摄部分的阳声韵字就属于这种情况。但今天五城话中已经与阴声韵字混读的那些阳声韵字在《休邑土音》中却没有与阴声韵字归入相同的小韵中。我们以上文所列的五城话的五组同音字组"演影=也 iɛ²¹""颜=牙 ŋɔ²³""箭=借 tsi:ɐ⁴²""肝关=瓜 ku:ɐ²²""兄轩=靴 ɕy:ɐ²²"为例。在《休邑土音》中，"演、影"归入下卷"一天"的"十四烟"小韵中，同音字组为"掩咸开三影琰魇咸开三影琰演衍山开三以狝冉咸开三日琰郢颖梗开三以静偃山开三影阮影梗开三影梗"，而"也"归入上卷"四佳"的"八叶"小韵中，同音字组为"也野冶蟹开三以马"；"颜"归入下卷"四间"小韵中，同音字组为"颜

---

① 赵日新：《中古阳声韵徽语今读分析》，《中国语文》2003年第5期，第444页。
② 王骥德：《曲律·论须识字》，《中国古典戏曲论著集成》第4册，中国戏剧出版社1959年版，1980年重印，第120页。

山开二疑删岩咸开二疑衔",而"牙"归入上卷"二加"的"三鸦"小韵中,同音字组为"牙芽衙假开二疑麻";"箭"归入下卷"一天"的"九尖"小韵中,同音字组为"箭山开三精线荐山开四精霰饯山开三从线",而"借"归入上卷"四佳"中,声、韵母相同的字组为"借假开三精祃姐开三精马秭止开三精旨节山开四精屑接楫咸开三精叶疖山开三精屑";"肝关"归入下卷"二欢"的"二干"小韵中,同音字组为"干肝竿玕山开一见寒官棺观山合一见桓关山合二见删鳏山合二见山",而"瓜"归入上卷"一花"的"三瓜"小韵中,声、韵母相同的字组为"瓜假合二见麻挂卦褂蟹合二见卦寡假合二见马割山开一见曷葛山开一见曷刮山合二见鎋聒山合二见末";"兄"归入下卷"一天"中,未见与之同音的韵字,"轩"归入下卷"一天"的"十三轩"小韵中,同音字组为"轩掀山开三晓元",而"靴"归入上卷"一花"的"五穴"小韵中,同音字组为"穴山合四匣屑靴果合三晓戈䁵止合三晓支"。以上这五组在现代休宁南乡五城话中同音的字在《休邑土音》中均不同音。不过《休邑土音》中也存在少数中古阳声韵字同阴声韵甚至是入声韵字同归入一个小韵的现象。悉数列出如下:

(1) 上册一花韵部

活匣末:哇蛙洼影麻话匣夬曷遏影曷挖影鎋剜影桓

尊精魂:樽罇精魂钻精换

(2) 上册四佳韵部

绝从薛:截从屑谢榭邪祃且清马切清屑窃清屑妾睫叶捷从叶斜邪祃堑清艳

车昌麻:叱昌质扯昌马揣止合三初纸撤彻薛彻彻薛掣昌薛辙澄薛忖清混

结见屑:荚颊见帖揭羯见月洁桔拮见质吉见质茄群戈箝群盐

(3) 上册五高韵部

贼从德:操清豪造皂从皓躁精号操造糙清号噪燥心号澡精皓草清皓藻精皓曹槽嘈从豪忖清混

以上所列的阳声韵字被归入的是阴声韵字组成的小韵里。除此,韵书中还存在少数阴声韵被收在领音字为阳声韵字的小韵里。悉数列出如下:

(4) 下册一天韵部

拈泥添:粘泥盐染日琰碾泥狝惹日马

(5) 下册三东韵部

扪明魂:梦明送蠓懵明董蒙明东䑃匣东曚濛朦矇明东扪魂们明魂莓明队

(6) 下册四间韵部

眼疑产:广琰上晏影谏雁赝疑谏去颜疑删岩瓦疑马

以上所列的阴声韵字被置于阳声韵字组成的小韵里,这些韵字存在一个共性,即这些读同阳声韵字的阴声韵字均为系统中的鼻音声母字。

以上所列的两种情况,反映了韵书中阴声韵和阳声韵字存在一定程度的相混。这种相混就韵字归并方向来说有两种可能:阳声韵字丢失鼻音韵尾读同阴声韵字;阴声韵字受鼻音声母影响带上鼻化色彩读同阳声韵字。

可能属于第一种情况的韵书中仅有八个阳声韵字,"剡[影桓]尊樽蹲[精魂]钻[精桓]堲[清艳]忖[清混]箱[群盐]"归入由阴声韵字组成的小韵里,而其中"尊樽[精魂]钻[精桓]忖[清混]"这四个字存在异读现象,还有一读见于阳声韵字组成的小韵里("尊樽[精魂]"见于下卷"一天"韵部;"钻[精桓]"见于下卷"二欢"韵部;"忖[清混],~度"见于下卷"一天"韵部的"村"小韵),可见阳声韵字丢失鼻音韵尾读同阴声韵字现象在韵书所反映的音系中尚处于音变较早阶段。而发展到今天的五城话中,除却古通、深摄的阳声韵字和臻、曾、梗摄部分阳声韵字还带有鼻音韵尾外,其余阳声韵字均丢失鼻音韵尾变成开尾韵或元音尾韵,只是宕、江摄和曾梗摄部分的阳声韵字虽然已经丢失鼻音韵尾但尚未与其他阴声韵字混读。这说明古阳声韵尾的弱化表现在各韵摄不是整齐划一的。五城话的这种弱化不平衡性也见于休宁城关话和屯溪话以及其他很多方言中,这说明鼻韵尾的弱化乃至脱落是一种词汇扩散现象。

以上所列举的徽语 17 个方言点中,除去个别字,山摄仅在婺源、浮梁、寿昌部分保有鼻音韵尾,咸摄也仅在黟县(开一见组)、婺源、浮梁、遂安部分保有鼻音韵尾,宕、江二摄仅在黟县、浮梁、淳安、遂安留有鼻音韵尾。在九摄所包含的阳声韵里,最保守的要数通摄,只有绩歙片的绩溪、荆州、歙县三点的通摄鼻韵尾弱化或脱落,其余的方言点均保有鼻音韵尾,且部分保留的是舌根鼻音韵尾[-ŋ]。

徽州方言中,不同古来源的阳声韵鼻尾弱化乃至脱落的程度呈现出一定的差异性,这种差异大致对应于"《切韵》系统中阳声韵摄主要元音的舌位从前低至后高的顺序:山咸梗₂宕江深臻梗₃₄曾通"①,足见鼻尾的保留和消失与元音的舌位有一定的关系。很多学者对此都有论述,张琨认为"最保守的一组韵母是后高(圆唇)元音后附舌根音韵尾(*oŋ),其次是前高(不圆唇)元音后附舌根鼻音韵尾(*eŋ),最前进的一组韵母是低元音后附舌头鼻音韵尾(*a/ɑn)"。②潘悟云也认为"前低元音容易使软腭下降,引起元音的变化,于是鼻韵尾也更容易失落"③。

从徽州方言来看,鼻韵尾的消失除了与元音的舌位有关系之外,似乎与声母和介音也有一定的关系。

声母作为音节开头的辅音,其发音部位对阳声韵尾的演变可能也有着一定的影响,尤其是唇音声母和舌根音声母。明末北方官话里曾摄一等、

---

① 赵日新:《中古阳声韵徽语今读分析》,《中国语文》2003 年第 5 期,第 444 页。
② 张琨:《汉语方言中鼻音韵尾的消失》,《中央研究院历史语言研究所集刊》第五十四本第一分,第 4 页。
③ 潘悟云:《吴语的语音特征》,《温州师专学报》1986 年第 2 期,第 6 页。

梗摄二等的唇音字就已经同通摄字合流了，其他声母字直到今天的共同语中与通摄还保持有效的区别。在徽语中，梗摄二等帮组字和曾摄帮组字的"朋"基本与通摄字保留鼻尾情况一致。在黟县，咸摄阳声韵分化为纯元音韵和[-ŋ]尾韵，分化条件是：开口一等见系字收[-ŋ]尾，其他声母字读纯元音韵。在溪口，臻摄一等阳声韵分化为[-ŋ]尾韵和纯元音韵，分化的条件是：唇音声母和舌根音声母字收[-ŋ]尾，其他声母字读纯元音韵。

介音对鼻音韵尾的弱化或者脱落也有一定的影响。比如，浮梁宕摄开口一等韵舌根鼻音韵尾保留，开口三等韵字中鼻音韵尾脱落，旌德臻摄开口一等韵鼻尾韵脱落，而合口一等韵和三等韵都带有舌根鼻音韵尾；占大臻摄一等韵鼻韵尾弱化，保留鼻化色彩，而三等韵则保留鼻音韵尾。

需要特别说明的一个问题是关于徽州方言中鼻尾[-m]的存在。[-m]尾见于祁婺片的婺源和严州片徽语中。从来源来看，这些方言点的[-m]尾与中古音系中被拟为[-m]尾的阳声韵并不对应。其中婺源的[-m]尾来自中古咸摄开口一等、开口二等知系和山摄开合口一二等、合口三等非组还有通摄的全部以及梗摄合口二等的几个字。淳安的[-m]尾来自通摄和宕、江摄部分字以及梗摄开口二等帮组字；遂安的[-m]尾来自宕、江摄部分字；建德的[-m]尾来自通摄和梗摄开口二等帮组字和曾摄的"朋"；寿昌的[-m]尾来自通摄字以及宕摄的帮组字"螃芒"以及梗摄帮组字"棚"。据钱文俊调查，[m]尾在婺源县内很是普遍，至少二十多个方言点都不同程度存在古阳声韵字读[m]尾的现象。[①]对此，罗常培认为，婺源方言中的[-m]尾"一定是上古音的遗留，绝不是偶然的现象"。[②] 而赵日新认为"徽语中的[-m]尾大多与中古的咸深二摄无关，所以它不大可能是中古[-m]尾的遗存，它要么是中古《切韵》以前古音的遗留，要么是后起的变化。相比之下，我们更倾向于认为它是一种后起的语音特征"，[③]认为"罗常培先生遽然下此断语未免有些草率"。赵日新还从语音系统内部寻求证据，看到徽语中的[-m]尾韵，其主要元音或[-m]前的元音都是舌面后高（或半高）圆唇元音。例如：

婺源：um、mo、mɔ　　淳安：ɔm、mɔi　　遂安：om　　建德：aom、iaom、moɑi、mɔu、mu
寿昌：ɔm、mɔi

据此推断，徽语[-m]尾不大可能是上古音的遗留，而应该与元音的后圆唇化有着密切的关系。

丁治民从清代徽州方言韵书《新安乡音字义考正》中"工""金""坚"

---

① 钱文俊：《婺源方言中的闭口韵尾》，《上饶师专学报》1985年第4期。
② 罗常培：《徽州方言的几个要点》，载《国语周刊》第152期，1934年8月25日。
③ 赵日新：《中古阳声韵徽语今读分析》，《中国语文》2003年第5期，第446页。

三韵所含的韵字来推断那时的[-m]韵尾已经消失，因此他也认为，现代婺源方言的[-m]韵尾不是上古音的遗留，而是新生的。出现的时间应是清咸、同年间以后至一九三四年之前这一百年左右的时间。[①]

在现代汉语方言中，除了徽语，[-m]韵尾还见于南部吴语的磐安、缙云、东阳。磐安、东阳的[-m]尾来自通摄，而缙云的[-m]尾来自通摄和流摄，且[-m]尾前的元音是[o]或者[u]。对于南部吴语这种现象，曹志耘认为"磐安、缙云、东阳等地的[-m]尾是在后高元音尤其是后高圆唇元音的影响下产生的，是一种后起的音变现象"。[②]对于徽语和南部吴语中出现的类似现象，曹文和赵文的解释基本相同。我们认为，他们的解释应该是切合语言事实的。

二 徽州方言中阳声韵的韵类分合

从上文"徽州方言中阳声韵韵尾音值"表可见，就音类而言，因为阳声韵之间出现了不同程度的合并现象，现代徽州方言阳声韵与中古收[-m]、[-n]、[-ŋ]鼻尾的韵类间无法建立起整齐的对应关系。共同语中咸山摄、宕江摄、深臻摄、曾梗摄两两之间发生合流，这些合流也不同程度地出现在徽州方言中，不过，徽州方言又表现出一些不同于共同语的地方。主要体现在。

（一）咸、山二摄的合并

咸山二摄所含的阳声韵在明清时期汉语中合并为"言前"韵部，但早在元代，"宋代的覃咸到元代不变，只有轻唇字（《切韵》凡范梵韵轻唇字）转入了寒山"[③]。在现代汉语很多方言中，咸、山二摄的合流都是极为常见的，徽州方言也不例外。但相较共同语和其他方言，徽州方言的咸、山二摄在合并的同时又表现出一定的特点。徽州方言中，咸、山摄是分化程度较为明显、与其他韵摄合并较为活跃的两个韵摄。

本章第二节"一、二等韵在徽州方言中的结构关系"中曾经讨论过徽州方言中咸、山二摄一、二等韵的关系，我们看到，咸、山二摄在徽语中大多已经合流。但在少数方言点，咸、山二摄保持一定程度的对立，其中对立程度较高的是祁婺片的婺源，咸、山摄同等次的韵母保持有效的区别。不过，婺源的咸山摄之间也出现了合流的趋势，主要表现在咸摄一二等的见系字与山摄二等的部分见系字同读为 ə̃ 或 m̩。除了婺源，徽语中还有部

---
① 丁治民：《宋代徽语考》，《古汉语研究》2007年第1期，第36页。
② 曹志耘：《南部吴语语音研究》，商务印书馆2002年版，第87页。
③ 王力：《汉语语音史》，商务印书馆2008年版，第431页。

分方言点，咸、山二摄基本合流，只在一等见系字保持一定程度的对立，相同的声母条件下咸山二摄出现了不同的今读形式。这种现象主要见于中心徽语区例如休黟片的屯溪、休宁、五城、黟县和祁婺片的祁门。

徽州方言中，咸、山二摄除了彼此间出现条件性合流外，还与其他韵摄出现了不同程度的合流。主要有：

1. 咸、山摄与宕、江摄的合流

徽州方言中，咸山摄与宕江摄的合流主要发生在一二等韵以及宕摄的三等知系字还有几摄的合口三等非组字，咸山摄与宕江摄的合流见于休黟片的五城、祁婺片的祁门、旌占片的占大以及严州片的淳安、遂安和建德等地。例如：

五城：凡咸三烦山三=房宕三fɔu²³　耽咸一单山一=当宕一,~时tɔu²²
　　　参咸一餐山一=仓宕一疮宕三窗江二tsʰɔu²²　监~牢,奸山二=刚光~江一kɔu²²

祁门：凡咸三烦山三=房宕三fũːɐ⁵⁵　耽咸一单山一=当宕一,~时tõ¹¹　斩咸二展山二=掌宕三tʂõ⁴²
　　　干官山一=光宕一kũːɐ¹¹　含~咸咸一闲山二=杭~降江二,授~xõ⁵⁵

占大：凡咸烦山三=防宕三fɔ̃³³　耽咸一单山一=当宕一,~时tɔ̃¹¹　参咸一餐山一=仓宕一疮宕三tsʰɔ̃¹¹
　　　官山一关山二=光宕一kuɔ̃¹¹　咸咸一=杭宕二xɔ̃³³

淳安：凡咸三烦山三=房宕三fã⁴⁴⁵　班山二=帮宕邦江pã²²⁴　耽咸一单山一=当宕一,~时tã²²⁴
　　　参咸一餐山一=仓宕tsʰã²²⁴　监~牢,奸山二=刚宕一江江一kã²²⁴
　　　官山一关山二=光宕一kuã²²⁴

遂安：凡咸三烦山三=房宕三fã³³　谈咸一檀山一=棠宕一tʰã³³　散山一=丧宕一,~失sã⁴²²
　　　含咸咸闲山二=降江二xã³³　管山一=广宕二kuã²¹³

建德：班山二=帮宕邦pɛ⁴²³　钻山一=张宕二tsɛ⁴²³　馋咸二钻山一,名词=肠账宕二tsɛ³³⁴
　　　尖咸三煎山三=将僵tɕie⁴²³

以上六个方言点中，咸山摄和宕江摄的相混程度存在差异。在祁门，咸摄一等见系字部分与宕、江摄不混，咸山摄一二等其他声母字以及三等非组字与宕、江摄相混；占大，除了大部分见组字外，咸山摄一二等字以及三等非组字与宕、江摄相混。而严州片徽语中，从淳安到遂安再到建德，咸山摄和宕江摄相混的字逐渐减少。

这里需要说明的是休宁南乡五城点，除了咸山摄一等见系字较少与宕、江摄相混外，咸山摄一二等其他声母字以及三等非组字基本与宕、江摄字相混。而反映清代休宁南乡方音的韵书《休邑土音》中，山摄与宕江摄字有互见之处，具体表现在：山摄一二等帮组字与宕江摄一二等字相混，同归于下册"五江部"；咸山二摄其他一二等字归入下册"四间部"。韵书在"四间部"的韵目总目下注曰："此十音俱近五江可与五江通查"，在这个韵部每个小韵平上去入四声之图的右边以小字注曰："后五江通查"，或"通五江之某某"，或"五江之某某通查"。与之相呼应的是在"五江部"的韵目总目下注曰："此前十音俱通四间，可与四间通查"，这里的"十音"指"江""双""康""仓""当""荒""爙""汤""腌[①]""庄"这样十个小韵。这些小韵所收大多是宕江摄一二等韵字和二三等庄组字（五江韵部共辖有28个小韵，后18个小韵所收主要是宕摄三等字和山摄一二等帮组字、咸山摄非组字）。韵书在前十个小韵平上去入四声之图的右边以小字注曰："通前四间"，或"通四间之某某"以示呼应。韵书对"俱近""通查"的意思没有作出进一步的说明。我们推测，大概是韵书时代咸山二摄与宕江摄韵母趋同，但除了帮组、非组外这几摄还保留着分而不混的局势，发展到今天的五城话中，咸山摄二摄一二等非见系字、三等非组字已经与宕江摄字完全合流了。这也可以说明，在休宁南乡，咸山摄和宕江摄相混肇始于帮、非组字。

2. 咸山摄与臻、曾、梗摄的合流

前文提过，咸、山摄在徽州方言中分化程度较为明显，与其他韵摄合并较为活跃，除了少数方言点例如浙源、寿昌，咸、山摄与臻、曾、梗摄之间一般存在以声母或是等次为条件的不同程度的合流。例如：

绩溪：馒 山合一 ＝门 臻合 ＝蚊 臻合 ＝明 梗合 －mã⁴⁴　段 山合一 ＝盾 臻合 ＝洞 通合一 －tʰã²²
　　　坎 咸开一 －kʰã³⁵－垦 臻开－肯 曾开三 －kʰã²¹³　煎 山开三 ＝今 深开三 ＝巾 深开三 ＝精 梗开三 －tɕiã³¹
　　　仙 山开三 ＝先 山开四 ＝生 梗开二 －sẽi³¹

荆州：瞒 山合一 ＝门 臻合 ＝蚊 臻合 ＝明 梗合 －mɛ³³　潭 咸开一 ＝屯 山合 ＝腾 曾开三 ＝同 通合一 －tʰɛ³³
　　　乱 山合一 ＝嫩 臻合 ＝弄 通合一 －nɛ³¹　暗 咸开一 －ŋɛ³⁵－恩 －ŋɛ⁵⁵

歙县：览 咸开一 ＝冷 梗开二 －lɛ³⁵　参 咸开一 －搀 山开二 －餐 山开一 ＝撑 梗开二 －tsʰɛ³¹
　　　甘 咸开一 ＝监 咸开二，~牢 肝 山开一 ＝艰 山开二 ＝耕 梗开二 －kɛ³¹

屯溪：钳 咸开三 －战 山开三 －见 山开四 ＝正 敬 梗开三 －tɕi:e⁵⁵　盐 咸开三 －然 山开三 ＝应 曾开三，~该 梗开三 ＝荣营 梗开三 －i:e⁵⁵
　　　坎 咸开一 ＝垦 臻开 －kʰɛ³²－肯 曾开 －kʰɛ⁵⁵－坑 －kʰɛ¹¹

休宁：甘 咸开一 ＝跟 臻开 －庚 梗开二 －ka³³　憾 咸开一 －限 山开二 －恨 －幸 梗开二 －xa³³
　　　钳 咸开三 －战 山开三 －见 山开四 ＝证 曾开三 敬 梗开三 －tɕia⁵⁵　炎 咸开三 －延 山开三 －银 臻开三 －仍 曾开三 ＝赢 －ia³³

五城：甘 咸开一 ＝跟 臻开 －庚 梗开二 －kɛ²²　庵 咸开一 ＝恩 臻开 －ŋɛ²²　检 咸开三 ＝茧 山开四 ＝枕 深开三 ＝景 梗开三 －tɕiɛ²¹
　　　炎 咸开三 －延 山开三 －蝇 曾开三 ＝赢 梗开三 －iɛ²³　团 山合一 ＝屯 臻合 －tu:e²³　酸 山合一 ＝孙 臻合 －su:e²²

黟县：庵 咸开一 ＝恩 臻开 －温 臻合 －vaŋ³¹　甘 咸开一 ＝根 臻开 －kuaŋ³¹　敢感 咸开 ＝滚 臻合 －kuaŋ⁵³

祁门：泔 咸开一 ＝跟 臻开 －kuæ¹¹　敢 咸开一 ＝滚 臻合 －kuæ⁴²　揞 咸开一 ＝稳 臻合 －uæ⁴²
　　　全 山合三 ＝存 臻合 －tsʰỹ:e⁵⁵　选 山合三 ＝损 臻合 －sỹ:e⁴²　兼 咸开四 肩 山开四 ＝惊 梗开三 经 梗开四 －tɕi:e⁵⁵
　　　淹 咸开三 烟 山开四 ＝鹰 曾开三 英 梗开三 －ĩ:e¹¹

[①] "腌"疑为"肮"之误。因为五江部前十音中不杂有咸山二摄字。

婺源：磡咸开一＝困臻合一 kʰuɐin³⁵　暗咸开一 ŋuein³⁵

浮梁：盘山合一＝盆臻合一 pʰən²⁴—品深开三 pʰən²¹　端山合一＝墩臻合一 tən⁵⁵

酸山合一·宣山合三＝心深开三·辛臻开三·孙臻合一 sən⁵⁵　男咸开一＝林深开三·邻臻开三·轮臻合一 lən²⁴—暖山合一 lən²¹

甘咸开一·肝山开一＝根臻开一 kiən⁵⁵　官山合一＝滚臻合一 kən²¹

旌德：盘山合一＝盆臻合一·朋曾开一 pʰe⁴²　潭咸开一·坛山开一·团山合一＝屯臻合一 tʰe⁴²

簪咸开一·钻山合一＝尊臻合一·增曾开一·争梗开二 tse³⁵　甘咸开一·肝山开一＝根臻开一·耕梗开二 ke³⁵

占大：盘山合一＝盆臻合一 pʰɤ̃³³　端山合一＝墩臻合一 tɤ̃¹¹　酸山合一＝孙臻合一 sɤ̃¹¹

甘咸开一·肝山开一＝根臻开一·耕梗开二 kɤ̃¹¹　庵咸开一·安山开一＝恩臻开一 ŋɤ̃¹¹　宽山合一＝昆臻合一 kʰuɤ̃¹¹

淳安：盘山合一＝盆臻合一 pʰã⁴⁴⁵　贪咸开一＝吞臻开一 tʰã²²⁴　参咸·餐山＝撑梗开二·仓宕 tsʰã²²⁴

扇山开三·酸山合一＝孙臻合一 sã²²⁴　监~牢，咸开二·奸山开二＝庚耕·刚宕开一·江江 kã²²⁴

遂安：潭咸开一＝屯臻合一·藤曾开一·同通合一 tʰən³³　蚕咸开一＝松通合三，~树 tsən³³

磡咸开一＝空通合一 kʰən⁵³⁴　庵咸开一＝音深开三·恩臻开一·姻臻开三·鹰曾开三·英梗开三 n⁵³⁴

建德：钻山合一＝争梗开二·张宕开三 tsɛ⁴²³　甘咸开一＝监咸开二，~牢·肝山开一·间山开二，房~·耕梗开二 kɛ⁴²³

庵咸开一·安山开一＝音深开三·恩臻开一 ŋɛ⁴²³

从以上所列15个方言点的同音字组可见，除了黟县、婺源、遂安仅见少数咸摄一等字与臻摄字相混而山摄字未杂入其中外（咸山二摄一等见系字基本保持着与同组字之间的有效区别，这可视为中心徽语区的一项语音特征），其他13个方言点，咸山摄字或多或少都与臻摄等阳声韵字有相混现象。在徽语中心地区的方言例如屯溪、休宁、五城、祁门，咸山摄与臻、曾、梗摄相混模式呈现一定的共性：仅少数咸开一见组字混入臻、曾、梗摄洪音韵今读中，部分咸山摄细音字与部分曾、梗摄细音字相混，存在区别的仅在于相混的读音究竟是咸山摄细音的主体层读音还是臻、曾、梗摄细音韵的主体层读音。在屯溪和祁门，咸山摄细音与曾、梗摄细音相混的读音是咸、山摄细音的主体层读音，而在休宁、五城，山摄细音与曾、梗摄细音相混的读音是曾、梗摄细音的主体层读音，这大概是归并方向不同的体现。而在浮梁、旌德、占大、淳安这样几个外围徽语区的方言点中，一般是部分咸山摄一等字与部分臻、曾、梗摄一二等字相混，细音字不相混。而在绩溪、荆州、遂安等地，咸山摄与臻摄相混的读音层中还有部分通摄字。

以上方言点中，我们需要重点分析休宁南乡五城话，与清代代表休宁南乡方言的韵书《休邑土音》相比，今天的五城话发生了一些变化，主要表现在：韵书中咸山摄开口三四等字不分声母均归入同一个韵部，其中知章组和见系字同曾梗摄三四等知章组、见系字相混，这里面还包括由泥、日、疑母字组成的"拈"小韵字。而今天的五城话中，咸山摄开口三四等字按声母不同有了分化：帮组、端组、来母、精组字归为一组，读作[aːɛ]，知系、见系字同曾梗摄三四等知系、见系字同读为[iɛ]，[aːɛ]和[iɛ]似呈互补分布态势，但在[ȵ]声母后出现对立。原本在韵书中同韵（"拈"小韵）的"言严年黏研碾染验念""硬迎"在今天的五城话中却被分成了三组，咸山摄三四等字"言严年黏研碾染验念"读为"ȵiɐ"，梗摄字"硬"读为"ȵiɛ"，"迎"读为"ȵian"。从今天五城话中咸山摄三四等字按声母不同产生分化以及[ȵ]声母后与梗摄字出现的对立现象，我们看到，咸山摄三四等字与曾梗摄三四等字相混程度明显不如韵书时代，也就是说，从韵书时代到今天的五城话，咸山摄三四等字与曾梗摄字是沿着逐渐分别的趋势发展的。

（二）深、臻、曾、梗四摄的合流

深、臻、曾、梗四摄合流在吴语、江淮官话等一些方言中是极为常见的，而徽州方言中也同样存在，而且，据传世文献，徽州至少明末就存在这四摄之间的合流现象了。"明末徽州方音材料《徽州传朱子谱》把'宾崩'当成一个韵目，韵内包括了臻、深、梗、曾四摄的字，而且没有再为这几个摄另设韵目，显然，这几个韵已经合并了。"[①]现代徽州方言中，这四摄字之间存在不同程度的合流。具体如表3-20所示：

表3-20　　徽州方言深、臻、曾、梗四摄阳声韵字今读

	宾臻-冰曾-兵梗	林深-邻臻-菱曾-灵梗	心深-新臻-星梗	针深-真臻-蒸曾-正梗、~月	今深-巾臻-经梗	音深-姻臻-鹰曾-英梗	垦臻-肯曾-坑梗
绩溪	piã³¹	niã⁴⁴	ɕiã³¹	tɕiã³¹	iã³¹		垦肯 kʰã²¹³ 坑 kʰẽi³¹
荆州	piɛ⁵⁵	ȵiɛ³³	ɕiɛ⁵⁵	tɕiɛ⁵⁵	iɛ⁵⁵		垦肯 kʰɛ²¹³ 坑 kʰɔ̃⁵⁵
歙县	piʌ̃³¹	liʌ̃⁴⁴	siʌ̃³¹	tɕiʌ̃³¹	iʌ̃³¹		垦肯 kʰʌ̃³⁵ 坑 kʰɛ³¹
屯溪	pɛ¹¹	林邻菱 lin⁵⁵ 灵 lɛ⁵⁵	心新 sin¹¹ 星 sɛ¹¹	针真蒸 tɕian¹¹ 正 tɕi:e¹¹	今巾 tɕin¹¹ 经 tɕi:e¹¹	音姻鹰 in¹¹ 英 i:e¹¹	垦 kʰɛ³² 坑 kʰɛ¹¹ 肯 tɕʰin³²
休宁	宾冰 ₂pin³³ 冰₁兵 pa³³	林邻菱 lin⁵⁵ 灵 la⁵⁵	心新 sin³³ 星 sa³³	针真蒸 tɕiěn³³ 正 tɕa³³	今巾 tɕin³³ 经 tɕia³³	音姻鹰 in³³ 英 ia³³	垦 kʰa³¹ 肯 tɕʰin³¹ 坑 tɕʰia³³
五城	宾 pin²² 冰兵 pɛ²²	林邻菱 lin²³ 灵 lɛ²³	心新 sin²² 星 sɛ²²	针真蒸 tɕian²² 正 tɕiɛ²²	今巾 tɕin²² 经 tɕiɛ²²	音姻鹰 ian²² 英 iɛ²²	垦 kʰɛ²¹ 肯 tɕʰian²¹ 坑 tɕʰiɛ²²
黟县	pɛɛ³¹	林邻菱 lɛi⁴⁴ 灵 lɛɛ⁴⁴	心新 sɛi³¹ 星 sɛɛ³¹	针真蒸 tsɿ³¹ 正 tʃa³¹	今巾 tʃɛi³¹ 经 tʃɛɛ³¹	音姻 iɛi³¹ 鹰英 iɛɛ³¹	垦 kʰuaŋ⁵³ 肯 tʃʰɛɛ⁵³ 坑 kʰa³¹
祁门	宾兵 pæn¹¹ 冰 pæ¹¹	林邻菱 næn⁵⁵ 灵 nã⁵⁵	心新 sæn¹¹ 星 sæ¹¹	针真蒸 tsæn¹¹ 正 tʃæ¹¹	今巾 tɕiæn¹¹ 经 tɕĩ:e¹¹	音姻 iæn¹¹ 鹰英 ĩ:e¹¹	垦 kʰuæn⁴² 肯 tɕʰiæn⁴² 坑 kʰã¹¹

---

① 高永安：《明清皖南方音研究》，商务印书馆2007年版，第233页。

续表

	宾臻-冰曾-兵梗	林深-邻臻-菱曾-灵梗	心深-新臻-星梗	针深-真臻-蒸曾-正梗,~月	今深-巾臻-经梗	音深-姻臻-鹰曾-英梗	垦臻-肯曾-坑梗
婺源	宾 pein⁴⁴ 冰兵 pɔ̃⁴⁴	林邻 lein¹¹ 菱灵 lɔ̃³¹	心新 sein⁴⁴ 星 sɔ̃⁴⁴	针真蒸 tsein⁴⁴ 正 tsɔ̃⁴⁴	今巾 tɕiein⁴⁴ 经 tɕiɔ̃⁴⁴	音姻 iein⁴⁴ 鹰英 iɔ̃⁴⁴	垦 kʰuein² 肯 tɕʰiɔ̃² 坑 kʰɔ̃⁴⁴
浙源	宾 pein³³ 冰兵 pã³³	林邻 lein⁵¹ 菱灵 lã⁵¹	心新 sein³³ 星 sã³³	针真蒸 tsein³³ 正 tsã³³	今巾 tɕiein³³ 经 tɕiã³³	音姻 iein³³ 鹰英 iã³³	垦 kʰuaŋ²¹ 肯 tɕʰiã²¹ 坑 kʰã³³
浮梁	pai⁵⁵	林邻 lən²⁴ 菱灵 nai²⁴	心新 sən⁵⁵ 星 sai⁵⁵	针真 tɕiən⁵⁵ 蒸正 tɕiai⁵⁵	今巾 tɕiən⁵⁵ 经 kai⁵⁵	音姻 iən⁵⁵ 鹰英 ŋai⁵⁵	肯 kʰai²¹ 坑 kʰa²¹
旌德	piŋ³⁵	liŋ⁴²	ɕiŋ³⁵	tɕiŋ³⁵		iŋ³⁵	垦肯 kʰəŋ²¹³ 坑 kʰe³⁵
占大	pin¹¹	nin³³	ɕin¹¹	tsən¹¹	tɕin¹¹	音姻英 in¹¹ 鹰 n̩¹¹	肯 tɕʰin²¹³ 坑 kʰã¹¹
淳安	pin²²⁴	lin⁴⁴⁵	ɕin²²⁴	tsen²²⁴	tɕin²²⁴	in²²⁴	垦肯 kʰen⁵⁵ 坑 kʰɑ̃²²⁴
遂安	宾 pen⁴²² 冰兵 pen⁵³⁴	len³³	ɕin⁵³⁴	tɕin⁵³⁴		n̩⁵³⁴	垦肯 kʰən²¹³ 坑 kʰã⁵³⁴
建德	pin⁴²³	nin³³⁴	ɕin⁴²³	tsen⁴²³	tɕin⁴²³	in⁴²³	垦肯 kʰen²¹³ 坑 kʰɛ⁴²³
寿昌	pien¹¹²	lien⁵²	ɕien¹¹²	tsen¹¹²	tɕien¹¹²	ien¹¹²	垦 kʰen⁵⁵ 肯 kʰen²⁴ 坑 kʰã¹¹²

从表 3-20 所列内容可见，徽州方言中深、臻、曾、梗摄的今读大致可以分为三种类型：

1. 深、臻、曾三等、梗四摄基本合流。

这种类型主要出现在绩歙片、旌占片、严州片徽语中，但这种类型中梗摄二等和梗摄的合口韵在很多点表现特殊，一般不跟其他韵摄合流。例如表中所举的"坑"字与臻、曾摄一等韵字今读均不同。

2. 深、臻二摄合流，梗摄一般不混入其中，而曾摄出现不同程度的分化，大部分混入梗摄读音层中，少数字分归入深臻摄合流的读音层中。

这种归并类型代表着徽语中心地区典型的语音特征，休黟片的屯溪、休宁、五城、黟县以及祁婺片的祁门均属于这种类型。需要说明的是其中曾摄的分化，我们以休宁南乡五城话为例。

今天的五城话中，曾开三的阳声韵字总共有五种音读：ian（橙澄~清事实蒸称~茶叶秤称~相绳塍田~升凝兴鹰应~答）、iɛ（征称~呼证症乘承丞胜应~该蝇）、in（凭陵凌菱）、ɛ（冰瞪）、yan（孕）。深开三的阳声韵字有三种音读：in（帮组、端系）、ian（知三章组、见系、日母字）、an（森参人~）。臻开三的阳声韵字有四种音读：in（帮组、精组）、ian（知系、见系字）、ɛ（津）、

iɛ（晨臣引）；梗开三、四的阳声韵字有五种音读：ɛ（帮组，泥来母，精组）、iɛ（知三章、见系）、ian（迎）、iou（映）、in（聘秉）。而通摄三等的阳声韵字有三种音读：an（大多数，见组部分）、in（隆龙）、ian（戎绒穷雄熊融茸胸凶雍拥容蓉熔甬勇涌西~：五城地名用）。根据不同韵母所辖例字的多寡以及口语化程度，我们可以看到，[iɛ]/[ɛ]是梗开三四的主体层读音，[ian]/[in]是通合三的主体层读音。

而清代反映休宁南乡方音的《休邑土音》中，曾摄三等阳声韵字归入的韵部主要是下册的"一天"部和"三东"部。归入"一天"部的曾开三字有"兢_{见蒸}应_{影蒸}膺鹰_{影蒸}蝇_{以蒸}应_{影证}徵_{知蒸}橙澄瞪枨_{澄蒸}拯_{章拯}证症_{章证}称_{昌蒸}惩澄蒸蒸胜_{书蒸}乘_{船蒸}承丞_{禅蒸}剩乘_{船证}凝_{疑蒸}陵凌菱_{来蒸}甑_{精证}冰拥_{帮蒸}凭_{並蒸}"，归入"三东"部的曾开三字有"绫_{来蒸}膺_{影蒸}孕_{以证}兴_{晓蒸}兴_{晓证}升昇_{书蒸}绳塍_{船蒸}蒸_{章蒸}剩_{船证}秤称_{昌证}凭_並"。可以看到，这两个韵部中的曾开三字不存在互补分布的关系，这些韵字没有明显的分化条件，例如，同等音韵地位的"乘_{船蒸}"和"绳塍_{船蒸}""陵凌菱_{来蒸}"和"绫_{来蒸}""应_{影证}"和"膺_{影证}"分属两个韵部；"称"平声见于"一天"部，与"撑_{彻庚}"等同音，去声见于"三东"部，与"秤_{昌证}衬_{初震}"等同音。我们观察"一天"部和"三东"部中与曾开三字同读的韵字，归入一天部的大多是梗摄字，与曾开三相混的有梗摄字，也有咸、山摄细音字；而归入东韵部的大多是通摄字，与曾开三相混的大多为深、臻摄三等字。即从音类分合角度来观察，"一天"部的读音是曾梗摄字相混的形式，"三东"部的读音是曾臻摄字相混的形式，东部基本不见梗摄字。

我们比较韵书和今天五城话中曾开三字的归属，除却发音人无法识读的字外，韵书比今天的五城话有更多的曾开三字与梗摄字相混，例如韵书中与梗摄字同归入"一天"部的"陵凌菱_{来蒸}橙澄~清事实膺_{影蒸}应_{影证}"这几个字，今天五城话中已经与深臻通摄字混读为[ian]/[in]，"称_{昌蒸}"字也有了[ian]的异读；而韵书中归入"三东"部的曾开三字在今天的五城话中无一例读同梗摄字。这说明，从韵书时代到今天的五城话中，曾开三字越来越多向深臻通摄字的读音形式归并，曾梗合流趋势逐渐减弱。这个趋势大概可以代表深、臻、曾、梗摄在今天中心徽语的发展趋势。

3. 深、臻、曾、梗四摄今读基本分归为两组，深摄和臻摄合流为一组，曾摄和梗摄合流为一组。

这种类型主要见于江西徽语区的婺源、浙源、浮梁、德兴等地。不过，婺源和浙源还见到少数曾开三章组字混入深、臻摄合流的读音层中，浮梁、德兴则较少见到。

（三）宕、江摄的合流与分化

从宋代朱熹的反切中，我们就看到江韵开始并入阳唐韵，发展到现代汉语共同语及方言中，江韵与宕摄的唐、阳韵合流都是极为常见的。今天的共同语中，宕、江摄所包含的韵母基本形成主元音相同而开、齐、合相配的格局。

而在今天的徽州方言中，唐、阳、江韵之间形成了不同的合流与分化模式。外围徽语区的婺源、浙源、占大等与共同语中宕、江摄包含韵母分混格局相同，即形成开、齐、合相配主元音相同的三分格局。除此，严州片徽语中的淳安和遂安也可以归入这种类型，这两个点唐、阳、江韵除了形成开、齐、合（[ã iã uã]）三分主元音相同格局外，还出现了其他今读形式：ɔm（淳安）/ om（遂安）。

宕、江摄所包含的韵母在徽州方言中最主要的分混模式是唐、阳、江三韵部分合流后形成开、齐相配主元音相同的二分格局，绩歙片的绩溪、荆州和休黟片的屯溪、休宁、五城是这种分混格局的典型代表，唐、阳合口韵读同开口。除此，绩歙片的歙县除了帮组、庄组读音特殊外，也基本归入这种开、齐二分格局。祁门除了开、齐二分主元音相同外，唐、阳合口韵和江、唐开口韵的帮组合流读为合口呼韵母，与江、唐开口其他组字主元音也不同。

除了二分和三分格局的，宕、江摄所包含的韵母在徽州方言中还有特殊的分混类型，如严州片的寿昌，唐、阳、江三韵部分合流后形成开、齐、合、撮（[ã iã uã yã]）相配而主元音相同的四分格局。

最为特殊的是部分方言点如黟县、浮梁、旌德、建德，除了庄组字，宕摄开口一三等之间主元音不相同，唐韵（江韵）、阳韵有分立趋势。例如：

表 3-21　　徽语部分方言点宕、江摄开口韵今读

	宕开一/江开二						宕开三				
	帮	汤	狼	仓	岗江	杭	粮	将	张	姜	香	羊
黟县	poŋ³¹	tʰoŋ³¹	loŋ⁴⁴	tʃʰoŋ³¹	koŋ³¹	xoŋ⁴⁴	liŋ⁴⁴	tɕiŋ³¹		siŋ³¹	iŋ⁴⁴
浮梁	paŋ⁵⁵	tʰaŋ⁵⁵	laŋ²⁴	tsʰaŋ⁵⁵	kaŋ⁵⁵	xaŋ²⁴	na²⁴	tsa⁵⁵	tɕia⁵⁵	ɕia⁵⁵	nia²⁴
旌德	po³⁵	tʰo³⁵	lo⁴²	tsʰo³⁵	ko³⁵	xo⁴²	liæ⁴²	tɕiæ³⁵		ɕiæ³⁵	iæ⁴²
建德	pɛ⁴²³	tʰo⁴²³	no³³⁴	tsʰo⁴²³	ko⁴²³	xo³³⁴	nie⁴²³	tɕie⁴²³	tsɛ⁴²³	tɕie⁴²³	ɕie⁴²³	iã³³⁴

徽州方言中唐、阳韵主元音分立这种类型至少见于明末。据高永安[①]研

---

① 高永安：《明清皖南方音研究》，商务印书馆 2007 年版。

究，刊刻于万历辛亥年间的新安韵书《音声纪元》中，来自中古阳韵的"祥"类单独组成一个韵；来自中古唐、江韵的"航"类、"降"类、"黄"类组成一个韵形成开、齐、合相配的格局。而编成于明末万历甲寅年间的《律古词曲赋叶韵统》一书（署名新安程元初）中，来自江、阳、唐韵的字都在一个韵里，只不过有开、合、卷、抵、撮五个呼法。还有明末的《徽州传朱子谱》中来自江、宕摄的只归入一个邦韵。可见，至少在明代，徽州方言中就存在唐（江）、阳韵主元音分立和相同两种不同的类型。

当然，宕、江摄所包含的韵母主元音不相同的现象也不仅仅见于徽州方言中，现代吴方言中也存在这种分混格局。据钱乃荣[①]和曹志耘[②]研究，吴语中唐韵和阳韵的开口主元音不对等的代表点有：

溧阳：ɑŋ：ie　丹阳：ɑŋ：ie　靖江：ɑŋ：ĩ　无锡、宝山：ɔ̃：iã　松江：ɑ̃：ɛ̃：ɔ̃：iã

黎里：ã：ã　双林、宁波：ɔ̃：iã　温州：ʮ：i　衢州：ɔ̃：iã　广丰：ãɔ：æ̃/iã

综上，咸山二摄合流，深、臻、曾、梗摄不同程度合流，宕江摄合流，这些合流在徽州方言中都是较为常见的音变，究其原因，主要是阳声韵的鼻音韵尾发生变化，或弱化，或脱落，鼻音韵尾的弱化甚而脱落使得原来不同韵尾的阳声韵之间失去对立从而表现趋同，而影响归并类型和方式的主要是原阳声韵的主元音。

第六节　中古入声韵在徽州方言中的今读分析

《切韵》音系中，入声字带塞音韵尾[p]、[t]、[k]，读为短促调，入声韵和入声调是重合的。发展到了现代汉语方言中，三套塞音韵尾完整保留的方言非常少，多数方言里塞音韵尾脱落，少数方言三套塞音韵尾发生不同程度的合并。而入声调或者失去短促特征，或者合并甚至消失，少数繁化、增多（比如粤语）。古入声韵和入声调在现代徽州方言中表现复杂，有的方言点入声韵还带有一个喉塞音韵尾[ʔ]，但大多数方言点入声韵尾已经脱落，入声调或按中古声母的清浊分为两类，其中阴入自成一调，阳入归并到其他调类中去；或者入声不分清浊自成一调。对于入声韵尾脱落且入声调消失的方言，其入声韵与阴声韵会发生一定程度的合流，两种来源性质不同的韵母在徽州方言中呈现出什么样的分合规律，原本与入声韵相匹配的入声调又会发生什么样的变化，这些问题都是我们需要关注的。而关于入声调的演变问题我们将在声调部分详加讨论，这一节我们主要分析入声韵尾

[①] 钱乃荣：《当代吴语研究》，上海教育出版社1992年版。

[②] 曹志耘：《南部吴语语音研究》，商务印书馆2002年版。

的变化和因主元音舌位高低前后变化而造成的韵类归并或分化等问题。

一 入声韵尾的变化

入声韵尾在徽州方言中大致有三种表现：

1. 除少数字外，入声韵不论是清声母还是浊声母字均带喉塞韵尾[ʔ]

徽语中，这种类型所辖的方言点比较少，主要有绩歙片的绩溪、荆州和严州片的淳安等地。例如：

	腊咸辣山	贴咸铁山	立深栗臻	骨臻	博宕剥江	药宕	贼曾	熄曾惜梗	石梗	读通	菊通
绩溪	nɔʔ32	tʰiaʔ32	ȵieʔ32	kuɤʔ32	poʔ32	yoʔ32	tsʰɤʔ32	ɕieʔ32		tʰɤʔ32	tɕyeʔ32
荆州	nɔʔ3	tʰiaʔ3	ȵieʔ3	kuɤʔ3	poʔ3	yoʔ3	tsʰɤʔ3	ɕieʔ3		tʰɤʔ3	tɕyeʔ3
淳安	laʔ13	tʰiaʔ5	liʔ13	kueʔ5	poʔ5	iaʔ13	sɤʔ13	ɕiʔ5	saʔ13	tʰɔʔ13	tsoʔ5

2. 古入声韵部分保留塞音韵尾[ʔ]

这又可以分为两种情况：

（1）以古声母清浊为条件，古清入字带喉塞音韵尾[ʔ]，浊入字丢失塞音韵尾而读同阴声韵字。

这种类型所辖的方言点主要见于绩歙片的歙县、岩寺、深渡等地。我们以歙县为例，除了部分浊声母字主要是次浊声母字如泥、明、匣母字"捏镊聂没莫膜摸抹沫末匣滑猾核"等同清声母入声字一样带上喉塞尾外，一般浊入字失去塞音韵尾并入阴声韵，古清入字基本保留塞音韵尾[ʔ]。例如：

贴咸铁山 tʰeʔ21　　骨臻国曾谷通 kuʔ21　　博宕剥江 pɔʔ21　　熄曾惜梗 siʔ21　　菊通 tɕioʔ21
腊咸辣山 la33　　立深栗臻 li33　　药宕 io33　　特曾 tʰi33　　石梗 ɕi33　　读通 tʰu33

（2）古入声韵以韵摄为条件发生分化，部分韵摄的入声韵保留入声韵尾[ʔ]。

这种类型在徽语中主要见于严州片的建德、寿昌等地。在建德古入声韵字中，咸、山、宕、江四摄和梗摄的部分字在白读中失去塞音韵尾，并入阴声韵，而文读收喉塞韵尾[ʔ]。其他字不论文白都收[ʔ]。在寿昌，咸山两摄字在白读中丢失塞音韵尾，并入阴声韵，文读收喉塞韵尾[ʔ]。其他字不论文白都收[ʔ]。例如：

	蜡咸辣山	贴咸铁山	立深栗臻	骨臻	博宕剥江	药宕	贼曾	熄曾惜梗	石梗	读通	菊通
建德	lo213	tʰie55	liəʔ12	kuəʔ5	pu55 / pɔʔ25	ia213	səʔ12	ɕiəʔ5	sa213	tʰɔʔ12	tɕyəʔ5
寿昌	luə24	tʰie55	liəʔ31	kuəʔ3	pɔʔ3	iɔʔ3	səʔ31	ɕiɔʔ5 / ɕiəʔ3	səʔ31	tʰɔʔ31	tɕiɔʔ3

3. 古入声韵的韵尾全部丢失

这种类型在徽语中最为普遍，绝大多数方言点都属于这种情况，例如休黟片的屯溪、休宁、五城、黟县和祁婺片的祁门、婺源、浙源、浮梁以及旌占片的旌德、占大和严州片的遂安等地。不过，古入声韵舒化后有的方言点仍保留入声调的独立，所以入声韵来源的字不与阴声韵来源的字相混，这样的方言点如休宁（不过少数古浊去字混入古浊入字舒化后的读音层中）；也有古入声韵舒化后清入字保留入声调的独立不与阴声韵来源的字相混，而浊入字舒化后在声调上失去了独立性从而与阴声韵彻底合流，这样的方言点主要有屯溪、五城、祁门、石台、遂安（遂安的少数舒声字读同清入字）；也有古入声韵舒化后，入声调也失去独立地位，全部混入阴声韵中，这样的方言点有黟县、婺源、浙源、旌德、浮梁等，这种类型又可细分为两种情况，一种是古入声韵清化后不论声母清浊全部混入阴声韵的一种调类中，这样的方言点主要有旌德、婺源、浙源；一种是古入声韵清化后以声母清浊为条件分别混入阴声韵的不同调类中，黟县、浮梁便属于这种情况。

从以上入声韵尾的消变和入声字舒化的情况来看，徽语入声韵尾仅不同程度留存于绩歙片和严州片的部分方言中。联系徽语阳声韵鼻音韵尾消变情况，鼻音韵尾消失速度最快的是绩歙片的一些方言点。鼻音韵尾的消变情况与塞音韵尾的情况在部分方言点刚好相反：保留喉塞音韵尾[ʔ]的绩溪、荆州、上庄、歙县、深渡等地，其鼻音韵尾消失的速度却最快，特别是歙县、上庄、荆州、绩溪等地所有古阳声韵尾均无鼻尾，在很多韵摄甚至连鼻化色彩也不保留而读同阴声韵。只有严州片的淳安两种韵尾演变情况都最为保守。一般来说，鼻音韵尾与辅音韵尾的消失主要与前面的主元音有关，两种韵尾的消变应该会呈现出平行状态，正如曹志耘对南部吴语的入声韵尾进行考察后所得出的结论："总的看来，鼻尾消失快的方言其塞音韵尾消失也比较快。"[①] 而徽语中鼻音韵尾消失与塞音韵尾消失在地域上呈现出来的这种不对称性我们暂时还不知道如何解释。

二 入声韵类的归并与分化

部分方言点的入声韵尾脱落后，一方面，原来主元音相同而韵尾不同的入声韵会发生合流；另一方面，原来舒促有别的阴声韵和入声韵在入声韵尾消失后可能会发生不同程度的合流。

入声韵相承于阳声韵，上一节我们归纳了徽州方言中咸山摄、宕江摄、

---

① 曹志耘：《南部吴语语音研究》，商务印书馆2002年版，第90页。

深臻曾梗这三组韵摄的阳声韵彼此之间不同程度的合流现象，与之相对应的是，这些韵摄的入声韵的合流也较为普遍。具体来看：

（一）咸山摄入声韵的合流

从本章第二节的"咸、山摄开口一二等阳声韵在徽语中的今读"表中，我们看到，咸山二摄阳声韵在徽语中大多已经合流。但在少数方言点，咸、山二摄保持一定程度的对立，其中对立程度较高的是祁婺片的婺源，咸摄与山摄（主要是一、二等韵）同等次的韵母保持有效的区别。除此，中心徽语区例如休黟片的屯溪、休宁、五城、黟县和祁婺片的祁门，咸山二摄开口一等见系字保持一定程度的对立。咸山二摄阳声韵的这种分合模式也见于入声韵，即少数方言点咸山二摄一等见系字存在一定程度的区别，其他相混。例如：

祁门：鸽$_{咸开一}$—ko^{35}≠割$_{山开一}$—ku:e^{35}　磕$_{咸开一}$—kʰo^{35}≠渴$_{山开一}$—kʰu:e^{35}　塔$_{咸开一}$—tʰa^{35}—萨$_{山开一}$—sa^{35}

　　　插$_{咸开二}$—察$_{山开二}$—tʂʰa^{35}　猎$_{咸开三}$—裂$_{山开三}$—li:e^{33}　贴$_{咸开四}$—铁$_{山开四}$—tʰi:e^{35}

婺源：鸽$_{咸开一}$—kɔ^{51}≠割$_{山开一}$—ko^{51}　盒$_{合咸开一}$—xɔ^{51}—渴$_{山开一}$—kʰo^{51}　塔$_{咸开一}$—达$_{山开一}$—tʰo^{51}

　　　杂$_{咸开一}$—插$_{咸开二}$—擦$_{山开一}$—察$_{山开一}$—tsʰo^{51}　猎$_{咸开三}$—裂$_{山开三}$—lɛ^{51}　贴$_{咸开四}$—铁$_{山开四}$—tʰɛ^{51}

就婺源而言，咸山入声韵的合流程度比阳声韵更深，在婺源，咸山摄阳声韵一等字除了见系其他声母字也保持有效的区别，而入声韵仅在一等见系字存在对立，其他合流。

前文提及，徽州方言中，咸、山二摄阳声韵除了彼此间出现合流外，还与其他韵摄也出现了不同程度的合流。咸、山二摄入声韵也同样存在与其他韵摄合流的现象。主要有：

1. 咸、山摄与宕、江摄的合流

徽州方言中，咸山摄与宕江摄的合流主要发生在一二等韵，咸山摄与宕江摄不同程度的合流现象见于绩歙片的歙县、五城、祁门、婺源、浙源、淳安、建德等地。例如：

歙县：钵$_{山合一}$—博$_{宕开一}$—剥$_{江开二}$—pɔʔ^{21}　塌$_{咸开一}$—脱$_{山合一}$—托$_{宕开一}$—tʰɔʔ^{21}

　　　鸽$_{咸开一}$—割$_{山开一}$—各$_{宕开一}$—角$_{江开二}$—kɔʔ^{21}

五城：八$_{山开二}$—博$_{宕开一}$—剥$_{江开二}$—po^{55}　抹$_{山开一}$—膜$_{宕开一}$—mo^{55}

祁门：钵$_{山合一}$—博$_{宕开一}$—剥$_{江开二}$—po^{35}　磕$_{咸开一}$—确$_{江开二}$—kʰo^{35}　撮$_{山合一}$—戳$_{江开二}$—tʂʰu:e^{35}

　　　刮$_{山合二}$—郭$_{宕合一}$—ku:e^{35}　渴$_{山开一}$—阔$_{山合一}$—扩$_{宕合一}$—kʰu:e^{35}

婺源：塔$_{咸开一}$—达$_{山开一}$—脱$_{山合一}$—托$_{宕开一}$—tʰo^{51}　蜡$_{咸开一}$—辣$_{山开一}$—落$_{宕开一}$—lo^{51}

　　　杂$_{咸开一}$—插$_{咸开二}$—擦$_{山开一}$—察$_{山开二}$—戳$_{江开二}$—tsʰo^{51}

浙源：甲$_{咸开二}$—割$_{山开一}$—刮$_{山合二}$—郭$_{宕合一}$—ko^{43}　磕$_{咸开一}$—掐$_{咸开二}$—渴$_{山开一}$—阔$_{山合一}$—扩$_{宕合一}$—kʰo^{43}

　　　匣$_{咸开二}$—瞎$_{山开二}$—霍$_{宕合一}$—xo^{43}

淳安：塔咸开一＝托宕开一－tʰɑʔ5　蜡咸开一－辣山开二＝落宕开一－肋曾开一－lɔʔ13　扎山开二＝着宕开一－tsɑʔ5
狭咸开二－辖山开二＝鹤宕开一－学江开二－xɑʔ13　切山开四＝鹊宕开三－tɕʰiaʔ13

建德：塔咸开一－獭山开二＝托宕开一－tʰo55　蜡咸开一－辣山开一＝落宕开一－lo213　萨山开一＝索宕开一－so55

联系前文，我们看咸山摄与宕江摄在阳声韵相混的方言点（五城、祁门、占大、淳安、遂安、建德）同入声韵（歙县、五城、祁门、婺源、浙源、淳安、遂安、建德）相混的方言点没有完全一致。可见，方言的入声韵与阳声韵之间的演变并不是完全同步的。

2. 咸山摄与其他韵摄入声韵的相混

从上一节分析徽语阳声韵的内容可知，徽州方言中，大多数方言点咸山摄与臻摄阳声韵之间存在相混现象，而在徽语中心地区例如屯溪、休宁、五城、祁门，咸山摄除了与臻摄阳声韵存在相混现象，部分细音字还与曾、梗摄细音字相混。而咸山摄的入声韵与臻摄入声韵在徽语中除了旌德、淳安和寿昌，其他方言里大多是不混的。咸山摄与曾、梗摄入声韵相混现象主要见于绩歙片的绩溪、荆州、歙县和祁婺片的祁门以及旌占片的旌德还有严州片徽语区淳安和寿昌等。例如：

绩溪：八山开二＝百梗开二－pɔʔ32　扎山开二＝摘梗开二－tsɔʔ32　割山开一＝革梗开二－kɔʔ32
鸭咸开二＝额梗开二－ŋɔʔ32　撒山开一＝劈梗开四－pʰiaʔ32　接咸开三－揭梗开三＝责梗开二－tɕiaʔ32
姜咸开三－切山开四＝册梗开二－tɕʰiaʔ32　涉咸开三－雪山合三＝色曾开一－ɕiaʔ32

歙县：鳖咸开三＝北曾开一－peʔ21　跌咸开四＝德曾开一－teʔ21　屑山开四＝塞曾开一－seʔ21
磕咸开一＝刻曾开一－kʰeʔ21

祁门：答咸开一＝德曾开一－ta35　蜡咸开一－辣山开一＝历梗开四 la33　杂咸开一＝贼曾开一－席梗开三－tsʰa33
插咸开二－察山开三＝测拆梗开二－尺tʂʰa35　掐咸开二＝刻曾开一－客梗开二－kʰa35
靥咸开三－噎山开三＝益梗开三－i:e35

旌德：鳖咸开三－笔臻开三－逼碧梗开三＝pi55　贴咸开四－铁山开四＝踢梗开四 tʰi55
姜咸开三－切山开四＝尺梗开三－tɕʰi55　猎咸开三－裂山开三＝栗臻开三－律合三－力曾开三－历梗开四 li55

淳安：蜡咸开一－辣山开一＝肋曾开一－落宕开一－lɑʔ13　插咸开二－擦察山开二＝拆梗开二－尺梗开三 tsʰaʔ5
甲咸开二＝格梗开二－kaʔ5　哲山开三＝质臻开三－则曾开一－职tsəʔ5
鸽咸开一－割山开一＝革梗开二－kɔʔ5　接咸开三－节山开四＝鲫曾开三－tɕiəʔ5

寿昌：撒山开四＝匹臻开三－劈梗开四 pʰi55　浙山开三＝质臻开三－侧曾开一－职梗开三－摘tsəʔ5
磕咸开一＝刻曾开一－客梗开二－kʰəʔ5　猎咸开三－裂山开三＝栗臻开三－力曾开三－历梗开四 liəʔ31

原本咸山摄与曾梗摄阳声韵相混的屯溪、休宁、五城，其入声韵并没有相混。需要注意的是淳安，咸山摄入声韵部分字同时与宕江摄和曾梗摄相混。

（二）深、臻、曾、梗摄入声韵的合流

由上节徽州方言阳声韵的今读分析可知，徽州方言中深、臻、曾、梗四摄出现不同程度不同类型的合流。这几摄的入声韵也出现了不同程度的合流。例如：

表 3-22　　徽州方言深、臻、曾、梗四摄入声韵字今读

	笔臻 逼曾碧梗	立深栗臻 力曾历梗	膝臻 息曾惜梗	汁深质臻 职曾只梗,量词	十深实臻 食曾石梗	急深吉臻 击梗	一臻 益梗	骨臻 国曾
绩溪	pieʔ³²	ȵieʔ³²	ɕieʔ³²	tɕieʔ³²	ɕieʔ³²	tɕieʔ³²	ieʔ³²	kuɤʔ³²
荆州	pieʔ³	ȵieʔ³	ɕieʔ³	tɕieʔ³	ɕieʔ³	tɕieʔ³	ieʔ³	kuɤʔ³
歙县	piʔ²¹	li³³	siʔ²¹	tɕiʔ²¹	ɕi³³	tɕiʔ²¹	iʔ²¹	kuʔ²¹
屯溪	笔 pi⁵ 逼碧 pe⁵	立力 li¹¹ 栗历 le¹¹	膝 si⁵ 息惜 se⁵	汁质职 tɕi⁵ 只 tɕe⁵	十实食 ɕi¹¹ 石 ɕia¹¹/ɕie¹¹	tɕi⁵	i⁵	kuɤ⁵
休宁	笔 pi²¹² 逼碧 pe²¹²	立力 li³⁵ 栗历 le³⁵	se²¹²	汁质职 tɕi²¹² 只 tɕe²¹²	ɕi³⁵	tɕi²¹²	i⁵	kuɤ²¹²
五城	笔碧 pi⁵⁵ 逼 pe⁵⁵	立力 li²² 栗历 le²²	膝 si⁵⁵ 息惜 se⁵⁵	汁质职 tɕi⁵⁵ 只 tɕie⁵⁵	十实食 ɕi²² 石 ɕie²²	tɕi⁵⁵	i⁵⁵	kuɤ⁵⁵
黟县	pɛi³	立栗力 li³¹ 历 lɛe³¹	sɛe³	汁质职 tsɿ³ 只 tʃa³	十实食 sɿ³¹ 石 sa³¹	tʃɕi³	一 iɛi³ 益 ɛe³	kuau³
祁门	pi³⁵	立栗力 li³³ 历 la³³	sa³⁵	汁质职 tsɿ³⁵ 只 tʂa³⁵	十实食 ɕi³³ 石 ʂa³³	tɕi³⁵	一 i³⁵ 益 iːe³⁵	kua³⁵
婺源	笔 pɔ⁵¹ 逼碧 pɔ⁵¹	立栗 la⁵¹ 力历 lɔ⁵¹	息惜 sɔ⁵¹	汁质职 tsa⁵¹ 只 tsɔ⁵¹	十实食 sa⁵¹ 石 sɔ⁵¹	急吉 tɕi⁵¹ 击 tɕi⁵¹	一 ia⁵¹ 益 iɔ⁵¹	骨 kɤ⁵¹ 国 kɛ⁵¹
浙源	笔逼 pi⁴³ 碧 pɔ⁴³	立栗 li⁴³ 力历 lɔ⁴³	膝 tsʰi⁴³ 息惜 sɔ⁵¹	汁质职 tsɿ⁴³ 只 tsɔ⁴³	十实食 sɿ⁴³ 石 sɔ⁴³	急吉 tɕi⁴³ 击 tɕi⁴³	一 i⁴³ 益 iɔ⁴³	kuao⁴³
浮梁	pei²¹³	力 lai³³ 历 nai³³		汁质 tɕi²¹³ 职 tɕiai²¹³	十实 ɕi³³ 食石 ɕiai³³	急吉 tɕi²¹³	一 i²¹³	骨 kuei²¹³ 国 kuai²¹³
旌德	pi⁵⁵	li⁵⁵	膝 tsʰɿ⁵⁵ 息惜 ɕi⁵⁵	tsɿ⁵⁵	十实食 sɿ⁵⁵ 石 ɕi⁵⁵/sɿ⁵⁵	tsɿ⁵⁵	i⁵⁵	ku⁵⁵
占大	pi⁴²	li¹¹	ɕi⁴²	汁质职 tsɿ⁴² 只 tsa⁴²	十食 sɿ¹¹ 实 sɿ¹¹ 石 sa¹¹	tɕi⁴²	i⁴²	骨 kuɤ⁴² 国 kuɛ⁴²
淳安	piʔ⁵	li²¹³	ɕiʔ⁵	汁质职 tsaʔ⁵ 只 tsaʔ⁵	十实食 sɔʔ¹³ 石 saʔ¹³	tɕiʔ⁵		kueʔ⁵
遂安	笔 pei²⁴ 逼碧 pi²⁴	立栗 lei²¹³ 力 li²¹³ 历 lei⁵²	膝息 ɕiei²⁴ 惜 sɿ²⁴	汁质职 tɕiei²⁴ 只 tsa²⁴	十实食 ɕiei²¹³ 石 sa²¹³	tɕiei²⁴	iei²⁴	kuɯ²⁴
建德	piaʔ⁵	liaʔ¹²	ɕiaʔ⁵	汁质职 tsaʔ⁵ 只 tsa⁵⁵	十实食 saʔ¹² 石 sa²¹³	tɕiaʔ⁵	iaʔ⁵	kuaʔ⁵
寿昌	piəʔ³	liəʔ³¹	膝息 ɕiəʔ⁵ 惜 ɕiəʔ³	tsəʔ⁵	səʔ¹²	急吉 tɕiəʔ³ 击 tɕiəʔ⁵	一 iəʔ³ 益 iəʔ⁵	kuaʔ³

从以上内容可知，徽州方言中深、臻、曾、梗摄的入声韵今读大致可以分为两种类型：

1. 深、臻、曾、梗四摄入声韵基本合流

这种类型主要见于绩歙片如绩溪、荆州、歙县等，旌占片的旌德、严州片的寿昌也属于这种情况。

2. 深、臻、曾、梗四摄入声韵部分合流

这是徽州方言中较为典型的分混类型，深、臻、曾、梗四摄入声韵出现了一定的分组趋势。大致表现为两种情况：

（1）深、臻、曾摄相混，梗摄有分立的趋势

从表 3-22 我们看到，在深、臻、曾、梗摄部分合流的方言点例如五城、黟县、祁门、占大、淳安、遂安、建德，梗摄字"只{量词}、石"表现得均较为特殊。

（2）深臻摄与曾梗摄两两之间有分组趋势

在祁婺片的婺源、浙源、浮梁，深、臻、曾、梗四摄入声韵今读表现出一定的分组趋势：深摄和臻摄大体为一组，曾摄和梗摄大体为一组。

这四摄之间的分混情况与阳声韵在徽州方言中的表现基本对应，只是比四摄阳声韵相混程度更深。

（三）通摄三等入声韵的分化及其与其他韵摄的合流

1. 通摄三等入声韵的分化

通摄入声韵分化程度较为突出的主要出现在三等。从汉语语音史来看，《切韵》通合三入声屋韵 *iok、烛韵 *iuk 到了元代并入鱼模，其中一小部分字（"轴逐熟竹烛粥肉褥六"）并入了元代的尤侯，有些字例如"轴逐熟竹烛粥"等出现两读的现象。王力认为："读入鱼模者，应是文言音；读入尤侯者，应是白话音。"[①]发展到了现代北京话中，"熟、宿"等仍有两读，"轴、粥、肉、六"等字今北京文言白话一律读入尤侯；"逐、竹、烛、褥"等字今北京文言白话一律读入鱼模。而在徽州方言中，通摄入声三等韵的表现具体如下所示：

表 3-23　　　　　　徽州方言通合三入声字今读

绩溪	ɤʔ（见系、日母以外）；yeʔ（见系、肉辱）；oʔ（触）
荆州	ɤʔ（见系、日母以外）；yeʔ（见系、辱）；yoʔ（肉浴）；oʔ（触）；y（玉）
歙县	uʔ（见系、日母以外的清入字）；u（见系、日母以外的浊入字）；ioʔ（见系清入字）；io（见系、日母浊入字）；o（目穆牧六陆）；y（玉）
屯溪	iu（非组以外）；u（非组）；o（目触促缩）；ɛu（录陆）；y（玉）

---

① 王力：《汉语语音史》，商务印书馆 2008 年版，第 429 页。

续表

休宁	iu（非组以外）；u（非组）；o（目穆牧触促缩束）；au（缩）；y（玉）
五城	iu（非组以外）；u（非组）；o（目穆牧）；ɤ（缩束）；y（玉欲）；io（触）
黟县	u（非组、知章组；录辱）；auɯ（端系；见晓组）；iauɯ（疑、日、影、喻母）；au（目穆牧缩触）
祁门	u（见系、日母、来母以外）；e（来母；熟属叔束宿粟足俗续）；ie（见组；育肉）；y（玉狱）；io（浴洗~、洗澡）；uː（缩）
婺源	u（非组、知章组）；ɑ（端系；郁）；iɑ（见系；日母）
浙源	u（非见系、知章组）；ao（端系；触）；iao（见系；肉）
浮梁	u（非组）；əu（足促俗竹祝粥烛嘱熟叔）；iəu（六绿粟菊肉育）；au（缩）；y（玉）
旌德	u（非见系）；io（菊麯曲局狱育）；y（玉欲浴）；iu（肉）
占大	u（非见系）；io（六绿曲肉菊）；y（局玉狱欲浴）；o（目缩）
淳安	oʔ（日、影母以外的清入字）；ɔʔ（日、影、疑、喻以外的浊入字）；ɕiʔ（肉褥₁玉狱欲浴）；ioʔ（育郁辱褥₂）
遂安	u；ɔ（缩束）
建德	yəʔ（非组、来母以外）；ɔʔ（非组、来母）
寿昌	ɕiʔ（非组、来母以外）；ʔɔ（非组；来母；足筑缩肃宿粟）

由表 3-23 可知，通合三入声字在除遂安、淳安以外大部分方言点均发生以声母为条件的分化，这种分化源于因声母发音部位不同而产生的连续式音变，如见系、日母字一般为一类，非组一般为另一类。有的方言点如黟县、淳安除了声母发音部位不同发生分化外还以声母的清浊再次分化：黟县清入字带喉塞韵尾[ʔ]，浊入字则没有；淳安清入字一般读为[oʔ]或[ioʔ]，浊入字一般读为[ɔʔ]或[ɕiʔ]（例如：福 foʔ⁵—服 fɔʔ¹³，菊 tsoʔ⁵—局 tsɔʔ¹³，促 tsʰoʔ⁵—俗 sɔʔ¹³）。部分方言点声母分化条件较为细致，如休黟片的黟县，非组、知章组读[u]韵母，端系、见晓组读为[auɯ]韵母，疑、日、影、喻母读为[iauɯ]；祁婺片的祁门、婺源、浙源的韵母也基本以声母"非组、知章组""端系""见系、日母"为条件三分。除了这种以声母为条件的分化外，还有少数方言点出现了其他性质的异读，这些异读所辖的韵字虽不多，但有的是该方言中较为常用的口语词，相同声母或是同组声母条件下韵母出现了对立。例如：

荆州：肉 n̠yoʔ³≠辱 yeʔ³　　玉 y³¹≠狱 yeʔ³　　触 tsʰoʔ³—烛 tsɤʔ³

黟县：六陆 lo³³≠绿录 lu³³　　玉 y³³≠狱 nio³³

屯溪：六绿 liu¹¹≠录陆 lɛɯ¹¹　　玉 n̠y11≠狱 n̠iu¹¹　　触 tsʰo⁵—烛 tɕiu⁵

五城：玉 n̠y²²≠狱 n̠iu²²　　叔 ɕiu⁵⁵≠束 sɤ⁵⁵　　触 tɕʰio⁵⁵—烛 tɕiu⁵⁵

黟县：绿 lauɯ³¹≠录 lu³¹　　触 tʃʰau³≠束 ʃu³　　肉 n̠iauɯ³¹≠辱 lu³¹

祁门：育 ie³⁵≠浴洗~、洗澡 io³⁵　　烛 tʂu³⁵—束 ʂe³⁵

以上所列方言中同等或同组声母条件下出现的对立情况基本出现在徽语中心地区，且特殊读音所辖例字较为一致，说明这种分化是徽语中心地区较为一致的现象，分化的性质究竟是同源不同历史层次的叠置还是异源性质的文白异读呢？就笔者熟悉的祁门方言来说，应该属于前者，其中读[io]的是与宕摄入声字相混的层次，这应该是祁门方言中最早的层次，代表着唐代以后、元代以前的官话层；读[e]/[ie]的是通摄入声字舒化后并入尤侯韵的层次，而读[u]的是与鱼模韵相混的层次，这两种都应该是元代以后出现的官话层，而读为鱼模韵的应该是最晚的。

2. 通摄三等入声韵与其他韵摄的合流

前文提及，现代汉语共同语中，通摄三等入声绝大多数归入鱼模韵，少数几个字归入尤侯韵。而在徽语中，通摄入声三等字与其他韵摄合流的情况较为复杂。大体可以分为几种类型：

（1）入声韵尚未舒化或未完全舒化的方言通摄三等入声韵与其他韵摄的合流

徽语中，入声韵尚未舒化的方言如绩歙片的绩溪、荆州和严州片的淳安以及尚未完全舒化的歙县和严州片的建德、寿昌，通摄三等入声韵与其他韵摄相混至少有两种类型：

①与宕江摄入声韵合流

这种类型主要见于严州片徽语区的淳安、寿昌。例如（凡韵母不同者均不列出）：

	目通-莫宕	竹通-桌江	缩通-索宕	局通-镯江	肉通-弱宕
淳安	mɔʔ¹³	tsoʔ¹³	soʔ¹³	tsʰoʔ¹³	
寿昌	mɔʔ³¹—mɔʔ¹³	tɕiʔ³	sɔʔ³	tɕʰiʔ³¹	ɲiʔ³¹

②大部分与曾、臻摄入声韵合流，小部分与宕江摄入声韵合流

这种类型主要见于绩歙片的方言点，在严州片的建德，通摄三等入声韵与臻、曾梗摄相混，白读中尚未见到与宕、江摄入声韵的相混，而文读层中有。例如：

	服通-佛臻	目通-物臻,东西墨曾	足通-卒臻	促通-出臻贼曾	六通-入深肋曾	触通-戳江	肉通-弱宕
绩溪	fɤʔ³²	mɤʔ³²	tsɤʔ³²	tsʰɤʔ³²		tsʰoʔ³²	
荆州	fɤʔ³	mɤʔ³	tsɤʔ³	tsʰɤʔ³		tsʰoʔ³	ɲyoʔ³
歙县	fu³³						nio³³
建德	fəʔ¹²	目墨 məʔ¹²		促出 tɕʰyəʔ⁵	ləʔ¹²		

（2）入声韵已舒化方言的通摄三等入声韵与其他韵摄的合流

①大部分与流摄合流，小部分与遇摄合流

通摄三等入声字分别与流摄、遇摄合流，这与元代以来的共同语相同，但徽州方言表现较为特殊的是，除了非组字大部分方言点均读如遇摄字外，通摄三等入声字以读同流摄字为常，除此，部分方言点少数字还与宕摄入声字相混。不过也有少数方言点通摄三等入声字大部分与遇摄字相混，小部分与流摄字相混的，例如旌占片的占大。具体如下表所示：

表 3-24　徽州方言中通摄三等入声字与流、遇、宕摄相混对照表

	六通-漏流	俗通-修流	熟通-收流	局通-旧流	服通-腐遇	玉通-遇遇	缩通-索宕	触通-戳江
屯溪	liu11	siu11	ɕiu11	tɕʰiu11	fu11	n̠y11	so5	tsʰo5
休宁	liu35-liu33	siu35-siu33	ɕiu35-ɕiu33	tɕʰiu35-tɕʰiu33	fu35-fu55	n̠y33	so212	tsʰo212-tɕʰio212
五城	liu22-liu12	siu22	ɕiu22	tɕʰiu22-tɕʰiu12	fu22-fu12	n̠y22-n̠y12		tɕʰio55
黟县	lau31-lau3	sau31	熟 ʃu31	tʃʰau31-tʃʰau3	fu31-fu3	玉 n̠iau31	sau3	tʃʰau3
祁门	le33	tsʰe33-se11	ʂe33-ʂe11	tɕʰie33	fu33	y33		触 tsʰu35
婺源	la51	tsʰa51-sa44	熟 su51	tɕʰia51	fu51	玉 n̠ia51		
浙源	lao43	tsʰao43-sao33	熟 su43	tɕʰiao43	fu43	玉 n̠iao43	sou43	触 tsʰao43
浮梁	liəu33	səu33-ɕiəu55	ʂəu33-ɕiəu55	tɕʰiəu33	fu33	y33	ʂau213-sau213	
占大	lio11-lio35	俗 su11	熟 ʂu11	局 tɕy42	fu11-fu55	y55	so42	触 tsʰu42

②大部分与遇摄合流，小部分与宕江摄入声韵合流，不见与流摄字相混

徽州方言中，这种类型较少，主要见于旌占片的旌德和严州片的遂安。例如：

	目通-墓遇	六通-路遇	熟通-树遇	竹-啄/捉江	菊通-觉江	缩-索宕
旌德	mu55	lu55	su55	竹啄 tsu55	tɕio55	su55-so55
遂安	mu213-mu52	lu213-lu52	su213-su52	竹捉 tsu24	tsu24-ko24	sɔ24

三　入声韵的分合情况与阳声韵分合情况的对比

我们把徽州方言入声韵的表现及分合情况与上一节讨论的阳声韵表现及分合情况进行对比，结果发现，阳声韵与入声韵的演变有较为一致的地方。主要表现在：

1. 阳入同变

徽语中，凡存在阳声韵韵尾和入声韵韵尾丢失现象的方言，一般都出现"阳入同变"的现象，即阳声韵和与之相配的入声韵的辅音韵尾均丢失，除了一些方言部分入声韵字自成一调外，两种来源的韵类因韵母同步发展出现一定程度的合流。例如（韵类举平以赅上、去）：

表 3-25　　　　　　　徽州方言"阳入同变"例字

歙县	咸山摄：面仙＝灭薛 me³³　殓盐＝猎 le³³　件仙＝杰 tɕʰie³³
屯溪	咸山摄：滥谈＝腊盍 lɔ¹¹　面仙＝灭 mi:e¹¹　断桓 tʰu:ə24—夺末 tʰu:ə¹¹　愿元＝月 ȵy:e¹¹
休宁	咸山摄：战 tɕia⁵⁵—折 tɕia²¹²　减咸 kɔ³¹—夹洽 kɔ³⁵　天先 tʰi:e³³—铁屑 tʰi:e²¹²　断桓 tʰu:ə¹³—夺末 tʰu:ə³⁵　愿元 ȵy:e³³＝月 ȵy:e³⁵ 梗摄：更庚 ka³³—格 ka²¹²
五城	咸山摄：减咸 kɔ²¹—夹洽 kɔ⁵⁵　便仙＝别薛 pʰi:e¹²　断桓 tʰu:e¹³—脱末 tʰu:e⁵⁵　冤元＝越月 y:e²²
黟县	咸山摄：饭元＝发月 foe³　谈谈＝塔盍 tʰoe⁴⁴　便仙＝别薛 pʰi:e³　淹盐＝叶叶 i:e¹¹　冤元＝越月 y:e³¹　断桓 tʰu:e⁵³—夺末 tʰu:e³¹ 深臻曾梗摄：郑清＝掷昔 tsʰ1³　枕侵 tsʅ⁵³ 振真 tsʅ³²⁴　蒸蒸 tsʅ³¹—汁缉 质职职 tsʅ³¹　瓶青 pɛi⁴⁴—壁锡 pɛi³　应蒸＝忆职 iɛi³²⁴　伦谆 luɛi⁴⁴—律术 luɛi³¹　灯登 tɛɛ³¹—得德 tɛɛ³　婴清＝易昔 iɛɛ³¹　烹庚 pʰaʰ³¹—拍陌 pʰaʰ³
浮梁	咸山摄：饭元＝罚月 fo³³　馅咸＝狭洽 xo³³　散寒＝撒曷 so²¹³ 曾梗摄：撑庚＝坼陌 tɕʰia²¹³　正清证蒸＝只昔织职 tɕiai²¹³　凳登＝得德 tai²¹³
旌德	咸山摄：艳盐＝叶叶 i⁵⁵　面仙＝灭薛 mi⁵⁵　断桓＝夺末 tʰe⁵⁵ 宕江摄：浪唐＝落铎 lo⁵⁵　窗江 tsʰo³⁵—镯觉 tsʰo⁵⁵ 曾梗摄：争耕 tse³⁵—责麦 tse⁵⁵　坑庚 kʰe³⁵—客陌 kʰe⁵⁵
建德	咸山摄：点添＝蝶帖 tie²¹³　垫先＝铁屑 tʰie⁵⁵ 宕江摄：状阳＝绰药 tsʰo⁵⁵　上阳＝勺药 so²¹³
寿昌	咸山摄：便仙＝别薛 pʰi²⁴　茧先＝结屑 tɕi⁵⁵　愿元 ȵyei³³＝月月 ȵyei²⁴　耽覃 tuə¹¹²—搭合 tuə³³　山山 ɕyə¹¹²—杀黠 ɕyə⁵⁵　饭元 fə³³＝罚月 fə⁵⁵

从表 3-25 可见，"阳入同变"现象涵盖韵摄最多的方言点是休黟片的黟县和旌占片的旌德，黟县涉及咸、山、深、臻、曾、梗六摄，旌德涉及咸、山、宕、江、曾、梗六摄。所有存在"阳入同变"现象的方言点都涉及"咸山摄"，可见，"咸山摄"阳声韵和入声韵发展速度比较一致。

"阳入同变"现象在吴语特别是南部吴语区也是比较突出的较为一致的内部特征。可见，徽语与吴语在这一点上表现出了一定程度的共性。

2. 阳声韵与入声韵分合规律的相同之处

前文分析阳声韵分合规律时提到，咸山摄之间、宕江摄之间、深臻曾梗之间发生不同程度的合流，这些合流趋势同样存在于入声韵。只不过，入声韵的合流程度相较阳声韵更深。例如，在祁婺片的婺源，咸山摄阳声韵一等字除了见系其他声母字也保持有效的区别，而入声韵仅在一等见系字存在对立，其他合流。深臻曾梗摄的阳声韵在部分方言点还存在一定的分组趋势，而入声韵分组趋势渐渐模糊，四摄合流程度更深。

不过，在看到阳声韵和入声韵的分合规律存在相同之处外，我们也看到了入声韵与阳声韵之间的演变有时并不对称：有些方言有的阳声韵之间合并，而入声韵之间则存在对立；有的方言有的入声韵合并而阳声韵却存在对立。如：

原本咸山摄与宕江摄在阳声韵相混的方言点有五城、祁门、占大、淳安、遂安、建德，而在入声韵相混的方言点则有歙县、五城、祁门、婺源、浙源、淳安、遂安、建德，阳声韵与入声韵相混的方言点并没有完全一致。

徽州方言中，大多数方言点咸山摄与臻摄阳声韵之间存在相混现象，而咸山摄的入声韵与臻摄入声韵在徽语中除了旌德、淳安和寿昌，其他方言里大多是不混的。原本咸山摄与曾梗摄阳声韵相混的屯溪、休宁、五城等，其入声韵并没有相混。

方言阳声韵和入声韵的演变呈现出来的这些不对称之处，说明阳声韵和入声韵的发展不是完全同步的，部分阳声韵的鼻音韵尾和其相承的入声韵的塞音韵尾丢失时间可能并不一致，导致两者可能走上不同的发展道路。

入声韵丢失塞音韵尾除了可能与丢失鼻辅音韵尾的阳声韵合流外，还与阴声韵存在不同程度的合流。徽州方言入声韵丢失塞音韵尾归入阴声韵的音变可能早在明末就已经开始了，据高永安对编成于万历甲寅年间的明末徽州韵书《律古词曲赋叶韵统》韵母系统的分析，彼时部分入声韵已经与阴声韵合流。[①] 例如：

主要来自止摄开口三等的"支思韵"中夹有入声韵字，这些入声韵字主要来自臻、深、梗、曾摄（这一点与今天黟县方言很相似）；来自止摄、蟹摄开口三四等的"支齐微韵"中有来自中古陌、月韵的入声韵字；由蟹摄字组成的"佳灰韵"中有来自通摄的入声韵字；主要来自鱼虞模韵也有少量来自尤侯的"鱼虞韵"中注明呼法的都是屋沃觉韵的入声字；来自效摄的"萧肴韵"中有来自咸山二摄的入声字等。

方以智《通雅》中所录的"徽州朱子谱"中没有列入声韵。到了清代，徽州方言的入声在不少资料中均显示与阴声韵字互见。今天徽州方言内部，我们看到入声韵在绝大多数方言点均已丢失塞音韵尾，从而与古阴声韵发生不同程度的合流。但是从古入声韵演变而来的韵母与果、假、遇、蟹、止、效、流七摄韵母的分合关系却存在差异。这可能跟方言的语音构造对古入声韵母演变的制约作用有关，一般来说入声韵总是归入原来主要元音

[①] 高永安：《明清皖南方音研究》，商务印书馆2007年版。

相同或相近的阴声韵中。例如，咸山二摄一二等入声韵一般跟假摄二等、蟹摄二等合流。与假摄二等的合流，是因为中古合韵（*ɒp）、盍韵（*ɑp）、洽韵（*ɐp）、狎韵（*ap）、曷韵（*ɑt）、黠（*æt）、辖韵（*at）的主元音跟麻韵二等（*a）的主元音相同或相近，所以入声韵在丢失塞音韵尾后就近归并到麻韵中。而与蟹摄二等的合流是因为中古佳韵（*ai）、皆韵（*ɐi）发展到现代徽语中，发生了单元音化的音变丢失了-i-韵尾，这样咸山二摄的入声韵丢失韵尾后也会归入与其主元音相同或相近的蟹摄中去。

总之，徽语中的入声韵塞音韵尾趋于消失，基本呈现出主要元音就近归并、简化的总的特点。

第四章　徽州方言的声调

本章主要描写徽州方言单字调系统，包括徽州诸方言点的调类、调值，徽州方言古今声调的对应情况，其中重点关注古次浊上声的归并、古全浊上声的走向、部分方言古去声的表现、古入声的表现。

第一节　徽州方言的单字调

徽州方言古今声调的对应情况大致如表 4-1 所示：

表 4-1　　　　　　　　　徽州方言古今声调对照表

古调	古声	绩溪	歙县	屯溪①	休宁	五城	黟县	祁门	婺源
平	清	阴平 31	阴平 31	阴平 11	阴平 33	阴平 22	阴平 31	阴平 11	阴平 44
	浊	阳平 44	阳平 44	=阴去	=阴去	阳平 23	阳平 44	阳平 55	阳平 11
上	清	上声 213	上声 35	阴上 32	阴上 31	阴上 21	上声 53	上声 42	阴上 2
	次浊			阳上 24	阳上 13	阳上 13			阳上 31
	全浊	=阳去	=阳去	=阴平		=阳去	=阳去	=阴去	
去	清	阴去 35	阴去 313	阴去 55	阴去 55	阴去 42	阴去 324	阴去 213	阴去 35
	浊	阳去 22	阳去 33	=阴平 =阳上	=阴平 =阳上	阳去 12 =阳上	阳去 3 =上声	阳去 33	阳去 51
入	清	入声 32	阴入 21	阴入 5	阴入 212	阴入 55	阴入 35	阴入 35	=阳去
	浊		=阳去	=阴平	阳入 35	=阴平	=阴平	=阳去	
今调类数		6 个	6 个	5 个	6 个	7 个	5 个	6 个	6 个

---

① 关于屯溪方言的声调调类和调值，《徽州方言研究》和《徽州方言》两部专著的记录有出入，还有钱惠英的《屯溪方言的小称音变及其功能》(《方言》1991 年第 3 期上）一文也记有屯溪话单字调的调类和调值，与前两本专著均有不同之处。赵日新先生曾在邮件里告知他调查屯溪昱阳老派发现有七个调。他怀疑各人调查的是不同的城区，发音人年龄可能也有差异，加上屯溪方言声调正处于变化之中，所以才会有这些不同的调查结果。本书参考的是《徽州方言研究》一书所记录的屯溪话的音系。

续表

古调	古声	浙源	浮梁	旌德	占大	淳安	遂安	建德（白读）	寿昌（白读）
平	清	阴平 33	阴平 55	阴平 35	阴平 11	阴平 224	阴平 534	阴平 423	阴平 112
	浊	阳平 51	阳平 24	阳平 42	阳平 33	阳平 445	阳平 33	阳平 334	阳平 52
上	清	阴上 21	上声 21	上声 213	上声 213	上声 55	阴上 213	上声 213	阴上 24
	次浊				=阳去		阳上 422		阳上 534
	全浊	阳上 25 =阳去	=阳去		=阴去				
去	清	阴去 215	阴去 213	阴去 55	=阴平	=阴平	=阳平	去声 33	
	浊	阳去 43 =阳上	阳去 33		阳去 35	阳去 535	阳去 52	阳去 55	
入	清	=阳去	=阴去	入声 55	阴入 42	阴入 5	阴入 24	阴入 5 =阳去	阴入甲 55 阴入乙 3
	浊	=阳去	=阳去		=阴平	阳入 13	=阴上	阳入 12 =上声	阳入 31 =阴上
今调类数		6个	5个	4个	6个	6个	6个	6个	8个

一 调类

从表 4-1 所列的内容来看，徽州方言大多数方言点古今声调对应大致较为整齐。所有方言点古平声均以古声母清浊为条件分为阴、阳两类；除了旌占片的旌德、严州片的寿昌，其余方言点的去声均以古声母清浊为条件分为阴、阳两类；除了绩歙片的绩溪、祁婺片的婺源和浙源、旌占片的旌德和占大外，其余方言点的入声均以古声母清浊为条件分为阴、阳两类；古上声表现较为复杂，除了祁婺片的婺源、严州片的遂安和寿昌古上声是以古声母清浊为条件分为阴、阳两类外，一般方言点古上声或者不发生分化，或者出现不严格以古声母为条件的分化。

徽州方言的调类从 4 个到 8 个不等，大多数方言点 6 个，例如绩溪、歙县、休宁、祁门、婺源、浙源、占大、淳安、遂安、建德；仅有旌德、五城和寿昌比较特殊，旌德仅有 4 个调类，五城有 7 个调类，寿昌则多达 8 个调类。

据可见资料，徽州方言的声调系统自清代以来较为稳定，但部分调类也不乏变化。我们以《休邑土音》（代表清代休宁南乡的音系）和《新安乡音字义考正》（代表清代婺源环川——今天的浙源岭脚村的音系）为例，观察从韵书时代到今天的休宁南乡五城话、婺源浙源的岭脚村话声调系统的发展变化：

表 4-2　　部分方言点清代和现代声调系统的比较

地点	调类	清代	现代
休宁南乡	阴平	清声母平声字、大部分浊声母入声字	同
	阳平	浊声母阳平字	同
	阴上	清声母上声字、大部分次浊声母上声字	清声母上声字、小部分次浊声母上声字
	阳上	绝大部分全浊声母上声字、小部分次浊声母上声字	绝大部分全浊声母上声字、大部分次浊声母上声字
	阴去	清声母去声字	同
	阳去	浊声母去声字、小部分全浊声母上声字	同，但读阳去调的全浊上声字增多
	入声	清声母入声字、小部分浊声母入声字	同
婺源环川	阴平	清声母平声字	同
	阳平	浊声母阳平字	同
	阴上	清声母上声字、大部分次浊声母上声字	同，但归字偶有不一致
	阳上	绝大部分全浊声母上声字、小部分次浊声母上声字、小部分全浊去声字	大体相同，但归入阳上调的古全浊去声字极少
	阴去	清声母去声字	同
	阳去	浊声母去声字、古入声字、小部分全浊声母上声字	同

以上我们主要从调类和中古来源两个方面对徽州两地方言的声调表现进行比较，可以看到，两地方言从清代至今，调类没有发生变化，与中古声调系统的对应也没有发生变化，存在变化的主要涉及次浊上声字和全浊去声字的归并趋势上。对此，我们后文将详加讨论。

二　调值

徽语区各地调值差异很大，几乎没有明显的共性。但从相对的音高来观察，就古平声而言，除了祁婺片的婺源和浮梁、严州片的遂安、建德外，一般方言点的阴平调低于阳平调；而对于去声分阴阳的方言点来说，只有祁婺片的祁门、婺源、浙源、浮梁以及严州片的部分方言点基本是阴低阳高外，其余方言点大多是阴高阳低。关于入声调值，大部分方言都已经失去原本短促的特征，读同舒声字一样的长调。而在严州片的淳安、遂安等地，少数舒声字读成入声，在淳安，这些舒声字与入声字一样带上了喉塞韵尾ʔ。

第二节　徽州方言的浊上字

从上节"徽州方言古今声调对照表"我们看到，徽州方言上声总的来说有以下三种表现：

第一种是古上声不分化，但有些方言点部分不常用的古全浊上声字归入去声或阳去调。属于这种类型的主要有绩歙片的绩溪、歙县，休黟片的黟县，祁婺片的祁门，旌占片的旌德，严州片的淳安、建德。

第二种是古上声以古声母"清：浊"两分。属于这种类型的主要有祁婺片的婺源、浮梁，严州片的遂安、寿昌。

第三种是古上声以古声母"清：全浊"两分，而次浊声母上声字则出现分化，部分读同清声母上声字，部分读同全浊声母上声字，这样的方言点主要有：休黟片的屯溪、休宁、五城、溪口，祁婺片的浙源、江湾，旌占片的占大，等等。

可见，徽语中，清声母上声字较为稳定，而古次浊上声字和全浊上声字则出现归并方向上的歧异。下面我们将分别讨论徽州方言的次浊上声字和全浊上声字的表现。

一　次浊上声字

现代北方话次浊上声字跟清上字走，仍读上声。据周祖谟研究，这种走向在宋代就已经确定了。而徽州方言中，部分方言点古次浊上声字出现了跟全浊上声字走，或者分随清上字和全浊上声字演变的现象。上文提及，次浊上声字出现分化的现象主要见于休黟片，以及第一版《中国语言地图集》划入"休黟片"而第二版《中国语言地图集》又划入"祁婺片"的婺源县一些方言点，例如浙源、江湾。这可以视为这一片区域的一个方言共性，那这些方言点的次浊上声字在分布上是否也一致呢？下面我们将列表进一步观察：

表 4-3　　徽州方言部分方言点次浊上声字的分化对照表

	阳上	阴上	阳上/阴上
屯溪	李里理鲤蚁舞语雨羽乳买我野冶鸟舀米尾伟苇违礼免勉娓缅脸敛染捻冗马码晚满暖卵软远老佬脑恼冷领岭懒眼瓦网罔朗两辆养痒渺婆了藕偶纽有酉拢忍而耳尔五	旅吕以已女哪乃也美演挽每某览榄揽缆往以~仰橹秒柳友垒永允蠓猛敏皿引勇	武白读/武文读 母白读/母文读 亩白读/亩文读 拇白读/拇文读 午白读/午文读

续表

	阳上	阴上	阳上/阴上
休宁	买满马米兔勉冕抿卯乃脑恼璐努暖奶纽碾攥老篓懒卤房裸卵拢吕李鲤领岭两辆藕偶冷眼尾~巴耳~朵而惹染冉忍蕊以野冶舀有酉养痒引舞刎晚网乳汝软语雨羽禹字远	某拇牡荸蟒猛美秒杪娩缅演悯敏哪文读你女览橄朗履理了柳旅侣累纸垒敛雅扰绕仰友也尔挽武永勇礼	母白读/母文读 亩~面/亩文读 里~面/里乡 往~年/往以~ 脸白读/脸文读
五城①	尾吕侣旅履李里理鲤蚁拟舞五女语雨禹耳~木~买野冷领岭惹引颖人名米伟马码瓦拇咬舀努房卤脑恼老免娩缅研碾染藕卵晚挽软远篓偶扭有酉满网懒眼两养痒蠓~~;小虫子拢忍	你文读以已武鹉伍午吾宇垒~~地,一畦地;~断乃奶乳汁演也美礼哑某我文读挠饶上~尧老磊袄秒蕊渺亩牡了~结柳友蟒莽往览橄朗雨~起来;雨后天放晴壤仰~信;猛蜢~~;蚱蜢甬勇涌西~;五城地名允永泳咏敏抿	母黄牛~;母牛,公~,白读/母~亲,文读
浙源	米蚁亩雨脑恼老瓦买我舀牡咬软沈染碾满冷领岭懒眼痒网允忍蠓~虫子陇~山;地名垅小山坡母	美女吕侣旅屡履你文读李里理鲤拟已以拇武舞侮鹉五伍午努鲁橹房卤汝人名语与宇禹羽愈蕊委伪伟纬乃奶杪鸟~礼野马码玛雅也饵每某儡磊篓搂柳缕藕偶扭有友敛脸演暖卵永颖览揽缆莽蟒往朗两壤嚷仰养引猛拢勇涌甬	乳豆腐~,白读/乳麦~精,文读 耳~朵,白读/耳木~,文读
占大	阳去：米李鲤里蚁五女乳豆腐~遇雨奶吃~也野尾耳卵脑恼老咬马蚂瓦亩母我有酉染碾软远满暖碗晚懒眼仰养痒冷领岭蠓尔你	上声：拟礼你文读理努鲁橹房卤以已伍午武舞侮鹉旅虑屡履抒吕语与羽禹买哪矮雅每美垒伪委伟纬篓饵藕袄孬杪~树梢蕊渺秒了昌鸟杏扰拇牡某裸柳纽扭兔勉娩缅滟脸辇捻纸~演攥研阮莽蟒览揽缆卵挽往吻刎闽敏悯皿引颖允猛懵拢垒永泳咏勇甬涌忍	阳去/上声：网渔~,白读/网上~,文读

说明：表格中次浊上字阴上、阳上两读的，阳上读法位前，阴上读法居后。

从表4-3我们看到，从字数多寡来看，古次浊上声字在屯溪、休宁、五城这三个点读阳上的比读阴上的多；在浙源，古次浊上声字读阳上的则远远少于读阴上的；在占大，古次浊上声字读归阳去的也远远少于读上声的。从具体分读的字来看，读阳上或是阳去的显然比读阴上或上声的更常用。以上这些方言点中还存在同一个次浊上声字存在阴上（或上声）和阳上（或阳去）的异读，或者少数字存在文白对应。一般来说，文读阴上调（或上声），白读阳上调（或阳去）。或者有的字仅有文读，并没有相对应的白读，这些字的文读为阴上。例如休宁：

---

① 五城话的小称音变形式是后加"n"尾且变调为13调，变调与系统中的阳上调非常接近，有些次浊上字没有单字音，仅有小称音变形式，所以无法辨别次浊上声字读成13调是原调还是音变之后的调值。例如"蕊花~儿;花蕊纽~儿;磊磊~~儿;一块"，但凡是这种次浊上字一律不计入次浊上声字的归类表中。

里 li¹³~面/li¹³~乡、　　往mɣ¹³~年、vau¹³以~/au³¹以~　　脸 lie¹³白读/lie³¹文读　　亩 m¹³白/mo³¹文读

你 ni³¹文读　　母 m¹³面称母亲，白读/mo³¹~亲，文读　　哪 la³¹文读

次浊上声字在以上这些方言中，读归阳上或阳去的以常用字为常，有文白异读对应的白读为阳上调或阳去调，那是不是说明这些地区次浊上声分读阴上和阳上的现象乃是权威方言影响的结果？屯溪、休宁、五城、浙源、占大等地次浊上声字的分化现象似乎可以解释为两种音变力量在这个地区竞争的结果：一种音变力量来自徽州方言语音系统内部，即上声的阴阳分化；另一股音变力量来自系统外部的官话，即次浊上读同清上、全浊上声归去声。官话作为优势方言 通过文教的力量使得休宁、屯溪等地的方言形成文读层，这个文读层和当地方言的土白层构成同一音类的两个异源语音层次。这样的解释看上去合理而且使得呈现在我们面前的语音现象变得非常简单，然而却无法解释来自五城、婺源等历史韵书中反映出来的方音现象。

1. 休宁南乡清代方言韵书《休邑土音》的古次浊上声字的归类

表 4-4　　　　《休邑土音》古次浊上声字读音归类

阳上（49 个）	阴上（124 个）	阳上/阴上两读（11 个）
瓦咠咬马了也野冶买恼瑙脑米拟已里尾冷领岭染惹碾免馁软笼挽引蚓懒揽眼广痒攘网两酉弩努橹掳房钮扭藕篓雨	雅绕扰我蠃裸杪淼藐渺嬲媷袅乃垒累磊馁吻每袄昵礼醴美以女靡脸潋辇琏演衍冉郢颖佁俨刎永茗酩猛艋皿勉涴冕姽泂绾晚凛陇茸冗勇涌涵俑甬允尹陨殒忍荏闵黾泯敏蠓憎览槛棂叒朗养往莽蟒渿蕊柱有友柳绺宙忕鲁卤偶耦忸宇羽禹汝愈俾炜伟予瓞语圄五伍午仵武鹉侮母拇尔迩	老不嫩也/老人之年寿多者曰~　　耳/耳 暖/暖　　远远之对也/远不近也 卵子也，蛋也，~子/卵 蛋也，子也 满不浅也，盈也/满嘲嘛，不浅也，又 篓竹器/篓竹器也，面~　　乳也，~房/乳 奶也 舞歌~，~蹈/舞 徽歌，歌~，又作儛　　仰/仰①

说明：表格中次浊上字阴上、阳上两读的，阳上读法位前，阴上读法居后。韵书对两属的次浊上声字注解不同者，我们在表格中列出相应读法的小注，注解完全相同者则不予列出。

从表 4-4 可见，与现在的休宁南乡五城话次浊上声字以读阳上为主不同的是，在《休邑土音》中读阴上的所占比例远大于读阳上的。我们将现在的五城话与韵书系统相比后看到，两个系统中存在的共性是口语常用字均以读阳上为常。两套系统中的古次浊上声字归字不一致的地方表现在：韵书归阳上而五城话归阴上的次浊上声字仅有"了来篠也/马已以止"等；而韵书归阴上五城话归阳上的有"养以养有云有五疑姥女泥语禹羽云麌颖以静伟云尾拇明厚卤来姥娩缅明狝脸来琰晚微阮偶疑厚蠓明董忍日轸"等字。

---

① 《休邑土音》下册五江部自"方"小韵后缺页，因此无法获知"仰"的小注，仅根据前文韵目总录中"仰"被置于平仄指掌图中两个位置推知，一个是"上声"位置，当读作系统中的阳上，一个"入声"位置，当读作系统中的阴上。

从韵书时代到今天的五城话中,次浊上声字由以读阴上为主发展为以读阳上为主。

2. 婺源清代方言韵书《婺城乡音字汇》的古次浊上声字

婺源县地处江西省东北部,北界安徽省休宁县。婺源县原属安徽省,建县时婺源的东乡、北乡就是从休宁划出的,县城紫阳镇处于东西南北各乡的中心。今紫阳话中,古次浊上声字基本上归阳上,只有个别的如"屡、雅、绕"等几个字读阴上。而据胡松柏、钱文俊研究,清代记录婺源县城方音的《婺城乡音字汇》中古次浊上声字多数归阴上,少数归阳上。[①]

表 4-5　　《婺城乡音字汇》古次浊上声字读音归类

阳上（32 个字）	阴上（与清上字同归）（87 个字）	阳上/阴上两读（22 个字）
米尾芛闽网奴房笼拢扭纽领岭冷染碾研蚁眼软暖懒瓦咬尔耳珥迩西蚴痒唱	美靡姆拇姥某牡卯渺满懵蠓敏泯莽蟒罔惘猛茗酩免勉你履鲁橹女屡缕篓绺柳婪蕊偶垒裸馁老乃奶鸟袅嘹垄陇垅朗辆脸敛辇拟语汝藕偶惹绕仰俨我雅以羽与野冶也扰窈勇拥涌踊养永冉演远宛舞武五午往	娓母亩马码闵悯里鲤吕侣旅恼脑乙卵览两俩乳雨引

次浊上声字在婺源县城经历了由清代"多数归阴上,少数归阳上"到今天"全部归阳上"这样的变化。

结合上文休宁南乡五城的次浊上声字由清代以读阴上为主发展到现在以读阳上为主,我们看到,次浊上声字由北向南从休宁、屯溪、婺源的浙源乡直到婺源的紫阳镇,归阳上调的字逐渐增多,读阴上调的字逐渐减少甚至消失。语言的这种空间差异应该是语言时间发展序列的反映。这种音变过程反映的应该是层次问题（同源层次）,读阴上是原来的层次。

将休宁、屯溪、浙源等地次浊上声两分视为同源层次问题,那么自然会面临两个疑问:

其一:徽语其他古调类的次浊字是否也有读同相应阴调类的现象,如果没有,那何以只有上声字会出现归并的例外?

其二:次浊上声字由阴上向阳上变化的动因是什么?

先讨论第一个问题。就徽语而言,几乎所有方言点,上声之外的其他调类字中,虽然不是成批出现但至少不同程度存在次浊声母字读同相应阴调类的情形。有些字读同阴调类现象在整个徽语区内部还比较一致,例如"膜幕摸探寻义溜滑捞捞取义育"这几个字在徽语区差不多都读成相应的阴调类。很多方言点还存在一些暂时找不到本字但念成阴调类的次浊声母字,而且

[①] 胡松柏、钱文俊:《反映 19 世纪中叶徽语婺源方音的韵书〈乡音字义〉〈乡音字汇〉》,《音韵论丛》,齐鲁书社 2004 年版。

这些念成阴调类的次浊声母字均是方言里的常用字。例如，绩溪方言平、去按古声母清浊各分阴阳，阴平调值为 31，阳平调值为 44；阴去调值是 35，阳去调值是 22。而下面这些次浊声母字不与同等音韵地位的次浊声母字同读阳调，却读成相应的阴调类：

□ 胡乱地塞[na³¹]　　□ 抓小颗粒[mo³¹]　　□ 疤痕[no³¹]　　□ 抚摸[mə³¹]　　□ 猫[mɤ³¹]

□ 舔[nẽi³¹]　　□ 婴儿[ma³⁵]　　□ 喝[mŋ³⁵]　　□ 切割[ni³⁵]　　□ 露出[nu³⁵]

□ 食物烂熟[mɤ³⁵]　　□ 用水浇[mie³⁵]　　□ 软弱无能[nã³⁵]　　□ 小,弱[mẽi³⁵]

休宁方言中，入声按声母清浊分阴阳，阴入字调值为 212，阳入字调值为 35 调，但例外有：

□ 用力切断[li²¹²]　　□ 扣,擦[ma²¹²]　　□ 掐,切[ma²¹²]　　□ ~骚货;泼妇[la²¹²]　　□ 往脸上搽粉膏[lɔ²¹²]

次浊声母字在徽语区不同程度地跟随相应清声母读成阴调，这是不是反映出徽语区早先时候次浊声母"浊"的程度并不明显而近于清声母？清代江有诰在《等韵丛说》中曾提到："歙人呼'巫'字似微之清，呼'妈'字似明之清，呼'奶'字似泥之清，'妹'字则清浊并呼。"①江氏所言反映了彼时歙县部分次浊声母字听感上跟清声母接近。

音韵学上，声母的清浊之辨由来已久。据《隋书·潘徽传》记载，三国魏李登所著的《声类》中就有了"清"和"浊"的概念。说它"始判清浊"。在唐代，孙愐的《唐韵》序中也说："切韵者，本乎四声，……引字调音，各自有清浊。"②从现代语音学的观点看，传统的清浊之分应该是指声带颤动与否的区别。然而浊与次浊的区别前人的解释一直比较含混。关于"次浊"，音韵学上又叫"清浊"，或叫"半清半浊"，或叫"不清不浊"。从古人对"次浊"这样的呼法出发我们是不是可以理解为"次浊"声母的发音特征（主要指带音）介乎清声母和全浊声母之间呢？发展到不同的方言中，次浊声母"浊"的程度存在差别，这种差别会对不同方言次浊声母调类的归并产生不同的影响。尉迟治平就曾对日本悉昙学著作进行音韵学角度的研究，试图挖掘出中古汉语调值的宝贵资料，他指出，悉昙家所知的汉语声调系统，边音鼻音字一般是归阴声调的。③次浊声母"浊"的程度对次浊声母字调类的归并的影响，表现在徽语区则是使差不多所有方言点都有次浊声母字读同相应清声母的现象，只不过徽语区大部分方言点的次浊上声字并不像休宁、五城、屯溪、溪口、浙源等地的次浊上声字那样大面积读成阴上，其他方言点次浊声母字读成阴调类的现象还是比较零散而

---

① 江有诰：《等韵丛说》，《音学十书》，中华书局 1993 年版。
② 唐作藩：《音韵学教程》，北京大学出版社 1991 年版，第 36—37 页。
③ 尉迟治平：《日本悉昙家所传古汉语调值》，《语言研究》1986 年第 2 期。

不成体系的。但总体来说，次浊声母字在上声比在其他调类更容易读成阴调。

冯蒸曾对北宋邵雍《皇极经世天声地音图》次浊上声归清类现象作过分析，他结合吴语温岭、黄岩等地鼻音、边音声母字平去入带浊流，而上声声门紧闭不带浊流这一现象，提出古次浊声母跟其他浊音声母一样也是带上浊流ɦ，但因上声韵尾带喉塞ʔ，因逆行同化作用影响其声母也产生紧喉作用，因而变成ʔm-、ʔn-、ʔŋ-、ʔl-而不带浊流，所以邵雍方言次浊上声归清类。他还提出，作为噪音的浊塞音、塞擦音和擦音比起作为乐音的鼻音、流音、半元音来难以接受逆同化的前喉塞化作用。因此，上声的这种紧喉作用通常只影响到次浊音，而不会影响浊音。[①]

冯蒸认为次浊上声归清类与上声喉塞韵尾有关，我们认为，除此之外也许还有另一种可能，即与上声调字本身发音短促有一定关联。曹剑芬曾针对吴语里的全浊声母做过切音听辨实验，把古清浊声母对立的两个字从尾部渐次向前切短，当各剩下80-90毫秒时，这两个字音也就不能分辨了，而这剩下的80-90毫秒里，辅音本身实际上只占不到10毫秒，其余很长一段都是元音。[②]

徽语区上声调本身发音短促，在声母清浊的区分上大概相对比较模糊。其中休宁、屯溪、五城等地的阴上调发音短促，而且阴上字的韵尾带有明显的紧喉成分。这种发音短促的特征和阴上字韵尾的紧喉成分与这些地区次浊上声读同清上可能确有某种联系。次浊上声字与清上字本身发音短促，两者较难体现出音高的区别，也就没有了声调区别，再加上次浊上声受到紧喉成分的干扰后，浊的特征彻底消失，因而读同清上字。

上文提及，《婺源方音字汇》时代次浊上声大多读同清上，我们因此提出次浊声母读同清上乃是休宁、屯溪、婺源等地原来的层次，读同全浊上乃后起的变化。那需要解释的另一个问题便是：次浊上声字既已读成阴上，那为何又要向阳上变化呢？由阴上向阳上变化的动因是什么？

诚然，声调演变往往与声韵类别紧密关联。但声调本身的变化还是要在声调系统内部进行的。中古以后由以声母的清浊作为区分音位的功能，转化为以声调的不同（音高或调型）作为区分音位的功能。汉语方言中声调音高和调型是多种多样的，但在每一个具体方言或一个具体时期的方言里是自成体系的。徽语区，声调本来按声母清浊各分阴阳，但因为次浊声母本身带音特征的淡化再加上上声发音短促从而消除清浊对立之影响，使

[①] 冯蒸：《北宋邵雍方言次浊上声归清类现象试释》，《首都师范大学学报》1987年第1期。

[②] 曹剑芬：《现代语音研究与探索》，商务印书馆2007年版。

得上声分阴阳的方言点次浊上声读同清上。但声调按声母清浊发生阴阳分化是总的规律，因而在以上分阴阳的方言点中，次浊上字受整个声调系统内部声调按古声母清浊分化为阴阳这股力量的牵引，逐渐偏离清上的队伍走向阳上。这是一个渐变的、连续的过程。所以在次浊上读同全浊上的演变过程中，总会出现未变的、变化中的、已经变了的三种状态，这种空间差异正是时间发展的反映。

休宁、屯溪、婺源等地次浊上声字归阳上的趋势与南部吴语相似。次浊上字在声调上的不同归属是官话型方言和早期吴语型方言的一个重要区别：官话型方言次浊上同清上，吴语型方言次浊上同全浊上。其中北部吴语处于官话和吴语接触的最前沿，受官话的影响比较大，所以古浊上比较常见的归并模式是次浊上声归阴上（或上声），全浊上声归阳去（或去声）。而在南部吴语区，"没有一个地点是完全采用这种归并模式的，只有位于西北角的开化，次浊上有少数字归阴上，多数字和全浊上一起归阳去"[①]。我们从《南部吴语语音研究》看到，南部吴语区 37 个方言点中，26 个点的次浊上是归阳上的；仅有 6 点归阴上，3 个点上声没有分化。也就是说，南部吴语次浊上最主要的归并模式是和全浊上声字同归阳上。徽语和吴语关系密切，在次浊上的归并上出现的这种共性可以视为两者历史上存在密切关系的一个证据。

二　全浊上声字

"中古上声字中的全浊声母字在现代北京话中多数读成了去声，这个变化至少在唐代末年已经开始。"[②]据王力研究，远在 8 世纪以前，这一种音变就已经完成了。随着移民和文教的力量渐次南下，浊上归去这种音变开始影响很多南方方言，几乎所有方言都受到不同程度的影响，不同的方言所受到的影响程度深浅不一，因此全浊上字归并去声的范围也存在差异。作为南方方言，徽语当然也受到浊上归去这种音变的影响，徽语这种音变的发生至少可以上溯到明代末年。明末新安程元初所撰的《律古词曲赋叶韵统》一书的凡例中说："（浊音）上声皆当读如去声，如禅母'辰肾慎实'，当读为'慎'，分字母而知此义，庶读上声不讹。"可能当时的人已经不知道"肾"是上声字了，所以要"分字母而知此义"。[③]今天的徽语中古全浊上声字表现又如何呢？

---

① 曹志耘：《南部吴语语音研究》，商务印书馆 2002 年版，第 103 页。
② 胡安顺：《音韵学通论》，中华书局 2003 年版，第 170 页。
③ 转引自高永安《明清皖南方音研究》，商务印书馆 2007 年版，第 245 页。

第四章　徽州方言的声调

从前一节"徽州方言古今声调对照表"中我们看到，古全浊上声字在徽州方言中无外乎几种表现：古上声字未发生分化，除去少数非常用的字归入去声外，古全浊上声字大多与清上字同读，这样的方言点有休黟片的黟县、旌占片的旌德、严州片的淳安和建德；古上声字发生阴阳分化，其中古全浊上声字大多读阳上，而与浊去字不同音，这样的方言点有休黟片的休宁、祁婺片的婺源、严州片的遂安和寿昌；官话型方言上声字的演变模式，即古上声字没有完全按照古声母的清浊发生分化，其中古全浊上声字绝大多数与浊去字同读，这样的方言点有旌占片的占大和江西的徽语区浮梁。除此，还有一种情况是介乎以上三种情况中间，古全浊上声字本身出现了分化，部分与清上字同读，部分与浊去字（或去声字）同变，例如绩溪、歙县、屯溪、五城、浙源等地属于这种类型。

由此看来，徽语中，较少受到"浊上归去"音变影响的有严州片徽语、休黟片徽语中的休宁和黟县、旌占片的旌德、祁婺片的婺源；而不同程度发生浊上归去的方言点主要是绩歙片徽语、祁婺片大多数方言点、休黟片的少数方言点以及旌占片的占大。接下来我们通过 16 对较为常用的全浊上声字和全浊去声字在徽语部分方言点的今读形式来观察"全浊上归去"音变对徽州方言的影响程度：

表 4-6　　徽语部分方言点中全浊上字与全浊去字的今读

	社禅上 射船去	肚腹,定上 度定去	柱澄上 住澄去	竖禅上 树禅去	待定上 代定去	弟定上 第定去	倍并上 背~书,并去	是禅上 事崇去
绩溪	so²¹³~庙/ ɕiɔ²² 公~ ɕiɔ²²	tʰu²¹³ tʰu²²	tɕʰy²¹³ tɕʰy²²	su²¹³ ɕy²²	tʰa²²	tsʰɿ²¹³ 兄~/tsʰɿ²² 徒~ tsʰɿ²²	pʰa²²	tsʰɿ²¹³~不~/ sɿ²² 实事求~ sɿ²²
歙县	ɕia³⁵ ɕie³³	tʰu³³	tɕʰy³⁵ tɕʰy³³	su³⁵ ɕy³³	tʰɛ³³	tʰi³⁵ tʰi³³	pʰɛ³³	ɕi³⁵ sɿ³³
屯溪	ɕia²⁴ ɕia¹¹	tu²⁴ tu¹¹	tɕʰy²⁴ tɕʰy¹¹	ɕy²⁴ ɕy¹¹	tʰɤ¹¹	tʰe²⁴ te²⁴	pɤ²⁴	ɕi²⁴ sɿ¹¹
五城	ɕia¹³ ɕia¹²	tu¹³ tu¹²	tɕʰy¹³ tɕʰy¹²	ɕy¹³ ɕy¹²	tɤ¹³ tɤ¹²	tʰe¹³ te¹²	pɤ¹³	ɕi¹³ sɿ¹²
祁门	ɕiːɐ⁴² 公~/ ɕiːɐ³³~会 ɕiːɐ³³	tʰu⁴² tʰu³³	tɕʰy⁴² tɕʰy³³	ɕy⁴²~起来/ ɕy³³ ~~ ɕy³³	tʰyːɐ³³	tʰiːɐ⁴² tʰiːɐ³³/tʰi³³	pʰa³³	ɕi⁴²~不~/ ɕi³³ 实事求~ ɕi³³
浙源	se²⁵/se⁴³ se⁴³	tu²⁵ tu⁴³	tɕy²⁵ tɕʰy⁴³	ɕy²⁵ ɕy⁴³	tʰao²⁵ tao⁴³	tʰe²⁵ te⁴³	pʰɤ²⁵	sɿ²⁵ sɿ⁴³
浮梁	ɕie³³	tʰəu³³	tɕʰy³³	ɕy³³	tʰa³³ tʰe³³	tʰei³³	pʰe³³	ɕi³³ ʂə³³
占大	ʂa³⁵	tʰu³⁵	tɕʰy³⁵	ɕy³⁵	tʰɛ³⁵	tʰi³⁵	pʰɛ³⁵	sɿ³⁵

续表

	跪群上 柜群去	稻定上 盗定去	舅群上 旧群去	旱匣上 汗匣去	辫並上 便~利,並去	像邪上 匠从去	静从上 净从去	动定上 洞定去
绩溪	kʰui²¹³ kʰui²²	tʰɤ²¹³ tʰɤ²²	kʰi²¹³ kʰi²²	xɔ²¹³ xɔ²²	pʰẽi²¹³ pʰẽi²²	tɕʰiõ²²	tɕʰiã²²	tʰã²¹³ tʰã²²
歙县	kʰue³⁵ kue³³	tɔ³⁵ tʰɔ³³	tɕio³¹³=阴去 tɕʰio³³	xɛ³³	pe³⁵ pʰe³³	tsia³³	tsiʌ̃³³	tʰʌ̃³³
屯溪	tɕʰy³² tɕʰy¹¹	tʰɤ²⁴ tʰɤ¹¹	tɕʰiu²⁴ tɕʰiu¹¹	xuːɔ²⁴ xuːɔ¹¹	piːe²⁴ pʰiːe¹¹	tsʰiau²⁴ tsʰiau¹¹	tsʰɛ²⁴ tsʰɛ¹¹	tan²⁴ tan¹¹
五城	tɕʰy²¹ tɕʰy¹²	tʰɤ¹³ tʰɤ¹²	tɕʰiu¹³ tɕʰiu¹²	xuːɐ¹³ xuːɐ¹²	piːɐn¹³ pʰiːɐ¹²	tsʰiɔu¹³ tsʰiɔu¹²	tsʰɛ¹³ tsʰɛ¹²	tan¹³ tan¹²
祁门	tɕʰy⁴² tɕʰy³³	tʰo³³	tɕʰie⁴² tɕʰie³³	xuːɐ³³	pʰiːɛ̃⁴² pʰiːɛ̃³³	tsʰiõ⁴² tsʰiõ³³	tsʰæ⁴² tsʰæ³³	tʰoŋ⁴² tʰoŋ³³
浙源	tɕʰy²¹ ?	tʰa²⁵ tʰa⁴³	tɕʰiao²⁵ tɕʰiao⁴³	xũ⁴³	pĩ²⁵ pʰĩ⁴³	tsʰiɔu²⁵ tsʰiɔu⁴³	tsʰã²⁵ tsʰã⁴³	təŋ²⁵ təŋ⁴³
浮梁	kui²13 kʰui³³	tʰau³³	tɕʰiəu³³	? xiən³³	pʰi³³	tsʰa³³	tsʰai³³	tʰoŋ³³
占大	kʰui²¹³ kʰui³⁵	tʰɒ³⁵	tɕʰio³⁵	xɤ̃³⁵	pʰiẽ³⁵	tɕʰiɔ̃³⁵	tɕʰin³⁵	tʰoŋ³⁵

从表4-6我们看到，在受到"全浊上归去"音变影响的徽州方言中，除了浮梁和占大的古全浊上声字几乎都与古全浊去声字合流外，其他方言点受影响程度存在一定差异。总的说来，在中心徽语区，绩歙片比休黟片受的影响程度深。例如，16对例字中，休黟片的屯溪古全浊上声字与古全浊去声字相混的仅见"待—代""倍—背~"两对；在休黟片的五城，古全浊上声字与古全浊去声字相混的仅见"倍—背~书"这一对。祁婺片的浙源受到的影响也比较小，古全浊上声字与古全浊去声字相混的也只有"社₂—射""倍—背~书""旱—汗"三对，而且其中"社"还有一个异于古全浊去声的异读形式。这几个方言点还存在一个共性，就是"倍—背~书"相混的形式均是古全浊去声字"背~书"向古全浊上声字"倍"归并，读同系统中的阳上调。对此，我们将在本章第三节详加分析。而在绩歙片的绩溪，以上例字中，古全浊上声字"待""倍""像""静""动"都已经读同浊去字，而"社""弟""是"均存在一个归入阳去调的文读形式；绩歙片的歙县，古全浊上声字读同浊去字的音变程度与绩溪差不多。祁婺片的祁门受"古全浊上归去"音变影响的程度介乎绩歙片和休黟片之间，"待""倍""稻""旱"这几个古全浊上字已归入去声调，读同系统中的阳去字，"社""竖""是"也都有一个归入阳去调的异读形式。

综上，徽州方言不同的方言片由于所处的地理位置不同，受"全浊上变去"音变影响的程度会存在差异，总的说来，靠近北部吴语和赣语的一些方言点，全浊上声归入去声的现象非常普遍。除了以上提到的浮梁、占大，还有祁婺片的德兴等地，绝大多数古全浊上声字读同浊去字。浮梁、德兴位于江西，与赣语接触非常频繁。"而对于赣语来说，由于地域上与官话方言区相连以及历史上多次由北而南的移民潮，它更是不断受到来自北方方言的冲击，因此（浊上归去），这一源于北方方言的演变规律对赣语的影响就更加广泛而深入了。这表现在今天的赣语绝大多数方言阳上调已消失。大部分方言全浊上声字全部归入去声。"[①]赣语的这一特点也影响了浮梁、德兴等江西徽语区，使得这些地区的全浊上声字大部分归入去声（最主要是归入阳去）。占大与宣州吴语区的石陵小片相邻，据蒋冰冰的《吴语宣州片方言音韵研究》，这一小片大部分地区（比如石台县的七都、横渡以及青阳县的陵阳、童埠等等）全浊上都是归入去声的。而中心徽语区特别是休黟片的一些方言点，受到"全浊上归去"音变的影响程度相对较弱。严州片徽语白读系统中的古全浊上声字，绝大多数保持上声或阳上的读法，这一点与南部吴语很相似。据曹志耘的《南部吴语语音研究》，南部吴语中，特别是处衢片，除了靠近赣语区的开化，其全浊上声大都归入去声外，其他地方的全浊上声一般与次浊上声一起读为阳上调，从而有别于去声字。

第三节　徽州方言的去声字

由本章第一节"徽州方言古今声调对照表"我们看到，除了严州片的寿昌（还有未列入表格的绩歙片的许村和休黟片的岩寺）去声未分化外，徽语大多数方言中去声大多依古声母的清浊发生了分化。据高永安研究，明代徽州话的声调一般都是四个，即传统的平、上、去、入。可见，今天徽语大多数方言点去声的分化以及各地方言的声调格局的形成都是较晚近才出现的。今天的徽州方言声调系统中，去声是属于不太稳定的一类，部分方言发生了"浊去归上声"等音变，部分方言的去声打破了原声母清浊所造成的声调阴阳之间的界限，出现了与其他阴阳调类之间的归并现象。具体来看：

一　全浊去归阳上或上声

上一节提到，徽语区中靠近北部吴语和赣语的一些方言点，全浊上声归入去声的现象非常普遍。而徽语中还存在全浊去声读归阳上或上声的现象，而且这两种演变方向完全相反的现象偶尔还会出现在同一种方言中。

[①] 张双庆、万波：《赣语南城方言古全浊上声字今读的考察》，《中国语文》1996年第5期，第345页。

从本章第一节的"徽州方言古今声调对照表"我们看到，全浊去声归入阳上或上声的现象主要见于休黟片的一些方言点，例如屯溪、休宁、五城、黟县，祁婺片的婺源、浙源也有少数全浊去声字读归阳上。具体如下所示：

表 4-7　　徽语中古全浊去声读同阳上/上声的例字

方言点	阳上/上声调值	全浊去声读同阳上的例字
屯溪	阳上 24	示视 ɕi²⁴　座 tsʰo²⁴　第 te²⁴　缮 ɕi:e²⁴　赚 tsʰu:ɐ²⁴　导 tʰɤ²⁴　锭 tʰɛ²⁴　暂站 tsʰɔ²⁴　调ₙ词 tiu²⁴　凤 fan²⁴
休宁	阳上 13	治忌 tɕi¹³　示视 ɕi¹³　署 ɕy¹³　傅 fu¹³　锭 tʰa¹³　糜膳缮擅 ɕia¹³　导 tɤ³³/tɤ¹³　第 te¹³~/te³³　冂~　佃 ti:e¹³　段 tu:ə³³/tu:ɔ¹³　站车~tsʰɔ¹³　赚 tsʰɔ¹³　掉 tiau¹³　凤 fan¹³　郡 tɕʰyɐn¹³
五城	阳上 13	治 tɕi¹³　示视嗜 ɕi¹³　署 tɕʰy¹³　锭 tʰɛ²⁴　背~书 pɤ¹³　赚 tsʰu:ɐ¹³　暂站车~tsʰɔ¹³　授 ɕiu¹³
黟县	上声 53	稚 tsɿ⁵³　治嗣饲 tsʰɿ⁵³　示视侍 sɿ⁵³　第 tɛɤ⁵³~/tʰɛɤ⁵³　冂~　署瑞 ʃu⁵³　授 saɯ⁵³　宙骤 tʃaɯ⁵³　轿 tɕi:u⁵³　凤 faŋ⁵³　仲 tʃʰaŋ⁵³　畔 pʰoɐ⁵³　翡 fɛi⁵³　赚暂 tʃʰoɐ⁵³　暴佩 pʰɤɐ⁵³　锭 tʰɜɤ⁵³　甸佃 tʰi:e⁵³　倦 tɕʰy:e⁵³　膳单擅 si:e⁵³　悍捍 xu:ɐ⁵³　倦 tɕʰy:e⁵³
婺源	阳上 31	饲嗣 tsʰɿ³¹　授 sɑ³¹　凤 fɔm³¹　殉 sein³¹　赚 tsʰum³¹
浙源	阳上 25	座 tsʰo²⁵　导 tʰa²⁵　授 sao²⁵　赚 tsʰū²⁵

从表 4-7 所举例字来看，黟县全浊去声读同上声的例字最多，其次是休宁；浙源全浊去声读同上声的例字最少。

古全浊去声字读同上声在徽语中由来已久。我们先以全浊去声归入上声例字最多的黟县方言为例。清代黟县的《黟俗土语千字文》中就见到浊去字与浊上字互为同音字的现象，不过"千字文"体例决定《黟俗土语千字文》收字极其有限，所以我们无法进行具体例字的统计。单从同音字组里收有清上字这一点可以判断同组的浊去字应该是读同上声的。爬梳《黟俗土语千字文》，全书中同时收有浊去字与清上字的同音字组如下所示：

此清纸：侈齿昌止耻彻止似祀邪止治澄志嗣邪志

始书止：是恃氏禅纸使史生止市禅止矢书旨柿崇止死心旨示船至视侍禅至盛禅劲

署书语：所生语水书旨竖禅麌墅禅语署禅御瑞禅寘

首书友：守手书友受禅有后厚匣厚授禅宥

宙澄宥：九玖韭久纠见有狗苟枸见厚酒精有纣澄有肘知有胄澄宥

善禅狝：写心马社禅马险晓琰闪书琰鳝禅狝陕书琰擅禅线

轿见小：轿峤群笑缴见篠剿精小沼章小

凤奉送：粉非吻奉奉肿

重澄肿：恐溪肿仲澄送

第四章　徽州方言的声调

被並纸：郫帮旨痞並旨币並祭陛並荠品滂寝
取清虞：序邪语聚从虞跪群纸郡群问

对比《徽州方言研究》中黟县同音字汇，我们看到，《黟俗土语千字文》中读同清上字的"郡、盛、胄、峤"不见于黟县同音字汇；"币"在《黟俗土语千字文》中读同清上字，而在《徽州方言研究》黟县同音字汇中与清去字"贝、闭"等同读为阴去调的。其余在《黟俗土语千字文》中读同清上字的"治、嗣、示、视、侍、署、瑞、授、宙、擅、轿、凤、仲"在《徽州方言研究》中也读同上声。

而在比《徽州方言研究》中的黟县音系早约60年的《黟县方音调查录》[①]中，浊去字读归上声的字有"瑞、署、锭、赚、暂、暴、佩、翡、甸、佃、垫、单、膳、擅、倦、轿、捍、郡、宙、骤、胄、授、仲、凤、稚、治、嗣、饲、食（酒食）、示、视、侍、盛"。除了"郡、胄、盛、垫"外，以上《黟县方音调查录》这些读同上声的浊去字在今天的黟县音系中也基本读同上声，体现了浊去归上这一音变在黟县的相继性和稳定性。

休黟片的休宁，全浊去声读同上声的例字也较多。休宁这种现象出现时间至少可以上溯至20世纪，罗常培笔记中曾指出休宁"阳去一部分变阳上。"[②]例如，"洽、侍、示、箸、署、睡、宙、授、售、锭、膳、擅、佩、绽、宕、调音~、佃、垫、砚、仲、倦、华~山、稗"等浊去字都归入阳上。

而在这里需要提及的是，今天婺源县浙源乡的岭脚话中，浊去归入阳上的例字很少，而编于同治年间代表清代婺源环川（今天浙源乡的岭脚）音系的《新安乡音字义考正》中浊去归入阳上的例字比今天岭脚话要多得多。古全浊去声字在《新安乡音字义考正》中有三种走向：大部分与入声字、少数全浊上声字合流，当读为系统中的阳去调；一小部分与浊上字合流，当读为系统中的阳上调；另一小部分归入去声卷与清去字合流。其中与全浊上声字同归入上声卷而读为阳上的字有"凤、溷、恩、囵、砀、宕、皆、治、稚、龁、嗣、饲、食、示、视、荆、扉、翡、岥、郡、倦、甸、佃、弁、拚、卞、忭、汴、抃、玣、栈、轾、鎏、缮、膳、禅、单姓、擅、赠、憾、含、琀、瓣、褢、勹、宙、胄、籀、骤、授"。其中"授"既与浊上字"受"等同见于上声卷，又与"寿、售"等浊去字同见于入声卷。《新安乡音字义考正》中归入阳上的那些较为常用的古全浊去声字如"凤、治、示、视、佃、缮、膳、赠、擅、憾、瓣"等到今天岭脚话中绝大部分已归入阳去，小部分例如"稚、宙、骤"归入阴去。

[①] 魏建功等：《黟县方音调查录》，《国学季刊》第4卷第4期，1934年。
[②] 平田昌司等：《徽州方言研究》，好文出版社1998年版，第87页。

《新安乡音字义考正》所代表的音系所属地（清代的"环川"即今天的浙源岭脚）位于婺源与休宁交界处，部分浊去字归阳上或上声的特点与休黟片方言较为一致。而这一语音特征在今天的岭脚话中呈现萎缩甚至是消失的局势。从声调格局来看，今天的婺源县浙源乡岭脚话与婺源城关话一致：平、上、去分阴阳，入声归入阳去，全浊去的分化规律也相同，从而与休宁全浊去大部分与阴平合流、小部分与阳上合流的分化规律不相同。在全浊去声的归并方向上，岭脚话受婺源城关话影响更大，这让我们看到了全浊去声字在岭脚话中一个半世纪以来的音变方向。

看到休黟片徽语存在古全浊去声字读同阳上或上声的同时，我们也看到这个地区也存在少数古全浊上声字读同去声（或者是与浊去字同归入其他声调）的现象。例如，据《徽州方言研究》中黟县同音字汇，全浊上归阳去的例字有"士、仕、腐、骇、幸、妓、汇、诞、厦、浩、昊、灏、颢、阱、绍、践[1]、渐、键、篆、撰、撼、笨、怠、盾、荡"。可以看到，这些字大多是方言中不常用的。全浊上归阳去和全浊去归上声是两种方向相反的声调演变模式，竟然共存于同一系统内部。

"声调演变的过程，如同词汇扩散的方式，以音类为演变的单位，先从某部分的音类开始起变化，再渐次扩散到其他音类。"[2]黟县以及休黟片徽语其他方言点，并非是整个系统的全浊上字和全浊去字相混，目前全浊上归去和全浊去归上声都只占较小的比例，且全浊上归去的较少有常用字。就黟县话来说，全浊上与清上字同读为上声（调值为53）、全浊去与清入字合并读为阳去（调值为3）是全浊上字和全浊去字各自归并的主流模式；就休宁和屯溪而言，全浊上字保留阳上读法、全浊去字归入阴平是全浊上字和全浊去字主流表现形式。浊上归去是中唐以后官话方言的变化，去声归上声的演变则属于较后期的变化。由于官话方言"浊上归去"大潮流势如破竹，席卷整个汉语方言区，当然也波及徽语区。以黟县话为例，全浊上声字以词汇扩散的方式并入阳去调，而系统内部清入字也在以词汇扩散的方式并入阳去调，这样读阳去调的字数量大增，破坏了原来系统的平衡，可能少数浊去字因此循着全浊上声字的演变路径反方向归并到上声字中。

二 去声与其他调类的合并

在徽州方言乃至其他汉语方言中古声母的清浊对立一般导致阴阳调类的区别，大部分方言点阴阳调的归并都对应于古声母的清浊。古清声母平、

---

[1] "践"有两读：在诸如"实践"这样的词中读为上声，在诸如"践踏"这样的词中则读为阳去。

[2] 陈秀琪：《客家话声调的转移现象》，李如龙、邓晓华主编《客家方言研究》，福建人民出版社2009年版，第206页。

上、去、入声字主要是归入相对应的阴声调,古浊声母平、上、去、入声字主要是归入相对应的阳声调。可是少数方言点的去声却打破了原声母清浊所造成的声调阴阳之间的界限,分化后与其他调类的再合流则不能对应于古声母的清浊。例如休黟片的休宁、屯溪、溪口几地的古浊去字跟古清平字合并,而古清去字则又与古浊平字合流。这些点中,平、去两调按照古声母的清浊发生了阴阳分化,但归并却是两相交叉进行。例如:

表 4-8　　　屯溪、休宁清去字与浊平字相混的今读形式

	次清去 瓷从平	寄见去 棋群平	蔗章去 钳群平	案影去 完匣平	报帮去 培并平	奋非去 坟奉平	炭透去 谈定平	唱昌去 肠澄平	印影去 容以平
屯溪	tsʰɿ55	tɕi55	tɕia55	u:ɔ55	pɤ55	fɛ55	tʰo55	tɕʰiau55	in55
休宁	tsʰɿ55	tɕi55	tɕia55	u:ɔ55	pɤ55	fa55	tʰo55	tɕʰiau55	in55

表 4-9　　　屯溪、休宁浊去字与清平字相混的今读形式

	树禅去 书书平	坏匣去 歪晓平	大定去,~小 拖透平	币并去 批滂平	贱从去 千清平	尚禅去 香晓平	助崇去 粗清平	佑云去 优影平	定定去 厅透平
屯溪	ɕy11	va11	tʰo11	pʰe11	tsʰi:e11	ɕiau11	tsʰɤu11	iu11	tʰɛ11
休宁	ɕy33	ua33	tʰo33	pʰe33	tsʰi:e33	ɕiau33	tsʰau33	iu33	tʰa33

　　从表 4-8、表 4-9 可见,屯溪和休宁平、去声按声母清浊分化后再合并的模式是非常相近的。屯溪和休宁的这种古平、去声阴阳分化后打破原声母清浊的声调阴阳之间的界限再合流的现象不见于清代休宁南乡方言韵书《休邑土音》,也不见于今天休宁南乡五城话音系。今五城话单字调系统共有七个调类:阴平[22]、阳平[23]、阴上[21]、阳上[13]、阴去[42]、阳去[12]、阴入[55]。平、上、去、入按古声母清浊各分阴阳。浊入字与清平字合并,都读成阴平[22]。这个系统中,除了入声的音高很高、阴去的音高也较高外,其余调类的音高都很低,其中,阴平调和阳去调在非对比情况下很是接近。

　　在全浊声母清化后,清浊声母的对立消失,调类合并的唯一依据应该是调值的相近。屯溪和休宁城区异于休宁南乡五城的调类系统的大合并应该是较晚近出现的。"罗常培先生(1936)说休宁方言有 7 个声调。记音资料也列了阴平(含阳去)、阳平、阴去、阴上、阳上、阴入、阳入 7 个调类,但实际上只标 6 种,阳平和阴去放在一起标[]55。"[①] 而《徽州方言研究》中说:"根据罗常培笔记推测,当时休宁城内的调值大约是阴平[21]、阴上

[①] 罗常培、邵荣芬调查记录,由张洁整理撰文《半个多世纪前的休宁方言音系》,《方言》2018 年第 2 期,第 132 页。

[32短]、阳上[13]、阴去[22]、阳去[44]或[54]、阴入[225]、阳入[45]，共七个调。可见阴平和阳去合并是在1934年至1980年之间发生的变化。"①以上资料都提到罗常培先生的笔记，但得出的结论却略有出入，最大的差异就是半个多世纪前的休宁城区音系中，阳去调与阴平调是否合流的问题。据张洁对罗常培先生1934年记录和邵荣芬先生1955年至1961年增补修订的休宁地区（城区片）方言语音资料整理的结果，除了调类名称的命名各家略有差异外，那时的休宁城区声调系统跟后来伍巍②、平田昌司③所描写的声调系统大致是相同的。而休宁人金家骐先生④对平田昌司先生等人有关休宁方言声调系统的描写提出了异议，认为休宁县城话里阳去调是存在的，阳去的调型与阴平相同，调值也相近，但阳去与阴平有别。此后，赵日新先生又对金先生的文章作了回应，通过比字和语音实验，证明休宁方言阳去与阴平不分，金先生认为独立存在的阳去调应该是他所说的方言（阳干话、歙县话）里存在，而"浊去与清平不混并不是海阳方言的事实"⑤。

以上我们对屯溪和休宁方言的去声与平声的归并情况进行了讨论，从可见材料尚无法确知音变产生于何时，但可以肯定的是去声与平声打破古声母清浊界限进行合并的音变一定是发生在古全浊声母清化、声调依古声母的清浊发生分化之后。

除了休黟片一些方言点的去声与平声打破古声母清浊界限进行合并外，严州片徽语建德话白读系统中，清去字也与浊平字发生了合流。例如：

智_{知去}=迟_{澄平}tsʅ³³⁴　　闭_{帮去}=脾_{並平}pi³³⁴　　句_{见去}=除_{澄平}tɕy³³⁴
晒_{生去}=柴_{崇平}sa³³⁴　　店_{端去}=甜_{定平}tie³³⁴　　块_{溪去}=逵_{群平}kʰue³³⁴
贩_{非去}=烦_{奉平}fɜ³³⁴　　到_{端去}=桃_{定平}tɔ³³⁴　　咒_{章去}=绸_{澄平}tsəw³³⁴
进_{精去}=芹_{群平}tɕin³³⁴

去声除了在休黟片几个方言点和严州片建德演变比较特殊外，在旌占片的旌德话中表现也比较特殊。旌德城关旌阳话的声调系统简化到仅有四个调类，其中去声依古声母的清浊发生阴阳分化，清去字同上声字合并，浊去字同入声字合并。例如：

盖_{见去}=改_{见上}ka²¹³　　制_{章去}=紫_{章上}tsʅ²¹³　　句_{见去}=主_{章上}tsʮ²¹³
笑_{精去}=小_{精上}ɕiɔ²¹³　　进_{精去}=紧_{见上}tɕin²¹³　　面_{明去}=灭_{明入}mi⁵⁵
步_{並去}=扑_{滂入}pʰu⁵⁵　　败_{並去}=拔_{並入}pʰa⁵⁵　　项_{匣去}=鹤_{匣入}xo⁵⁵
院_{云去}=越_{云入}yɪ⁵⁵

---

① 平田昌司：《徽州方言研究》，好文出版社1998年版，第87页。
② 伍巍：《休宁县志·方言》，安徽教育出版社1990年版。
③ 平田昌司：《徽州方言研究》，好文出版社1998年版。
④ 金家骐：《休宁方言有阳去调》，《方言》1999年第2期。
⑤ 赵日新：《安徽休宁方言"阳去调"再调查》，《方言》2012年第3期。

作为徽语的最北缘，旌德城关话的调类在徽语中是最少的，其中清去字与上声合流，这在汉语方言里是较为少见的。据孟庆惠[①]研究，旌德西乡话的庙首、白地等地方还有阴平、阳平、上声、去声、阴入、阳入六个调类，兴隆话也有阴平、阳平、上声、去声、入声五个调类。而东乡的旌阳话还有俞村话都只有四个调类。旌德话（以东乡的旌阳话为代表）出现这样简化的特征与其所处的地理位置可能有一点关系，旌德话位于徽语、江淮官话、宣州片吴语的交会点上，相邻的方言之间互相影响，使得旌德话"声母同徽语一类，韵母一部分同徽语一部分同宣州话，声调简化到四个或五个，又跟官话或宣州话相同"。[②]不过江淮官话、宣州片吴语中声调一般至少有五个，且去声一般不发生分化，旌德话的声调系统比起江淮官话以及徽语其他方言点更趋于简化。

与旌德话在去声的分派表现上相似的还有严州片的建德、寿昌两点的文读系统。建德、寿昌的文读系统是"在浙江权威方言杭州话和汉语共同语等的影响下形成的一种比较接近杭州话的语音系统"[③]。在建德、寿昌的文读系统中，清去与清上、次浊上合，浊去与全浊上合。浊去与全浊上合流属于官话"浊上变去"音变的渗透。清去与清上、次浊上合流如表4-10：

表4-10　　　　建德（文读）、寿昌（文读）清去字与
上声字相混的今读形式

建德文读	器溪去=企溪上 tɕʰi⁵⁵	诉心去=所生上 su⁵⁵	剑见去=检见上 tɕiã⁵⁵	众章去=总精上 tsaom⁵⁵	证章去=疹章上 tsen⁵⁵
寿昌文读	次清去=齿昌上 tsʰɿ⁵⁵	屉透去=体透上 tʰi⁵⁵	霸帮去=堡帮上 pɑ⁵⁵	串昌去=犬溪上 tɕʰyã⁵⁵	蔡清去=采清上 tsʰɛ⁵⁵

以上旌占片的旌德和严州片建德、寿昌两点的文读系统，去声表现都比较特殊，尤其是清去字都与系统中的上声字合流，这些点基本属于徽语的外围地区，处于官话和徽语接触最前沿的地方。前文提及，旌德的声调系统趋于简化，这与旌德位于徽语、江淮官话、宣州片吴语的交会处这样特殊的位置有关，系统外部官话方言的影响是导致系统简化的主要原因，而去声的阴阳分化又制约着音变的进一步发展，最后可能导致清去和浊去分别与调值接近的上声和入声合流。而严州片中的建德、寿昌文读系统本来就是"杭州话和汉语共同语等的影响下形成的一种比较接近杭州话的语音系统"，随着去声的阴阳分化以及全浊上声变去声的官话型方言的影响，

---

① 孟庆惠：《旌德县志·方言》，黄山书社1992年版。
② 郑张尚芳：《皖南方言的分区（稿）》，《方言》1986年第1期，第12页。
③ 曹志耘：《徽语严州方言研究》，北京语言大学出版社2017年版，第108页。

上声和去声字出现不同程度的合流，随着官话型方言的影响力度加大，全浊上声与浊去字逐渐合流，清去字与上声字（包括清上和次浊上字）逐渐合流，这样建德、寿昌的文读系统框架就基本形成了。我们对比这两点的白读系统，上声跟去声泾渭分明，建德白读系统中上声没有分化，寿昌白读系统中去声没有发生阴阳分化，两地白读系统表现了声调格局的稳定性。

第四节 徽州方言的入声字

入声既属于韵母研究范畴，也属于声调研究范畴。前文韵母部分我们分析过徽语入声韵的表现情况。从入声韵尾的消变情况来看，徽语入声韵尾仅不同程度留存于绩歙片和严州片的部分方言中。可见，徽语中绝大多数方言点中古入声韵的韵尾已经丢失，古入声韵已经舒声化。那徽语中舒化后的入声字是与舒声字合流还是保持独立？与舒声字合流是否呈现一定的规律性？下面我们将观察古入声字在徽语中的表现。

一 徽语入声调系统

徽语入声调系统如表 4-11 所示：

表 4-11　　　　　　徽语古入声字声调系统类型

	清入			浊入		
	带ʔ	独立成调	不独立成调	带ʔ	独立成调	不独立成调
绩溪	入声ʔ32			入声ʔ32		
荆州	入声ʔ3			入声ʔ3		
歙县	阴入ʔ21					=阳去 33
屯溪		阴入 5				=阴平 11
休宁		阴入 212			阳入 35	
五城		阴入 55				=阴平 22
黟县			=阴平 31			=阳去 3
祁门		阴入 35				=阳去 33
婺源			=阳去 51			=阳去 51
浙源			=阳去 43			=阳去 43
浮梁			=阴去 213			=阳去 33
旌德		入声 55			入声 55	
占大		阴入 42				=阴平 11
淳安	阴入ʔ5			阳入ʔ13		

续表

	清入			浊入		
	带?	独立成调	不独立成调	带?	独立成调	不独立成调
遂安		阴入 24				=阴上 213
建德	阴入?5		=阳去 55 咸山宕江、梗部分	阳入?12		=上声 213 咸山宕江、梗部分
寿昌	阴入乙?3 非咸山	阴入甲 55 咸山		阳入?31 非咸山		=阴上 24 咸山

从入声调是否独立成调来观察，以上 17 个方言点情况大致如下。

（一）古入声独立成调

这种类型又可细分为两种：

1. 古入声未发生分化，古入声字的声调不混于其他调类

徽语中这种类型的方言点较少，主要有绩歙片的绩溪、荆州。绩溪、荆州的入声保持短促的特征，带喉塞尾，"但[?]尾在单字音里不太明显，在两字组或多字组的第一字位置时比较显著"[①]。

2. 古入声依声母清浊发生阴阳分化，阴入和阳入均独立成调

徽语中这样的方言点较少，主要有休黟片的休宁和严州片的淳安。不同的是，淳安的阴入和阳入带喉塞尾，都是短调，而休宁的阴入和阳入不带喉塞尾，也失去短促的特征。

（二）古入声字发生分化，部分入声字的声调独立成调

古入声字发生分化后，部分入声字的声调独立成调，部分则混于其他调类。按照独立成调的入声来源来看，这种类型又可细分为几种情况：

1. 清声母来源的入声独立成调，而浊入字则混入其他调类

这种类型在徽语中分布较广，绩歙片的歙县、休黟片的屯溪和五城、祁婺片的祁门、旌占片的占大、严州片的遂安等均属于这种类型。按照浊入字并入不同的调类又可以细分为几种类型：

（1）浊入字并入阳去

这样的方言点除了表 4-11 列出的绩歙片的歙县、祁婺片的祁门外，还有一些未列入表 4-11 的方言点，例如绩歙片的深渡、杞梓里、许村以及旌占片的柯村均属于这种类型。不同的是，歙县、深渡的阴入带喉塞尾，而祁门、杞梓里、许村、柯村的阴入则不带喉塞尾，也不具备短促的特征。例如：

[①] 平田昌司等：《徽州方言研究》，好文出版社 1998 年版，第 36 页。

	力来入 泪来去	毒定入 度定去	活匣入 话匣去	白并入 焙并去	薄并入 刨并去	学匣入 号匣去	目明入 墓明去	局群入 旧群去	玉疑入 遇疑去	狭匣入 厦匣去
歙县	li³³	tʰu³³	va³³	pʰɛ³³	pʰɔ³³	xɔ³³	mo³³	tɕʰio³³	y³³	xa³³
祁门	li³³	tʰu³³	uːɐ³³	pʰa³³	pʰo³³	xo³³	mu³³	tɕʰie³³	y³³	xa³³

（2）浊入字并入阴平

这样的方言点有休黟片的屯溪、五城、溪口和旌占片的占大等。例如：

	直澄入 嗤昌平	实船入 尸书平	服奉入 夫非平	着澄入 超彻平	药以入 腰影平	择澄入 差初平，出~	贼从入 猜清平	毒定入 都端平	熟禅入 休晓平	活匣入 安影平
屯溪	tɕʰi¹¹	ɕi¹¹	fu¹¹	tɕʰio¹¹	io¹¹	tsʰa¹¹	tsʰɤ¹¹	tɛu¹¹	ɕiu¹¹	uːə¹¹
五城	tɕʰi²²	ɕi²²	fu²²	tɕʰio²²	io²²	tsʰa²²	tsʰɤ²²	tɤ²²	ɕiu²²	uːɐ²²
占大	tsʰɿ¹¹	sɿ¹¹	fu¹¹	tɕʰiɒ¹¹	iɒ¹¹	tsʰa¹¹	tɕʰi¹¹ tsʰɛ¹¹	tʰu¹¹ tu¹¹	ʂu¹¹ ɕio¹¹	ɤu¹¹ ŋɤ̃¹¹

（3）浊入字并入阴上

严州片的遂安便属于这种情况。例如：

敌定入=体透上 tʰi²¹³   毒定入=土透上 tʰu²¹³   夺定入=腿透上 tʰuɛ²¹³
服奉入=虎晓上 fu²¹³   着澄入，~火=巧溪上 tɕʰia²¹³   镯澄入=草清上 tsʰɔ²¹³
食船入=洗心上 ɕiei²¹³   绝从入=写心上 ɕiɛ²¹³

2. 清声母和浊声母来源的入声各自成调，但部分韵摄的入声字混入其他调类

徽语中这种类型主要见于严州片的建德和寿昌。建德的咸、山、宕、江四摄和梗摄部分清入字与浊去合，读为[55]调；咸、山、宕、江四摄和梗摄部分浊入字归入系统中的上声，读为[213]。寿昌咸、山两摄的清入字自成一类，读为[55]调；其他清入字自成一类，读短调[3]；咸、山两摄的浊入字归入系统中的阴上，其他浊入字自成一类，读短调[31]。建德、寿昌入声字与其他调类相混现象如下所示：

建德（清入） 雪心入=自从上 ɕi⁵⁵   撤彻入=避并去 pʰi⁵⁵   缺溪入=住澄去 tɕʰy⁵⁵   噎影入=夜以去 ia⁵⁵
              铁透入=垫定去 tʰie⁵⁵   擦清入=撞澄去 tsʰo⁵⁵   杀生入=尚禅去 so⁵⁵   屑心入=匠从去 ɕie⁵⁵
建德（浊入） 舌船入=市禅上 sɿ²¹³   夺定入=底端上 ti²¹³   镯澄入=左精上 tsu²¹³   月疑入=雨云上 y²¹³
              白并入=摆帮上 pa²¹³   药以入=野以上 ia²¹³   活匣入=瓦疑上 o²¹³   袜明入=蚂明上 mo²¹³
寿昌   绝从入=洗心上 ɕi²⁴   叶以入=椅影上 i²⁴   合匣入=海晓上 xie²⁴   活匣入=哑影上 ua²⁴
              铡崇入=舍书上 ɕyɔ²⁴   罚奉入=反非上 fɤ²⁴   抹明入=米明上 miɛ²⁴   叠定入=体透上 tʰie²⁴

建德、寿昌入声调以韵摄为条件出现分化，与之相匹配是入声韵母也以相同韵摄为条件出现分化：在建德，古入声韵，咸、山、宕、江四摄和梗摄部分字今在白读中失去塞音韵尾，并入开尾韵，而其他摄的字不论文

白都收[ʔ]尾；在寿昌，古入声韵，咸、山两摄字今在白读中失去塞音韵尾，并入开尾韵或者元音尾韵，而其他摄的字不论文白都收[ʔ]尾。而与入声韵相对应的是古阳声韵也以相同的韵摄为条件出现分化：在建德，古阳声韵，咸、山、宕、江四摄和梗开二的字今在白读中失去鼻音韵尾，读作开尾韵，其他摄字不论文白都读鼻尾韵；在寿昌，古阳声韵，咸、山两摄字今在白读中失去鼻音韵尾，并入开尾韵或者元音尾韵，其他摄字不论文白读都读鼻化韵或鼻尾韵。入声韵和阳声韵以及入声调表现出来的这种以韵摄为条件的分化相对应现象正是语音系统性的表现，说明鼻尾和塞音尾的保留与消失同元音的发音特征都有一定的关系。在韵母部分我们曾提及，徽语中古阳声韵鼻韵尾的弱化速度按照"山、咸、宕、江、梗、曾、臻、深、通"的顺序渐次减慢。这是因为，"前低元音容易使软腭下降，引起元音的变化，于是鼻韵尾也更容易失落"①，"最保守的一组韵母是后高（圆唇）元音后附舌根音韵尾（*oŋ），其次是前高（不圆唇）元音后附舌根鼻音韵尾（*eŋ），最前进的一组韵母是低元音后附舌头鼻音韵尾（*a/ɑn）"②。而与古阳声韵相配的入声韵，其塞音韵尾一般也可能是按照"前低元音"到"前高元音"再到"后高元音"的顺序依次进行（但部分方言点的塞音韵尾的保留与消失同鼻音韵尾的保留与消失表现并不一致，例如前文曾提及的绩歙片的一些方言点）。所以，建德的咸、山、宕、江、梗摄和寿昌的咸、山摄的入声调随着入声韵喉塞尾的丢失发生长调化，从而向调值或调型接近的其他调类归并，如果没有相近的调值或调型，则独自成调。

  入声韵按韵摄分化现象不只见于徽语的建德和寿昌，我们从《南部吴语语音研究》一书中了解到南部吴语区的金华_{城里}方言："非咸山摄的古入声字今按声母清浊分别读阴入[ʔ4]、阳入[ʔ212]二调，咸山摄的古入声字今按声母清浊分别归入阴去[55]、阳去[14]二调。"③因为南部吴语存在声母清浊的对立，所以入声的归并受到声母清浊、声调阴阳的限制，而徽语中，"清浊声母的对立已经消失，所以入声字的归并不受声母清浊、声调阴阳的限制。因此，阴入字可以并入阳调，阳入字可以并入阴调"。④

（三）古入声不独立成调

  古入声字失去独立存在的地位，与其他调类出现合流现象。我们根据

---

① 潘悟云：《吴语的语音特征》，《温州师专学报》1986年第2期，第6页。
② 张琨：《汉语方言中鼻音韵尾的消失》，《中央研究院历史语言研究所集刊》第五十四本第一分，第4页。
③ 曹志耘：《南部吴语语音研究》，商务印书馆2002年版，第106—107页。
④ 同上书，第108页。

是否依古声母清浊发生分化又可将这种类型分为两种情况：

1. 古入声字未发生分化，与其他调类合流

这样的方言主要有祁婺片的婺源、浙源和旌占片的旌德。这三个方言点的古入声字都与古浊去字合流。例如：

婺源	泣溪入=及群入=治澄去 tɕʰi⁵¹	福非入=服奉入=附奉去 fu⁵¹	七清入=直澄入=袖邪去 tsʰๅ⁵¹
	拍滂入=白並入=败並去 pʰɔ⁵¹	曲溪入=局群入=旧群去 tɕʰiɑ⁵¹	瞎晓入=滑匣入=厦匣去 xo⁵¹
浙源	湿书入=直澄入=字从去 tsʰๅ⁴³	七清入=习邪入=隧邪去 tsʰi⁴³	福非入=服奉入=附奉去 fu⁴³
	黑晓入=盒匣入=浩匣去 xa⁴³	拍滂入=白並入=败並去 pʰɔ⁴³	触昌入=俗邪入=袖邪去 tsʰao⁴³
旌德	七清入=侄澄入=字从去 tsʰๅ⁵⁵	踢透入=敌並入=地定去 tʰi⁵⁵	雪心入=舌船入=现匣去 ɕi⁵⁵
	福非入=服奉入=护匣去 fu⁵⁵	缩生入=熟禅入=树禅去 su⁵⁵	触昌入=昨从入=状崇去 tsʰo⁵⁵

以上这三点中古入声与古浊去字合流，那究竟是古入声来源的字向古浊去字归并还是古浊去字向古入声来源的字归并呢？我们倾向于认为是古入声来源的字向古浊去字方向归并。因为随着入声韵尾的消失，入声调也会发生相应的变化。古入声在北京话中已失去独立存在的地位，其中古全浊声母入声字读阳平，古次浊声母入声字读去声，古清声母入声字派入四声，以去声最多。"在入声已经消失的官话方言里，入声的归向具有很强的一致性。例如，古全浊声母入声字归阳平的读法涵盖了除保留入声的江淮官话以外的所有官话区，古次浊声母入声字归去声的读法涵盖了冀鲁、兰银、北京、东北、胶辽等五个官话区，古清声母归阴平的读法也涵盖了中原官话和冀鲁官话。"①可见，古入声相对于古去声更不稳定，也就比古去声容易发生变化。

2. 古入声字发生分化，不同古声母来源的入声字分别与其他字合流

徽语中这样的方言点主要有休黟片的黟县和祁婺片的浮梁。在黟县，古清入与古浊去合流，古浊入与古清平合流；在浮梁，古清入与古清去合流，古浊入与古浊去合流，作为江西的徽语，浮梁和婺源、浙源一样，古入声都是与古去声合流，不同的是浮梁的入声发生阴阳分化，而婺源和浙源的古入声未发生阴阳分化。例如：

黟县	竹知入=度定去 tu³	追溯入=败並入 pʰa³	曲溪入=旧群去 tɕʰaɯ³	挖影入=话匣去 vuːɐ³
	毒定入=都端平 tu³¹	俗邪入=收书平 saɯ³¹	狭匣入=虾晓平 xoɐ³¹	叶以入=烟影平 iːe³¹
浮梁	急见入=记见去 tɕi²¹³	哭溪入=裤溪去 kʰu²¹³	百帮入=拜帮去 pa²¹³	脊精入=甑精去 tsai²¹³
	日日入=义疑去 i³³	服奉入=互匣去 fu³³	白並入=败並去 pʰa³³	贼从入=净从去 tsʰai³³

---

① 曹志耘：《吴徽语入声演变的方式》，《中国语文》2002 年第 5 期，第 444 页。

除了以上一些类型，据孟庆惠研究，古入声在徽语祁婺片的德兴表现较为特殊，大体是清入字自成一调，全浊入声字归入阴平，其中次浊入声字出现了分化，部分与全浊入声字一样归入阴平，部分与清入字同读。例如：

百帮入 pa³⁵　　塔透入 tʰa³⁵　　德端入 tæ³⁵　　擦清入 tsʰo³⁵　　缺溪入 tɕʰyɛ³⁵　　恶影入 ŋau³⁵　　脚见入 tɕia³⁵
麦明入 mæ³⁵　　纳泥入 lo³⁵　　律来入 lɛ³⁵　　落来入 lau³⁵　　日日入 ȵi³⁵　　育以入 io³⁵　　肉日入 ȵio³⁵
袜明入 mo⁵⁵　　力来入 læ⁵⁵　　六来入 lio⁵⁵　　鹿来入 lu⁵⁵　　月疑入 nyɛ⁵⁵　　浴以=优影入 io⁵⁵　　入日入=衣影平 i⁵⁵
杂从入=粗清平 tsʰo⁵⁵　　十禅入=稀晓平 ɕi⁵⁵　　熟禅入=沙生平 so⁵⁵　　杰群入=车昌入 tɕʰiɛ⁵⁵　　白並入 pʰa⁵⁵　　绝从入 tsʰi⁵⁵

德兴古次浊入声出现了分化，与古入声清声母走的有"纳、灭、末、日、律、落、弱、域、疫、麦、木、肉、育"等，与古入声全浊声母走的有"叶、业、十、入、热、袜、月、越、药、力、鹿、六、浴"等。这种分化无规律可循，同一韵摄的字有的分属两类。例如：同属薛韵，"灭"读为 mi³⁵，而"热"读为 ȵiɛ⁵⁵；同属屋韵，"育"读为 io³⁵，而"玉"读为 io⁵⁵。而同一声母的入声字也有分读两调的。例如：同属明母字，"麦"读 mæ³⁵，"袜"读 mo⁵⁵；同属日母字，"弱"读为 ia³⁵，而"热"读为 ȵiɛ⁵⁵，等等。

前文在分析古上声在徽语中的表现时曾经提到，次浊上声在休黟片一些方言点中出现了条件不明的分化现象，部分跟清声母上声走，部分跟全浊声母上声走。而德兴次浊入也出现了类似的分化，再一次体现了次浊声母的不稳定性。这种现象也见于客家方言中，据谢留文研究，客家方言中二十个左右常用的古入声次浊声母字，有规律地分化为甲、乙两类，甲类有"日、袜、劈、额、脉、六、肉、木"，这些字一般跟古入声清声母字走，乙类有"月、末、捋、入、纳、灭、肋、麦、逆、蔑、玉、绿"，这些字一般跟古入声全浊声母字走。①客家方言中，入声字出现分化且"哪些字归甲类，哪些字归乙类，内部相当一致"②。对比客家话，德兴的古次浊入声字在归字上虽然与之不完全一致，但大体对应。这一方面可能与次浊声母不稳定有关，另一方面，德兴话作为深入江西省的徽语，长期以来与赣语相邻，在次浊入声字的表现上与客赣方言有共性也是有可能的。

综上，徽语的入声演变模式复杂多样，但总的说来，入声的喉塞尾正逐步趋于消亡，入声也逐渐长调化，有的已经跟其他舒声调合并。尽管不同的方言往往有不同的合并方式，但大多数方言里的浊入字跟清入字相比，更容易并入舒声调，并且以跟阳去合并为常。我们想，浊入字比清入字之

---

① 谢留文：《客家方言古入声次浊声母字的分化》，《中国语文》1995 年第 1 期，第 49 页。
② 黄雪贞：《客家方言古入声字的分化条件》，《方言》1997 年第 4 期，第 261 页。

所以更容易并入其他舒声调,是因为入声的消失过程与促音音节结构的变化密切联系在一起。入声的演变会受到声母和韵尾两方面的制约。浊声母是有标记的音类,一般变化比较主动。浊声母入声字的喉塞尾比清声母的喉塞尾更容易脱落。在入声发生阴阳分化之前,浊声母入声字的喉塞尾已经变得非常弱了。这样入声按古声母清浊发生阴阳分化后,浊入字的喉塞尾率先脱落,韵母变为纯元音韵,其调值也同时失去短促特征,从而容易跟调值比较接近的舒声调合并。在北京话中,入声已经消失,古浊入字的归并方向非常一致,古全浊读阳平,古次浊读去声,而古清声母却派入四声。许宝华认为:"全浊的入声字大抵由于辅音韵尾失落得比较早,比较早地并入了舒声类,所以还比较稳定,而清音入声字由于辅音韵尾失落得比较迟,归并情况就显得很不稳定了。"①

二　徽语中的舒声促化现象

入声在各大方言区发展的总趋势是逐步走向消亡,随着不同塞音韵尾的归并、弱化、消失,很多方言的古入声韵逐渐舒声化。但与这种趋势相反的是,一些方言出现了"舒声促化"现象,且这种现象分布甚广。据郑张尚芳研究,舒声促化现象以入声带ʔ尾的晋语、吴语、江淮官话最为发达。赣语、闽语次之。湘语及西南官话带入声的方言中也有字例发现。②徽州方言中也存在舒声促化现象,主要表现在两个方面:一是舒声调类的字读成短调,但不跟系统中的入声相混;二是舒声调类的字读如入声调,可能会跟系统中的入声一样读成短调,带喉塞尾,也有可能同入声字一样读成长调。

(一)徽语部分方言点清声母上声字今读短促调

《中国语言地图集·汉语方言卷》(第 2 版)B1-21"徽语"中指出"屯溪、休宁(老派)、婺源古清声母上声字今读短促调,往往后带喉塞音尾或音节末尾伴有紧喉现象"。③这些地方是整类上声单字音全部促化,且不与系统中的入声字相混。

徽语这种舒声促化现象引起部分学者的关注。最早对这类舒声促化现象有所说明的是罗常培,他概括徽语语音特点时说道:

"上声特别短促并附有喉塞声。休宁、婺源上声短促附喉塞[ʔ]像别处入声,而入声拖长变舒,这是徽州方言一特点……休宁和婺源两县上声特别短促并附有喉部塞声,这本来是入声的特征。但是休宁东乡的入声还保留

---

① 许宝华:《论入声》,《音韵学研究》第一辑,中华书局 1984 年版,第 444 页。
② 郑张尚芳:《方言中的舒声促化现象说略》,《语文研究》1990 年第 2 期,第 6 页。
③ 《中国语言地图集·汉语方言卷》(第 2 版),商务印书馆 2012 年版,第 149 页。

短促的性质，其余各乡及城内已经把尾音拖长了。至于婺源根本就没有入声，阴入和阳入都变阳去。入声何以失掉短促的性质，上声反倒短促呢？我觉得这也是同上古音有关的问题。段玉裁的《六书音韵表》把上声五部独立为一类是很有见地的。"①

伍巍《休宁县志·方言》是这样描述休宁城关海阳话阴上调的：

"阴上调的字有些特殊，在年长者的发音中均于音节末尾伴有紧喉现象，故阴上调值显得短促，特记作 43。与此相反的是，海阳话两类入声均丢失辅音塞尾，变成舒声。"②

《徽州方言研究》概括屯溪话的声韵调系统时说：

"阴上[32]是短促调。由于阴上字的韵尾有很明显的紧喉成分，韵尾的收束引起声调下降的听感，实际下降的幅度不到一度。"③

而在一些方言韵书中，也偶尔见到将古上声字置于入声位置的现象。例如，清代休宁南乡方言韵书《休邑土音》例言最后部分附上一幅题为"土音调字分平上去入四声之图"的平仄指掌图，以"夫"组为例说明每一调类在韵书中的编排位置：把"夫、符"列在平声的位置，把"妇"列在上声的位置，把"付、腐"列在去声的位置，而把"甫、福"列在入声的位置。韵书正文部分就是按照这样的位置布字的，将清上字以及部分次浊上声字置于入声之一的位置，但与古清入来源的入声字并不互见。这大概是因为清上字以及部分次浊上声字发音短促，或者带有一定的紧喉成分，听感上与入声特征接近，所以编者将清上字以及部分具备这样声调特征的字排在入声的位置上。

对于徽语中的这种上声促化现象，罗常培认为可能与上古音有关。赵日新认为"屯溪、婺源的阴上读短促调是由调值变化引起的语音内部的'调素'调整，与上古音并无什么关联"④。首先，除了上声字，据桥本万太郎研究，海南军话阳平、临高话阴平、湖北通山方言阴平、江苏连云港方言阴平都带有喉塞音尾。⑤"这些显然都不能解释为上古音的遗留。较为可靠的解释也许是调值升降幅度的减少以及方言内部各种调值间的相互作用是造成非入声字读短调并进而衍生出喉塞尾的主要原因，同时，入声消失

---

① 罗常培：《徽州方言的几个要点》，载《国语周刊》第 152 期，1934 年 8 月 25 日。
② 伍巍：《休宁县志·方言》，安徽教育出版社 1990 年版，第 531 页。
③ 平田昌司等：《徽州方言研究》，好文出版社 1998 年版，第 69 页。
④ 赵日新：《古清声母上声字徽语读短促调之考察》，《中国语文》1999 年第 6 期，第 426 页。
⑤ 桥本万太郎：《古代汉语声调调值构拟的尝试及其涵义》，《语言学论丛》第十六辑，商务印书馆 1991 年版，第 49 页。

的大趋势又制约着此类现象的滋生和蔓延。"①例如:

屯溪话阴上调值是[32],休宁老派阴上调值是[43]。闽语海南话的上声读[21]调(而其阳入是[32]短调)。浙南吴语特别是温州话其阴上调和阳上调上升短而且急促,字音末尾也带有程度较弱的喉塞。据帕维尔·玛突来维切研究,浙江洞头县大门岛方言(属于温州话)中上声带有紧喉成分,其中,东边村的上声都读升调,阴上读高升调[45],升的幅度较小,但很明显。阳上读中升调[34];西浪和小荆上声读升降调,阴上都读[454]调,有时降的部分不完全到[4]度,但紧喉成分很明显。阳上西浪读[343]调,小荆读[243]调,降的部分带有的紧喉色彩也很明显。②"吴语东瓯片的上声调值最高最突出,阴上、阳上都是高升降短调。阴上的调值是[453],具体地说,起音在4—5度之间,收音在4—3度之间,发音时,微升之后迅速高降,所以似有喉塞感"③。海南军话阳平的调值是[31]调。湖北通山方言的阴平调值是[23]调。江苏连云港方言的阴平调值是[214]调,调型是先降后升,"音节中间喉头明显紧缩,严格地说当中有喉塞音[ʔ]"④。

以上这些方言点带喉塞色彩的非入声调在发音上有明显的共性:都不是平调,而且无论是升调还是降调其调值起伏幅度都很小。起音和收音虽有起伏,但由于起伏幅度很小,所以发音速度很快,动程很短,所以给人听感上似有喉塞感。也就是说,非入声调类带有喉塞感是与该调类本身的发音特征有关,而与上古音无涉。

(二)徽语中古舒声字与古入声字非系统性同读现象

徽语中除了以上所说的整类字发生促化外还有部分方言点存在古舒声字与古入声字非系统性同读现象,导致这种现象产生的原因不止一种,其中部分是由小称音变引起的。例如,徽语祁婺片的祁门,古清入字自成一调,为[35],小称音变引起少数古舒声字读成[35]调,而这些字中有些已经失去本调和本音。例如:

---

① 赵日新:《古清声母上声字徽语读短促调之考察》,《中国语文》1999年第6期,第426页。
② 帕维尔·玛突来维切:《浙江洞头县大门岛方言音系》,《吴语研究:第三届国际吴方言学术研讨会论文集》,上海教育出版社2005年版,第118页。
③ 颜逸明:《吴语概说》,华东师范大学出版社1994年版,第93页。
④ 岩田礼:《连云港市方言的连读变调》,《方言》1982年第4期,第285页。

单字音	小称音变后的读音 1	小称音变后的读音 2	小称音变后的读音 3
（无）	鼠 tɕʰy³⁵		
（无）		猫ₙmon¹¹ 熊~	猫ₙmon³⁵~捉老鼠
（无）			因ₙĩːen³⁵ 对孩子的爱称
奶~粉 na⁴²			奶ₙnan³⁵ 乳房、乳汁
朵量词 to⁴²			朵ₙton³⁵ 耳~
娘母亲；新~ iõ⁵⁵		娘ₙiõ⁵⁵ 北瓜：一种昆虫	娘ₙiõ³⁵ 姑姑
眼~睛 ŋõ⁴²		眼ₙŋõ⁴² 小孔	眼ₙŋõ³⁵ 屁股~：肛门

除了祁门方言这种因小称音变引起的舒声字与入声字同读现象外，徽语中还存在其他性质的舒声字与入声字同读现象，其中，尤以严州片徽语最为明显。严州片徽语四点古入声字今读（仅列独立成调的）如下：淳安的阴入为短调[5]，阳入为短调[13]，且入声韵带喉塞尾。遂安的阴入调为[24]，入声韵不带喉塞尾。建德的阴入调为短调[5]，阳入为短调[13]，咸、山、宕、江、梗摄以外的入声韵一般带喉塞尾；寿昌的阴入甲读[55]调，这部分的入声韵不带喉塞尾；阴入乙读短调[3]，这部分的入声韵带喉塞尾；阳入读[31]调，这部分的入声韵带喉塞尾。部分古舒声字读同入声字。例如：

淳安	臂帮去=笔帮入piʔ⁵	慰影去=熨影入viʔ⁵	里来上，哪~=立来入liʔ¹³	例来去=猎来入liaʔ¹³
	惹日上=弱日入iaʔ¹³	夸溪平=阔溪入kʰuaʔ⁵	来来平，十~岁=粒来入ləʔ⁵	者章上=汁章入tsəʔ⁵
	些心平=塞心入səʔ⁵	余禅平=色生入səʔ⁵	鸦影平=鸭影入ʔ⁵	鼻並入，一头=pʰeʔ¹³
遂安	制章去=脊精入tsʅ²⁴	喜晓上=析心入sʅ²⁴	第定去=踢透入tʰi²⁴	臂帮去=逼帮入pi²⁴
	椒精平=脚见入tɕia²⁴	惹日上=约影入ia²⁴	垮溪上=阔溪入kʰua²⁴	蔗章去=急见入tɕiei²⁴
	者章上=接精入tɕiɛ²⁴	且清上=切清入tɕʰiɛ²⁴	貌明去=膜明入mɔ²⁴	最精去=卒精入tsɯ²⁴
建德	罢並去=北帮入pəʔ⁵	些心平=塞心入səʔ⁵	个见去，一~=胳见入kəʔ⁵	毅疑去=一影入iəʔ⁵
	夸溪平=哭溪入kʰuaʔ⁵	塑心去=速心入ɕyəʔ⁵	鼻並去=蹩並入piəʔ¹²	
寿昌	个见去，一~=格见入kəʔ³	蔼影上=轭影入əʔ³	萝来平=六来入lɔʔ³¹	鼻並去=piəʔ³
	篇滂平/鏖见去=撒心入pʰi⁵⁵	茧见上=结见入tɕi⁵⁵	串昌去=缺溪入tɕʰyei⁵⁵	部並上=pʰu⁵⁵
	毫匣平，一~=xɤ⁵⁵	秒明上，一~=miɤ⁵⁵	行匣平，一~=xã⁵⁵	层从平，一~=sen⁵⁵

从以上所举的例子来看，严州片四个方言点中，舒声字读同入声字的都不是个别现象，而且这些读同入声字的舒声字从来源来看也没有任何规律可循，平、上、去都有，清声母和浊声母也都有。从用法来看，除了寿昌，部分读同入声字的舒声字是量词或度量衡单位，例如"个、篇、串、行、层、毫、秒"等，其余在词类上也不存在共性。这些字中，少数字例

如"鼻"等在整个徽语区都表现特殊（而在南部吴语区，"鼻"字各地一律读阳入）；少数字例如"臂、惹、者、些"在淳安、遂安都读同入声。严州片徽语舒声字读同入声字现象从来源和词类用法上均无法找到共性，那大概只能解释为不同系统影响的结果。

建德、寿昌本身存在十分完整的文、白两套语音系统，"在实际使用中，白读与文读也有许多交叉的现象"。①

"严州方言北接吴语太湖片、东邻吴语婺州片、南接吴语处衢片、西通徽语中心地区。既处于'吴根越角'又靠东南大道的位置，必然导致各地方言成分的混杂，就有可能产生一种过渡性的特殊方言。"②这种混杂性从四个方言点中一些不符合古今语音对应规律的现象中可见一斑。例如在遂安，清上与浊入合，浊上又与清去合，这应该是调值的相近导致调类成系统的合并，除此，遂安还存在一些字不成系统地"归错队伍"的现象。例如：

清平字读入阳上[422]调的字有"需、须、墟、要~求、鸦、滔、颗、教书、舟、相信、瞻、宾、彬、槟、斤、晶、兴起、均、钧、春、鬃"等；浊平字读入阴平[534]调的字有"渠、樵、锚、巢、柔、揉、膨、彭、烊₂、黏、承、臣、晨、辰、容₂、蒙、从~来"等；次浊平声字读入阳去[52]调的字有"愚、虞、娱、榆、愉、逾"等；全浊上声字读入阴平[534]调的字有"技、妓、巨、拒、距"等；清上字读成阳上[422]调的字有"姊、启、彼、所、颈、耻、齿、岂、凯、贾、朽、伞、颈、桶"等；清上字读成阳去[52]调的字有"暑、晓、枉、此、侈、寝"等；清去字读成阳去[52]调的字有"稍、畏、慰、探、锻、训、舜、供、副、盼、庆"等；全浊去声字读成阳上[422]调的字有"侍、宙、骤、袖、寿、授、售、队、尚"等；浊入字读成阴入[24]调的字有"集、习、籍、藉、夕、或、获、惑、阅、悦、莫、寞、摸、膜、疫、勒"……遂安有这么多字窜入异调类是没有规律可循的，其中包括部分舒声字发生促化。由此可见，遂安的语音系统很可能杂糅了不同方言的语音特点，所以显得杂乱无章。

舒声字不成系统读同入声现象不仅仅存在徽语中。据曹志耘研究③，在南部吴语里，主要是在其北部地区，也有少数古舒声字读如古入声字，比如金华的"些、个、渠他"等，龙游的"个、女、去、渠、是"等，常山的"五、是"等，广丰的"去、雨、是"等，遂昌的"是、有"等。不过，南部吴语中舒声字读同入声字的现象显然不如严州片徽语普遍。

---

① 曹志耘：《徽语严州方言研究》，北京语言大学出版社2017年版，第142页。
② 平田昌司：《徽语严州方言研究·序》，《徽语严州方言研究》，北京语言大学出版社2017年版。
③ 曹志耘：《南部吴语语音研究》，商务印书馆2002年版。

第五章　徽州方言的文白异读

　　文白异读在汉语中是一种常见的语言现象，"文"与"白"代表两种不同的语音系统。这两种系统叠置在一个方言的共时平面上，表现在语音上就是同一个字在一个方言内部有两种语音形式。不过，同一个方言中并不是每一个字都有文白两种语音形式相对应，也不是每个方言都具有完整的白读和文读两套语音系统。有的方言里有些字只有读书音，有些字只有白话音；有的方言里文白异读形式一般表现为某一个音类的不同，或是声母或是韵母或是声调的不同，也有可能几种音类同时存在不同，还有可能是文白异读表现为几个音类的交叉，例如声母、韵母属于白读层而声调属于文读层，或是声母属于文读层而韵母、声调属于白读层，等等。徽语中，除了严州片的建德、寿昌存在较为完整的白读和文读两套系统外，一般方言的文白两个系统之间没有整齐的对应关系，这些方言里的文白异读大多表现为某一个音类的不同，且体现出一定的对内一致性。

第一节　徽州方言声母的文白异读

　　徽州方言声母的文白异读主要表现在见晓组二等和见晓组三四等、非组等字上，匣母和日母也不同程度存在文白异读现象。部分字的文白异读除了表现在声母的对应上，同时在韵母或是声调上也存在不同程度的对应关系。

一　见晓组字的文白异读

（一）见晓组二等字的文白异读

　　前文声母部分我们曾讨论徽州方言中见晓组二等字腭化现象，据我们考察，见晓组二等字的腭化现象由外围徽语区到中心徽语区、由北到南逐渐减少：见晓组二等字在外围徽语区例如旌占片的旌德、占大腭化现象最为普遍；其次是徽语北部地区绩歙片的绩溪、荆州、歙县等，浙江徽语严州片见晓组二等字腭化现象也较为普遍；而祁婺片的祁门见晓组二等字较少发生腭化。见晓组二等字发生腭化的方言点中不同程度存在文白异读现象，一般读[k]、[kʰ]、[x]的代表着白读层，读[tɕ]、[tɕʰ]、[ɕ]的代表着文读层。这一组字除了在声母上存在[tɕ tɕʰ ɕ]和[k kʰ x]相对应的文白异读形式外，同时在韵母上也存在齐齿呼或者撮口呼与开口呼相对应的文白异读形式，建德、寿昌等地甚至还存在声调上的文白异读。例如：

表 5-1　　　　　徽语部分方言点见晓组二等字的文白异读

占大	痂 kɔ¹¹ 白/tɕia¹¹ 文	解 ka²¹³ 开,白/tɕia²¹³ 放,文	教 kɒ⁵⁵ 学,白/tɕiɒ¹¹ 书,文	间 kɔ̃¹¹ ~房,白/tɕiẽ¹¹ 时~,文
	闲 xɔ̃³³ 白/ɕiẽ³³ 文	衔 kʰɔ̃³³ "叼"义,白/ɕiẽ³³ 文	江 kɔ̃¹¹ 姓,白/tɕiɔ̃¹¹ 长~,文	觉 kɒ⁵⁵ 困,白/tɕiɒ⁴² 如~,文
	假 kɔ²¹³ 白/tɕia²¹³ 文	铅 kʰɔ̃¹¹ 白/tɕʰiẽ¹¹ 文	学 xo¹¹ 教~,白/ɕye⁴² 声,文	角 ko⁴² 羊~,白/tɕiɒ⁴² 扁~,扁豆,文
绩溪	降 kõ³⁵ 白/tɕiõ³⁵ 文	假 ko³⁵ 真~,白/tɕio²¹³ 文	家 kɔ¹¹ 大~,白/tɕiɔ³¹ 国~,文	解 kɛ²¹³ ~鞋带,白/tɕiɛ²¹³ ~放,文
	孝 xɤ³⁵ 戴孝,白/ɕie³⁵ 文	教 kɤ³⁵ ~书,白/tɕie³⁵ ~育,文	交 kɤ³¹ ~椅,白/tɕie³¹ 文	学 xoʔ³² 中~,白/ɕyoʔ³² 化~,文
歙县	加江 ka³¹ 白/tɕia³¹ 文	孝 xɔ³¹³ ~帽,白/ɕiɔ³¹³ ~顺,文	岳 ŋɒ³³ ~飞,白/io³³ 山~,文	敲 kʰɔ³¹ ~门,白/tɕʰiɔ³¹ ~诈,文
	交 kɔ³¹ 白/tɕiɔ³¹ 文	学 xɔ³³ 白/ɕiɔ³³ 文	杏 xɛ³⁵ 白/ɕiɛ̃³⁵ 文	咸 xɛ⁴⁴ ~盐,白/ɕie⁴⁴ ~丰,文
建德	交 kɔ⁴²³ 白/tɕiɔ³³⁴ 文	甲 ko⁵⁵ ~子,白/tɕiəʔ⁵ 乙丙丁,文	眼 ŋɛ²¹³ ~睛,白/ȵiã⁵⁵ ~iã⁵⁵ 文	解 ka²¹³ ~开,白/tɕie²¹³ ~放,文
	学 xu²¹³ 白/ɕiəʔ¹² 文	间 kɛ⁴²³ 房~,白/tɕiã³³⁴ 中~,文		
休宁	郊 ko³³ 白/tɕio³³ 文	敲 kʰo³³ 白/tɕʰio³³ 文	确 kʰo²¹² ~实,白/tɕʰio²¹² 文	觉 ko²¹² 知~,白/tɕio²¹² ~得,文
	艰 kɔ³³ 白/tɕi:ɐ³³ 文	绞 ko¹³ ~拧义,白/tɕio³¹ 文		
祁门	监 kɔ̃¹¹ ~牢,白/tɕi:ɐ¹¹ ~考,文		巧 kʰo⁴² 小小~~,小巧,白/tɕʰia⁴² 人名,文	

　　从以上所列举的各点文白异读情况来看，见晓组二等字腭化程度与文白异读的丰富程度是相对应的。腭化程度最高的旌占片，其见晓组二等存在文白异读对应的字也最多，见晓组二等字腭化程度最低的祁门，其见晓组二等字存在文白异读对应的字也最少。从地理位置来看，北部的旌占片、绩歙片比南部的休黟片、祁婺片见晓组二等字腭化程度要高，存在文白异读对应的字也要多。之所以出现这种南北差异是因为北部徽语处于官话和徽语接触的最前沿，受官话的影响比较大，而中南部徽语受官话影响相对北部要小，因此见晓组二等字更容易保留舌根音声母的读法。

（二）见、晓组三四等字的文白异读

　　见、晓组遇三四等韵一般发生腭化，而普通话中见晓组三等有三处成系统的"例外"：止蟹摄合口三等字、宕摄合口三等字、通摄合口三等字。这些字的声母依然保持中古的[舌体]+[后]声母[k]、[kʰ]、[x]，介音都是[u]。徽语大部分方言点与普通话表现一致，但部分方言点的见晓组在一些三四等韵前的表现却异于普通话。普通话中已读为舌面音的在徽语这些方言点中却白读为舌根音；有些普通话中读成舌根音的，在徽语中却白读为舌面音。这些字的文读形式则与普通话保持一致。

1. 见组三四等字舌根音读法代表白读层

这种现象见于大多数徽语中，具体例字如表 5-2 所示：

表 5-2　　　　徽语部分方言点见组三四等字的文白异读
（舌根音读法代表白读层）

绩溪	去 k^hi^{35} 白/$tɕ^hy^{35}$ 文	渠他 ki^{44}	徛站立 k^ha^{213}	
歙县 大谷运	去 k^hei^{214} ~家, 白/$tɕ^hy^{214}$ ~来, 文	渠他 kei^{55}	徛 $k^hɛ^{35}$	阉鸠 kei^{31}/$tɕio^{31}$ 文
	球 k^hei^{55} 白/$tɕ^hio^{55}$ 文	臼 k^hei^{35} 白/$tɕ^hio^{35}$ 文		
屯溪	去 $k^hɤ^{55}$ 来~, 白/$tɕ^hy^{55}$ ~皮, 文	渠他 $k^hɤ^{55}$	疆 kau^{11}/$tɕiau^{11}$ 文	乞 k^ho^5 ~食: 乞丐, 白/$tɕ^hi^5$ 文
休宁	去 $k^hɤ^{55}$ 白/$tɕ^hy^{55}$ 文	渠他 $k^hɤ^{55}$		
黟县	去 k^hau^{324} 白/$tɕ^hyɛi^{324}$ ~河粉, 文	渠他 k^hau^{31}	徛站立 $kuau^{53}$	
浙源	去 k^hao^{215} 白/$tɕ^hy^{215}$ 过~, 文	渠他 k^hao^{51}		
旌德	去 k^hi^{213} 来~, 白/$tʃ^hʅ^{213}$ 过~, 文	渠他 k^hi^{42}	舅 k^hi^{213} 白/$tɕ^hiu^{213}$ 文	丘 k^hi^{35}/$tɕ^hiu^{35}$ 文
淳安	去 $k^hɯ^{224}$	渠他 $k^hɯ^{445}$	徛站立 k^he^{55}	及 k^he^0 来得~, 白/$tɕ^hiəʔ^{13}$ ~格, 文
	今ken^{224} ~阴：今天/$tɕin^{224}$ 古~	撅k^hen^{445} 用力按/$tɕ^hin^{445}$ 按	屈弯 $k^hueʔ^5$	掘用力挖 $k^huəʔ^{13}$
遂安	去 $k^hɯ^{422}$/$k^həɯ^{422}$	渠他 $k^hɯ^{33}$	徛站立 $k^həɯ^{422}$	决诀蕨 $kyɛ^{24}$
	掘 $k^hyɛ^{213}$	缺 $k^hyɛ^{24}$	屈弯 $k^huəɯ^{24}$/$k^hyɛ^{24}$	捐 $kyɛ̃^{534}$
建德	去 k^hi^{334}	渠他 ki^{334}	徛站立 $kɛ^{213}$	锯 ki^{334} 名词/$tɕy^{334}$ 动词
	今ken^{423}/$tɕin^{423}$	撅用力按 k^hen^{334}		
寿昌	去 $k^həɯ^{33}$	渠他 $kəɯ^{52}$	徛站立 k^hie^{534}	锯 $kəɯ^{33}$
	今ken^{112} 白/$tɕien^{33}$ 文			

与普通话一样，见晓组三四等字在徽语中大多发生腭化。但少数字保持舌根音的读法，少数字存在舌根音和舌面音（或舌尖音）文白异读对应形式。从表 5-2 可见，虽然保留舌根音读法的见组三四等字不多，存在文白异读对应形式的例字则更少，但例字的分布在徽语内部有较高的一致性，大致是：遇摄合口三等鱼韵的几个见组字"渠他""去""锯"，这也是"鱼虞有别"现象在鱼韵白读层的表现，还有止摄开口三等支韵的"徛站立"。除此，徽语北部旌占片的旌德和绩歙片的歙县大谷运等地，还有流摄三等见组字存在白读为舌根音、文读为舌面音的现象；严州片徽语中山摄合口三等见组字也有保留舌根音读法的，深摄开口三等"今""撅"等字在严州片徽语中白读为舌根音现象也较为普遍。令人费解的是，徽语中绝大多数

方言点不同程度存在见组三四等字白读为舌根音、文读为舌面音的现象，而作为中心徽语区的祁门城区话中竟然找不到一个同等性质的例子，以上在徽语中的表现具有共性的"渠他"祁门读为[tɕi⁵⁵]，"去"读为[tɕʰi²¹³]，"锯"读为[tɕy²¹³]，"徛站立"读为[tɕʰi⁴²]。流摄三等、山摄合口三等、深摄三等见组字也都没有读为舌根音的，而在祁门西路话中，"渠他"读为[kʰu⁵⁵]，"去"白读为[kʰu²¹³]，除此，西路话中梗摄开口三四等见组字中常用的一般读为舌根音，例如，"京惊经"读为[kã¹¹]，"颈"读为[kã³⁵]，"镜敬"读为[kã²¹³]，"轻"读为[kʰã¹¹]，"庆"读[kʰã²¹³]，"吃"读为[kʰæ³²⁵]，同类现象均不见于祁门城区话中。

2. 见晓组三四等字舌面音读法代表白读层

徽语中，见晓组三四等字在部分韵摄出现了白读为舌面音、文读为舌根音的现象。例如：

表 5-3　　　徽语部分方言点见晓组三四等字的文白异读
（舌面音读法代表白读层）

歙县	筐 tɕʰia³¹ 白/kʰuɛ³¹ 文			
屯溪	龟 tɕy¹¹ 白/kue¹¹ 文	规圭闺 tɕye¹¹ 白/kue¹¹ 文	亏 tɕʰye¹¹ 吃~、白/kʰue¹¹ ~本、文	徽 ɕy¹¹ ~州、白/xue¹¹ ~章、文
	鬼 tɕy³²	贵 tɕy⁵⁵　桂鳜 tɕye¹¹	柜 tɕʰy¹¹	跪 tɕʰy³²
休宁	归轨 tɕy³³ 白/kue³³ 文	亏 tɕʰye³³ 受损失、白/kʰue³³ ~待、文	徽 ɕy³³ ~州、白/xue³³ ~章、文	彗 ɕye³³ 白/xue³³ 文
	弓宫 tɕin³³ 白/kan³³ 文	共 tɕʰin³³ 白/kan³³ 文	恐 tɕʰin³¹ 白/kʰan³¹ 文	龟 tɕy³³
	鬼诡 tɕy³¹	贵 tɕy⁵⁵	跪 tɕʰy³¹	惠慧 ɕye³³
祁门	桂 tɕy²¹³ 白/kui²¹³ 文	贵 tɕy²¹³ 价钱高、白/kui²¹³ 珍~、文	葵 tɕʰyn⁵⁵ 朝~儿、向日葵、白/kʰui⁵⁵ ~花籽、文	柜 tɕʰy³³ 谷~、储存谷子的木柜、白/kui²¹³ 冰~、文
	供 tɕiəŋ¹¹ ~猪、~销杜、文/koŋ¹¹	弓宫躬恭 tɕiəŋ¹¹	共 tɕʰiəŋ³³	跪 tɕʰy⁴²
婺源	规 tɕy⁴⁴ ~矩、白/kuɣ⁴⁴ 文	诡 tɕy² ~计、白/kuɣ² 文	亏 tɕʰy⁴⁴ 吃~、白/kʰuɣ⁴⁴ 文	跪 tɕʰy² ~下、白/kʰuɣ³¹ 文
	惠慧 ɕy⁵¹ 白/xuɣ⁵¹ 文	圭闺龟归 tɕy⁴⁴　鬼 tɕy²	鳜桂贵 tɕy³⁵	柜 tɕʰy⁵¹　葵遂 tɕʰy¹¹
	挥徽辉 ɕy⁴⁴	弓宫供躬恭 tɕiɔm⁴⁴	拱巩 tɕiɔm²　恐 tɕʰiɔm²	共 tɕʰiɔm⁵¹
占大	供 tɕiɔŋ¹¹ ~匠人：请匠人、白/koŋ¹¹ 文			
淳安	柜 tɕʰya⁵³⁵ 粮柜、白/kʰue⁵³⁵ ~台、文			
遂安	鬼 tɕy²¹³ 白/kuɯ²¹³ 文	贵 tɕy⁴²² ~贱、白/kuɯ⁴²² 富~、文	柜 tɕʰy⁴²² 白/kʰuə⁴²² 文	龟 tɕy⁵³⁴　跪 tɕʰy⁴²²

从以上例字今读形式我们看到，徽州方言中，古见晓组三四等字白读为[tɕ tɕʰ ɕ]文读为[k kʰ x]的现象主要见于蟹止摄合口三四等、通摄合口三等、宕摄合口三等，其中尤以蟹止摄合口三四等为常，从韵母角度来说，这也是"支微入鱼"音变的体现。从所分布的地域来看，古见晓组三四等字白读为[tɕ tɕʰ ɕ]、文读为[k kʰ x]的现象在中心徽语区如休黟片以及祁婺片的祁门、婺源、浙源较为普遍，越往北，这种现象越少见。严州片徽语中除了遂安，其他方言点也少见古见晓组三四等字白读为[tɕ tɕʰ ɕ]、文读为[k kʰ x]的现象。

共同语中，见晓组三四等字曾发生腭化音变，而止蟹摄合口三等、宕摄合口三等、通摄合口三等的见、晓组却出现了系统的"例外"，腭化音变开始之前这些韵摄的三四等见晓组字介音i便失落了，阻断了腭化音变的发生。徽语中，见晓组三四等韵与共同语一样发生了腭化音变，这是方言自身演变的结果，只不过部分方言腭化音变比共同语较为彻底，中心徽语区较少见到共同语中系统的"例外"现象，见晓组三四等字仍以舌面音形式为主。当强势方言（北方官话）逐步影响徽语时，很多例字逐步放弃舌面音的读法，读同共同语一样的舌根音，但常用字容易保持常态，舌面音的读法就以白读的形式留存在特定的词语中。

从以上所列举的部分见晓组三四等字文白异读形式来看，同是三四等韵前的古见晓组声母，在同一个方言中竟然出现了白读形式与文读形式交叉对应的现象，这应该是同源层次与异源层次叠置在同一个平面的结果。

二 非组字的文白异读

轻唇音声母"非、敷、奉、微"是从重唇音声母"帮、滂、并、明"中分化出来的，轻重唇的分化于《玉篇》[①]已见端倪，而由唐入宋，唇音则明确分为轻、重唇两组，因此宋人将三十字母增为三十六字母，增加的字母里面就有"非、敷、奉、微"四母。发展到现代汉语方言中，有的方言，例如闽语还有许多字仍有轻、重唇两读；有的方言非、敷、奉母字已经读成轻唇音，而微母字则较多保持重唇的读法，粤语是这种类型的典型代表。徽语中，少数非组字主要是微母字存在重唇、轻唇（微母字还有零声母的读法）两读，而读为重唇的一般出现在口语词中，读为轻唇或者是零声母的一般出现在书面语词中，从而构成文白异读对应的现象。

---

① 《玉篇》又名《原本玉篇》，中国古代一部按汉字形体分部编排的字书。南朝梁大同九年（543）黄门侍郎兼太学博士顾野王撰。《玉篇》中帮、滂、并、明与非、敷、奉、微的混切例很少，可以推知那时轻重唇音已经开始分化。

（一）微母字的文白异读

微母在徽语中已经失去独立存在的地位，就今读形式来说大致有[m]、[v]或[ø]三种，其中[m]只出现在白读层。徽语中几乎每个方言都不同程度存在微母白读为[m]的现象。例如：

表 5-4   徽语部分方言点微母字的文白异读

荆州	蚊~虫 mɛ^{33}	问 mɛ^{33}~同，白/vɛ^{31}~题，文	文 mɛ^{33}~政坞，白/vɛ^{31}~化，文	晚 mɔ^{213}~娘，继母，白/vɔ^{213}~点，文
	亡 mõ^{33}	忘望妄 mõ^{31}	网 mõ^{213}	物 mɤʔ^{3}~事，东西，白/vɤʔ^{3}~理，文
歙县	忘 mo^{44}~记，白/o^{44}健~，文	网 mo^{35}渔~，白/o^{35}~罗，文	望 mo^{33}~~，白/o^{33}希~，文	蚊 mã^{44}~虫，白/vã^{44}蝇，文
歙县大谷运	亡 mo^{55}	望 mo^{33}~~看，白/o^{33}希~，文	忘 mo^{33}~记，白/o^{33}遗~，文	晚 ma^{3}~娘，白/uɔ^{35}~点，文
	网 mo^{35}渔~，白/o^{35}文	物 mɤ^{33}~事，白/u^{33}~理，文	蚊 məŋ^{55}~虫，白/uəŋ^{55}蝇，文	文 məŋ^{55}~钱，白/uəŋ^{55}~明，文
	问 məŋ^{33}~政山，当地山名，白/uəŋ^{33}~题，文			
屯溪	尾 me^{32}	物 mɤ^{11}~事，东西，白/vɤ^{11}~理，文	问 mɛ^{11}~路，白/vɛ^{11}~题，文	晚 mu:ə^{24}~娘，白/u:ə^{24}~会，文
	望 mau^{11}	网罔 mau^{24}	忘 mau^{55}	蚊 man^{55}~虫，白/vɛ^{55}蝇，文
休宁	尾 me^{13}白/ve^{13}文	物 mɤ^{35}~事，东西，白/uɤ^{35}~理，文	问 ma^{33}白/ua^{33}文	蚊 ma^{55}白/ua^{55}文
	望 mau^{11}白/vau^{33}文	忘 mau^{55}/vau^{55}文	网 mau^{13}	
黟县	尾 mɛɯ^{53}白/vei^{53}文	物mauɯ^{31}东西，白/vauɯ^{31}~理，文	问 mɑŋ^{3}~路，白/vɑŋ^{3}~题，文	蚊 mɑŋ^{44}~虫，白/vɑŋ^{44}蝇，文
	忘 moŋ^{44}白/oŋ^{44}文	网 moŋ^{53}	望 moŋ^{3}~月，白/oŋ^{3}希~，文	
祁门	蚊 mæ̃^{55}~虫，白/uæ̃^{55}文	物 mæ^{33}东西，白/ua^{33}~理，文	网mũ:ɐ^{42}~鱼，白/ũ:ɐ^{42}上~，文	晚mũ:ɐ^{42}~娘，白/ũ:ɐ^{42}~会，文
	望mũ:ɐ^{33}指，白/ũ:ɐ^{33}希~，文			
婺源	尾 mi^{31}	蚊mein^{11}~虫，白/viən^{11}~子，文	网 mã^{31}~鱼，白/vã^{31}~络，文	望 mã^{51}~~，白/vã^{51}希~，文
	物 mɤ^{51}东西，白/vɤ^{51}~理，文			
浙源	尾 mi^{21}	物 mao^{43}东西，白/vao^{43}动~，文	蚊 mõu^{51}~虫，白/vəŋ^{51}~香，文	望忘 mõu^{43}
	网 mõu^{25}	问 məŋ^{43}~路，白/vəŋ^{43}~学，文		
旌德	尾 mɪ^{213}白/uɪ^{213}文	物 mo^{213}渔~，白/uo^{213}上~，文	望忘 mo^{55}白/uo^{55}文	蚊 məŋ^{42}
占大	忘 mɔ̃^{55}	晚 mɔ̃^{35}~娘，白/uɔ̃^{35}~会，文	网 mɔ̃^{35}渔~，白/uɔ̃^{35}上~，文	望 mɔ̃^{35}~到，白/uɔ̃^{35}希~，文
	物 mɤ^{11}东西，白/uɤ^{11}~理，文			
淳安	尾 mi^{55} 未 mi^{535}	忘 ma^{535}	蚊 men^{445}	网mɔm^{55}
遂安	尾 mi^{422}	晚mã^{422}~爹，白/uã^{422}文	网mom^{422}	蚊məŋ^{33}
	望mom^{52}~牛，放牛，白/uã^{52}希~，文			

从表 5-4 可知，徽语中微母存在文白异读对应的字或者是保留重唇音读

法的例字较为一致，不外乎"网""蚊""望""忘""物""问""尾"这些字，有的方言"文""未""亡"也偶见重唇[m]的白读形式。相对而言，绩歙片的荆州、歙县大谷运和休黟片的屯溪、休宁、黟县等方言点微母读为[m]的较多。

（二）非、敷、奉母字的文白异读

徽语非组字中，除了上文所列的微母白读为重唇音外，少数非、敷、奉母字也有重唇音的读法，其中部分字重唇、轻唇音并存，一般白读为重唇音，文读为轻唇音，且在徽语中具有较高的一致性，例如：

表5-5　　　　徽语部分方言点非、敷、奉母字的文白异读

绩溪	甫 p^hu^{213}	伏孵 p^hu^{22}		
歙县大谷运	甫辅脯 p^hu^{35}	伏 p^hu^{33} 孵、白/fu^{33} 三~天、文		
休宁	吠 p^hi^{33}	甫 p^hu^{31} 白/fu^{13} 文		
五城	吠 p^hi^{12}	甫赴 p^hu^{21}	伏孵 pu^{22}	
黟县	甫辅 p^hu^{53}	伏 pu^3	吠 p^hi^3	粪 $paŋ^{324}$~桶、白/$faŋ^{324}$~便、文
	枫 $p^haŋ^{31}$~树、白/$faŋ^{31}$ 红~、文	蜂 $p^haŋ^{31}$ 蜜~、白/$faŋ^{31}$ 皇浆、文		
祁门	甫 p^hu^{42}	伏孵 p^hu^{33}	吠 p^hi^{33}	
江湾	甫脯果~ p^hu^{21}	辅 p^hu^{21} 白/fu^{21} 文	伏孵 pu^{43}	
浮梁	伏 p^hu^{33} 孵、白/fu^{33} 三~、文	柿① p^hei^{213} 硬~儿、薄木片儿		
旌德	甫辅脯~ p^hu^{42}	伏孵 p^hu^{55}		
占大	痱 $p^hɛ^{35}$ 白/fe^{42} 文	伏 p^hu^{35} 孵、白/fu^{11} 入~、文	麸麦~ p^hu^{11}	赴 p^hu^{42}
淳安	阜 p^hu^{55}	甫脯~ p^hua^{55}	辅伏孵 p^hua^{535}	缚 $p^hɔʔ^{13}$
遂安	伏 p^hu^{213} 孵、白/fu^{213} 文	甫 p^hu^{213} 白/fu^{213} 文	吠 p^hi^{52}	粪 $pən^{422}$
寿昌	伏孵 p^hu^{55}	肥 p^hi^{52} 洋~皂、肥皂/fi^{52}~料	缚 $p^hɔʔ^{31}$	

从以上所举例字我们看到，徽语中"吠""伏孵""甫"在绝大多数方言点都白读为重唇音。在黟县，非、敷、奉母保留重唇音读法的例字最多，且部分字轻唇、重唇音文白形式并存。旌占片的占大和严州片的淳安、遂安等地，非、敷、奉母白读为重唇的字也比较丰富。

综上，非组字在徽州方言中不同程度存在白读为重唇音、文读为轻唇音或零声母的现象，相比较而言，微母比非、敷、奉母保留重唇音读法的现象更为普遍。

---

① 柿，削下的木片、木皮。《广韵》：芳废切，去声废韵，敷母。

第二节 徽州方言韵母的文白异读

徽州方言中，与文白异读在声母系统的表现相比，韵母部分的文白异读现象较为复杂。前文分析大部分方言见晓组声母在二三四等韵里存在文白对应，与之相应的韵母也存在文白异读，因为与舌根音相配的一般是洪音韵母，与舌面音相配的一般是细音韵母；徽州方言中部分微母字的声母存在文白对应，与之相应的韵母也可能存在开口呼和合口呼韵母的文白异读现象（例如休宁的"蚊"白读为[ma^{55}]，文读为[ua^{55}]）等。凡此种种，本节不再分析。除去与声母相对应的这些文白异读形式外，徽州方言中韵母部分的文白异读现象主要体现在果摄、止蟹摄合口三四等韵、梗摄等韵摄所收的韵字中。

一 果摄字的文白异读

由第三章第二节"一二等韵在徽州方言中的结构关系"可知，果摄在徽州方言中的今读形式复杂多样，就歌韵而言，大部分方言点都存在二至三种韵母今读形式。我们以祁婺片的祁门方言歌韵今读形式为例：

o	拖驼驮锣箩搓左歌哥可个蛾鹅俄饿
u:ɐ	多罗河何荷
a	我 他_{其~}
a/u:ɐ	何_{~里；哪里}/何_{儿~；姓~}
o/a	大_{~小}/大_{~家；~学}
u:ɐ/a	阿_{~胶}/阿_{~姨}

祁门方言歌韵有 o、u:ɐ、a 三种今读形式，其中读为 a _白的"我、何_{~里}"代表着祁门方言最古老的的层次，是歌韵元音后高化音变开始前较为原始的形式，o 和 u:ɐ 由 a _白发展演变而来，a _白与 o、u:ɐ 属于同源层次。a _白的读音只见于有限的几个口语词或这几个词的白读层中，例如"何"在疑问代词"何里_{哪里}[xa^{55}li^{11}]""何个_{哪个}[xa^{55}ko^{213}]""何旺儿_谁[xa^{55}ũ:ɐn^{33}]""何些_{哪些}[xa^{55}si:e^{11}]""何样儿_{什么样}[xa^{55}iõn^{33}]""何令_{怎么}[xa^{55}næn^{33}]"等中都读的是 a _白，而在"姓何[sæ^{213}xu:ɐ^{55}]"和书面语词"几何[tɕi^{42}xu:ɐ^{55}]"等中读的则是 u:ɐ 韵母，如果忽略 a _白和 u:ɐ 属于同源层次的叠置这一性质而单从使用场合来看，也可以将"何"的两个读音 u:ɐ 和 a _白视为文白异读的对应。从语音形式来看，"我""何_{~里}"和"他_{其~}""大_{~家；~学}"都读为 a，但性质并不相同，"他_{其~}""大_{~家；~学}"所读的 a _文是由官话借入的，属于最新的义读层，而 a _白、o、u:ɐ 属于同源层次。a _文和 o、u:ɐ 形成文白异读对应关系，例如"大"在

"大小[tʰo³³sia⁴²]"等口语词中读为 o，而在"大学[tʰa³³xo³³]"等书面语词中读为 a 文；"阿"在口语词"阿胶[uːɐ¹¹ko¹¹]"中读为 uːɐ，而在"阿姨[a¹¹i⁵⁵]"等转读普通话的词语时读为 a 文。

徽语中，歌、戈韵的主体读音是 o 类元音，也有部分方言点读为 u 类元音。与祁门方言相似的是，徽语其他方言点的歌、戈韵也有丰富的层次，既有同源层次的叠置，也有异源层次的叠置，在使用上大多表现为口语词和书面语词的风格不同。例如：

表 5-6　　　　　　　徽语部分方言点果摄字的文白异读

绩溪	我 ɔ²¹³ 白/ŋɵ²¹³ 文			
	大 tʰɵ²² ~姐,白/tʰɔ²² ~学生,文	个过 kɵ³⁵	坐 tsʰɵ²¹³	河禾 xɵ⁴⁴
歙县	我 a³¹ 白1/ a³⁵ 白2			
	大~小 tʰo³³	个过~经 ko³¹³	坐 tsʰo³⁵	河禾 xo⁴⁴
屯溪	我 a²⁴	个 ka⁵⁵	破 pʰa⁵⁵ 打~,白/pʰo⁵⁵ ~坏,文	
	大 tʰo¹¹ ~细,白/ tʰa¹¹ ~学,文	过~去 ko⁵⁵	坐 tsʰo²⁴	河禾 xo⁵⁵
休宁	我 a²⁴	个 ka⁵⁵	破 pʰa³³ 白/pʰo⁵⁵ 文	
	大 tʰo³³ ~细,白/ tʰa³³ ~学,文	过~去 ko⁵⁵	坐 tsʰo¹³	河禾 xo⁵⁵
黟县	我 ŋa⁵³ 白/ŋau⁵³ 文	个 ka³²⁴ 几~,白/ kau³²⁴ ~人,文	破 pʰa³²⁴ 白/pʰau³²⁴ ~坏,文	
	大 tʰau³ 老~;很大,白/ tʰa³ ~学,文	过 kau³²⁴	坐 tɕʰau⁵³	河禾 xau⁴⁴
浙源	我 ɔ²⁵	个 kɔ²¹⁵		
	大 tʰu⁴³ ~细,白/tʰɔ⁴³ ~学,文	过 ku²¹⁵	剁 tu²¹⁵	货 xu²¹⁵
	多 to³³	歌锅 ko³³	坐 tsʰo²⁵	河 xo⁵¹　禾 vo⁵¹
	哥 kao³³	蛾鹅俄 ŋao⁵¹	饿 ŋao⁴³	
淳安		个 ka²²⁴	破 pʰɑ²²⁴	簸动词 pɑ²²⁴
	大 tʰu⁵³⁵ ~细,白/tʰɑ⁵³⁵ ~学,文	我 vu⁵⁵	坐 su⁵⁵	河禾 xu⁴⁴⁵
	菠 pua²²⁴	薄 pʰua⁵³⁵	舵 tʰua⁵⁵	蓑 sua²²⁴
	可 kʰo⁵⁵			
遂安	个 ka⁴²²/kɛ⁴²²	拖 tʰa⁵³⁴	簸 pa⁴²²	破 pʰa⁵²	朵 ta²¹³ 耳~ /tɔ²¹³ ~~花
	大 tʰə⁵² ~细,白/tʰa⁴² ~蒜,文	搓 tsʰə⁵³⁴	坐 sə⁴²²	波 pə⁵³⁴	磨动词 mə³³	驮 tʰə³³/tʰɔ³³
	歌哥 kuə⁵³⁴	可 kʰuə²¹³	阿~胶 uə⁵³⁴	鹅和 uə³³
	坡 pʰɔ⁵³⁴	魔 mɔ³³	舵 tʰɔ³³	俄 ɔ³³
建德	个 ka³³⁴/kəʔ⁵	破 pʰa³³⁴	拖 tʰa⁴²³/tʰu⁴²³	
	大 tʰu⁵³⁵ ~细/tʰa⁵⁵ ~蒜,大~	菠 pu⁴²³	多 tu⁴²³	歌哥锅 ku⁴²³
	魔文 mo²¹¹	可文 kʰo⁵⁵	我文 ŋo⁵⁵	

从表 5-6 可见，果摄一等字在徽语中至少有两种韵母今读形式，有的多至四种。部分方言点的歌、戈韵白读层中还有 a/ɑ 的读音，而且例字大多较为一致，多为"我""个""破"这样几个字，这一今读形式也大多见于各自系统中的文读层。例如，休黟片的休宁，"我""破_动词""个"今读为 a 韵母，这是最古老的白读层读音，而"他""哪""挪"等读字时也为 a 韵母，但这里的 a 却是最新的文读层读音，语音形式相同，却属于文白异读的差别。

二　止、蟹摄合口三四等韵字的文白异读

徽州方言中，止、蟹摄合口三四等字韵母今读较为复杂，有"支微入鱼"现象，也有精、泥来组白读为齐齿呼、文读为开口呼韵母的现象，以及知三、章、见组字白读为撮口呼韵母、文读为合口呼韵母等现象。为了更好地观察止、蟹摄合口三四等韵字的表现，我们先以有清代韵书为研究基础的休宁南乡的五城话音系为视角。今天的休宁五城话中，止、蟹摄合口三四等韵字共有以下六种今读形式：i、y、ye、e、ue、ɤ。这六种韵母所辖的韵字如下所示：

　　i：吠尾非飞妃肥匪榧泪累嘴醉随隧髓

　　y：龟诡鬼吹炊锤槌頄_钟~迭跪徽垂水睡瑞围~巾，白位职~，白

　　ye：闺_人名葵鳜桂亏愧_白惠慧

　　e：翡废肺费微魏威未味萎委伟违围_包~，文苇纬维唯惟位_座~，文为追脆翠粹谁_文读岁

　　ue：规归轨愧_文挥辉

　　ɤ：类税

除去读 ɤ 的"类、税"二字，其余几个韵母基本可以分为两组，i、e 为一组，y、ye、ue 为一组，这两组所辖的韵字基本呈互补分布关系，i 韵母和 e 韵母出现在非组、精组、泥来母字中，其中 e 韵母还出现在疑、影、喻母字中；y、ye、ue 韵母出现在见系字中，其中 y 韵母还出现在知三、章组字中。其中读为 e 的疑、影、喻母字声母均为 v，如果忽略 v 发音的轻微摩擦性，也可将疑、影、喻母字的韵母处理为 ue，这样 i、e 组韵母和 y、ye、ue 韵母完全呈互补分布关系。而这两组韵母彼此之间则是文白异读的关系，即：i 和 e 是文白异读对应的关系，y/ye 和 e/ue 也是文白异读对应关系。例如"围 y²³_~巾，白/ve²³_包~，文""位 y¹²_职~，白/ve¹²_座~，文""愧 tɕʰye⁴²_白/kʰue⁴²_文"。而 i 和 y/ye 则是以声母为条件的分化结果，y 和 ye 则是不同层次的叠置关系，也是"支微"与"鱼"相别的层次。我们以《切韵》中止合三"支"*iue 韵为代表，将五城话中蟹、止两摄的合口三等字的今读形式关

系图示如下：

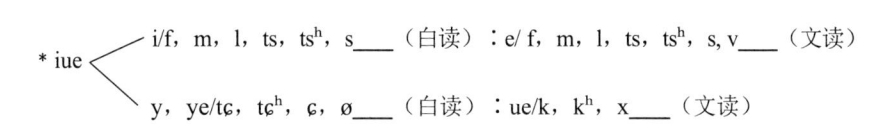

* iue
  - i/f, m, l, ts, tsʰ, s___（白读）：e/ f, m, l, ts, tsʰ, s, v___（文读）
  - y, ye/tɕ, tɕʰ, ɕ, ø___（白读）：ue/k, kʰ, x___（文读）

考察清代休宁南乡韵书《休邑土音》相关韵部所收韵字后我们发现，止摄合口三等字大部分见于韵书上册的七基部，这一韵部不存在同声母、韵母小韵的对立，所以这一韵部所含的韵母只有一类。这一韵部不见有蟹摄合口三等字分布，我们将七基部中所有止合三字和出现的小韵辖字悉数列出：

非非微： 菲霏妃敷微飞扉绯蜚非微肥腓奉微菲斐悱敷尾匪榧诽非尾翡奉未

尾微尾： 未味微未为云支惟维潍以脂帷云微微薇微微

力来职： 离来支里来止泪来至女泥语

锥章脂： 疽清鱼沮精鱼醉精至嘴精纸沮从语咀精语诅庄语

趋清虞： 蛆清鱼聚从虞序邪语遂隧燧邪至瘁萃从至随隋邪支徐邪鱼取娶清虞七漆清质

须心虞： 需心虞胥心鱼虽绥荽尿心脂些心麻絮心御髓心纸粹心至戌恤心术蟀生术

我们看到，韵书中韵母相同的"尾非飞妃肥匪榧泪嘴醉随隧髓"和"翡微未味维唯惟为"等字在今天的休宁五城话中却分属 i 和 e 两个韵母，读 i 韵母的多为口语词，读 e 的多为书面语用词。

韵书中，止合三少数精、见、非组字与蟹合三字同归入上册六溪部。我们悉数摘出这个韵部中止合三字出现的小韵如下：

肺敷废： 废非废费敷未

妻清齐： 凄清齐栖心齐砌清霁翠清至脆清祭觑清御齐脐从齐荠从荠

规见支： 妫见支圭闺珪见齐桂见霁鳜见祭瑰见灰

亏溪支： 窥溪支歔

止合三的"翠清至费敷未规妫见支亏窥溪支"这六个字出现在六溪部中，根据是否跟开口韵字相混或是否存在同声母小韵的对立，我们推测以上六个字分属两个主元音相同而介音不同的韵母，反映了止合三字流向蟹摄字的音变事实。从以上韵字所属的韵部来看，韵书时代，止合三和蟹合三的合流趋势不如今天五城话明显。

韵书中，止合三知章组、见系字和遇摄合口三等字一起大多归入下册的七居部，具体所辖例字如下：

居见鱼： 车见鱼猪知鱼朱章虞句见遇注章遇据见御主章虞举见语煮章语归见微龟见脂柜群至
癸见旨贵见未愧见至柜群至坠澄至鬼见尾轨见旨诡见纸葵群脂

吹_{昌支}：区_{溪虞}枢_{昌虞}柱_{澄虞}去_{溪御}处_{昌御}住_{澄遇}具_{群遇}筯_{澄御}处_{昌语}除_{澄鱼}厨_{澄虞}储_{澄鱼} 槌锤_{澄脂}炊_{昌支}跪_{群纸}

书_{书鱼}：虚_{晓鱼}输_{书虞}舒_{书鱼}竖_{禅虞}墅_{禅语}树_{禅遇}许_{晓语}暑_{书语}殊_{禅虞}喙_{晓废}挥_徽辉晖_{晓微}瑞_{禅寘} 水_{书旨}毁_{晓纸}垂_{禅支}

於_{影鱼}：竽_{云虞}雨_{云虞}乳_{日虞}遇_{疑遇}卫_{云祭}语_{疑御}预_{以御}汝_{日语}愈_{以虞}女_{泥语}如_{日鱼}鱼_{疑鱼}愚_{疑虞} 盂_{云虞}余_{以鱼}愉_{以虞}儒_{日虞}

威_{影微}：逶_{影支}围违_{云微}危_{疑支}巍_{疑微}萎_{影支}伟_{云尾}委_{影纸}伪_{疑寘}畏慰_{影未}谓渭胃纬_{云未}魏_{疑未} 位_{云至}为_{云寘}

这个韵母相当于今天的 y 韵，属于"支微入鱼"层次。韵书中原本与遇摄字同归入下册七居部的"葵"在今天五城话中已经与蟹摄合口三四等字同读为 ye 了。

与休宁南乡蟹、止摄合口三四等字表现相似的还有同属休黟片的休宁和屯溪。例如：

表 5-7　　屯溪、休宁止、蟹摄三四等部分字的文白异读

屯溪	吹 pʰi¹¹	肥 fi⁵⁵ 白/fe⁵⁵ 文	飞非 fi¹¹	泪 li¹¹
	鬼 tɕy³² 白/kue³² 文	徽 ɕy¹¹ ~州 /xue¹¹ ~章, 文	贵 tɕy⁵⁵ 白/kue⁵⁵ 文	围 y⁵⁵ ~巾/ve⁵⁵ 包~, 文
	规 tɕye¹¹ 白/kue¹¹ 文	亏 tɕʰye¹¹ 白/kʰue¹¹ 文	挥 ɕye¹¹/xue¹¹ 文	位 ye¹¹/ve¹¹ 文
	废费肺 fe⁵⁵	危 ve⁵⁵	辉 xue¹¹	轨 kue³²
休宁	吹 pʰi³³	肥 fi⁵⁵	飞非 fi³³	嘴 tsi³¹
	归轨 tɕy³³ 白/kue³³ 文	徽 ɕy³³ ~州/xue³³ ~章, 文	贵 tɕy⁵⁵	锤 tɕʰy⁵⁵
	规 tɕye³³	亏 tɕʰye³³/kʰue³³ 文	彗 ɕye³³/xue³³ 文	惠慧 ɕye³³
	废费肺 fe⁵⁵	脆翠 tsʰe⁵⁵	挥辉 xue³³	愧 kʰue³¹

蟹、止摄合口三、四等字徽语其他方言点也存在以声母为条件的分化关系和文白异读对应关系，其中文白异读在两摄合口三四等的见系字对应较为整齐，例见本章第一节声母的文白异读部分。

三　梗摄字的文白异读

徽州方言中，梗摄存在较为系统的文白异读对应现象。例如：

表 5-8　　徽州方言部分方言点梗摄字的文白异读

绩溪	生牲 sẽi³¹ 白/sã³¹ 文	争 tsẽi³¹ 相~/tsã³¹ 文	省 sẽi²¹³/sã²¹³ 文	行 xẽi⁴⁴ 白/ɕiã⁴⁴ 文
荆州	生 sə̃⁵⁵ 学~/sɛ⁵⁵ 花~, 文	牲 sə̃⁵⁵ 畜~/sɛ⁵⁵ 牺~, 文	省 sə̃²¹³ 节~/sɛ²¹³ 长~, 文	争 tsə̃⁵⁵ 相~/tsɛ⁵⁵ 斗~, 文
	行 xə̃³³ ~路, 白/ɕiɛ³³ 进~, 文	杏 xə̃³³ ~儿/ɕiɛ³³ 银~, 文	劈 pʰiaʔ³/ pʰieʔ³	

续表

歙县	生牲 sɛ³¹ 白/sã³¹ 文	争 tsɛ³¹ 白/tsã³¹ 文	省 sɛ³⁵ 白/sã³⁵ 文	更 kɛ³¹ 白/kã³¹ 文
大谷运	冷 lɛ³⁵ ~冰, 白/ləŋ³⁵ ~静, 文	争 tsɛ³¹ 相~, 白/tsəŋ³¹ ~斗, 文	撑 tsʰɛ³¹ ~伞, 白/tsʰəŋ³¹ ~旗, 文	生 sɛ³¹ ~熟, 白/səŋ³¹ ~命, 文
	耕 kɛ³¹ ~地, 白/kəŋ³¹ ~衣, 文	坑 kʰɛ³¹ 粪~, 白/kʰəŋ³¹ ~害, 文	硬 ŋɛ³³ ~铁, 白/ŋəŋ³³ 文	行 xɛ⁵⁵ ~路, 白/ɕiəŋ⁵⁵ ~为, 文
屯溪	清 tsʰɛ¹¹ 白/tsʰin¹¹ 文	石 ɕia¹¹ 白/ɕie⁵ 文		
休宁	孟 ma³³ 白/man³³ 文	衡 xa⁵⁵ 白/xan⁵⁵ 文	冰 pa³³ 结~, 白/pin³³ ~雹, 文	顶 ta³¹ 山~, 白/tin³¹ ~针箍, 文
	晶 tsa³³ 白/tsin³³ 文	清 tsʰa³³ ~旦, 白/tsʰin³³ ~早, 文	应 ia⁵⁵ 白/in⁵⁵ 文	琼 tɕʰia⁵⁵ 白/tɕʰin⁵⁵ 文
占大	生 sã¹¹ ~熟, 白/sən¹¹ 学~, 文	省 sã²¹³ 节约, 白/sən²¹³ 文		

除了严州片的建德、寿昌存在成系统的文白异读对应外，梗摄存在文白异读现象较为丰富的主要见于绩歙片和休黟片的一些方言点。从表5-8可见，就古阳声韵字而言，梗摄字的白读和文读在歙县、大谷运、屯溪、休宁等地大多表现为开尾韵母对鼻尾韵母或鼻化韵母；在占大表现为鼻化韵母对鼻尾音韵母。而荆州文白异读的对应表现特殊，白读是鼻化韵，文读是开尾韵，绩溪的白读为 ẽi，文读位 ã，与我们通常见到的南方方言中梗摄字白读为低元音韵母的情况不太一样。总的来看，徽语靠北部的梗摄文白异读现象比南部的方言点丰富。

以上几类文白异读在徽州方言中较为普遍，除此，还有一些韵类文白异读对应较为整齐的现象仅见于少数方言点中。

四 其他韵摄的文白异读

1. 假摄字的文白异读

徽语绩歙片中，假摄二、三等除了见系字存在齐齿呼和开口呼的文白异读对应关系外，其他声母字也存在较为整齐的文白异读现象。例如：

表 5-9　　　　徽语部分方言点假摄字的文白异读

绩溪	车 tsʰo³¹ 白/tɕʰi³¹ 文	社 so²¹³ ~庙, 白/ɕiɔ²² 公~, 文	舍 so³⁵ 茅草棚, 白/ɕiɔ³⁵ 宿~, 文	蛇 so⁴⁴ 白/ɕiɔ⁴⁴ 文
荆州	车 tsʰo⁵⁵ 头~过去, 脸转过去, 白/tɕʰi³¹ 汽~, 文	社 so²¹³ ~庙, 白/ɕiɔ³¹ 公~, 文	舍 so³⁵ 茅草棚, 白/ɕiɔ³⁵ 宿~, 文	蛇 so⁴⁴ ~条, 白/ɕiɔ⁴⁴ 白~, 文
大谷运	借 tɕia²¹⁴ 白/tsei²¹⁴ 文	写 ɕia³⁵ 白/sei³⁵ 文	赊 ɕia³¹ 白/ɕiei³¹ 文	爷 ia⁵⁵ 社司老~, 白/iei⁵⁵ 文

以上所列的歙县大谷运方言中，除了假摄三等字存在文白异读对应外，

白读层中与假摄字相混的蟹摄二等字也存在文白异读的对应，不过，假摄三等字和蟹摄二等字的文读音并不相混，假摄三等字文读为 ei/iei，蟹摄二等字文读为 ε。例如：

筛 ɕia³¹ 白/sε³¹ 文　　　　　　豺 ɕia⁵⁵ ~狗, 白/tsʰε³¹ ~狼, 文

拐 kua³⁵ 老人~, 白/kuε³⁵ ~卖, 文　　歪 ya³¹/uε³¹ 文

2. 咸、山摄一等字的文白异读

前文曾分析过，咸山摄一等字读音较为复杂，有的方言点咸山摄开口一等见系字表现特殊，开口读同合口；有些点合口端系字表现特殊，合口读同开口，等等。部分方言点例如绩歙片和祁婺片的一些方言点的咸山摄一等字出现了文白异读较为整齐的对应关系。例如：

表 5-10　　　　徽语部分方言点咸、山摄一等字的文白异读

绩溪	潭 tʰã⁴⁴ 白/tʰɔ⁴⁴ 文	含 xã⁴⁴ 白/xɔ⁴⁴ 文	端 tã³¹ 白/tɔ³¹ 文	算 sã³⁵ 白/sɔ³⁵ 文
荆州	潭 tʰε³³ 深~, 白/tʰɔ³³ 鹰~, 文　乱 nε³¹ ~讲, 白/nɔ³³ 动~, 文	含 xε³³ ~着, 白/xɔ³³ 包~, 文　算 sε³⁵ ~数, 白/sɔ³⁵ ~术, 文	瞒 mε³³ ~着果, 白/mɔ³³ 隐~, 文	端 tε⁵⁵ ~午, 白/tɔ⁵⁵ ~正, 文
祁门	寒 xũːɐ⁵⁵ 伤~, 白/xõ⁵⁵ ~假, 文	肝 kũːɐ¹¹ 猪~, 白/kõ¹¹ ~炎, 文	暗 ŋuæ²¹³ 漆~, 白/ŋõ²¹³ 文	敢 kuæ⁴² ~不~, 白/kõ⁴² 勇~
江湾	寒 xuæ⁵¹ 伤~, 白/xõ⁵¹ ~假, 文	杆 kuæ²¹/kõ²¹		
浙源	寒 xũ⁵¹ 伤~, 白/xõ⁵¹ 小~, 文			

3. 通摄字的文白异读

这里通摄字的文白异读主要指的是通摄三等阳声韵字，前文曾分析部分方言点例如休宁、屯溪、祁门、婺源、占大等通摄三等见系字声母部分存在舌根音和舌面音的文白异读对应关系，与之相匹配的韵母部分也出现了洪音韵母和细音韵母文白异读对应关系。其中，休宁、屯溪白读层和文读层韵母除了洪、细不同外，主元音也存在不同，白读为 in 韵母，这是与深、臻摄相混的层次；文读为 an 韵母。例如：

表 5-11　　　　休宁、屯溪通摄字的文白异读

休宁	锋 fin³³ ~快, 白/fan³³ 文　恐 tɕʰin³¹/kʰan³¹ 文	弓 tɕin³³ 白/kan³³ 文　龙浓陇 lin⁵⁵	宫 tɕin³³ ~子~, 白/kan³³ 文　穷 tɕʰin⁵⁵	供共 tɕʰin³³ 白/kan³³ 文　用 in³³
屯溪	供 tɕin¹¹ 奉~, 白/kan¹¹ ~应, 文	宫弓躬恭 tɕin³³ 白/kan³³ 文	穷 tɕʰin⁵⁵	用 in¹¹

4. 宕摄字的文白异读

这里指的是见于绩歙片的歙县、大谷运和祁婺片的祁门、婺源、浙源、江湾等地的宕摄合口三等少数字的文白异读，这些点白读层的宕摄合口三等字混于开口三等字。例如：

表 5-12　　　　　徽语部分方言点宕摄字的文白异读

歙县	筐 tɕʰia³¹ 盛~：晾晒粮食等的竹制品，圆形平底，边框较浅，白/kʰuɛ³¹ 文	王 ia⁴⁴ 姓~村；地名，白/o⁴⁴ 姓~，文
大谷运	筐 tɕʰia³¹ 盛~：晾晒粮食等的竹制品，圆形平底，边框较浅，白/kʰua³¹ 文	
祁门	筐 tɕʰiõ¹¹ 匀~：晾晒粮食等的竹制品，圆形平底，边框较浅，白/kʰũːɐ¹¹ 文	
婺源	王 iã¹¹ 姓~，白/vã¹¹ 大~，文	旺 iã⁵¹ 兴~，白/vã⁵¹ 火~，文
浙源	王 iɔ̃⁵¹	旺 iɔ̃⁴³	筐眶 tɕʰiɔ̃u³³
江湾	旺 iɔ̃⁵⁵		筐匡眶 tɕʰiɔ̃³³

第三节　徽州方言声调的文白异读

徽州方言声调的文白异读主要表现在古全浊上声字和次浊上声字上，全浊上声字的文白异读几乎见于徽语所有的方言点，而次浊上声字的文白异读仅见于部分徽语点。具体情况如下：

一　全浊上声字的文白异读

前文声调部分我们曾分析，随着移民和文教的力量渐次南下，北方官话中全浊上归去音变影响很多南方方言，几乎所有方言都受到不同程度的影响。徽语当然也受到浊上归去这种音变的影响，只是不同的方言点所受到的影响程度深浅不一，其中，休黟片徽语、严州片徽语的部分方言点较少受到影响；而在旌占片的占大和江西的徽语区浮梁，古全浊上声字绝大多数与浊去字同读；绩歙片徽语、祁婺片徽语的部分方言点古全浊上声在白读层保留上声或读为阳上，文读层则归入去声或阳去或阴去，从而形成文白异读对应关系。例如：

表 5-13　　　　　徽语部分方言点古全浊上声字的文白异读

| 绩溪 | 在 tsʰa²¹³ 白/tsʰa²² 文 | 后 xi²¹³ 前~，白/xi²² 以~，文 | 妇 fu²¹³ 新~，白/fu³⁵ ~女，文 | 社 so²¹³ ~庙，白/ɕi²² 公~，文 |
| | 是 tsʰn̩²¹³ ~不~，白/sn̩²² 实事求~，文 | 弟 tsʰn̩²¹³ 兄~，白/tsʰn̩²² 徒~，文 | 像 tɕʰiõ²¹³ 白/tɕʰiõ²² 文 | |

续表

荆州	在 tsʰa²¹³ ~不了, 白/ tsʰa³¹ 现~, 文	罪 tsʰa²¹³ ~过, 白/ tsʰa³¹ 得~, 文	妇 fu²¹³ 新~, 白/fu³¹ 寡~, 文	杜 tʰu²¹³ ~仲, 白/tu³⁵ 姓, 文
	像 tɕʰiõ²¹³ 不~, 白/ tɕʰiõ³¹ 画~, 文	旱 xɔ²¹³ 抗~/xɔ³¹ 干~, 文	杏 xã²¹³ 白/ɕiɛ³⁵ 银~, 文	社 so²¹³ ~庙, 白/ ɕiɔ³¹ 公~, 文
	是 tsʰղ²¹³ ~不~, 白/ tsʰղ³¹ 判断词, 文	后 xɿi²¹³ 前~, 白/xɿi³¹ 以~, 文		
歙县	妇 fu³⁵ 新~, 白/fu³³ 寡~, 文	罪 tsʰɛ³⁵ 得~, 白/tsʰɛ³¹ 文	淡 tɛ³⁵ 白/tʰɛ³³ 文	断 to³⁵ ~绝, 白/tʰo³³ 决~, 文
祁门	妇 fu⁴² ~儿家, 白/fu³³ ~女, 文	社 ɕiːɐ⁴² 公~, 白/ɕiːɐ³³ ~会, 文	竖 ɕy⁴² ~起来, 白/ ɕy³³ 一~, 文	
	部 pʰu⁴² 干~, 白/pʰu³³ ~长, 文	是 ɕi⁴² ~不~, 白/ɕi³³ 实事求~, 文	受 ɕie⁴² 难~, 白/ ɕie³³ 承~, 文	
浙源	社 se²⁵ 白/se⁴³ 文	柿 sղ²⁵ 士仕 sղ⁴³	杏 xã²⁵ 幸 xã⁴³	限 xõ²⁵ 撼 xõ⁴³

总之，就北方官话浊上归去音变对徽语的影响程度而言，在中心徽语区，绩歙片比休黟片受的影响程度深，影响程度最深的是旌占片的占大、祁婺片徽语中的浮梁、德兴等地，全浊上声归入去声的现象非常普遍。

二 次浊上声字的文白异读

前文声调部分我们曾讨论了徽语次浊上声字的走向问题，在上声不分阴阳的方言里一般跟着清上字走（即不会跟随部分全浊上声字一起变为去声），在分阴阳的方言点里，比如婺源、遂安等地的次浊上跟着浊上走；而部分方言点次浊上声字出现分化，一部分归阴上，一部分归阳上，这种现象主要见于休黟片的屯溪、休宁、五城、溪口以及第一版《中国语言地图集》划入"休黟片"而第二版《中国语言地图集》又划入"祁婺片"的婺源县一些方言点，例如浙源、江湾等。

在次浊上声字出现分化的方言点中，从具体分读的字来看，读阳上或是阳去的显然比读阴上或上声的更常用。一些方言点中部分次浊上声字存在较为整齐的文白异读，一般文读阴上（或上声），白读阳上（或阳去）。例如：

表 5-14　徽语部分方言点古全浊上声字的文白异读

屯溪	武 vu²⁴ 白/vu³² 文	母拇 白 m²⁴/mo³² 文	亩 白 m²⁴/miu³² 文	
休宁	里 li¹³ ~面, 白/li³¹ 乡~, 文	往 mɤ¹³ ~年, 白/vau¹³ ~以~, 白/au³¹ 以~, 文	母 m¹³ 面称母亲, 白/mo³¹ ~亲, 文	亩 m¹³ 白/mo³¹ 文
	脸 liːe¹³ 白/liːe³¹ 文	你 ȵi³¹	哪 la³¹ 文	

续表

五城	母 m¹³ 公~、mo¹³ 黄牛~；母牛，白/母 mo²¹ ~亲，文	你 ȵi²¹ 文		
江湾	女 li²⁵ 小姑娘，白/li²¹ 美~，文	吕 li²⁵ ~布，白/li²¹ 中~；地名，文	纽 ȵiɛ²⁵ ~扣，白/ȵiɛ²¹ 枢~，文	我 ɑ²⁵/ŋo²¹ 文
	野 ie²⁵ 心~；玩心大，白/ie²¹ ，文	忍 ȵiēi²⁵ ~不住，白/iēi²¹ 无可~，文		
浙源	乳 y²⁵ 豆腐~，白/乳 y²¹ 麦~精，文	耳 li²⁵ ~朵，白/耳 ɣ²¹ 木~，文		

第六章　徽州方言的小称音变

小称是一种借助形态而表小的语义特征。汉语方言中的小称词有很多种，从用字上看有"儿""子""仔"等。从形式上看，有音变、添加词缀等。小称词的典型意义是"指小""表亲切或喜爱的感情色彩"，然而，汉语方言中的小称词都不同程度存在小称意义磨损的现象。不过，各地形式上不同的小称词所指涉的语义范围与语用、语法功能大体一致。在此，我们仍沿用旧有的说法，将与北京话中的儿化相类似的语言现象统称为"小称"。

关于徽州方言的小称研究，伍巍等在《徽州方言的小称研究》（《语言研究》2006年第1期）中做了较为深入的探讨和分析，他对徽州方言小称的基本表现形式进行归纳，梳理了这些形式之间的关系，且对徽州方言小称的发展过程进行了拟测。不过，伍文未涉及严州片徽语的小称形式。因为徽州方言的小称形式跟吴语特别是南部吴语非常接近，而严州片徽语分布于浙江省，与吴语相邻，就小称形式而言，严州片跟徽语其他点有共性又有差异。所以本章打算将严州片徽语的小称音变纳入徽州方言小称音变的讨论范围。

徽州方言中的小称形式丰富多样，从语音形式上来看，有的以鼻音尾来表达，有的以鼻化韵来表达，也有的以变调来表达，有的既变韵也变调，也有的以独立音节形式来表达。曹志耘在《南部吴语语音研究》中概括了南部吴语中五种类型的小称形式，分别是：儿缀型、鼻尾型、鼻化型、变调型、混合型。曹文对南部吴语小称音变的分析基本适用于徽语，但徽州方言少数方言点的情况与南部吴语不太一样。具体情况如下。

一　徽州方言小称音的类型

（一）儿缀型

这种类型的表现形式是在词语后面加上自成音节的"儿"。因为"儿"字在不同的地区读音有别，所以儿缀在不同的方言点又有不同的语音形式。

这一类型主要见于外围的徽语区，如江西徽语区中的浮梁，浙江徽语区中的建德、遂安，旌占片的旌德，除此，也见于绩歙片徽语的一些方言点，如绩溪、荆州等。需要说明的是以上这些方言点中，作为儿缀的"儿"大多读为轻声，"儿"字前面的音节调值有的方言点有变化，例如绩溪、荆州等方言点，这两点的儿化现象一般只出现在由概数词构成的数量短语中。我们以绩溪方言为例：

（三四）斤儿 tɕiã³¹⁻⁴⁴n⁰　（几）张儿 tɕiõ³¹⁻⁴⁴n⁰　（一两）瓶儿 pʰiã⁴⁴⁻²²n⁰　（十几）米儿 m²¹³⁻⁴⁴n⁰
（担）把儿 po²¹³⁻⁴⁴n⁰　（几）个儿 kə³⁵⁻⁵⁵n⁰　（十来）转儿 tɕʰyẽi²²⁻⁵⁵n⁰　（几十）只儿 tɕieʔ³²⁻⁵⁴n⁰

有的方言点"儿"字前面的音节调值不变，例如浮梁、旌德等方言点。例如：

浮梁　花生儿 xo⁵⁵ɕia⁵⁵ni⁰　　牛矮儿小牛犊 iəu²⁴ŋa²¹ni⁰　　水蛇儿 ɕy²¹ɕie²⁴ni⁰
　　　蜂儿 foŋ⁵⁵ni⁰　　　　钉儿 tai⁵⁵ni⁰　　　　　　铜钱儿草 tʰoŋ⁵⁵tsʰi⁵⁵ni⁰tsʰau²¹
旌德　蜓蜓儿蜻蜓 tʰiŋ⁴²tʰiŋ⁴²ȵi⁰　伢儿儿子 ŋɒ⁴²ȵi⁰　　　　姐儿 tɕia²¹³ȵi⁰
　　　八八儿八哥儿 pa⁵⁵pa⁵⁵ȵi⁰

部分方言点例如严州片的建德、遂安，作为儿缀的"儿"一般不读轻声（建德少数"儿"读轻声），与前音节组合起来的儿化词其"连读调跟一般两字组的连读调不完全相同，由于例词数量有限，难以看出规律"[①]。例如：

遂安　奶儿乳房、乳汁 la⁵³⁴⁻²⁴n³³　　因儿 lɔ̃⁵³⁴⁻²⁴n³³　　　蟮儿 ɕiẽ⁴²²⁻⁵⁵n³³
建德　歌儿 ku⁴²³⁻⁴²n³³⁴⁻²¹³　猴儿 xɯ³³⁴⁻³³n³³⁴⁻²¹³　兔儿 tʰu³³⁴⁻³³n³³⁴⁻⁵⁵
　　　鸟儿 tiɔ²¹³⁻⁵⁵n⁰　　　镯儿 tsu²¹³⁻²¹n³³⁴⁻⁵⁵　　竹儿 tɕyʔ²⁵n³³⁴⁻⁵⁵

（二）儿尾型

这一类型的"儿"不是一个独立的音节，黏附在前一音节的末尾。根据"儿"读音的不同我们又可以分为两种：

1. 卷舌元音韵尾型

这种小称音变与北京话的"儿化"现象很相似，"儿"不独立成音节，是黏附在前一音节的卷舌元音韵尾。徽州方言中，除了江西徽语区的浮梁外很少见于其他方言点。据谢留文研究，浮梁方言 34 个基本韵母里有 18 个存在这种儿化现象，其中只有元音韵尾韵母能够儿化，带鼻音韵尾的韵母不能儿化。例如：

[①] 曹志耘：《徽语严州方言研究》，北京语言大学出版社 2017 年版，第 114 页。

椅儿 iə⁻²¹　　　　鞋儿 xaə⁻²⁴　　　　饺儿 tɕiaə⁻²¹　　　　莲花拐儿连枷 ni²⁴xo⁵⁵kuaə⁻²¹
磨儿 moə⁻³³　　　石榴儿 ɕia³³lioə⁻²⁴　　菇儿 kuoə⁻⁵⁵　　　蜘蛛儿 tɕi⁵⁵tɕyə⁻⁵⁵

2. 鼻尾型

表现形式是在基本韵母的后面加上鼻音韵尾[-n]。这种类型见于中心徽语区的很多方言点，如歙县向杲、岩寺、屯溪、休宁、五城、黟县、祁门，除此还有严州片的寿昌等地。不同的是，歙县向杲、屯溪、休宁、五城、黟县等地除了基本韵母后附鼻音韵尾[-n]的同时还叠加小称变调，我们将这些方言点的小称音变现象放在后文"混合型"中去分析。这里我们以祁门方言这种仅后附鼻尾[-n]而不变调的现象为例：

祁门方言韵母包括自成音节在内一共 33 个，在这 33 个韵母中，有些韵母不能加"n"，有些韵母能加"n"，加"n"后有些基础韵母的元音发生变化，有些则不变，具体如下：

ɿ→ɿn 字儿	i→in 蜜儿蜜蜂	u→un 炉儿	y→yn 锤儿
ɚ→ɚn 二儿星期~			
a→an 杯儿	ia→ian 票儿票据	ua→uan 盖儿	
e→en 头儿端、顶端	ie→ien 舅儿舅舅		
o→on 包儿包子	io→ion 脚儿器具的下端等		
	iːæ→iən 碟儿	uːæ→uən 瓜儿	yːæ→yən 缺儿缺口
		ui→uin 围儿围嘴	
ã→ãn （外）甥儿	iã→iãn （一）两儿		
æ̃→æ̃n 钉儿	iæ̃→iæ̃n 胜儿人名	uæ̃→uæ̃n 梗儿草木的茎	
õ→õn 篮儿篮子	iõ→iõn 秧儿可移植的菜苗		
	ĩːæ→ĩən 辫儿辫子	ũːæ→ũən 板儿	ỹːæ→ỹən 轮儿
*æn 心	*iæn 金		*yæn 兄
*ŋ 风	*iəŋ 弓		
*m̩ 母鸡~			
*n̩ 尔你			

由以上韵母的儿化规则可知，祁门方言 33 个韵母中，带"*"的五个鼻尾韵母æn、iæn、yæn、əŋ、iəŋ和两个声化韵母m̩、n̩没有相应的 n 尾韵。究其原因，主要是这两类韵母或者韵尾是鼻音或者是鼻辅音自成音节，一个音节中不可能出现两个鼻音音素相邻共存的现象。而诸如"ã、æ̃、õ、ĩːæ"等鼻化韵却可以添加"n"尾，虽然鼻化韵也是由鼻尾韵发展而来，但语音层面的鼻音韵尾已经脱落，只是元音带上一定程度的鼻化色彩，这也说明了鼻化音变发生在"n"化韵形成之前。

可加"n"尾的有 26 个韵母，其中 20 个韵母添加"n"尾的规则是：基础韵母与"n"合成一个音节，"n"尾对所附的基础韵母不产生影响；6 个韵母加上 n 尾后，基础韵母的元音音色发生变化，这 6 个基础韵母是长元音和衍音组合而成的韵母"iːɐ、uːɐ、yːɐ、ĩːɐ、ũːɐ、ỹːɐ"，加"n"尾后变为"iən、uən、yən、ĩən、ũən、ỹən"，变音规律是：长元音变短，衍音开口度变小。例词具体读音如下：

雀儿 tsʰiõn³⁵ 鸟　　袋儿 tʰyən³³　　　球儿 tɕʰien⁵⁵　　　瓢儿 pʰian⁵⁵
线儿 sĩən²¹³　　　铲儿 tʂʰõn⁴²　　　爸儿爸爸 pan¹¹　　　枪儿野猪、刺猬等动物身上的刺 tsʰiõn¹¹

（三）鼻化型

这种类型的小称音变是以基本韵母变为鼻化韵来表达的。徽州方言中这一类型较少，主要见于绩歙片的歙县、祁婺片的婺源以及严州片的寿昌等方言点，其中寿昌的小称音变除了基本韵母变为鼻化韵外，部分词语中的后一个音节多读作高平调，也应该属于"混合型"，也有少数词语只改变韵母形式不变调。例如：

歙县　　　　筷儿 kʰuʌ̃³¹³　　　茄儿 tɕʰyʌ̃⁴⁴　　　一下儿 iʔ²¹xʌ̃³³
婺源　　　　猫儿 miã⁴⁴　　　　奶儿 lĩ³⁵
寿昌　　　　蝴蝶儿 u¹¹tʰiã²⁴　　鸟儿 tiã⁵²

（四）变调型

小称变调作为一种特殊形式的语法手段，广泛分布于徽语的很多方言点中。不过，不同方言点，小称变调的功能存在差异。少数方言点，小称变调能够单独承担"指小""表亲切或喜爱的感情色彩"的表达功能；而大多数方言点，小称变调是同儿缀或者鼻尾或者鼻化等手段一起共同承担"指小""表亲切或喜爱的感情色彩"的表达功能。后一种属于"混合型"，我们留待后文分析。不改变韵母形式只通过变调来表达小称等功能的主要见于绩歙片和休黟片的一些方言点。例如：

绩溪　　细鬼戏称小孩 sʅ³⁵⁻⁵³kui²¹³⁻⁴⁴　　细牛牛犊 sʅ³⁵⁻⁵³ŋi⁴⁴⁻²²　　细鸭小鸭子 sʅ³⁵⁻⁵³ŋɔʔ³²⁻⁵⁴
　　　　细猪小猪 sʅ³⁵⁻⁵³tɕy³¹⁻⁴⁴　　细板凳小板凳 sʅ³⁵⁻⁵³pɔ²¹³⁻³¹tiã³⁵⁻⁵⁵　　细茶缸小茶缸 sʅ³⁵⁻⁵³tsʰo⁴⁴kõ³¹⁻⁴⁴
歙县　　手捏儿手帕 ɕio³⁵neʔ²¹⁻³¹³　　面卵儿面疙瘩 me³³lɛ³⁵⁻³¹³　　姑妹妹 ku³¹ku³¹mɛ³³⁻³¹³
屯溪　　打滚 ta³²kuɛ³²⁻²⁴　　鼻孔 pʰi¹¹kʰan³²⁻²⁴　　太婆 tʰa⁵⁵pʰo⁵⁵⁻²⁴
　　　　巷弄小巷 xau⁵⁵⁻⁵³lɛn¹¹⁻²⁴　　倚桶 tɕi²⁴⁻¹¹tʰan³²⁻²⁴　　火钵 xo³²puː³²⁻²⁴
休宁　　阿伯伯父面称 a³³pa²¹²⁻³⁵　　母鸭 m¹³ŋɔ²¹²⁻³⁵　　头发 tʰiu⁵⁵⁻⁵³fuːə²¹²⁻³⁵

（五）混合型

除了以上所分析的四种单独使用某一种音变手段来表达小称义的功能

外，徽州方言中，还广泛存在同时使用两种音变手段来表达小称功能的现象。具体又可以分为以下两种情况：

1. "鼻尾/变调"混合型

上文分析鼻尾型时提及，在徽语的中心地区，如休黟片徽语区中的屯溪、休宁、五城、黟县以及绩歙片歙县的向杲等地，小称音变的形式除了基本韵母后附鼻音韵尾[-n]的同时还叠加小称变调，而且变调后的调值一般较为固定。其中，黟县的情况较为复杂，"儿"尾所附加的音节除了变调外，韵母也可能发生变化。"以高元音[i u ɯ]作韵尾的韵母，韵母变化较大。有的是韵腹丢失，有的是韵尾丢失，有的是韵腹和韵尾都丢失，有的主要元音发生变化，然后再加上[n]尾……鼻音韵尾，原鼻音丢失，主要元音变成央元音，再加上[n]尾。"① 例如：

屯溪	谜儿谜语 min²⁴（←谜 mi⁵⁵）	裤儿裤子 kʰun²⁴（←裤 kʰu⁵⁵）	格儿格子 kan²⁴（←格 ka⁵）
	索儿绳子 son²⁴（←索 so⁵）	栗儿栗子 len²⁴（←栗 le¹¹）	姐儿姐姐 tsi:en²⁴（←姐 tsi:e³²）
休宁	饼儿 pan¹³（←饼 pa³¹）	棍儿 kuan¹³（←棍 kua⁵⁵）	花儿 xu:ən¹³（←花 xu:ə³³）
	飞飞儿蝴蝶 fi³³fin³³（←飞 fi³³）	索儿绳子 son³⁵（←索 so²¹²）	想法儿 siau³¹fu:ən³⁵（←法 fu:ə²¹³）
黟县	筷儿 kʰuan³²⁴（←筷 kʰua³²⁴）	虾儿 xoɐn⁴⁴（←虾 xoɐ³¹）	蕨儿蕨菜 tɕyen³²⁴（←蕨 tɕy:e³）
	包儿包子 pun⁴⁴（←包 pau³¹）	袋儿 tuən³⁴（←袋 tuau³）	（越）剧儿 tɕyn³²⁴（←剧 tɕyɛi³¹）
	（蛇）龙儿 lən⁴⁴（←龙 laŋ⁴⁴）	（打）滚儿（虫）子𫠆 kuən⁵³（←滚 kuəŋ⁵³）	
向杲	（侄）女儿 nin⁵⁵（←女 ni³⁵）	碗儿 uan⁵⁵（←碗 uʊ³⁵）	鸟儿 niɔn⁵⁵（←鸟 niɔ³⁵）
	豆儿 tiɤn⁵⁵（←豆 tiɤ²²）	虾儿 xon⁵⁵（←虾 xo²²）	角儿 kon²¹⁴（←角 ko³²）

前面提及祁门方言属于典型的鼻尾型，但少数字后附鼻尾表示小称义也同时发生变调，而且变调和不变调的形式存在意义的对立。例如：

本音	变韵	变韵+变调
眼 ŋõ⁴² ～睛	眼儿小洞 ŋõn⁴²	眼儿小洞 ŋõn³⁵ 屁股～：肛门
奶 na⁴² ～粉；～儿苦自小		奶儿乳房、乳汁 nan³⁵
朵量词 to⁴²		（耳）朵儿 ton³⁵
娘 iõ⁵⁵ 老子～：父母｜新～		娘儿姑姑 iõn³⁵
猫（无）	猫儿 mon¹¹ 熊～	猫儿猫 mon³⁵
囡（无）		囡儿对孩子的爱称 īən³⁵

以上祁门方言的"猫""囡"等字在口语中已经没有了单字音，当地人

---

① 平田昌司等：《徽州方言研究》，好文出版社1998年版，第110页。

往往把这些字的儿化音当成了这些字本来的读音。这种现象也见于中心徽语区的一些方言点。例如，歙县向杲方言中"兔 tʰun²¹⁴""茄 tɕyen⁵⁵"等字也只有小称形式。

2. "鼻化/变调"混合型

小称形式为基本音节发生鼻化同时叠加变调，这在徽语中并不多见，主要见于绩歙片的歙县和严州片的寿昌等地的少数词语中。例如：

歙县　　这扎儿这会儿 n³¹tsã³¹³（←扎 tsaʔ²¹）

寿昌　　蝴蝶儿蝶儿蝴蝶 u11tʰiã²⁴tʰiã⁵⁵（←蝶 tʰie²⁴）　　一点儿 iəʔ³tien⁵⁵（←点 ti²⁴）

　　　　叔儿叔儿 ɕiɔm⁵⁵ɕiɔm⁵⁵（←叔 ɕiʔ²³）

以上五种类型中，有少数方言同时存在两种或两种以上类型的现象。如，浮梁儿缀型、卷舌元音韵尾型共存；寿昌同时存在鼻化型和"鼻化/变调"混合型；绩溪、荆州同时存在儿缀型和变调型；歙县存在变调型和"鼻化/变调"混合型；屯溪、休宁同时存在变调型和"鼻尾/变调"混合型。功能相同而形式不同的音变手段共存于一个方言中，体现了音变手段兴替过程中的过渡性。

二　徽州方言小称形式的演变

徽州方言中的五种小称形式之间有着怎样的关系呢？首先，我们认为小称变调和儿缀型、儿尾型、鼻化型的小称音变虽然在语法功能上相似，但应该是不同的语言现象，彼此之间不存在同源关系。而儿缀型、儿尾型、鼻化型则应该是同一类语言现象，之所以有不同的表现，一来是"儿"的读音具有地域差异性，二来是各地的儿化形式处于不同的演变阶段。

"儿"是支韵日母字，不同的方言今读形式不尽一致，这是语音发展地域不平衡的一种表现。普通话中读为零声母卷舌元音 ɚ 的"儿"或者与"儿"同韵摄的"耳""尔""二"等字，在南方方言诸如吴语、徽语中大多白读为鼻音声母或鼻辅音韵。例如：

表 6-1　　吴语、徽语部分方言点止摄日母字的今读形式

徽语	绩溪	儿 n⁴⁴	尔你耳~朵 n²¹³	二 n²²
	歙县	尔 n³⁵ 你/n³³ 这		
	屯溪	尔你 n²⁴	二 n⁵⁵	
	休宁	尔你 n⁵⁵	二 n³³	
	婺源	尔你 n¹¹		
	祁门	尔你 n¹¹		

吴语	云和	尔儿而 ȵi³²⁴	耳 ȵi⁵³	二 ȵi²²³	
	遂昌	儿 ȵie²²¹	你 ȵie¹³	耳 ȵi¹³	二 ȵi²¹²
	常山	儿 n⁵²	尔你耳~朵 n²⁴	二 n²¹²	
	汤溪	儿 ŋ¹¹	尔你耳 ŋ¹¹³	二 ŋ³⁴¹	

与"儿"类字今读形式存在地域差异相匹配的是，不同地方的儿化韵表现也不一致。普通话中的儿化韵是"儿"不独立成音节的卷舌韵尾型。而在南方方言中，有"儿"独立成音节的儿缀型，吴语的云和、遂昌、常山话，以及徽语的绩溪、浮梁、旌德话是为例；有"儿"不独立成音节的鼻尾型，吴语的汤溪话和徽语的休宁、屯溪、祁门话是为例；有基本音节的主要元音变为鼻化音的鼻化型，吴语的庆元和徽语的歙县、寿昌话等是为例。如：

表 6-2　　　　　　吴语、徽语部分方言点儿化韵

儿缀型	云和：猪儿 ti³²⁴⁻⁴⁴ȵi³²⁴	遂昌：鸟儿 tiɐɯ⁵²⁻³³ȵie²²¹	绩溪：斤儿 tɕiã³¹⁻⁴⁴n⁰
鼻尾型	汤溪：痱儿 fiŋ⁵²（←痱 fi⁵²）	休宁：纽儿 ȵin13（←纽 ȵiu¹³）	祁门：头儿 tʰen⁵⁵（←头 tʰe⁵⁵）
鼻化型	庆元：刷儿 ɕyẽ⁵⁵（←刷 ɕye?⁵）	歙县：茄儿 tɕʰyã⁴⁴（←茄 tɕʰya⁴⁴）	寿昌：鸟儿 tiã⁵²（←鸟 tiɤ⁵²）

在普通话中，儿尾的发展进程为：儿缀→卷舌韵尾；而在吴语、徽语等南部方言中，儿尾的发展进程为：儿缀→鼻尾→鼻化，这是与北京话的儿尾平行发展的，甚至比北京话的儿尾走得更远，但究其本质而言，吴语、徽语等南方方言中的儿尾是与北京话的儿化同源的一种小称形式。徽语的小称形式跟吴语特别是南部吴语相同，只是其中鼻化型远不如南部吴语分布那么普遍。

前文提及，小称变调与儿缀型、儿尾型、鼻化型小称音变应该是两种独立的小称构词方式。"其间并无派生、孳生、承继关系。"[①]儿化小称（包括儿缀、鼻尾、鼻化）源于"儿"的虚化。"儿"原本是实词，意为"婴孩、子女"，在历史演变过程中，它逐渐虚化为一个小称后缀。Chao 在描述普通话的"儿"时提出："从语义上说来，指小词尾'儿'，起初是'小'的意思，慢慢地说话人用来指他认为小的东西，最后变成无义，只表示文法功能上的改变，而不一定改变原来词根的意思。"[②]从语义上说，"儿"虚化的

[①] 朱晓农：《亲密与高调——对小称调、女国音、美眉等语言现象的生物学解释》，《当代语言学》2004 年第 3 期，第 197 页。

[②] Chao. Yuen Ren. 1968. *A Grammar of Spoken Chinese*. Berkeley：University of California Press, 第 250 页。

开端应该是小称功能，最初主要限于名物类的词。作为一种小称形式，在长期的高频率的使用过程中往往会产生功能"磨损"现象。语义上，小称意义逐渐淡化。包括徽州方言在内的，有相当一部分儿化词小称意义已很不明确，有时还需要搭配词汇手段。例如绩溪、荆州方言很多儿化词需要添加"细小"才能指小；祁门方言诸如"鸡儿 tɕiən^{11}""鸭儿 ŋaŋ^{35}""雨儿 yn^{42}""鱼儿 yn^{55}""抓=儿 tʂuən^{11} 锄头""鬼儿 kuin^{42}"等或者不能单说，或者单说也不能表示"小"或其他引申义，须与"小"配合使用方能表"小"义。在这种情况下，"变调"可能成为一种弥补性的小称构词手段，只是"小称变调"产生机制是什么呢？我们猜测，"小称变调"可能与儿语有关。我们以祁门方言为例。

祁门方言中，孩童在称呼"爸爸、妈妈、哥哥、姐姐"时常使用叠音形式，并且词语的末尾音节一般变成高升调[35]，从而有别于其他人群的称谓方式。例如：

儿语	爸爸 pa^{11}pa^{35}	妈妈 ma^{11}ma^{35}	哥哥 ko^{11}ko^{35}	姐姐 tsi:ɐ^{42}tsi:ɐ^{35}
非儿语	爸儿 pan^{11}	妈 ma^{42}	哥儿 kon^{11}	姐儿 tsiən^{42}

前面提及，祁门方言属于鼻尾小称型，而少数词语例如"猫""囡""眼""朵""娘""鼠"在后附-n 尾时同时叠加变调，变调的调值与孩童呼语的变调调值同为[35]，这大概不是偶然现象，我们推测小称调会不会起源于儿语？这种假设尚需要更多方言材料来验证。

第七章 徽州方言的性质和归属

讨论徽州方言的性质和归属问题我们就不能不先回顾一下汉语方言分区的历史发展过程。从早期章太炎的十类划分[①]，黎锦熙的十二系分类，20世纪 30 年代赵元任先生的九区说、李方桂先生的八区说，到 50 年代丁声树和李荣先生八大方言提法，80 年代初詹伯慧先生等的七大方言区主张，直至 80 年代末期李荣先生的十大分区构架，徽语在分区史上一直以来就处于漂泊不定的位置。我们把过去一个世纪各大家对汉语方言的分区意见概括如下：

表 7-1　　　　　　　　20 世纪汉语方言的分区方案

	分区										总数
章太炎 1915	河北山西	陕甘	山东江淮	川云黔桂	河南湖北江西	广东		福建	苏南浙北	徽州宁国	9
黎锦熙 1934	河北	河西	河南	江淮	金沙	江汉	江湖	粤海	闽海	瓯海 太湖	浙源	12
赵元任 1934	北方官话	上江官话	下江官话	客	粤	潮汕	闽	吴	皖	9
李方桂 1937	北方官话	下江官话	西南官话	湘	赣客	粤	闽	吴		8
史语所 1948	北方官话	下江官话	西南官话	湘	赣	客	粤	闽南	闽北	吴	徽	11
丁声树 1955	北方话			湘	赣	客	粤	闽南	闽北	吴		8
詹伯慧 1985	官话			湘	赣	客	粤	闽	吴		7
李荣 1987	晋	官话		平	湘	赣	客	粤	闽	吴	徽	10

从表 7-1 我们看到，20 世纪各家的分区方案中，徽州地区的方言归属在短短几十年间出现了分歧，其中两位大家对徽语的归属问题前后还发生

[①] 章太炎在《訄书》初刻本（1900）中把汉语方言分成十种，稍后在《检论》（1915）中又改订成九种。

过反复的变化：1939 年赵元任在史语所的方言分区中使"皖方言"（后改称"徽州方言"）单独成区，但 1962 年他在《绩溪岭北音系》中予以补述：

徽州方言在全国方言分区里很难归类，所以我在民国二十七年给申报六十周年出版的中国分省新图画方言图的时候就让徽州话自成一类。因为所有的徽州话都分阴阳去，近似吴语，而声母都没有浊塞音，又近似官话区。但是如果嫌全国方言区分得太琐碎的话，那就最好以音类为重，音值为轻，换言之，可以认为是吴语的一种。①

1955 年丁声树、李荣在方言分区中删除了徽州方言。但李荣在 1989 年《汉语方言分区》中也改变了自己早先取消徽州方言的做法，认为虽然"徽语的共性有待进一步的调查研究"，但根据有不分阴阳去的方言是吴语（如铜陵），分阴阳去的方言却不是吴语（如横峰、弋阳）的情况，"还是把徽语独立，自成一区"。

自《中国语言地图集》（1987）问世以来，语言学界，特别是方言学界对《中国语言地图集》中的汉语方言分区方案讨论很热烈。就"升格"的三个方言区（晋语、平话、徽语）而言，对徽语的讨论并不多。詹伯慧说：

"因为徽语的特殊性似乎早有定论。早年赵元任就把徽语看作是汉语方言中独特的一支。他在二十世纪六十年代先后发表了《绩溪岭北音系》（1962）和《绩溪岭北方言》（1965），揭示皖南徽语的面貌。二十世纪八十年代以来，方言学者郑张尚芳、伍巍、平田昌司等先后对徽州方言进行了调查，发表了一批关于徽州方言的著述，进一步揭示了徽州方言许多与众不同的特征。在这种背景下，徽州方言被提出来作为一个方言区，颇有顺理成章之势，也就听不到多少议论的声音了。"②

徽州方言的复杂性、特殊性在方言学界已成共识。过去多位学者把徽州方言处理为独立的方言，其中最根本的理由就是徽州方言"很难归类"，并不是因为徽州方言具有独立成区的条件，而是因为它无法归入其他方言。而关于徽语单立的理由，《中国语言地图集》（1987）举出了如下几条：

古全浊塞音声母，多数地点今读送气清音，休黟片送气音比不送气音多。送气与否，总的说来还看不出条例；鼻尾多脱落，但又以带-n尾作小称；许多日母字今读[∅]声母；泥来不分。

---

① 赵元任：《绩溪岭北音系》，《中央研究院历史语言研究所集刊——故院长胡适先生纪念论文集》第三十四本，1962，第 27 页。

② 詹伯慧：《广西"平话"问题刍议》，《语言研究》2001 年第 2 期，第 92—93 页。

《中国语言地图集》虽然将徽语独立出来自成一区，但同时也认识到："徽语邻接吴语，方言复杂。目前还只能说说徽语各片的性质。徽语的共性有待进一步的调查研究。"①

平田昌司在《徽州方言研究》中介绍徽州方言的共同特点之后说："徽州方言和严州方言有不少共同点，但其大多数在汉语东南方言中比较常见，不一定能当作'徽语'的重要特征看待。"②

1974 年雅洪托夫认为：

"很难提出这个方言（徽州方言）的任何共同特征。也许从反面描写它更好：在长江以南安徽和相邻省份的所有方言中，那些无法归入官话，或者赣语，或者吴语的方言组成皖南方言"，皖南方言"由于语言面貌的特殊性，必须被划为一个特别的方言"。③

如果仅仅是因为"很难归类"就把徽语独立作为一个汉语方言分区中最高一层的大方言区，让它跟北方方言、吴方言、湘方言、赣方言、客家方言、闽方言、粤方言等方言区并列，那这种"反面"的处理方式跟几十年来方言分区以正面运用分区标准为原则就显得格格不入了。

近年来，徽语研究引起了学术界较多的关注，有关徽语的调查研究成果也比以往多了起来，我们对徽语的认识和理解也得以深入。而学界对徽语的归属问题还是有一些不同的声音，例如有学者主张把徽语处理为吴语一个次方言，持这种见解的主要有曹志耘、赵日新、王福堂等学者。

曹志耘在《南部吴语语音研究》一书中分析到：

徽语是三国以后在吴语（经新安江传入）的基础上，融入了大量当地山越人的语言成分而形成的；从徽语的现状来看，虽然它跟官话、赣语也有一些共同性，但跟吴语是最接近的，二者关系非常密切。因此，在对吴语、徽语进行分区的时候，在第一层次上可以把吴语和徽语合为一类（吴徽大区），在第二层次上再分吴语、徽语，在第三层次上再分其他小区。④

在第二届国际吴方言学术研讨会上，赵日新提出了徽语"应该归入吴语，成为吴语的'徽严片'"的观点。他认为："徽语脱胎于吴语，历史上又经常保持密切的关系，所以今徽语和吴语之间仍然存在不少深层次上的共同特点。"⑤他从发生学角度对徽语和吴语在深层次上的共同点作出了解

---

① 李荣：《汉语方言的分区》，《方言》1989 年第 4 期，第 248 页。
② 平田昌司等：《徽州方言研究》，好文出版社 1998 年版，第 24 页。
③ 转引自王福堂《汉语方言语音的演变和层次》，语文出版社 2005 年版，第 78 页。
④ 曹志耘：《南部吴语语音研究》，商务印书馆 2002 年版，第 174 页。
⑤ 赵日新：《方言接触和徽语》，邹嘉彦、游汝杰主编《语言接触论集》，上海教育出版社 2004 年版，第 357 页。

释，而对徽语同赣语和江淮官话的一些共同点则从方言接触角度进行解释。这些我们在后文将详细引述。

王福堂认为徽州方言"仅仅因为'很难归类'而被提拔起来置身于汉语大方言的行列，而且又是一个很小的大方言，将始终不是一个稳定的因素"[①]。他分析说："徽州方言在中古以后是吴语的一部分，但在闭塞的环境中可能逐渐产生一些自己的特点"[②]，最后提出"把徽州方言归入吴方言，成为吴方言中的一个次方言或土语群，也许是最合适的归宿"[③]。

根据近几十年徽语调查研究的最新成果，结合笔者自己对徽语的研究所得，我们想对徽语的归属问题谈几点自己的认识。

一 徽语和吴语的共性

徽语和吴语存在很多共性，这在学术界是不争的事实。

从赵元任的"所有徽州话都分阴阳去，近似吴语"开始，徽语和吴语的共性就不断有学者论及。例如：

伍巍在《徽州方言和现代"吴语成分"》一文中提道：

"徽州方言语音、词汇、语法几个方面都渗透着丰富的吴语成分"[④]，"徽州方言同吴语确有很大惊人的相似之处"[⑤]。

候精一主编的《现代汉语方言概论》一书中提到：

安徽绩溪、黟县，章组与精组见组细音部分字相混，这种音韵现象近似浙南吴语；宣州片吴语在安徽南部和浙江西北部与徽语接界，那儿的徽语有不少跟南部吴语相近的特点，如多数点入声读舒声，浊上不变去，好些方言点上声收喉塞尾，日母有 n̠-、n-等鼻音的读法。儿化音变以-n、鼻化韵、小称变调表示等。徽语的儿化音变近似婺州片、台州片的吴语。[⑥]

曹志耘分析说：

"南部吴语入声演变的规则在徽语里可以同样看到。只是在徽语中，清浊声母的对立已经消失，所以入声字的归并并不受声母清浊、声调阴阳的限制。因此，阴入字可以并入阳调，阳入字可以并入阴调"[⑦]。

"在与南部吴语毗连的吴语台州片和徽语婺源淳安徐外里，也同样普遍存在着小称

[①] 王福堂：《汉语方言语音的演变和层次》，语文出版社 2005 年版，第 85 页。
[②] 同上书，第 84 页。
[③] 同上书，第 87 页。
[④] 伍巍：《徽州方言和"现代吴语"成分》，《吴语论丛》上海教育出版社 1988 年版，第 329 页。
[⑤] 同上文，第 333 页。
[⑥] 侯精一：《现代汉语方言概论》，上海教育出版社 2002 年版，第 82 页。
[⑦] 曹志耘：《南部吴语语音研究》，商务印书馆 2002 年版，第 107 页。

现象。可以说，在吴语和徽语的范围内，小称现象分布在吴语台州片、金衢片、上丽片、瓯江片以及徽语绩歙片、休黟片、严州片的绝大部分地区……"①

蒋冰冰在《宣州吴语入声演变的方式》一文中指出：

吴语宣州片六种类型与南部吴语和徽语的入声十三种复杂归派类型相比，既体现出较强的一致性，这说明吴语宣州片一是"姓吴"，二是与徽语有着发生学上的密切联系，同时也展示出独特的个性，这也正是吴语宣州片之所以存在的理由。②

赵日新在《方言接触和徽语》一文中分析了徽语和吴语在语音上存在诸多共同点，他先引述了《中国语言地图集》（1987）中举出的吴语语音上的12项共同点：

1. 古全浊声母多数点今仍读浊音，古帮滂並、端透定、见溪群今音在发音方法上三分；
2. 古疑母今洪音作[ŋ]，细音作[n]；
3. 古微母和古日母有文白异读，文读口音，白读鼻音；
4. [m n ŋ]能自成音节；
5. 咸山两摄字一般不带鼻尾，读口音或半鼻音；
6. 蟹摄二等字不带[i]尾，是开尾韵；
7. 咸山两摄见系一二等不同韵（二等指白读洪音）；
8. 梗摄二等白读跟同摄三四等及曾摄不混；
9. 平上去入各分阴阳（一部分方言阳调没有阳上）；
10. 入声多收喉塞尾，少数读开尾，但不跟平上去相混；
11. "鸟"字声母白读与古音端母符合；
12. "打"字读音合于"德冷切"。

赵日新拿吴语12条共性观照徽语后提出：除了1（古全浊声母今读）、10（入声演变）、12（"打"字今读）这三项特征之外，徽语和吴语在很多特征上都很相似。其实，就是第10、12条，徽语和吴语也是大致相同的。比如"打"字今徽语严州片方言中与梗摄古阳声韵字同读现象是与吴语相同的。例如：

	淳安	遂安	建德	寿昌
打 德冷切	tã⁵⁵	tã²¹³	tɛ²¹³	tã²⁴
冷 鲁打切	lã⁵⁵	lã⁴²²	nɛ²¹³	nã⁵³⁴

---

① 曹志耘：《南部吴语语音研究》，商务印书馆2002年版，第147页。
② 蒋冰冰：《宣州吴语入声演变的方式》，《吴语研究：第三届国际吴方言学术研讨会论文集》，上海教育出版社2005年版，第101页。

第七章 徽州方言的性质和归属

至于在入声的演变上，曹志耘在《南部吴语语音研究》书中已经说明南部吴语的入声演变规则同样见于徽语。"剩下来只有古全浊声母今读这一项，徽语和吴语格格不入。"[①]除了语音，赵日新还从词汇、语法角度说明徽语和吴语之间存在很多共性。

丁治民通过考察宋代徽州籍诗人的用韵，从"支微部与鱼模部的押韵""歌戈部与麻斜部的押韵""-m 尾的归并及演变""真文部与东钟部相押"这四个角度概括了徽语的四项特征，认为这四种特征与同时代的"瓯语"相接近。[②]

以上是学界对徽语和吴语存在共性的一些认识。下面我们就对照《中国语言地图集》（第2版）中所概括的吴语共同特点进一步观察徽语和吴语的共性。《中国语言地图集》（第2版）中列出了吴语的十项共同特点，除第十条是词汇、语法特征外，其余九条都是语音共性。除了第一条"古全浊声母在发音方法上仍保留独立的声类，不并入古清声母"以及第四条"鼻音、边音和零声母因声调阴阳的不同而分成两类，逢阴调类，声母前有一定程度的紧喉现象；阳调类则带浊喉擦音[ɦ]。多数方言这两类声母有辨义作用，因此是两套声母"不见于徽语外，其他七条大多见于徽语中。下面我们分项举例说明（吴语方言点的语音材料多来自钱乃荣的《当代吴语研究》）：

1. 古微、日、疑母今有文白读，白读为鼻音，分别为[m n/ȵ ŋ/ȵ]，文读为口音，分别为[v z/ʑ ∅]。南部白读音多于北部。如（"/"之前为白读，"/"之后为文读）：

徽语	网微	尾微	蚊微	吴语	网微	尾微	问微
绩溪	mõ/	/vi	mã/vã	苏州	mã/võ	ȵiɪ/viɪ	mən/vən
歙县	mo/o	/ve	mĩ/vĩ	上海	mãŋ	mi/ȵi/vi	məŋ/vəŋ
休宁	mau/	me/ve	ma/ua	衢州	mõ	mi/ɦui/fi	mən/ɦuən/fvən
黟县	moŋ	mɛɐ/vɛi	maŋ/vaŋ	永康	mʌŋ	/fviə	məŋ/fvəŋ
婺源	mã/vã	mi	mein/vein	温州	mᵘɔ	mˈi	mʌŋ/vəŋ
徽语	绕日	人日	日日	吴语	绕日	人日	日日
绩溪	ȵie/	ȵiã/iã	ȵieʔ/	苏州	ȵiæ	ȵiɪn/zən	ȵiəʔ/zəʔ
歙县	ȵiɔ/	niã/iã	ni/	上海	ȵiɔ	ȵiŋ/zəŋ	ȵiɪʔ/zəʔ
休宁	ȵio/	/iěn	ȵie/	衢州	ȵie	ȵiŋ/ʑuəŋ	ȵiəʔ/ʑuəʔ
黟县	ȵiːu/	ȵiɛi/ɚ	ȵiɛi/ɚ	永康	ȵiau	noŋ/szəŋ	ȵiəʔ/szəʔ
婺源	ȵiɔ/	ȵiein/iein	ȵi/	温州	ȵiɛ	noŋ/ȵiʌŋ/ȵiɛn	ne/ȵi/zæ

---

① 赵日新：《方言接触和徽语》，邹嘉彦、游汝杰主编《语言接触论集》，上海教育出版社2004年版，第359页。
② 丁治民：《宋代徽语考》，《古汉语研究》2007年第1期。

徽语	牙疑	眼疑	牛疑	业疑	吴语	牙疑	眼疑	牛疑	业疑
绩溪	ŋo/	ŋɔ/	ŋi/	ȵiaʔ/	苏州	ŋɒ/	ŋE/	ȵiɵ/	ȵiɕʔ/
歙县	ŋa/	ŋɛ/	nio/	nie/	上海	ŋA/	ŋE/	ȵiɤɯ/	ȵiɪʔ/
休宁	ɔ̃/	ɔ̃/	ȵiu/	ȵiːe/	衢州	ŋɑ/	ŋæ/	ȵiɯ/	ȵiɕʔ/
黟县	ŋoe/	ŋoe/	ȵiɯ/	ȵiːe/	永康	ŋuA/	ŋA/	ȵiəu/ŋəu/	ȵie/
婺源	ŋo/	ŋỹ/ŋein	ȵia/	ȵiɛ/	温州	ŋo/	ŋa/	ŋʌu/	ŋi/

2. 见、晓组开口二等有文白异读，白读为舌根[k]组声母拼洪音韵母，文读为舌面[tɕ]组声母拼细音韵母。南部吴语白读比北部多，有的地方只有白读，没有文读。如：

徽语	交见	咸匣	学匣	吴语	交见	咸匣	学匣
绩溪	kɤ/tɕie	xɔ/	xoʔ/ɕyoʔ	苏州	kæ/tɕiæ	ɦE/	ɦoʔ/ɕiʔ
歙县	kɔ/tɕiɔ	xɛ/ɕie	xɔ/ɕiɔ	上海	kɔ/tɕiɔ	ɦE/	ɦoʔ/ɦiɪʔ/ɦiɤʔ
休宁	ko/	xɔ̃/	xo/	衢州	kɔ/tɕiɔ	ɦæ̃/	ʔuoʔ/ʔɦuoʔ/ɦyɕʔ
黟县	kau/	xoʊ/	xau/	永康	kʌʊ/	ʔɦaʔ/	ʔɦʌʊʔ/
婺源	kɒ/	xỹ/	xɒ/	温州	kʰɔ/	ɦa/	ɦo/

3. 单元音韵母多。古蟹摄没有[i]尾，古效流摄没有[u]尾，古咸山摄也没有[-m -n]尾。如：

徽语	带蟹开一	开蟹开一	摆蟹开二	柴蟹开二	怪蟹合二	吴语	带蟹开一	开蟹开一	摆蟹开二	柴蟹开二	怪蟹合二
绩溪	tɔ	kʰa	pɔ	ɕiɔ	kuɔ	苏州	tɒ	kʰE	pɒ	zɒ	kuɒ
歙县	ta	kʰɜ	pa	sa	kua	上海	tA	kʰE	pA	zA	kuA
休宁	ta	kʰɤ̃	pa	sa	kua	绍兴	ta	kʰe	pa	za	kua
黟县	ta	kʰuaɯ	pa	sa	kua	衢州	tɛ	kʰE	pɛ	szɛ	kuɛ
祁门	ta	kʰua	pa	ʂa	kua	温州	ta	kʰe	pɑ	sza	ka

徽语	保效开一	高效开一	笑效开三	偷流开一	瘦流开三	吴语	保效开一	高效开一	笑效开三	偷流开一	瘦流开三
绩溪	pɤ	kɤ	ɕie	tʰi	si	苏州	pæ	kæ	siæ	tʰeɪ	seɪ
歙县	pɔ	kɔ	siɔ	tʰio	ɕio	上海	pɔ	kɔ	ɕiɔ	tʰɤɯ	sɤɯ
休宁	pɤ	kɤ	siau	tʰiu	ʂɤ	绍兴	pɑʊ	kɑʊ	ɕiɑʊ	tʰɤ	sɤ
黟县	pɤɛ	kɤɛ	siːu	tʰau	sau	衢州	pɔ	kɔ	ɕiɔ	tʰeɪ	seɪ
祁门	po	ko	sia	tʰe	ʂe	温州	pɜ	kɜ	ɕiɜ	tʰʌu	dzɤ

徽语	胆咸开一	减咸开二	三山开一	半山合一	专山合三	吴语	胆咸开一	减咸开二	三山开一	半山合一	专山合三
绩溪	tɔ	kɔ	sɔ	pũ	tɕyēi	苏州	tɛ	kɛ	sɛ	pø	tsɵ
歙县	tɜ	kɜ	sɜ	po	tɕye	上海	tɛ	kɛ	sɛ	pø	tsø
休宁	tɔ	kɔ	sɔ	puːə	tɕyːɐ	绍兴	tæ̃	kæ̃/tɕĩ	sæ̃	pẽ	tsuĩ
黟县	toɐ	koɐ	soɐ	poɐ	tʃuːɐ	衢州	tæ̃	kæ̃/tɕĩ	sæ̃	pə	tʃy
祁门	tõ	kõ	sã	pũːə	tɕỹːɐ	温州	ta	ka	sa	pø	tɕy

从以上对照表可见，徽语和吴语蟹、效、流摄字大多为开尾韵，少数方言点古效、流摄字逢细音偶尔带有[u]尾，徽语这种现象主要见于休黟片。

4. 止蟹摄合口三等见系部分口语常用字有文白读，白读为[y]韵母，文读为合口呼韵母[u-]韵母。

止、蟹摄合口三等字在吴语白读层的读音反映的是"支微入鱼"现象（即"龟音如居，为音如俞之类"），这是早期吴语的音韵现象，这一现象现在仍旧广见于吴语区中特别是南部吴语区中，而徽语中同类现象主要见于中心徽语区如休黟片、祁婺片的绝大多数方言点中，徽语中，除了止、蟹摄合口三等字，还有蟹摄合口四等的一些字也存在这种白读撮口呼、文读合口呼韵母的现象。徽语、吴语"支微入鱼"现象用例如下：

徽语	龟止合三见	鬼止合三见	贵止合三见	吴语	龟止合三见	鬼止合三见	贵止合三见
屯溪	tɕy/kue	tɕy/	tɕy/	苏州	tɕy/kuɛ	tɕy/kuɛ	tɕy/kuɛ
休宁	tɕy/	tɕy/	tɕy/	上海	tɕy/kuɛ	tɕy/kuɛ	tɕy/kuɛ
黟县	tɕyɛi/	tɕyɛi/	tɕyɛi/	绍兴	tɕyɥ/kue	tɕyɥ/kue	tɕyɥ/kue
祁门	/kui	/kui	tɕy/kui	余姚	tɕy/kue	tɕy/kue	tɕy/kue
婺源	tɕy/	tɕy/	tɕy/	温州	tɕy/	tɕy/	tɕy/

徽语	桂蟹合四见	亏止合三溪	跪止合三群	吴语	亏止合三溪	跪止合三群	柜止合三群
屯溪	tɕye/	tɕʰye/kʰue	tɕʰy/	苏州	tɕʰy/kʰuɛ	dzy/guɛ	dzy/guɛ
休宁	tɕye/	tɕʰye/kʰue	tɕʰy/	上海	tɕʰy/kʰuɛ	dzy/guɛ	dzy/guɛ
黟县	tɕyɛi/	tɕʰyɛi/	tɕʰyɛi/	绍兴	tɕʰyɥ/kʰue	dzyɥ/gue	dzyɥ/gue
祁门	tɕy/kui	/kʰui	tɕʰy/	余姚	/kʰue	dzy/gue	dzy/gue
婺源	tɕy/	tɕʰy/kʰuɣ	tɕʰy/kʰuɣ	温州	tɕʰy/kʰæi	dzy	dzy

5. 蟹摄开口一等咍、泰不同音，咍韵字元音较高，泰韵字元音较低。古咸山摄逢见系一等与二等不同韵。

（1）哈、泰有别现象也见于徽语中，而且，徽语中哈、泰韵今读形式的对立模式与吴语部分方言点也相同，哈、泰有别的方言大体是端系保持哈、泰韵的对立，见系哈、泰韵合流。例如：

徽语	台哈—太泰	来哈—赖泰	菜哈—蔡泰	该哈—盖泰
绩溪	tʰa—tʰɔ	na—nɔ	tsʰɔ	ka
歙县	tʰɛ—tʰa	lɛ—la	tsʰɛ	kɛ
休宁	to—tʰa	lo—la	tsʰo—tsʰa	kuɤ
黟县	tuɯ—tʰa	laɯ—la	tʃʰuɯ—tʃʰa	kuɯ
婺源	tʰɤ—tʰa	lɛ—lɜi	tsʰɤ	kɤ
吴语	台哈—太泰	来哈—赖泰	菜哈—蔡泰	该哈—盖泰
苏州	dɛ—tʰɒ	lɛ—lɒ	tsʰɛ—tsʰɒ	kɛ
上海	dɛ—tʰʌ	lɛ—lʌ	tsʰɛ—tsʰʌ	kɛ
绍兴	de—tʰa	le—la	tsʰe—tsʰa	ke
余姚	de—tʰʌ	le—lʌ	tsʰe—tsʰʌ	ke
温州	de—tʰa	le—la	tsʰe—tsʰa	ke

从以上表格可见，徽语、吴语哈、泰韵的分混情况很相似，基本是端系对立、见系合流，而且哈、泰韵对立模式也很相似，除了徽语中的绩溪点，徽语和吴语哈韵主体层读音大多是个舌位较高的元音或复元音。

（2）吴语中，古咸山摄逢见系保持一二等的对立，这种现象也广见于中心徽语区。如：

徽语	敢咸开——减咸开二	含咸开——咸咸开二	干山开——间山开二	寒山开——闲山开二	岸山开——眼山开二
屯溪	kɛ—kɔ	xɔ	ku:ə—kɔ	xɔ:e—ux	u:ə—ŋɔ
休宁	ka—kɔ	xɔ	ku:ə—kɔ	xɔ:e—ux	u:ə—ŋ
黟县	kuɑŋ—koɐ	xoɐ	ku:ə—ɐɔ	xu:ə—ɐɔx	ŋoɐ
祁门	kuæ̃—kõ	xũæ̃/kʰõ—xõ	kũæ̃—kõ	xũ:æ̃/xõ—xõ	ŋõ
婺源	kɤ̃	xɤ̃	kom—kɤ̃	xom—xɤ̃	m—ŋɤ̃
吴语	敢咸开——减咸开二	含咸开——咸咸开二	干山开——间山开二	寒山开——闲山开二	岸山开——眼山开二
苏州	kθ—kɛ	ɦθ—ɦɛ	kθ—kɛ	ɦθ—ɦɛ	ŋθ—ŋɛ
上海	kø—kɛ	ɦø—ɦɛ	kø—kɛ	ɦø—ɦɛ	ŋø/ɦø—ŋɛ
绍兴	kĩ—kæ̃	ɦĩ—ɦæ̃	kĩ—kæ̃	ɦĩ—ɦæ̃	ŋĩ—ŋæ̃
余姚	kẽ—kẽ	ɦẽ/ɦĩ—ɦẽ	kẽ—kẽ	ɦẽ	ŋẽ/ʔẽ—ŋẽ
温州	kθ—ka	ɦθ/gʌŋ—ɦa	kθ—ka	ɦy—ɦa	ʔy—ŋa

第七章 徽州方言的性质和归属

从以上表格可见，徽语和吴语在古咸山二摄逢见系不同程度保持一二等的对立，不过，对立模式不太一样，在吴语，咸、山摄合流，咸山摄一二等韵逢见系大多呈现主元音"圆唇：展唇"的对立模式。而在徽语中，咸、山摄见系一等字保持对立，山摄一二等见系字的对立格局基本表现为主元音的"高：低"，韵母多表现为合口呼和开口呼的不同；咸摄一二等见系字的对立格局基本表现为主元音的"展唇：圆唇"。相较于吴语，咸山摄一二等韵见系字的这种对立局势在徽语中已经有所消减，少数不常用的字已经出现咸山二摄的合流现象。

6. "鸟"字有古端母一读；"打"字读如梗摄。都跟《广韵》一致。

吴语的"鸟"读端母、"打"读如梗摄在徽语中多见于严州片，徽语其他方言片中，或者义为"男阴"写作"鸟"的读同端母字（例如绩溪的"鸟_男阴"读 tie²¹³、歙县的"鸟_男阴"读 tiɔ³⁵、黟县的"鸟_男阴"读 ti:u⁵³ 等），或者梗摄阳声韵字丢失鼻音韵尾读同阴声韵，因此"打"与梗摄字同读（例如休宁"打"与"等"同读为 ta³¹），除此，较少有方言中同时存在义为"飞禽"时"鸟"读如端母、"打"读如梗摄的现象。"鸟_飞禽""打"在徽语严州片（"鸟_飞禽"在祁婺片的浮梁旧城区读为 tiau²¹）和吴语部分方言点的读音如下所示：

徽语	淳安	遂安	建德	寿昌	吴语	苏州	上海	绍兴	余姚	温州
鸟_飞禽	tiɔ	ciɔ	tiʏ	tã	鸟_飞禽	tiæ/ʔniæ	ciɔ/ciɔ	tiaɔ/ɲiaɔ	tiɔ/ɲiɔ	tien/nia
打_梗开二	tɑ̃	tã	tɛ	tã	打_梗开二	tɑ̃/tã	tɑ̃ŋ	taŋ	tɑ̃	t'ɛ
冷_梗开二	lɑ̃	lã	nɛ	nã	冷_梗开二	lɑ̃/lã	lɑ̃ŋ	laŋ	lɑ̃/leŋ	l'ɛ

7. 声调为四声八调，即古平上去入依声母清浊各分阴阳，清阴浊阳，阴高阳低，显示出比较整齐的局面。

由上文第三章可知，徽语大多数方言点古今声调对应大致较为整齐。所有的方言点古平声均以古声母清浊为条件分为阴、阳两类；除了旌占片的旌德、严州片的寿昌，其余方言点的去声均以古声母清浊为条件分为阴、阳两类；除了绩歙片的绩溪、祁婺片的婺源和浙源、旌占片的旌德和占大外，其余方言点的入声均以古声母清浊为条件分为阴、阳两类。只有古上声表现较为复杂，祁婺片的婺源、严州片的遂安和寿昌古上声是严格以古声母清浊为条件分为阴、阳两类的，而部分方言点的古次浊上声字出现与清上字同读的现象。总的来看，徽州方言声调系统表现出与吴语相同的四声八调格局，只不过，部分调类出现了合并，这是较晚发生的变异。

从调值来看，徽州方言与吴语的"阴高阳低"格局不太相符，就古平声而言，除了祁婺片的婺源和浮梁，严州片的遂安、建德外，一般方言点的阴平调低于阳平调；而对于去声分阴阳的方言点来说，只有祁婺片的祁门、婺源、浙源、浮梁以及严州片的部分方言点基本是阴低阳高外，其余方言点大多是阴高阳低。即，"阴高阳低"的特点只在去声得到了表现。

以上我们是拿《中国语言地图集》（第二版）中列出来的七项吴语特征来观察吴徽语的共性。除此，我们从现有的材料中观察到徽语中还有一些语音特点跟吴语特别是南部吴语相似。具体如下文第 8—10 条语音特点在徽语和吴语的表现情况所示。

8. 流摄一三等交替。

前文第二章第四节"徽州方言中一三等韵的分合"，我们讨论了徽州方言中一三等韵的交替现象，重点分析了流摄一三等不以声母为条件的交替现象，除了祁婺片的浮梁、德兴，大多数方言点出现了流摄一三等韵字不同程度的合流，或者三等字丢失 i 介音读同一等字，或者一等字增生 i 介音读同三等字，这种介音与韵母等次的异常对应现象也见于吴语中（以下常山、广丰的材料来自曹志耘《南部吴语语音研究》）。例如：

徽语	漏流开一——流流开三	凑流开一——秋流开三——臭流开三	钩流开一——阄流开三	藕流开一——牛流开三
绩溪	ni	tsʰi	ki	ŋi
歙县	lio	tɕʰio—tsʰio—tɕʰio	kio	ŋio—nio
休宁	liu	tsʰiu—tsʰiu—tɕʰiu	tɕiu	ȵiu
黟县	lau	tʃʰau	tʃau	ȵiau
祁门	le	tsʰe—tsʰe—tʂʰe	tɕie	ie

吴语	漏流开一——流流开三	凑流开一——秋流开三——臭流开三	钩流开一——阄流开三	藕流开一——牛流开三
黎里	lieɯ	tsʰieɯ	kieɯ—tɕieɯ	ŋieɯ—ȵieɯ
温州	lʌu	tsʰʌu—tɕʰiʌu—tɕʰiu	kʌu—tɕiʌu	ŋʌu
金华	liɯɯ—ʔliɯɯ	tɕʰiɯɯ	kiɯɯ—tɕiɯɯ	ʔiɯɯ—ȵiɯɯ
常山	lu	tɕʰiɯ—tɕʰiɯ—tsʰɯ	tɕiɯ—ku	ȵiɯ
广丰	leɯ	tsʰeɯ—tsʰeɯ—tɕʰeɯ	keɯ—kiɯ	ȵiɯ

9. [m n ŋ]能自成音节。

这一个特点是第一版《中国语言地图集》中吴语特征的概括。在徽语中，[m n] 自成音节，例字主要是"母、儿、尔、耳、二、五"等字，在婺源，还有山摄一等的影母字也读成声化韵[m]；较少见到[ŋ]自成音节的现象。在吴语中，[m n ŋ]能自成音节的现象以南部吴语更为常见，例字主要有"耳、二、儿、吴、五、无、舞、母、红"等。（以下南部吴语的材料来自曹志耘《南部吴语语音研究》）。例如：

徽语			吴语		
绩溪	母公~ṁ	儿尔你耳~朵二ń	磐安	五儿二耳母ṅ	无ṁ
屯溪	母拇亩ṁ	午五尔你二ń	金华	五儿二耳 ŋ	无母ṁ
休宁	母亩₁拇ṁ	二尔你五伍	汤溪	五儿二耳 ŋ	无母ṁ
黟县	母ṁ	无五尔你	云和	五 ŋ	无舞ṁ
祁门	母鸡~₁母鸡ṁ	尔你ń	温州	五儿二耳母 ŋ	

10. 徽语和吴语在一二等韵的结构格局上相似。

在前文第三章"一二等韵在徽州方言中的结构关系"这一节中，我们分析了在今天的徽州方言里，一二等韵主元音舌位"高：低"的对立是总的特点。但它与"等"之间的关系同样呈现出杂乱的状态：不同的"等"有相同的元音，例如许村宕开一的元音跟假开二同，梗开二的元音却跟蟹开一同；还有婺源宕开一和梗开一的入声字分别跟效摄的二等韵和一等韵读音合流。同"等"的元音有圆展之别，例如在徽语中，宕开一和梗开二的主元音除了有高低之别还隐含着圆唇和展唇之别，而休黟片但凡效摄一二等韵有别的方言点，一二等主元音基本都是展唇和圆唇的区别。同"等"的元音还有前后之分，例如柯村，假摄二等主元音是个后而且还圆唇的ɒ，而蟹、梗摄二等韵的主元音却是前a。徽语一二等韵这种结构格局与吴语非常相近。徐通锵曾在《历史语言学》一书中将吴语苏州方言的结构格局概括为：

> 总的特点是一等韵的元音比二等韵的"高"，但它与"等"的关系却呈现出杂乱的状态：……不同的"等"有相同的元音，……同"等"的元音有圆展之别，……同"等"的元音还有前后之分……①

为此，徐先生认为"吴方言是一种特殊类型的结构格局"。结构格局是语言系统的核心，"'语音内容'容易变化，而'结构格局'却很稳固，保守，'变得远不如语音本身那样快'，比较这种保守的结构格局，可以比同源词的语音对应的比较更能深入地了解语言或方言之间的关系的亲疏远近"。②吴语和徽语在结构格局上表现出来的这种共性使我们有理由相信：吴语和徽语在深层次上存在发生学角度的联系。

除了以上分析的十项共性，徽语和吴语特别是南部吴语还存在其他的共性，如次浊上声字的走向、上声带喉塞尾、入声按韵摄分化、小称音变的形式等。这些共性在前文都有讨论，不再赘述。

---

① 徐通锵：《历史语言学》，商务印书馆1991年版，第400页。

② 同上书，第392页。

二 徽语和吴语在历史上的联系

据前文分析，徽语和吴语在共时平面上存在诸多共性。而在历史上，徽语区和吴语区在也存在密切的联系。

据道光《徽州府志》记载：

"徽州府，禹贡为扬州之域，春秋时属吴，后属越，最后属楚。"①

从远古至春秋战国时期徽州历史文化与江南一片的越地区的文化同体同构。秦统一中国以后，在今安徽南端设置歙、黟二县，将越国降人大量迁移到这一地区。据宋罗愿的《新安志》记载：

"始汉末以歙、黟二县分为新都郡，地广大。……盖古歙县地之在今者为歙、为休宁、为绩溪、为婺源、为严州之淳安、为遂安。古黟县地之在今者为黟县、为祁门、为广德军之广德、为建平。凡三郡十县。"②

从汉代到三国，这里都是越人最活跃的地区。

而吴语的"吴"是历史地名（诸侯国国名）的沿用。吴越是两个不同的国家，但自古吴越同音共俗。《吕氏春秋·知化》：

"吴王夫差将伐齐，子胥曰：不可。夫齐之与吴也，习俗不同，言语不通，我得其地不能通，得其民不能使。夫吴之于越也，接土邻境，壤交通属，习俗同，言语通，我得其地能处之，得其民能使之。"

吴越同音共俗的原因主要是土著民族原来比较接近，都是古越族的属地，同是先禹之苗裔，夏后帝少康之庶子，是为百越。居茅山之地，其族为干越，居会稽之地，其族为於越。因此，吴越方言如果要找源头的话，应称"越"语更为合适，称"吴"语则本末倒置。③吴越方言与中原汉人的汉语相融合，形成汉语和百越语的混合语，这就是通常所说的原始吴语。在晋代以前的徽语区居民与吴语区的居民所说的就是这种原始吴语。④

从东汉末年始，中原一带战乱频仍，许多名门望族、仕宦人家纷纷避乱南迁，徽州地区因为地处丘陵，丛岩环峙，也就成了中原人的避难安居之所。究其移民过程，有三个高潮：魏晋时期的"永嘉之乱"、唐末的黄巢

---

① 《四部丛刊》本《大清一统志》（六），卷一百十二《徽州府志》卷一，第1页。
② 转引自赵日新《方言接触和徽语》，邹嘉彦、游汝杰主编《语言接触论集》，上海教育出版社2004年版，第348页。
③ 颜逸明：《吴语三论》，《吴语研究：第三届国际吴方言学术研讨会论文集》，上海教育出版社2005年版，第3页。
④ 参考赵日新《方言接触和徽语》，邹嘉彦、游汝杰主编《语言接触论集》，上海教育出版社2004年版，第351页。

起义和两宋时期的"靖康南渡"。①这些中原大族迁入后，改变与整合了徽州的人口结构，同时对徽州地区的土著语言也可能产生一定的冲击和影响。"徽州的西面和北面为高耸的黄山山脉横亘，南面亦为重岭阻隔，唯与浙江相邻的东鄙，有一条新安江，上贯徽州腹地，下入浙东，直连吴越境内的富春江。"②因而，相当数量的移民是经新安江辗转移入徽语区的。这些对徽州方言的形成具有决定性的影响。曹志耘就曾在《南部吴语语音研究》一书中提出，徽语是三国以后在吴语的基础上（经新安江传入），融入了大量当地山越人的语言成分而形成的。我们可以将徽语视为带有吴语底层的较早为官话所影响的一种方言。这也可以解释徽语"既有吴语的特征，又有某些江淮官话的特点"③，也符合"徽语由南到北，徽语特征渐次减少，官话特征逐渐增多"④的语言事实。另外，徽语区由于南、西、西北面都被赣语包围，在赣语的影响之下，徽语又融合了一些赣语的特征。这些因素使得徽语原有的吴语特征被冲淡，面目变得模糊不清。

综上所述，徽语和吴语之间有比较多的共通之处，而且在地理上相邻，历史上又有密切的联系。我们无论是从共时平面上的诸多语言特征来看，还是从吴语和徽语的共同基础、共同的历史背景出发，徽语划入吴语都是合情合理的。

三 徽语划归吴语之可行性

把徽语归入吴语，"这会动摇赵元任的吴语声母全清次清全浊三分的定义，改变吴方言的内部结构，使一直被认为是保有古全浊声母浊音音值的吴方言有了古全浊声母清化的次方言或土语群。但把徽州方言归入吴方言也正是赵元任本人后来的主张"⑤。（赵元任1962年在《绩溪岭北音系》中说"如果嫌全国方言区分得太琐碎的话，那就最好以音类为重，音值为轻，换言之，可以认为是吴语的一种"）的确，对于方言分区来说，古全浊声母的演变是一条重要的早期历史性标准，全浊声母保留浊音音值一向就被看成是吴语的鉴别特征。对此我们的看法是：

吴语范围内浊声母本身就有种种不同的表现，在很大范围内那种浊音

---

① 参考刘伯山《徽州文化及其研究价值》，《徽州文化研究》（第一辑），黄山书社2002年版，第15页。

② 伍巍：《徽州方言和"现代吴语"成分》，《吴语论丛》上海教育出版社1988年版，第334页。

③ 熊正辉、张振兴：《汉语方言的分区》，《方言》2008年第2期，第104页。

④ 赵日新：《方言接触和徽语》，邹嘉彦、游汝杰主编《语言接触论集》，上海教育出版社2004年版，第364页。

⑤ 王福堂：《汉语方言语音的演变和层次》，语文出版社2005年版，第87页。

只是声调的附属性特征而已。前文提及，古全浊声母在今南部吴语里的读音纷繁复杂，有读浊音和所谓的"清音浊流"和读清音之分。"全浊声母清化是吴语边缘地区方言出现的新兴语音变化。在南部吴语区域内，除了金华地区里跟吴语腹地相连的部分县市，以及偏居东海之滨的温州地区以外，其他邻近徽语、赣语、闽语的地区，都已不同程度地出现了全浊声母清化的现象。"①例如龙泉、泰顺的全浊声母系统清化以后，三分格局彻底消失。在龙泉：

$$\text{短} = \text{弟 ti}^{52} \qquad \text{锁} = \text{坐 so}^{52}$$

"古全浊声母清化在吴语里已不是个别现象，金华、衢州一带方言的所谓全浊声母不少也可以记作清声母。"②保留全浊声母系统这一似乎没有争议的吴语鉴别特征，今天在一些边缘地区也已经磨损了。"语言系统本身就是一个模糊集，处于中心地带的方言点之间或许区别特征还比较明显，越往四周扩散，区别特征便越模糊。"③保留浊音这项所谓典型的吴语语音特征现在已经不能覆盖吴语内部了，如果我们承认语言存在不平衡性，那就不能单以声母是否保留三分来判定其属性。

"湘方言可以根据古全浊声母部分保持浊音音值部分清化而区分为不同的次方言——老湘语和新湘语，同样的处理原则和方法用于同样具有历史渊源和众多共同特点的吴方言和徽州方言，也应该是可行的。"④

我们认为，既然徽语分立的依据，从语言材料上看，对内缺乏一致性，对外缺乏排他性，那是不是可以不"升格"为大方言区？鉴于徽语和吴语之间有比较多的共通之处，而且在地理上相邻，历史上又有密切的联系，我们还不如从大处着眼，从徽语和吴语的共同基础、共同历史背景出发，把吴徽语合成一个大区，然后再适当考虑语言的异同，下分成几个次方言片，这也许是比较合适的处理方法。

---

① 曹志耘：《南部吴语的全浊声母》，《吴语研究：第二届国际吴方言学术研讨会论文集》，上海教育出版社 2003 年版，第 220 页。
② 曹志耘：《南部吴语语音研究》，商务印书馆 2002 年版，第 53 页。
③ 梁金荣、高然、钟奇：《关于方言分区的几个问题——兼论晋语的归属》，《广东社会科学》1997 年第 1 期，第 135 页。
④ 王福堂：《汉语方言语音的演变和层次》，语文出版社 2005 年版，第 87 页。

参考文献

（一）著作

[1] 北京大学中文系语言学教研室：《汉语方音字汇》（第 2 版），语文出版社 2003 年版。
[2] 曹剑芬：《现代语音研究与探索》，商务印书馆 2007 年版。
[3] 曹志耘、秋古裕幸、太田斋、赵日新：《吴语处衢方言研究》，好文出版社 2000 年版。
[4] 曹志耘：《南部吴语语音研究》，商务印书馆 2002 年版。
　　　　　《徽语严州方音研究》，北京语言大学出版社 2017 年版。
[5] 陈泽平：《福州方言研究》，福建人民出版社 1998 年版。
　　　　　《闽语新探索》，上海远东出版社 2003 年版。
[6] 陈　丽：《安徽歙县大谷运方言》，方志出版社 2013 年版。
[7] 董同龢：《汉语音韵学》，中华书局 2001 年版。
[8] 高本汉：《中国音韵学研究》，商务印书馆 1940 年版。
[9] 高永安：《明清皖南方音研究》，商务印书馆 2007 年版。
[10] 何大安：《规律与方向：变迁中的音韵结构》，北京大学出版社 2004 年版。
[11] 侯精一：《现代汉语方言概论》，上海教育出版社 2002 年版。
[12] 胡安顺：《音韵学通论》，中华书局 2003 年版。
[13] 胡松柏：《赣东北方言调查研究》，江西人民出版社 2009 年版。
[14] 蒋冰冰：《吴语宣州片方言音韵研究》，华东师范大学出版社 2003 年版。
[15] 兰玉英等：《泰兴客家方言研究》，中国社会科学出版社 2007 年版。
[16] 李方桂：《上古音研究》，商务印书馆 1980 年版。
[17] 李　荣：《切韵音系》，科学出版社 1952 年版。
[18] 李如龙、邓晓华：《客家方言研究》，福建人民出版社 2009 年版。
[19] 李新魁：《中古音》，商务印书馆 1991 年版。
[20] 刘祥柏：《安徽黄山汤口方言》，方志出版社 2013 年版。
[21] 罗常培：《临川音系》，科学出版社 1958 年版。
　　　　　《罗常培语言学论文集》，商务印书馆 2004 年版。

[22] 罗昕如：《新化方言研究》，湖南教育出版社1998年版。
[23] 孟庆惠：《旌德县志·方言》，黄山书社1992年版。
    《徽州方言》，安徽人民出版社2004年版。
[24] 潘悟云：《汉语历史音韵学》，上海教育出版社2000年版。
[25] 平山久雄：《平山久雄语言学论文集》，商务印书馆2005年版。
[26] 平田昌司等：《徽州方言研究》，好文出版社1998年版。
[27] 钱乃荣：《当代吴语研究》，上海教育出版社1992年版。
[28] 邵荣芬：《切韵研究》，中国社会科学出版社1982年版。
[29] 沈　明：《安徽歙县（向杲）方言》，方志出版社2012年版。
[30] 唐作藩：《音韵学教程》，北京大学出版社2002年版。
[31] 王福堂：《汉语方言语音的演变和层次》，语文出版社2005年版。
[32] 王洪君：《历史语言学方法论与汉语方言音韵史个案研究》，商务印书馆2014年版。
[33] 王骥德：《曲律·论须识字》，《中国古典戏曲论著集成》第4册，中国戏剧出版社1959年版，1980年重印。
[34] 王　力：《汉语史稿》，中华书局1980年版。
    《汉语语音史》，商务印书馆2008年版。
[35] 伍　巍：《休宁县志·方言》，安徽教育出版社1990年版。
[36] 谢留文、沈明：《黟县宏村方言》，中国社会科学出版社2008年版。
[37] 谢留文：《江西浮梁（旧城村）方言》，方志出版社2012年版。
[38] 徐通锵：《历史语言学》，商务印书馆1991年版。
    《语言论》，东北师范大学出版社1997年版。
[39] 杨剑桥：《现代汉语音韵学》，复旦大学出版社1996年版。
[40] 杨耐思：《近代汉语音论》（增补本），商务印书馆2012年版。
[41] 颜逸明：《吴语概说》，华东师范大学出版社1994年版。
[42] 张光宇：《切韵与方言》，台湾商务印书馆1990年版。
    《闽客方言史稿》，南天书局1996年版。
[43] 章太炎：《国故论衡》，商务印书馆2010年版。
[44] 赵元任：《语言问题》，商务印书馆1980年版。
    《现代吴语的研究》，商务印书馆2011年版。
[45] 郑　伟：《吴方言比较韵母研究》，商务印书馆2013年版。
[46] 郑张尚芳：《郑张尚芳语言学论文集》，中华书局2012年版。
[47] 周振鹤、游汝杰：《方言与中国文化》，上海人民出版社1986年版。
[48] 朱晓农：《音韵研究》，商务印书馆2006年版。
[49]《中国语言地图集》（第2版），商务印书馆2012年版。

（二）论文

[1] 白静茹：《吕梁方言语音研究》，北京大学 2009 年博士学位论文。
[2] 鲍明炜：《六朝金陵吴语辩》，《吴语论丛》，上海教育出版社 1988 年版。
[3] 曹志耘：《吴徽语入声演变的方式》，《中国语文》2002 年第 5 期。
　　　　　《南部吴语的全浊声母》，《吴语研究：第二届国际吴方言学术研讨会论文集》，上海教育出版社 2003 年版。
　　　　　《论方言岛的形成和消亡——以吴徽语区为例》，《语言研究》2005 年第 4 期。
[4] 陈秀琪：《客家话声调的转移现象》，李如龙、邓晓华主编《客家方言研究》，福建人民出版社 2009 年版。
[5] 陈　瑶：《从徽语看中古开合分韵的一等韵》，《贵州大学学报》2007 年第 3 期。
　　　　　《徽州方言见组三四等字的腭化问题》，《语言研究》2008 年第 3 期。
　　　　　《匣母在徽语中的历史语音层次》，《黄山学院学报》2011 年第 4 期。
　　　　　《流摄一三等韵在徽州方言中的分合研究》，《中国方言学报》第 4 期，全国汉语方言学会《中国方言学报》编委会编，商务印书馆 2015 年版。
　　　　　《安徽黄山祁门大坦话同音字汇》，《方言》2015 年第 4 期。
　　　　　《从现代汉语方言看古泥娘母的分立问题》，《中国语文》2016 年第 6 期。
[6] 丁治民：《宋代徽语考》，《古汉语研究》2007 年第 1 期。
[7] 段亚辉：《浮梁（鹅湖）方言研究》，南京师范大学 2006 年硕士学位论文。
[8] 冯　蒸：《北宋邵雍方言次浊上声归清类现象试释》，《首都师范大学学报》1987 年第 1 期。
　　　　　《龙宇纯教授著〈中上古汉语音韵论文集〉评介》，《古籍整理研究学刊》2004 年第 1 期。
[9] 侯兴泉：《论粤语和平话的从邪不分及其类型》，《中国语文》2012 年第 3 期。
[10] 胡松柏、钱文俊：《反映 19 世纪中叶徽语婺源方音的韵书〈乡音字义〉〈乡音字汇〉》，《音韵论丛》齐鲁书社 2004 年版。
[11] 黄雪贞：《客家方言古入声字的分化条件》，《方言》1997 年第 4 期。
[12] 蒋冰冰：《宣州片吴语音韵研究》，复旦大学 2000 年博士学位论文。

《宣州吴语入声演变的方式》，《吴语研究：第三届国际吴方言学术研讨会论文集》，上海教育出版社 2005 年版。

[13] 蒋冀骋：《〈中原音韵〉"寒山""桓欢"分立是周德清方音的反映》，《中国语言学报》2003 年第 11 期。
《〈回回药方〉阿汉对音与〈中原音韵〉"章、知、庄"三系的读音》，《古汉语研究》2007 年第 1 期。

[14] 蒋希文：《湘赣语里中古知庄章三组声母的读音》，《语言研究》1992 年第 1 期。

[15] 金家骐：《休宁方言有阳去调》，《方言》1999 年第 2 期。

[16] 李建校：《陕北晋语知庄章组读音的演变类型和层次》，《语文研究》2007 年第 2 期。

[17] 李　荣：《汉语方言的分区》，《方言》1989 年第 4 期。
《我国东南各省梗摄字的元音》，《方言》1996 年第 1 期。

[18] 李新魁：《粤音与古音》，《学术研究》1996 年第 8 期。

[19] 李行杰：《知庄章流变考论》，《青岛师专学报》1994 年第 2 期。

[20] 栗华益：《安徽黟县碧阳方言同音字汇》，《方言》2018 年第 1 期。
《安徽旌德县旌阳方言同音字汇》，待刊。

[21] 梁金荣、高然、钟奇：《关于方言分区的几个问题——兼论晋语的归属》，《广东社会科学》1997 年第 1 期。

[22] 刘宝俊：《论现代汉语方言中的"一等 i 介音"现象》，《华中师范大学学报》1993 年第 1 期。

[23] 刘伯山：《徽州文化及其研究价值》，《徽州文化研究》（第一辑），黄山书社 2002 年版。

[24] 刘祥柏：《徽州方言全浊字今读与吴语的关系》，《吴语研究：第二届国际吴方言学术研讨会论文集》，上海教育出版社 2003 年版。

[25] 刘泽民：《客赣方言的知章精庄组》，《语言科学》2004 年第 4 期。
《吴语果摄主体层次分析》，《语言科学》2014 年第 3 期。
《客赣方言历史层次研究》，上海师范大学 2004 年博士学位论文。

[26] 罗常培：《徽州方言的几个要点》，《国语周刊》第 152 期，1934 年 8 月 25 日。

[27] 罗常培、邵荣芬、张洁：《半个多世纪前的休宁方言音系》，《方言》2018 年第 2 期。

[28] 马希宁：《徽州方言的知照系字》，《方言》2000 年第 2 期。

[29] 孟庆惠：《黄山话的 tɬ、tɬʰ、ɬ 及探源》，《中国语文》1981 年第 1 期。
《歙县方音中的历时特征》，《语言研究》1988 年第 1 期。

　　　　　《徽语的特殊语言现象》,《安徽师大学报》1995 年第 1 期。
[30] 帕维尔·玛突来维切:《浙江洞头县大门岛方言音系》。《吴语研究:第二届国际吴方言学术研讨会论文集》,上海教育出版社 2005 年版。
[31] 潘悟云:《吴语的语音特征》,《温州师专学报》1986 年第 2 期。
　　　　　《反切行为与反切原则》,《中国语文》2001 年第 2 期。
[32] 钱惠英:《屯溪方言的小称音变及其功能》,《方言》1988 年第 1 期。
[33] 钱文俊:《婺源方言中的闭口韵尾》,《上饶师专学报》1985 年第 4 期。
[34] 桥本万太郎:《古代汉语声调调值构拟的尝试及其涵义》,《语言学论丛》第十六辑,商务印书馆 1991 年版。
[35] 施向东:《玄奘译著中的梵汉对音和唐初中原方音》,《语言研究》1983 年第 1 期。
[36] 石汝杰:《汉语方言中高元音的强摩擦倾向》,《语言研究》1998 年第 1 期。
[37] 覃远雄:《桂南平话古见组声母和日母的今读》,《方言》2006 年第 3 期。
[38] 陶　寰:《吴语一等韵带介音研究》,《吴语研究:第二届国际吴方言学术研讨会论文集》,上海教育出版社 2003 年版。
[39] 王福堂:《徽州方言的性质和归属》,《中国语文研究》2004 年第 1 期。
[40] 王洪君:《也谈古吴方言覃谈寒桓四韵的关系》,《中国语文》2004 年第 4 期。
[41] 王军虎:《晋陕甘方言的"支微入鱼"现象和唐五代西北方音》,《中国语文》2004 年第 3 期。
[42] 王　琼:《并州片晋语语音研究》,北京大学 2012 年博士学位论文。
[43] 王文胜:《吴语处州方言特殊语言现象的地理分布》,《杭州师范大学学报》2010 年第 3 期。
[44] 魏建功等:《黟县方音调查录》,《国学季刊》第 4 卷第 4 期,1934 年。
[45] 伍　巍:《论徽州方音》,暨南大学 1994 年博士学位论文。
　　　　　《中古全浊声母不送气探讨》,《语文研究》2000 年第 4 期。
[46] 伍巍、王媛媛:《徽州方言的小称研究》,《语言研究》2006 年第 1 期。
[47] 项梦冰:《客家话古日母字的今读——兼论切韵日母的音值及北方方言日母的音变历程》,《广西师范学院学报》2006 年第 1 期。
[48] 谢留文:《客家方言古入声次浊声母字的分化》,《中国语文》1995 年第 1 期。
[49] 熊正辉、张振兴:《汉语方言的分区》,《方言》2008 年第 2 期。
[50] 许宝华:《论入声》,《音韵学研究》第一辑,中华书局 1984 年版。
[51] 岩田礼:《连云港市方言的连读变调》,《方言》1982 年第 4 期。
[52] 颜逸明:《吴语三论》,《吴语研究:第三届国际吴方言学术研讨会论文

集》，上海教育出版社 2005 年版。
[53] 杨苏平：《西北汉语方言泥来混读的类型及历史层次》，《北方民族大学学报》2015 年第 3 期。
[54] 杨雪丽：《从〈集韵〉看唇音及其分化问题》，《郑州大学学报》（哲学社会科学版）1996 年第 5 期。
[55] 余道年：《太平天国战争与徽州人口的变迁》，《佳木斯大学社会科学学报》2013 年第 3 期。
[56] 尉迟治平：《周隋长安方音初探》，《语言研究》1982 年第 2 期。
《日本悉昙家所传古汉语调值》，《语言研究》1986 年第 2 期。
[57] 詹伯惠：《广西"平话"问题刍议》，《语言研究》2001 年第 2 期。
[58] 张光宇：《吴闽关系试论》，《中国语文》1993 年第 3 期。
《吴语在历史上的扩散运动》，《中国语文》1994 年第 6 期．
[59] 张　琨：《切韵的前 *a 和后 *ɑ 在现代方言中的演变》，《"中央研究院"历史语言研究所集刊》第五十六本第一分。
《汉语方言中鼻音韵尾的消失》，《"中央研究院"历史语言研究所集刊》第五十四本第一分。
[60] 张双庆、郭必之：《从石陂话"水类字"看南部吴语对闽北方言的影响》，《方言》2005 年第 3 期。
[61] 张双庆、万波：《赣语南城方言古全浊上声字今读的考察》，《中国语文》1996 年第 5 期。
[62] 赵日新：《安徽绩溪方言音系特点》，《方言》1989 年第 2 期。
《徽语的小称音变和儿化音变》，《方言》1999 年第 2 期。
《古清声母上声字徽语今读短促调之考察》，《中国语文》1999 年第 6 期。
《徽语古全浊声母今读的几种类型》，《语言研究》2002 年第 4 期。
《中古阳声韵徽语今读分析》，《中国语文》2003 年第 5 期。
《方言接触和徽语》，邹嘉彦、游汝杰主编《语言接触论集》，上海教育出版社 2004 年版。
《徽语的特点和分区》，《方言》2005 年第 3 期。
《汉语方言中的[i]>[ɿ]》，《中国语文》2007 年第 1 期。
《安徽省的汉语方言》，《方言》2008 年第 4 期。
《安徽休宁方言"阳去调"再调查》，《方言》2012 年第 3 期。
[63] 赵元任：《绩溪岭北音系》，《"中央研究院"历史语言研究所集刊——故院长胡适先生纪念论文集》第三十四本，1962 年。
[64] 郑张尚芳：《皖南方言的分区（稿)》，《方言》1986 年第 1 期。

  《方言中的舒声促化现象说略》,《语文研究》1990 年第 2 期。
  《方言介音异常的成因及 e＞ia、o＞ua 音变》,《语言学论丛》第 26 辑,商务印书馆 2002 年版。
[65] 钟江华、陈立中:《现代湘语和吴语浊音声母发音特征的比较》,《湖北民族学院学报》2012 年第 4 期。
[66] 周振鹤:《我所知最早的中国语言地图》,《尚古情怀》2011 年第 6 期。
[67] 朱国兴等:《徽州文化发展与人地关系演进的对应分析》,《黄山学院学报》2006 年第 2 期。
[68] 朱晓农:《亲密与高调——对小称调、女国音、美眉等语言现象的生物学解释》,《当代语言学》2004 年第 3 期。
[69] 庄初升:《中古全浊声母闽方言今读研究述评》,《语文研究》2004 年第 3 期。
[70] Chao. Yuen Ren. 1968. *A Grammar of Spoken Chinese*. Berkeley: University of California Press.

（三）古籍
[1] 江有诰:《音学十书》,中华书局 1993 年据渭南严式诲《音韵学丛书》本影印本。
[2] 罗　愿:《新安志·州郡·风俗》,宋淳熙二年修,清光绪十四年重刊,第 28 页。
[3] 詹逢光:《新安乡音字义考正》,光绪己亥石印本。

附 录

本节所附录为徽州方言几个方言点的同音字汇。字汇按照韵母次序排列，同一韵母内的字又按声母次序排列，声韵相同的字按声调排列。本字未明的用"□"，后面加小字注释或举例。举例时用"～"代替该字。有文白异读的字，下加双横线表示文读，单横线表示白读，一个字有几读而又不属于文白异读的，在字的右下角标上数字，除部分字存在字义上的区别外，一般"1"表示最常用的读音，"2"次之，依此类推。

一、安徽祁门大坦话同音字汇[①]

ɿ

ts [11]滋姿资撕 [55]□～～～儿：一点点
　　[42]紫子籽姊滓只～有
tsʰ [55]词祠辞瓷慈磁 [42]此 [213]次刺赐□打～：打喷嚏
s [11]司思～想斯私丝撕雌～猪 [55]糍鹚脐 1肚～眼：肚脐膝脚～头：膝盖 [42]死
　　[33]自字寺 [213]四肆思意～
　　[35]塞 1～进去，瓶～儿

i

p [11]蛋～虫：臭虫悲卑碑屄吹牛～痹～：发麻
　　[42]比彼 [213]弊臂贝闭蔽 [35]碧笔滗毕逼壁璧北
pʰ [11]披 [55]皮啤疲脾琵枇 [213]屁 [42]被～垫～丕□量词，薄薄的片状～老～：很老的不能用来制茶的叶片 [33]币避备被～追鼻吠臂 [35]朏女阴
m [11]咪眯～子眼：对小眼睛人的戏谑称说 [55]迷

迷猕眉 [42]米美□鞋～：笸～：针线筐 [33]
密蜜墨默谜汹～水：潜水
f [11]非飞妃 [55]肥 [42]匪榧翡
　　[213]费废肺痱
t [35]的目～滴 1娇～～嫡
tʰ [33]笛地 [35]踢
l [55]离璃厘篱梨狸 [42]里理李鲤
礼你 [33]泪力励栗立厉隶莉利笠
吏痢 [35]粒□调皮：玩得很疯
tʂʰ [35]七漆
s [35]塞 2～进去，瓶～儿 蟋～～：蟋蟀
tʂ [11]之芝知支脂枝肢栀 [42]止址
趾纸旨指 [213]志制置至智痣
　　[35]质职织汁吱～声，做声糕点等食物变质～侧，斜
tʂʰ [11]痴 [55]持迟池驰弛□～毛：拔毛
　　[42]齿耻 [213]翅□挠人痒痒，痒 [33]
直值植治侄痔 [35]湿

[①] 这一小节的内容曾以单篇论文形式发表于《方言》2015年第4期，文题为"安徽黄山祁门大坦话同音字汇"，此处略有修改。

附 录

tɕ	[11]几~乎 机讥饥肌基箕圾纪年~ [55]渠第三人称代词 [42]几~个 麂己 [213]计~算 寄记纪~念 季继~续 [35]急级击激及 1 来~	tʰ	[55]徒屠图途涂 [42]土肚猪~，~里 [213]吐~痰，呕 兔 [33]度渡镀杜读毒独 [35]□吃：只吃（菜）
tɕʰ	[11]欺 □看 [55]其期旗棋琪祺其豆~儿 奇骑祁鳍蜞蚂公~：水蛭 □拼凑在一起 [42]起启企倚 [213]气汽器弃去 [33]技妓及 2~格	l	[55]奴卢炉芦庐鸬撸抱拢；往上卷：~柴，~衫袖 □~胳下：腋下 [42]努卤鲁虏 [33]怒路露鹿鹭禄 [35]□~饭，做饭 □讨取 搂~屎虫，搂屎虫，比喻爱搜和是非的人 辘车~儿：车轮，一~肉，一块肉
ɕ	[11]希稀牺嬉施师狮诗尸 [55]时匙豉 [42]喜史使驶始市柿屎是~不~ [213]戏试 1~~看 [33]莳~田 事士示侍视实十食拾什~物 1 考~儿 是实事求~ [35]吸失式识适释虱□涩差、次	ts	[11]租 [42]阻组祖 [35]□皱在一起，~儿：被扎成一束的头发
∅	[11]衣依医 [55]姨移疑宜遗 [42]以椅蚁已 [213]意亿忆□这 [33]义艺议易毅陈~入日□咬不~；咬不动 [35]一乙	tsʰ	[11]粗 [55]□吵闹，嘈杂 [213]醋 [33]族□~：吃水 [35]簇促
	u	s	[11]苏酥 [55]□快速地滑动 [213]素诉塑 [35]嗽①吮吸
p	[11]□往外溢或大口地吐气 [42]补 [213]布怖	tʂ	[35]竹粥筑祝烛□烫
pʰ	[11]铺~床 [55]蒲葡脯菩潽汤汁或水沸腾溢出 [42]普谱簿甫人名 浦地名 部供销 [213]铺~床~埠蚌，地名~瓜：丝瓜□瓠~：葫芦 玉米去掉颗粒后的棒子 [33]部~队 步捕伏埋中埋伏 暗中窥视：猫~老鼠；~小鸡：孵小鸡 [35]瀑扑仆醭~起：食物变质后表层长出白毛	tʂʰ	[11]初 [42]础楚 [33]助 [35]畜触□吃油腻的食物后有反胃的感觉 𥻦鼻塞
		k	[11]姑估菇咕孤 [55]□呆在一起，腻歪在一起 [42]古股鼓牯□~儿：罐子 [213]故固雇顾 [35]谷
m	[55]模~子 [42]母 1 公~ 拇亩 2 [33]墓慕木目穆牧	kʰ	[11]枯箍 [55]糊 1 用糨糊粘东西 [42]苦 [213]库裤 [35]哭
f	[11]夫肤麸 [55]扶浮芙俘符 1 ~号 [42]府辅斧父妇 [213]付附富副 [33]腐服袱负 [35]福幅复蝠符 2 ~合	x	[11]乎呼 [55]胡~姓 湖糊 3 ~涂 壶狐~臭 [42]虎户沪浒 [213]岸~水：泼水 [33]护互瓠~响；瓠瓜 斛稻：打稻子用的四方形的木柜
t	[11]都成~，~是 [42]堵赌 [213]妒嘟~嘴 [35]乱㞘尿器物的底部；~督笃□用没牙齿的牙根腮咬食物的动作	∅	[11]乌炀（火）灭 污巫诬 [55]吴无芜梧胡~子 糊 2 面~：糨糊 狐~狸 [42]舞五伍午坞武鹉 [213]捂恶可~ [33]雾误悟务戊 [35]屋握把~
			y
		l	[55]驴 [42]女旅铝吕缕 [33]虑滤过~ 累

---

① 嗽，吮吸。《广韵》：桑谷切，入屋，心。

声母	例字	声母	例字
ts	[11]追椎锥□~脓血；挤脓血 [42]嘴 [213]醉 [35]喋亲吻，吮吸□~一个；偷偷地	m	[11]妈 [55]埋煤媒霉梅 [42]买每 [213]无 [33]卖妹迈麦脉 [35]□~开；掰开；~人：扭人
tsʰ	[11]蛆 [55]徐随 [42]取娶 [213]趣翠 [33]聚集习	t	[11]呆木~~ [42]打歹 [213]带戴 [35]答搭得德
s	[11]虽尿需须 [55]遂 [42]髓 [213]絮婿	tʰ	[11]他其~ [213]太泰态 [33]大~学 笛特 [35]塔塌遢□涂抹
tɕ	[11]猪朱珠株蛛车~马地居拘裾怀~；衣服的前襟 [42]举矩主煮 [213]据剧句锯注著蛀铸桂贵 [35]桔~身子或手晃来晃去 □□[ka55]~儿：蚯蚓	n	[35]奶②吃~儿
tɕʰ	[11]区吹炊 [55]锄₂锛~厨橱渠槌锤捶薯除葵殊颀①面嘴~儿；脸颊 [42]柱拄杵跪苎处~理 [213]处~ [33]住柜箸火~儿；火筷子，用来搅火的铁筷子具俱术~白~□打~；生气 [35]鼠屈	l	[11]拉邋□~疤；疤痕 [55]哪~吒来莱落遗漏 [33]赖癞捺一撇~~儿耐奈辣蜡腊历沥肋□迈进 [35]□打赤：打赤膊
ɕ	[11]书输蔬疏枢舒虚睡殊 [42]许暑署水竖~起来 [33]树竖一横~~儿 [35]□吹~儿：吹口哨；~人：骗人	ts	[11]灾□张开 [42]宰 [213]再载 [35]砸绩迹鲫积
ø	[11]迁执拗，不知变通 [55]鱼渔俞余蜈喻打比~儿：打比方愉愚榆瑜人名盂如围~裙 [42]雨与语羽宇乳蕊 [213]喂 [33]慰遇寓妪~儿；祖母预豫芋裕玉浴~室	tsʰ	[11]猜 [55]才材财裁 [42]采彩在坐座眯₂ [213]菜蔡 [33]杂贼习席疾徒~；残疾 [35]擦戚侪₁
	a	s	[11]腮鳃 [42]眯₁ [213]赛 [35]息媳熄锡悉熟~析散开惜
p	[11]爸巴泥~一一坨~屎一坨屎叭杯背~包 [42]摆 [213]拜背~脊辈 [35]百伯柏不	tʂ	[11]渣楂吒哪~斋朝今~昭招沼□③张开 [213]炸榨蚱照债寨 [35]扎闸铡摘责只量词~力；用力
pʰ	[11]胚坯 [55]牌排陪赔培 [42]□弄坏东西 [213]配佩派 [33]败焙背~书倍白 [35]迫拍泊梁山~	tʂʰ	[11]差~不多，~劲，出~代 叉钗 [55]查茶朝~潮嘲巢 [42]踩 [213]岔 [33]赵择泽栅~鸡：用篱笆把鸡关起来 [35]插察拆册测厕策赤尺坼
		ʂ	[11]沙纱砂莎裟鲨筛烧稍豺 [42]少~晓 [213]少年~晒 [33]石煤~鸡子；煮带壳的鸡蛋 [35]杀刹色□谷~：稻穗

---

① 颀，颧骨、脸颊义。《广韵》：渠追切，平脂；巨鸠切，平尤，羣。
② "吃奶"的"奶"，本地人通常读成儿化音加上[n]尾，这里"奶"读成入声35调，疑为小称变调。
③ □[tʂa¹¹]张开义也可以读成[tsa¹¹]。

k	[11]家稼加袈佳街阶 [42]假真~,放~ 解~开 [213]架驾价嫁解~锯:锯木板 械 [35]格隔革甲胛夹袷~袄 荚睐~眼睛 挟~菜		tsʰ	[11]□用针或极细的工具挑开 [213]俏情好 鞘 1 动词,把刀等器具别在身上的动作;把衣服别在裤子里的动作。 [33]噍
kʰ	[11]揩□~物:拿着东西 □~痒:蹭痒 [55]□缝隙 蛤□~□[tɕy35]儿:蚯蚓 [42]楷凯卡 [33]□哨骨头等 □卡住 □磨蹭,混时间 [35]克客刻恰掐□用东西压住以防被风水跑		s	[11]肖消销硝宵萧潇人名箫稍~微 [42]小 [213]笑鞘 2 刀~
			tɕ	[11]娇骄浇 [42]搅缴 □~揩拭 ~裤编:锁裤边 [213]叫
ŋ	[11]挨~边儿 丫鸦 [55]癌呆死板 牙芽衙 崖山~ 捱蚜碞研磨 [42]矮 [213]亚 [33]艾外 1~老儿;外公;~头:外面 [35]挜强行使人接受 压轧鸭		tɕʰ	[11]锹 [55]桥侨乔荞□~食:挑食 [42]巧 [213]翘
			ø	[11]邀腰妖幺要~求 [55]摇遥窑瑶姚谣尧饶 [42]舀绕扰 [213]要~想~
x	[11]哈虾□搅动 [55]孩霞侠鞋何~旺谁:~里:哪里 [42]下~来 厦 [33]夏狭合 核~实 盒下~~ [35]吓瞎辖□遍~脏			**ua**
			k	[11]乖该 [42]拐改 [213]怪盖概 [35]国骨佮~伙比:合伙;~棺材:做棺材
ø	[11]娭婚~:相母 阿~姨 [42]我		kʰ	[11]开奎魁 [42]垮侉 [213]快块 筷会~计 [35]窟~儿:洞,坑
	ia		x	[11]灰恢 [55]回茴怀~孕 淮槐□~儿:面具 [42]海 [213]悔晦 [33]核 2~桃 坏~人害汇贿会开~,不~ [35]喝大口喝 □丢弃,扔
p	[11]标彪镖膘飙车尽~:车子开得飞快 [42]表裱婊~子 [213]褜①		ø	[11]歪煨 [55]怀 1 解~:怀孕;~裾:衣服的前襟 □~水:淌水 [213]爱 [33]外 2~甥 坏吃~着 碍核 1 阳搔:大腿根部肿大了的淋巴结;桃~ 物~理 [35]□沤泡 □~儿:棍棒
pʰ	[11]漂~浮 飘蔈野草莓 [55]嫖瓢 [42]漂~衣裳 [213]票漂~亮 俵~糖子儿:红白喜事时按亲戚、朋友、相邻家庭成员份额分送糖果			
m	[55]苗描瞄 [42]秒杪 [33]庙妙			**a:ɐ**
t	[11]刁叼凋雕碉貂 [42]屌 [213]吊掉钓调~动		p	[55]毕枪~ [35]鳖瘪憋别区~
tʰ	[11]挑 [55]条调~料笤苕 [42]调 换 [213]跳 [33]调音~儿		pʰ	[11]批 [42]鐅把刀在布、皮、石头等上反复磨蹭,使其锋利 撇~破,扭折 [33]别~人 笓 [35]撇劈 □蛇~儿:四脚蛇
l	[55]聊燎獠疗辽镣~燎~草 [42]了鸟 [33]料廖姓~			
ts	[11]焦蕉椒			

---

① 褜"不要"的合音的声调实际上起调高于 2,相当于将"不[pa35]"的调尾"5"加在"要[ia213]"调前,整个调值相当于 5213 这样的一个两折调。

m	[33]蔑篾灭	m	[55]麻蟆_{蛤~：青蛙} [42]马码蚂 [33]骂末袜沫抹
t	[11]低爹 [42]底抵 [33]帝₁ [35]跌	f	[33]罚 [35]发_{~财,头~}法
tʰ	[11]梯 [55]提题蹄啼 [42]体弟 [213]替屉涕①剃 [33]第帝₂蝶碟 [35]铁贴帖	t	[11]多 [42]躲 [35]掇_{~凳：端凳子}
		tʰ	[33]夺 [35]脱
l	[55]尼泥犁黎 [42]礼 [33]丽列烈例劣裂猎	l	[55]罗₂锣₂螺₂膈₂ [33]落_{掉下}
		ts	[35]作
ts	[11]菹_{盐~：腌渍后再晒干的白菜} [42]挤姐 [213]借际济 [35]节接	tsʰ	[35]撮□_{捧,抬,奉承讨好}
		tʂ	[11]抓_{~面嘴：抓脸,~啄笊}□_{锄头的一种} [55]□_{~背：驼背} [42]爪找抓 [213]罩 [35]桌捉斫_{~柴：砍柴}着_{~油：放油}
tsʰ	[11]妻 [55]齐脐₂_{~带}邪斜_{歪斜} [213]笪 [33]截₂_{~柴：劈柴}谢 [35]切	tʂʰ	[11]焯抄 [55]□_{~~：往上跳} [42]炒钞吵 [33]镯 [35]戳
s	[11]西些 [42]洗写 [213]细泻	ʂ	[11]梢稍_{歇~：歇气} [35]缩刷
tʂ	[11]遮 [35]折_{打~}浙蔗	k	[11]锅瓜 [42]果裹粿寡 [213]过挂卦 [35]郭割刮
tʂʰ	[11]车 [42]扯□_{四处均匀地撒灰等} [33]舌 [35]彻撤	kʰ	[11]科棵颗窠□_{用刀括} [213]课 [35]括阔渴扩
tɕ	[11]鸡 [213]计_诡继_{过~}系_{~鞋带} [35]吉结洁揭劫_{打~猪：阉割猪}	x	[11]花 [55]华划_{~水：游泳}何_几~河和~面,~气荷禾_{蕨~：蕨叶} [42]火伙 [213]货化 [33]画话_{~梅}活_{~动}划_{~算}惑堨_{~水：拦水的坝}
tɕʰ	[11]溪 [33]杰 [35]吃	ø	[11]阿□_{~胶}屙 [55]禾_{~秆：稻粒后的稻秆} [42]瓦掗_抓 [33]卧话_讲活_{死~} [35]挖□_{~喉咙：扯着嗓子}
ɕ	[11]赊 [55]蛇 [42]舍社_{公~} [213]世势系_{联~} [33]折_{~本}设射社_{~会} [35]歇蝎歆胁_{~下：腋下}		
ø	[11]□_{~开：衣服敞开} [55]爷呢_{~子：} [42]野惹₂_{~事也} [213]□_{瓜未熟而死} [33]叶业夜页 [35]腌_酒益_{有~,无~}		

		yːɐ	
	uːɐ	t	[11]堆 [55]□_{狼吞虎咽,一般指猪进食；悉狠狠地骂} [213]对兑碓队
p	[11]巴_{~结}芭疤笆粑 [42]把靶 [213]霸坝 [35]八	tʰ	[11]推胎 [55]台抬苔 [42]腿 [213]退蜕褪 [33]代袋待贷
pʰ	[55]爬琶耙杷扒鈀□_{下~:下巴} [213]怕 [33]拔拨_{~子：长在稻田中的一种杂草}	l	[55]雷擂_{研磨：~屑,意为"垃圾"} [42]垒磊 [33]内累类

---

① "鼻涕"的"涕"[tʰiːɐ²¹³]在语流中经常读成[tiːɐ²¹³]。祁门大坦话中并没有其他同类连读变声的例子。

ts	[11]栽~菜：种菜 [42]最	s	[11]修羞搜 [213]秀锈绣 [35]宿粟削 肉类等食物变质
tsʰ	[11]崔催 [42]罪 [213]脆 [33]绝 □诅咒	tʂ	[11]州洲周舟 [42]帚 □看守 [213]昼 上~：上午 宙咒
s	[11]塞 3 允塞，填塞 □推搡 [213]碎 鸡~：鸡窝 [35]雪薛	tʂʰ	[11]抽 [55]筹绸酬仇稠 □用绳索吊物体上下 [42]丑 [213]臭
tɕ	[11]□~手儿：手残者 □刀口钝 [35]诀决蕨 □包袱~儿：包袱	ʂ	[11]收₁馊₁梳₁ □₁蛤蟆~儿：蝌蚪 [55]喉₁猴₁侯 [42]手₁后₁所₁数₁~数 属₁受₁ [213]瘦₁兽₁数₁识~ [33]候₁熟₁ [35]叔₁束₁
tɕʰ	[55]□蹲 [42]踹 [33]截₁~~ [35]出缺	x	[11]□大口大口地喘气 [35]□用棍棒揍
ɕ	[11]靴□操~：咒骂 [213]税帅 [35]血 说小~儿		
ø	[33]月越阅锐 [35]拐折叠		ie
		tɕ	[11]勾沟钩鸠阄 [42]狗九韭久 [213]够购救究 [35]菊
	ui	tɕʰ	[11]抠丘 [55]求裘球虬拳曲，弯曲 [42]口舅臼 [213]扣 [33]旧局枢 [35]曲
k	[11]归规圭龟 [42]鬼轨诡 [213]桂贵鳜	ɕ	[11]收₂馊₂梳₂ □₂蛤蟆~儿：蝌蚪 [55]喉₂猴₂ [42]手₂后₂所₂属₂受₂ [213]瘦₂兽₂ [33]候₂熟₂ [35]叔₂束₂
kʰ	[11]亏盔 [55]逵 [35]□~断：折断		
x	[11]辉挥徽 [42]毁 [33]惠慧		
ø	[11]威微~小 [55]危苇围维违唯帷 为行~微稍~ [42]伟尾委伪纬萎 [213]喂 [33]为~什么 胃谓猬味魏卫位慰	ø	[11]优忧~~愁愁 欧 [55]由油邮尤游牛 [42]友有藕纽 [213]幼□因劳累后肌肉酸痛 [33]又右佑肉 [35]育□打~：打嗝
	e		o
m	[55]谋 [42]某亩₁牡 [33]茂贸	p	[11]波玻菠包苞胞播 [42]保堡饱宝 [213]报爆豹趵 [35]剥拨博~士 驳~嘴：吵架钵菜~儿：菜钵
t	[11]丢兜蔸树~：树根□疯癫 [42]斗墨~抖陡□猪~：种猪 [213]斗拼合，凑，~钱：凑钱逗		
tʰ	[11]偷 [55]头投 [42]敨气尽~：大口吐气 [213]透 [33]豆痘	pʰ	[11]坡抛泡说话夸张，言过其实：东西很松，不结实 [55]婆跑袍刨~地 [213]破炮泡~茶 [33]刨~木头 薄暴雹 [35]泼□~路：把路两旁的柴草荆棘等割掉以便行走
l	[11]□刡溜 [55]娄楼留刘流硫瘤馏蒸~水浏榴 [42]柳篓 [213]□滑，光滑滑倒 [33]漏陋六录陆绿		
ts	[11]揪 [42]酒 [213]皱 [35]足		
tsʰ	[11]秋鳅□熏 [55]愁 [213]凑 □~儿：辫子 [33]就续袖俗		

m	[11]摸~药猫 2 熊~儿 [55]磨~刀摩魔蘑毛矛茅馍□~猪~母猪 [213]□腻味 [33]磨石~冒帽貌 [35]膜幕猫 1~儿摸 用手探取，掏出，~鱼		[55]豪嚎毫壕 [42]好~坏 [213]好喜~孝耗 [33]号浩效学鹤 [35]喝吃~□手上起的血茧
t	[11]刀叨 [42]倒打~岛导朵垛 [213]到倒~水 [35]洏~雨:淋雨□放置□沱,量词□下巴~儿:下巴颏		io
		tɕ	[35]脚
tʰ	[11]掏淘涛滔焘拖淘陶萄 [42]讨道 [213]套 [33]大~小盗稻导 [35]托	ø	[11]吆~人:喊人 [33]药钥浴洗~:洗澡若篛弱 [35]约跃凹歪~十~:凹凸不平,不正
n	[213]那		ã
l	[11]啰捞 1~家:女方首次去男方家里探家底 [55]劳牢捞 2~饭罗 1锣 1笙 1螺 1腡 1骡萝 [42]老恼脑 [213]□稀,水分多 [33]涝闹落~雨乐快~,音~烙骆络挌按 [35]□角落	p	[11]□扒开,睁开 [213]□衣服绷开,绽开
		n	[55]□指小孩难缠、不听话;也指妇女泼辣 [42]奶~娘,~儿苦自小~:养育孩子吃苦是打小开始的,意为若小时娇惯孩子,孩子大了会让父母受苦.
ts	[11]遭糟 [42]早皂 2 枣澡蚤左佐走 [213]灶做	s	[11]三
		tʂ	[11]争睁胆挣脚跟:鞋跟或袜跟:胳膊肘
tsʰ	[11]操搓 [55]曹槽 [42]草皂 1□争吵,人声嘈杂 [213]燥躁 [33]造凿昨锉 [35]错戗 2	tʂʰ	[11]撑 [213]掌起支撑作用的构件
		ʂ	[11]生牲甥
s	[11]骚臊唆梭蓑 [42]嫂锁 [213]扫~地,~帚嗽潲 [35]索	k	[11]更~换羹庚耕 [42]哽埂梗~塞粳~米 [213]更~加
tʂ	[35]着~衣裳	kʰ	[11]坑
tʂʰ	[11]□滑的动作 [33]着瞌~:睡着 [35]□火~:火铲□啄食,刺啄	ŋ	[33]硬
		x	[55]桁~条:梁上横木行~为,~血:血液循环畅通 [213]□有~:有 无~:无
k	[11]高膏羔糕哥歌交胶狡铰剪 [42]搞稿 [213]个告教校酵窖 [35]阁搁各觉角□用火的余温慢慢烤		iã
		n	[42]两
kʰ	[11]敲~门 [42]考烤拷可巧小小~~:娇小 [213]靠犒铐 [35]推叩击壳磕确□伏鸡~:孵小鸡的母鸡		ãː
		p	[11]边编鞭 [42]扁匾褊裤边 [213]变
ŋ	[11]孬 [55]鹅蛾俄 [42]我咬 [33]饿 [35]恶~人	pʰ	[11]篇偏 [55]便~宜 □瓦~儿:瓦片 [42]辫辨辩 [213]骗片遍量词 [33]便~利
x	[11]蒿薅齁食用变质或带有异味的食物使嗓咙感到不舒适		

附　录

m	[55]棉绵眠失~□~人；磨人□衣服的边 [33]面 [42]免勉	m	[55]瞒馒忙盲茫芒 [42]满晚娘；继母网 [33]慢漫水~上来望~见；~那走；朝那走
t	[11]颠掂癫 [42]点典 [213]店	f	[11]番翻方芳 [55]烦繁凡帆房防 [42]反范犯访纺 [213]放贩 [33]饭
tʰ	[11]天添 [55]填甜田 [42]舔簟 [33]电淀垫殿	t	[11]端 [42]短 [213]断截断，~豆儿
n	[11]黏挨着，碰着 [55]年粘鲶连莲怜联廉镰帘□~囡儿；看孩子 [42]脸 [33]念练炼链恋谈~爱	tʰ	[55]团 [42]断索~着；绳子断了 [33]段锻毁
ts	[11]煎尖櫼木楔 [42]剪□挡住渣滓或食物把液体倒出来 [213]箭櫼用力把脚挤进小鞋中的动作	n	[55]弯人名 [42]暖卵 [33]乱
		ts	[11]钻进来，动词 [213]钻~儿，名词葬
tsʰ	[11]千签迁 [55]前钱 [42]浅潜 [33]贱	tsʰ	[11]㭰仓1舱 [55]蚕藏冷~□~流；流~水 [213]窜
s	[11]先仙鲜 [42]癣 [213]线㔉~鸡；给雄鸡去势	s	[11]酸桑 [213]算蒜
tʂ	[11]沾~光 [42]展㞠 [213]占~位子	tʂ	[11]装妆庄桩 [213]壮
tɕ	[11]肩坚京惊鲸经 [42]捡检茧笕用对剖井内节贯通的毛竹连衔接而成的引水管道 [213]剑见建镜	tʂʰ	[11]疮窗 [55]镤儿；荆棘，刺 [42]赚闯 [213]创 [33]状撞
		ʂ	[11]栓拴霜双商伤 [55]馋常1平~。~州尝偿床 [42]产上~楼，动词
tɕʰ	[11]牵谦轻 [55]钳拑~菜 [213]欠歉庆 [33]件健键	k	[11]干~湿官观关光肝猪~ [42]赶管馆广 [213]贯惯灌罐
ɕ	[11]掀欣 [55]嫌贤舷形型刑 [42]险显陕鳝 [213]献宪扇 [33]现苋	kʰ	[11]看~牛宽框筐眶 [55]狂□2弯，不直 [42]款~裤~儿；扣襻；牵扯住，挂住 [213]看~见况矿
ø	[11]咽~咙烟淹掩阉腌英鹰盐言延彦沿阎檐然燃 [42]演染烎~灰；均匀地撒灰惹1揩搂 [213]燕咽~下去厌□谷~，空的或不饱满的谷粒 [33]艳验宴砚 [35]囡~儿；对孩子的爱称	x	[11]欢荒慌 [55]寒伤~；感冒还~原，文读环黄姓蝗皇簧完3~成 [42]谎 [33]旱汗换患□锄草笐晒衣竿
		ø	[11]弯湾汪 [55]完2~成玩黄~色儿还~钱王 [42]晚~期皖碗往网~上~柱 [213]按挤摁 [33]万望~希忘旺

ũ:ɐ

p	[11]班斑颁扳般搬帮邦 [42]板版榜绑 [213]扮半
pʰ	[11]潘攀 [55]旁庞螃 [42]伴拌 [213]胖叛判盼 [33]办绊塝沟渠或田埂的边

ỹ:ɐ

t	[42]墩木头~儿 [213]炖
tʰ	[11]吞 [55]屯豚 [33]盾钝
n	[55]仑轮伦纶涤~儿圆睛~ [33]嫩论
ts	[11]尊遵

tsʰ	[11]村 [55]存全 [213]寸	s	[11]星猩 [42]糁饭米~儿; 饭粒 醒□小孩, 男~儿, 女~儿 省~长 [213]腥姓性□声音刺耳
s	[11]孙 [42]损选		
tɕ	[11]专砖娟捐鹃 [42]转~学卷 [213]转~螺丝: 拧螺丝	tʂ	[11]正~月 [42]整拯□打捞 [213]正~好政症证
tɕʰ	[11]川穿~针圈 [55]传流船权拳 [42]券犬 [213]劝串 [33]□到处~; 四处闲逛 传白蛇~儿	ʂ	[55]成₁城₁诚承₁乘₁ [42]省节~ [213]胜₁圣
ɕ	[11]宣 [55]船玄悬旋璇 [213]楦		iæ
∅	[11]渊冤 [55]原源员圆团~元园缘袁辕援丸完吃~ [42]软远 [213]怨 [33]院	ɕ	[55]成₂城₂承₂乘₂ [213]胜₂
			uæ
	æ	k	[11]根跟泔猪~; 水: 下水 [42]敢不~滚杆梗菜~儿; 菜杆秆禾~; 脱粒后的稻秆 [213]棍
p	[11]奔锛畚~垃圾冰 [42]本丙畚~箕秉 [213]笨柄	kʰ	[11]昆坤 [55]□₁弯, 不直 [42]捆 [213]困睏坎~儿: 石阶
pʰ	[55]盆 [33]病生~; ~毛团; 怀孕	x	[11]昏婚荤 [55]魂浑横──儿含₂老人因牙口不好把食物放嘴里含弄着的动作□小火炖 [213]□文火烘烤 [33]混鲩~子; 草鱼
m	[55]门没蚊~虫; 蚊子名明 [33]物东西闷焖盖紧锅盖, 用微火把食物煮熟		
f	[11] 分芬纷 [55] 坟 [42] 粉 [213]粪奋 [33]份愤	∅	[11]温瘟恩 [55]横~直; 反正, 副词文纹蚊闻 [42]稳揾掩住, 盖住, 用药面或其他粉末敷在伤口上 [213]暗光线不足, 不明亮 [33]问
t	[11]登灯丁钉~儿; 钉子, 动词疔□①~浓; 很浓 [42]等顶鼎 [213]订澄~清		
tʰ	[11]厅程床前横木, 较宽, 可坐 [55]亭停腾藤廷庭蜓 [42]挺艇 [213]听□慢慢挪动较重的物体 [33]定邓		õ
		t	[11]耽担~心丹单当~时 [42]胆党挡函 [213]旦担挑~儿当正~ [33]弹子~儿蛋鸭鹅~儿
n	[11]拎拿 [55]龄能宁灵零铃玲蛉 [213]□眭, 量词 [42]冷领岭 [33]令另		
ts	[11]曾姓~增僧精睛 [42]井	tʰ	[11]贪瘫摊滩汤 [55]谈痰坛弹~琴潭谭檀堂唐塘糖棠人名 [42]毯坦~克淡盪晃动清洗 [213]炭探碳趟烫 [33]坦~平, 大片的旱地; 也用于地名, 如: 大~乡荡~路儿散步
tsʰ	[11]青清蜻 [55]曾没~; 还没有情晴 [42]静请 [213]掅②请人为自己做事 [33]净		

---

① □[tæ¹¹], 程度副词, 相当于"很", 但只跟"浓"组合, 表示"汤汁稠、浓厚"的意思。
② 掅, 请人为自己做事。《广韵》: "千定切, 去径, 清。"

n	[55]男难_困~南楠兰栏拦蓝篮郎廊狼榔螂_蟑~ [42]懒览揽榄朗 [33]难_灾~烂滥浪	s	[11]相~_信湘厢箱 [42]想 [213]相_卖~
ts	[42]簪_{淡而无味}	tɕ	[11]姜刚~~疆僵缰 [213]犟
tsʰ	[11]参餐苍仓₂沧 [55]残蚕 [42]惨 [33]暂藏_西~脏_心~	tɕʰ	[11]腔□没洗的餐具杂乱放着的样子 [55]强好~ [42]强_勉~
s	[42]散~_开伞磉_{屋柱}~ [213]散~_血	ø	[11]央秧殃鸯 [55]娘杨阳羊洋扬杨疡_{胃溃}~烊瓤 [42]痒养仰 [213]漾_{唾沫直往外冒}□_{腻味} [33]样让
tʂ	[11]詹章樟彰张 [42]斩盏掌涨长~_大 [213]站战帐胀仗账障		
tʂʰ	[11]搀昌娼 [55]长~_{工场}肠缠蝉常~_经嫦 [42]铲厂丈场~_地 [213]唱倡畅		æn
		p	[11]兵宾滨斌彬 [42]饼并_{聚合，凑合}
ʂ	[11]山衫杉香乡 [55]裳 [42]响 [213]向 [33]项_上~尚	pʰ	[11]拼 [55]贫凭平评萍苹瓶屏 [42]品
		m	[55]民 [42]敏 [33]命
k	[11]甘肝~_炎柑间_时~监艰奸冈刚~_强钢岗纲缸肛江豇疆僵缰 [42]感橄敢_勇~擀裥减简碱拣港讲 [213]干~_杠虹降_下~间~_日隔日□_山~山脊	n	[55]林淋临邻磷麟鳞凌_安~，祁门县西路一个乡的乡名 [33]恁_何~：怎样
		ts	[42]尽 1~_讲：老讲下去 [213]进浸
		tsʰ	[11]亲~_戚寝 [55]寻层 [42]尽₂~蕈_{菌类植物}吮_{用力吮吸} [213]亲~_家
kʰ	[11]刊龛坩^①_{盛物的陶器}康糠 [55]含₁~_{在嘴里} [42]砍槛_{窗户} [213]抗炕囥_{藏，放置} [33]□_{骂人}	s	[11]心新辛 [42]笋 [213]信
		tʂ	[11]针真珍贞侦蒸征 [42]枕诊疹□_{湿衣服穿在身上} [213]镇振震□_屋~：门槛
ŋ	[11]安鞍庵 [55]颜岩 [42]眼 [213]晏_{晚，迟}按_时案 [33]岸		
		tʂʰ	[11]称~_{重量} [55]沉陈尘 [213]称~_职秤 [33]阵趁
x	[55]寒~_假含~_包韩函闲咸行_银~航杭降_投~衔 [213]汉 [33]限焊		
		ʂ	[11]身₁深₁伸₁申₁参₁升₁声₁ [55]神₁辰₁塍_{1田}~ [42]审沈 [213]兴₁
	iõ		
n	[11]□_{蛇爬行貌} [55]良量~_米粮梁凉梁 [33]辆谅晾亮量_数~	x	[42]很狠 [33]恨
			iæn
ts	[11]将~_军浆 [42]蒋奖桨 [213]酱将_{天兵天}~	tɕ	[11]金今斤筋巾襟晶荆 [42]紧景颈警 [213]禁劲境竞敬径
tsʰ	[11]枪 [55]墙详祥 [42]抢象像 [213]呛 [33]匠		

---

① 坩，盛物的陶器。《广韵》：“苦甘切，平谈，溪。”

tɕʰ	[55]芹琴勤 [42]近肯	ts	[11]宗综踪棕鬃 [42]总 [213]粽纵 [35]□衣物起褶皱
ɕ	[11]身₂深₂伸₂申₂参₂升₂声₂ [55]神₂辰₂膣₂田~ [42]审₂沈₂ [213]兴₂	tsʰ	[11]聪匆葱囱 [55]从丛松~树 [35]□眼睛、眉毛皱起
ø	[11]音阴姻荫蝇樱 [55]人仁银<u>赢</u> [42]忍引隐瘾饮影 [213]印应答~,~该 [33]任认纫□水~,困在一起的水里的污物	s	[11]松轻~ 嵩 [55]怂人~:骂人很差劲 [42]㧅推搡 [213]送
		tʂ	[11]中~间忠终钟盅春~米,~睏:打瞌睡 [42]种菜~肿□讽刺 [213]中~意种~树众
	yæn	tʂʰ	[11]充冲 [55]虫重~复 [42]重轻~ [213]铳
tɕ	[11]军君均菌 [42]准 [213]峻骏俊 [35]□摆来摆去,得瑟的样子	k	[11]公蜈工功攻 [42]巩 [213]贡拱兽类爬行、蠕动
tɕʰ	[11]春㧐 [55]裙群 [42]蠢	kʰ	[11]空悬~ [42]恐孔 [213]空有~控
ɕ	[11]熏兄 [55]纯醇唇 [213]训 [33]顺	x	[11]哼~黄梅调轰烘哄闹~~ [55]红弘洪鸿泓 [42]哄欺骗□肿起
ø	[11]□拧 [55]云匀<u>赢</u> [42]永₁人名 [213]熨 [33]运韵孕闰润		**iəŋ**
		tɕ	[11]弓躬宫恭供~养,~应
	əŋ	tɕʰ	[55]穷琼穹 [33]共
p	[11]绷崩 [213]迸蹦泵蚌	ɕ	[11]胸凶 [55]熊雄
pʰ	[11]喷~头烹 [55]朋鹏棚 [42]捧 [213]喷~香□嗅 [33]碰	ø	[11]拥庸 [55]浓汤汁浓厚戎绒融茸容熔蓉荣营 [42]勇涌咏甬永₂~远 [33]用
m	[11]□眼睛眯着,"~子眼"就是指眼睛经常眯着或眼睛小的人 [55]蒙朦 [42]猛 [33]梦□~蕙儿:野草莓		**m̩**
f	[11]风枫疯丰锋峰蜂封 [55]冯逢缝~衣裳 [33]奉凤缝地~	ø	[42]母₂背称母亲:鸡~:母鸡 [35]□婶婶
t	[11]东冬咚 [42]董懂□笨□堵塞 [213]冻栋 [35]□水等液体在容器里来回晃动		**ŋ̍**
tʰ	[11]通 [55]同铜桐筒童瞳 [42]桶统动 [213]痛 [33]洞	ø	[11]尔第二人称代词翁
n	[55]笼聋农脓<u>浓</u>tə̃11~:非常浓厚隆龙垄珑 [213]□软和 [33]弄~里 [35]□柿~:柿子		**ɚ**
		ø	[55]儿而 [42]耳饵 [33]二

二、休宁县五城话同音字汇

ɿ

ts	[22]撕姿资咨兹滋辎 [21]紫姊只~有 子渽
tsʰ	[23]雌瓷糍驰池慈磁辞词祠寺饲 [21]此 [13]祀巳 [42]刺次□打鼻孔~ 打喷嚏 [12]自秩
s	[22]斯厮撕私师狮司丝思 [23]膝手~头 手肘 脚~头 膝盖 [21]死使史驶 [13]柿士仕 [42]四肆 [12]事侍 [55]涩涩味，因犯困眼睛睁不开的感觉

i

p	[22]痹 [23]枇琵 [21]鄙比 [42]庇贝陛泌弱蔽 [12]箅荸 [55]笔毕必碧
pʰ	[22]披 [23]皮疲脾荸 [13]被~窝 [42]屁□~痰 吐痰 [12]吠避婢~被~打备鼻 [55]匹
m	[22]密蜜觅秘 [23]眉媚迷 [13]尾
f	[22]非飞妃 [23]肥 [21]匪榧
t	[12]递 [55]的目~
tʰ	[12]地
l	[22]立笠粒力 [23]犁₂离篱璃梨厘狸□癞~ 瘢疮 [13]吕侣旅履李里理鲤 [12]虑滤厉励隶荔利吏累泪俐伶~ 乖巧 律率
ts	[21]嘴 [42]醉
tsʰ	[22]蛆 [23]徐储₂姓~ 瞿衢随 [21]取娶 [13]序绪聚趣隧 [55]七漆□~[tsʰa23]围 围嘴儿
s	[22]须需尿 [21]髓 [42]絮
	[55]悉
tɕ	[22]知蜘支枝肢脂肌饥之芝纪₁年~ 基几~机讥饥 [23]奇祁棋期旗 [21]纸旨指几~个 茶~杞~梓里；徽州地区的一个地名 止址□[o22]~子仔 [13]倚痔治执 [42]制继寄致至冀置志痣智记纪₂~律 忌既 [12]技妓稚 [55]急汁质吉织职戟激击极
tɕʰ	[22]翅痴嗤欺侄植直值殖 [23]池骑迟持其 [21]启侈企耻齿起杞岂 [42]器弃气汽泣 [12]及 [55]湿□~勒住
ȵ	[22]逆 [23]泥倪姓~ 宜仪谊尼疑饴 [21]你 [13]蚁议拟 [12]艺义毅
ɕ	[22]施姓~牺尸诗嬉熙希稀实十拾食什~样；怎样 [23]匙时鲥 [21]屎始喜 [13]是氏示视嗜似五城的人名市 [42]戏试 [12]豉莳~田；移栽秧苗 [55]袭吸失室识式饰适释□凹进去
ø	[22]伊医衣依 [23]移夷姨沂椅以已 [42]肄意逸忆亿抑翼 [12]易译 [55]揖拜~乙一益

u

p	[22]伏~小鸡 孵化小鸡 [23]菩 [21]补 [13]部簿 [42]布 [12]卜辣~ 萝卜不□~翼儿；蝴蝶
pʰ	[22]铺~床 [23]蒲脯仆2~人~ 去掉果肉后剩下的棒子或纤维结构，如苞芦~，丝瓜~ [21]谱普浦甫赴讣 [42]铺店~怖 [12]步捕埠蜉~ [55]扑醭仆₁跌
f	[22]夫肤敷麸服 [23]俘符扶芙抚

	浮 [21]府腑斧 [13]父辅妇 [42]付赋傅附富副负阜_{下~} [12]腐_{豆~} [55]复福幅蝠腹覆	a	
		p	[23]排牌簰□_拾 [21]摆 [42]拜 [55]爸百柏_{硬~□[kə42]: 癞蛤蟆}
v	[22]乌污焐_{火、灯灭了}巫诬 [23]无吴蜈胡_{~须} [21]武鹉伍午吾坞 [13]舞 [12]务雾误悟 [55]握屋	p^h	[22]白 [23]□_捡 [42]派破_{鞋~, 破烂} [12]败 [55]帕泊_{梁山~}拍魄
k	[22]姑孤 [21]古估股鼓跍_{蹲貌}牯 [42]故固锢雇顾 [55]谷	m	[22]妈陌 [23]埋 [13]买 [12]卖 [55]□~开; 掰开; ~痧: 抓痧以去暑气
k^h	[22]箍枯 [21]苦 [42]库酷 [55]哭	v	[22]歪蛙洼 [23]划 1~水: 游泳 [21]□呕吐 [12]坏~物: 坏东西
x	[22]斛 [23]胡_{~姓}湖狐壶葫 [21]虎浒 [13]户戽 [12]互护获 [55]忽	t	[22]呆 [21]打 [42]带
		t^h	[22]他_{其~} [42]态太泰 [12]大_{~队} [55]遢邋~
	y	l	[22]拉邋_{邋~鬼} [13]乃 [12]耐奈赖 [55]奶 2 祖母
tɕ	[22]猪居车_{~马炮}诛蛛株朱硃珠拘驹龟 [23]渠 [21]煮举拄主矩诡鬼 [13]苎巨拒距据剧 [42]著锯据注蛀铸句具 [12]坠俱	ts	[22]斋宅 [42]债 [12]寨 [55]摘责
		ts^h	[22]差_出泽择 [23]□[ts^hi55]~围: 围嘴儿 [42]蔡 [55]厕侧测拆坼册策
tɕ^h	[22]枢区驱吹炊 [23]锄除厨殊锤顀_{钟~}遂储 1 ~窑所 [21]杵鼠跪 [13]署柱 [42]处_{~级. ~理} [12]住驻柜 [55]屈	s	[22]筛 [23]豺柴 [21]傻□_{端; 搬} [42]晒 [55]洒撒色柵
		k	[22]皆阶街 [21]解 [13]撒□~_{棉花籽: 轧棉花籽} [42]个介界芥疥届戒械□_这 [55]格革隔
ȵ	[22]玉汝_{五城人名, 表示排行} [23]鱼渔 [13]女语 [12]遇 [55]□_{用手折}	k^h	[22]揩□_{~痒; 蹭痒} [21]楷 [55]客
ɕ	[22]书舒墟虚嘘输徽 [23]垂薯 [21]暑许水 [13]竖 [12]树睡瑞 [55]□_扔	ŋ	[22]额 [23]矮 [12]艾外 [55]压扼轭_{牛~}
		x	[23]谐孩鞋核_{~武器} [21]蟹 [55]吓
∅	[22]于淤迂□_钝 [23]如愚虞娱余于盂榆逾愉围_{~巾} [21]宇 [13]雨禹羽熨 [12]誉预豫寓吁愈芋喻裕乳御位□_{熨烫}欲 [55]域疫役		
			ia
	ɚ	tɕ	[22]遮 [23]钳 [21]者 [13]舐_舔 [42]蔗 [55]折_{骨~, 打}劫哲蜇浙揭截_{~止}结洁
∅	[23]儿而 [13]耳_{木~}	tɕ^h	[22]车蛰杰 [21]扯 [55]恰洽彻撤

附　录 281

ȵ	[22]业热孽　[55]聂捏	ts	[22]津1曾姓增憎精晶睛　[21]井
ɕ	[22]奢赊涉协折~本生1~气;生气 [23]蛇　[21]舍~不得;□打嚏~;打冷战 [13]社 [42]赦舍宿~ [12]佘射麝　[55]摄胁设歇蠍	tsʰ	[22]清青蜻　[23]情晴　[21]请 [13]静　[12]净
		s	[22]僧星　[21]省~长醒　[42]性姓腥
ø	[22]叶页　[23]爷　[13]野　[12]夜　[55]厴按肿胀的地方陷下去的窝液腋	k	[22]甘柑泔跟更~换庚　[21]感敢橄粳埂耿
		kʰ	[21]砍坎恳垦
	ua	ŋ	[22]挨哀庵恩　[42]暗
k	[22]乖　[21]寡　[13]拐　[42]怪 [55]□扔	x	[23]痕恒行~为 [13]杏　[12]恨幸 □有~;有
kʰ	[22]夸　[21]垮　[42]块快会~计刽		
x	[23]华中~,~山怀槐淮划~船 [12]坏破~ [55]滑~冰猾		**iɛ**
		tɕ	[22]兼沾占~艰肩坚征争耕京荆惊鲸贞侦正~月征经羹米粉~;米糊 [23]乾　[21]枕检展茧境景警整颈哽 [42]占~位置剑战键建见证症敬竟正~好政
	ɛ		
p	[22]冰浜沙家~兵　[23]瓶　[21]本丙　[13]并合~;□蚱;蝗虫　[42]柄 [12]蚌~壳	tɕʰ	[22]谦钦牵称2~呼撑卿轻坑　[23]呈程缠　[13]件　[42]欠歉掌起支撑作用的构件;打 [12]庆健郑
pʰ	[22]拼姘　[23]盆平坪评萍　[12]病　[42]聘1		
m	[23]门萌鸣明盟名□[niu23]~吱吱;蝉 [13]没~得;没有　[12]问命	ȵ	[21]奶1乳汁;□男孩　[12]硬
		ɕ	[22]轩掀生2牲笙甥声馨　[23]嫌蝉蛃~贤晨臣乘承丞成城诚形型刑舷边~;边沿　[21]陕闪险显省节~宪 [13]苋善　[42]扇献胜圣□火~;闪电 [12]现盛兴~;蕙1笋
f	[22]分芬纷　[23]坟　[21]粉 [42]粪奋　[12]份		
v	[22]温瘟瓮翁　[23]还~物事;~东西文纹闻横~直　[21]稳		
t	[22]蹾灯登丁钉疔订　[23]亭蜓廷庭　[21]等顶鼎　[42]澄停　[12]邓瞪	ø	[22]淹阉腌焉烟应~该英婴缨莺鹦樱　[23]沿炎盐阎檐然燃延蝇赢盈荣营萤蜒~油螺;蜗牛　[21]掩演影也 [13]惹引瘾颖人名　[42]厌氨~灰;均匀地撒灰;□空的谷壳 [12]艳焰堰宴
tʰ	[22]厅汀　[23]腾滕藤　[21]艇挺 [13]锭　[42]听　[12]定		
l	[23]能宁灵零铃伶~俐;乖巧翎　[21]垒1~地;一畦地　[13]冷领岭　[12]令另		
			uɛ
		k	[22]根　[21]杆秆梗　[13]滚

	[42]棍	tɕʰ	[22]溪极 [55]赤斥尺吃
kʰ	[22]昆坤 [21]捆□□[xɔ42]~：蚯蚓	ȵ	[22]日
	[42]困	ɕ	[22]石 [42]势世逝系联~ [12]誓
x	[22]昏婚荤 [23]魂 [21]很 [13]混	ø	[22]入□[tɕiu55]~膀：翅膀 [哈~：哈欠]

e

p	[22]碑卑悲 [42]闭毙 [12]壁 [55]北逼璧壁
pʰ	[22]批□□~：□水 [12]敝弊币 [55]僻劈
m	[22]默墨 [21]美 [13]米
f	[21]翡 [42]废肺费
v	[22]煨危威 [23]微桅为~行~维唯惟违围包~苇纬 [21]萎委 [13]伟 [12]卫为~什么位座~未味魏胃谓
t	[22]低 [23]堤题提蹄啼 [21]底抵 [42]帝□给~滴 [12]第 [55]得德嫡
tʰ	[22]特笛敌狄 [21]体 [13]弟 [42]替涕剃屉剔 [55]踢
l	[22]栗历 [23]驴犁₁黎 [21]礼□~儿；妹妹 [12]丽 □细
ts	[22]追 [21]挤 [42]祭际济剂稷芦~：高粱 [55]缉~辑则即鲫积迹脊绩
tsʰ	[22]妻集习藉籍 [23]齐脐荠 [42]砌脆翠粹 [55]戚
s	[22]些西席 [23]隹 [21]洗玺 [42]细婿岁 [55]塞息熄媳惜昔夕锡析

ie

tɕ	[22]鸡稽栀 [42]计系~鞋带 [55]只~~

ue

k	[22]规归 [21]轨
kʰ	[23]魁 [42]愧溃~脓
x	[22]挥辉

ye

tɕ	[22]闺人名 [23]葵 [42]鳜桂
tɕʰ	[22]亏 [42]愧
ɕ	[12]惠慧

ɔ

t	[55]答搭达
tʰ	[55]踏塔□涂抹
l	[22]纳腊蜡辣□~疤~：疤 [12]癞
ts	[22]查姓~渣楂 [23]茶查调~ [42]炸诈榨乍蚱 [55]扎铡窄卷袖子的动作
tsʰ	[22]叉岔杈差~不多钗杂 [溅□□瞪] [23]茬~口：在同一块土地上轮流作物的种类和次序 [21]踩 [55]插擦萨察□~儿[men13]：妻子兄弟的叙称
s	[22]沙纱砂朱~煤把食物放入开水中弄熟，~饭：泡饭 □水~：母水牛 [55]杀萨
k	[22]家加嘉傢稼佳监2~视茄番~：西红柿 [23]蛤蟆儿~□[kɔ22]：蟾蜓 □[xo2]螂~：螳螂 [21]贾假真~，放~减简 [42]架驾嫁价 [55]夹甲挟□~边：旁边
kʰ	[22]□下~：勤快掐紧紧按住，握住 [55]掐用手指掐
ŋ	[22]鸦丫桠 [23]牙芽衙涯崖岩颜□下~：勤快隘~口 [21]哑亚雅人名

附　录　　283

	[13]瓦　[55]鸭押	kʰ [22]科窠棵颗□~厢：厢房　[21]可□作~：端架子　[42]课　[55]摧敲击扩壳
x	[23]霞暇瑕　[13]下底~，~来　[42]□~[kʰue21]：蚯蚓　[12]夏厦大~，~门　[55]峡瞎辖或	ŋ [22]岳　[23]俄　[21]我　[13]咬　[12]饿　[55]□折断
	o	x [22]鹤学　[23]河何荷~和~气，~面禾　[21]火伙□~螂□[kɔ23]：螳螂　[42]荷薄~货孝　[12]贺效霍藿　[55]或豁□起~：起老茧
p	[22]波菠坡玻簸巴疤芭褒包胞薄厚~　[23]杷琶钯下~~下巴　[21]把饱 [13]鲍　[42]霸坝暴豹爆□~蟹：螃蟹 [12]薄~荷刨刨饱　[55]八拨博剥驳	ø [22]阿~胶锅倭矮窝~□[tɕi23]：子孓 [42]沃　[12]卧　[55]恶~人
pʰ	[22]抛泡1为人不实在，浮躁雹　[23]婆爬跑　[42]泡浸~炮瀑　[12]耙稗 [55]泼	io
m	[22]末摸1抚摩莫寞幕目穆牧木 [23]魔磨~刀摩馍麻模摹　[21]某母~亲，文读　[13]马码母2黄牛，~母牛拇 [12]磨石~骂暮慕墓募□~哪　[55]抹沫摸2~鱼膜	tɕ [22]召诏朝三~昭招骄娇浇　[23]朝~代潮　[21]较沼缴侥　[42]照叫 [12]轿校学~，~对，上~　[55]斫着~衣裳脚□刚：刚才
t	[22]多铎　[23]驼驮　[21]朵躲 [13]舵摆~　[42]剁　[55]沰~雨：淋雨	tɕʰ [22]敲超着寻~找着锹□~吓：恐怕　[23]桥乔侨荞　[13]赵兆　[21]巧 [42]窍　[55]却戳确触
tʰ	[22]拖　[21]椭　[12]大~小　[55]托讬	ȵ [22]若弱　[23]挠饶上~尧　[12]绕~毛线　[55]□咀嚼
l	[22]啰落烙骆酪洛络乐音~，快~□河~石：河边河里的石头□[kɔ22]~胁：腋下　[23]锣箩罗骡螺朒□搓　[12]糯闹□丝瓜~：丝瓜瓤	ɕ [22]烧　[23]苕红~：红薯　[21]少多~ [42]少~年晓人名鞘　[12]绍邵韶
		ø [22]妖邀腰要~药　[23]摇谣窑姚 [13]舀　[42]要重~　[12]耀跃 [55]约
ts	[22]镯笮啄1　[21]左佐爪　[42]做　[55]作桌卓琢捉啄2	γ
tsʰ	[22]搓抄凿昨　[21]炒吵　[13]坐　[42]锉措错　[12]座	p [23]培陪赔　[21]保堡宝　[13]倍背~书　[42]辈背~脊报　[12]焙
s	[22]蓑梭唆嗦　[55]索	pʰ [22]胚坯丕泡2肥皂~　[23]裴姓~袍 [42]沛配　[12]佩
k	[22]歌哥交郊胶□~□[lɔ22]~胁：腋下 [21]果裹绞狡铰剪　[13]搞 [42]过教~书，~育　[55]各阁搁郭廓觉角	m [22]物东西　[23]梅枚媒煤霉毛矛1茅　[21]每　[12]妹林~~冒
		f [22]佛　[55]法乏发伐筏罚

v	[22]物~理 [42]爱 [12]碍	
t	[22]都堆刀叨独毒 [23]徒屠途涂图台抬□白天或晚上时间变长 [21]堵赌岛倒打~ [13]肚待导 [42]戴对碓兑到倒~水□~物事:什么事情,什么东西 [12]杜度渡镀妒贷代袋队盗	
tʰ	[22]胎苔推滔掏涛读 [23]桃逃淘陶萄 [21]土腿讨 [13]道稻 [42]吐~痰,呕 退褪套 [55]突秃□菜~:菜罩□"掉"义,例如:吃~:吃掉 ~带:扫帚	
l	[22]捞唠捋~袖 鹿涝□□sɔ55~:垃圾 [23]奴庐卢炉芦鸬来雷劳牢□扒~手:扒手 [21]磊 [13]努虏卤脑恼老□~苏:茄子 [12]怒鲁路赂鹭内类□腻味露	
ts	[22]租灾栽遭糟 [21]祖阻宰载早蚤澡走 [42]再最灶罩	
tsʰ	[22]粗初猜催崔操1做~贼族 [23]才材财裁曹槽操2曹~巢 [21]楚彩采睬草 [13]在罪皂造 [42]醋菜躁糙 [12]助 [55]出	
s	[22]苏酥梳疏蔬腮鳃骚臊搜馊 [21]所数动词嫂叟 [42]素诉数名词赛碎税帅扫~地,~帚 嗽瘦 [55]术述塑戍卫~区 屑木~ 速缩束□ly12~:垃圾 □在	
k	[22]高膏篙羔糕1年~,~年:今年□□[kɔ23]~:蜻蜓 [21]稿镐 [42]告□癞□[pa55]~:癞蛤蟆 [55]蚝□~:跳蚤 和	
kʰ	[23]渠第三人称代词 [21]考烤 [42]去靠犒 [55]咳瞌刻克	
ŋ	[22]鄂 [23]熬 [21]袄 [12]傲□吼奥	
x	[22]蒿合 [23]豪壕毫 [21]好~坏 [13]后1前~ [42]好喜欢 [12]号~码 浩 [55]喝黑	

	uɤ
k	[22]该 [21]改□竖起来 [42]概溉盖桧 [55]骨国
kʰ	[22]开盔 [21]凯 [55]丐~食
x	[22]恢灰 [23]回茴 [21]海 [13]亥悔毁 [12]害汇晦会开~绘

	iːɐ
p	[22]鞭编边 [23]便~宜 [21]蝙扁贬 [42]变遍 [55]鳖憋□~:闲读
pʰ	[22]偏篇 [42]骗片 [12]便~利 辨别 [55]撇
m	[22]灭篾 [23]棉绵眠 [21]□以指捣碎 [13]免娩缅 [12]面□~~:刚才
t	[22]碟牒蝶谍颠 [23]甜填 [21]点典 [42]店 [12]电殿奠佃 [55]跌叠
tʰ	[22]添天 [23]田 [21]舔 [13]簟 [12]垫 [55]帖贴铁
l	[22]猎列例烈裂劣 [23]廉镰帘连联怜莲 [13]脸 [12]敛殓练炼楝苦~
ts	[22]尖煎 [21]剪 [42]借箭荐 [55]接节
tsʰ	[22]歼签迁千笺绝 [23]邪斜潜钱前全1泉1 [21]且浅 [12]谢贱践 [55]妾切
s	[22]鲜仙先宣暄 [23]旋 [21]写癣选 [42]泻卸陷线泄（螺丝） [12]□拧 [55]薛楔雪
ȵ	[23]言严年黏鲇 [13]研碾染 [12]验念

	aːn
v	[55]挖

附　录　285

t	[22]端敦₁ [23]团屯 [21]短 [13]囤 [42]锻顿钝遁 [12]缎段盾	p	iu
		p	[22]膘标彪 [21]表裱婊
tʰ	[13]断 [55]脱	pʰ	[22]飘嫖 [21]漂~洗,~亮 [42]票
l	[23]弯□黄鼠;黄鼠狼 [13]暖卵 [12]乱嫩论	m	[23]苗描锚谋矛₂~子枪 [21]秒藐渺茆牡 [12]庙妙贸茂谬卯
ts	[22]抓钻~狗洞 尊遵 [42]钻~井	t	[22]刁貂雕兜丢□绊倒 [23]调~和油投 [21]斗-~米抖陡□猪~;未阉割的公猪 [42]钓吊调~动斗~争昼~;中午 [12]调黄梅~逗
tsʰ	[22]村 [13]赚 [42]窜篡寸		
s	[22]酸闩栓拴孙□蛤蟆;胳膊 [21]损 [42]算蒜涮楦率~水;五城的河名 [55]刷		
		tʰ	[22]挑偷 [23]条头 [42]跳透
k	[22]瓜干~湿 竿肝官棺观冠鳏关 [21]赶管馆 [42]挂卦干~贯灌惯逛 [12]□提 [55]割葛括刮	l	[22]六陆绿禄 [23]燎疗聊辽撩楼流刘留榴硫琉馏 [21]了~结柳 [13]篓 [12]料漏陋廖 [55]溜滑,~走
kʰ	[22]宽 [21]款 [13]□禳 [42]看 [55]阔	ts	[22]焦蕉椒 [21]酒 [42]奏宙皱 [55]足满~
x	[22]花动词欢 [23]寒韩环 [13]罕旱 [42]化撼汉唤~狗 幻患宦 [12]画汗翰焊	tsʰ	[22]秋鳅 [23]愁 [42]凑 [55]猝促
ø	[22]安鞍豌活澶~溜 弯湾 [23]完顽还~来 [21]碗 [13]皖晚挽 [42]按案 [12]话岸换	s	[22]稍梢文读消宵霄箫萧硝销修羞俗续 [21]小~学生 [42]笑秀锈绣□汗~;痱子 [12]袖 [55]宿鹄~削肃粟淑属蜀
	y:e	tɕ	[22]勾钩沟周舟州洲鸠阄纠 [21]狗苟帚九久韭 [42]够构购咒灸 [55]竹菊烛祝粥□~[ie22]胜;翅膀
tɕ	[22]专砖绢捐 [23]□弯 [21]转捲~起 [42]眷卷试~ [55]决诀		
tɕʰ	[22]穿川圈颧瘸传~遗 权拳全₂泉₂ [21]喘犬 [42]串劝雀较大的麻雀 [12]篆传蛇~券国库~ [55]缺	tɕʰ	[22]抠抽丘邱局 [23]稠绸筹仇酬求 [21]口丑 [13]臼舅 [42]扣寇臭 [12]就旧售 [55]囚畜麹曲
ȵ	[22]月越 [23]原源袁辕援 [13]软 [12]愿	ȵ	[22]肉狱 [23]柔揉牛□~□[mε23]吱蝉;~蜈蚣 [13]藕偶扭
ɕ	[22]靴轩穴兄 [23]船玄悬 [55]说血恤	ɕ	[22]熟收休 [23]侯喉猴 [21]手首守 [13]厚授受后₂皇~ [42]兽 [12]候寿 [55]叔
ø	[22]悦阅冤越 [23]圆园员缘元阮 [13]远 [12]锐院怨县	ø	[22]欧忧优悠幽浴 [23]尤邮由油

	游犹柚 [21]友 [13]有酉 [42]幼 [12]诱右又佑釉 [55]育

ɔu

p	[22]班斑颁扳般搬帮邦 [21]板版榜绑 [13]拌 [42]扮瓣半绊谤
pʰ	[22]攀潘 [23]旁庞 [13]伴 [42]盼叛判胖 [12]办
m	[23]蛮瞒忙芒茫芒盲虻馒 [21]蟒莽 [13]满网忘 [12]慢漫望~见
f	[22]帆翻番方芳 [23]凡烦繁肪妨房防 [21]反仿纺 [13]范犯 [42]贩放 [12]饭
v	[23]亡 [21]枉往 [12]万望~远镜
t	[22]耽担~心丹单当~时□拿 [23]潭谭弹~琴唐堂塘棠螳 [21]胆挡党 [13]淡凼水坑 [42]旦担挑诞但当~铺 [12]弹子蛋
tʰ	[22]贪坍摊叹汤 [23]痰谈檀坛糖 [21]坦2~克趟 [13]盪~茶杯儿;潮洗茶杯;~嘴;漱口 [42]探炭烫 [12]坦1门~;门口的平地
l	[23]男南楠篮蓝难困~兰拦栏囊郎廊狼 [21]览揽榄朗天~起来;雨后天放晴 [13]懒 [12]滥难灾~烂浪
ts	[22]簪脏不洁净装庄 [21]盏斩鏨拍~味道很淡 [42]赞葬壮 [12]撞
tsʰ	[22]参掺餐仓沧苍疮窗 [23]蚕惭残藏储~ [21]惨铲产闯 [13]暂站车~栈□壁~非常陡 [42]创 [12]藏西~脏心~状
s	[22]三杉衫珊山删桑丧出~霜孀双 [23]馋床 [21]散~装伞嗓磉爽 [42]散疝丧~失

k	[22]监1~年间中~;~隔奸冈岗刚~强钢纲缸光胱江豇扛抬 [23]衔~着 [21]裥打~;起皱纹拣广讲港□~带;扫帚 [42]杠降下~虹出~;出彩虹
kʰ	[22]堪勘刊铅康糠匡筐眶 [23]狂 [42]抗炕囥放,藏旷矿□~活儿;高兴
ŋ	[23]昂 [13]眼 [42]晏晚,迟 [12]雁
x	[22]荒慌 [23]含函咸衔~军~闲行银~航杭黄姓~皇蝗降投~ [21]谎 [13]项限 [12]巷筅~竹;晒衣竿
ø	[22]肮汪 [23]黄~色簧王

uɔi

l	[23]良凉量~米粮梁粱 [21]□快速地过火,例"火~眉毛"臁 [13]两辆 [12]亮谅量数~晾
ts	[22]将~来浆 [21]奖蒋桨 [42]酱将大~
tsʰ	[22]枪 [23]墙详祥 [21]抢 [13]象像橡 [12]匠
s	[22]相~信箱厢湘襄镶 [21]想 [42]相~貌
tɕ	[22]张章樟疆僵姜缰刚~才 [23]长~短常2场 [21]长~涨掌 [42]账帐胀障瘴搀扶,牵着 [12]剩
tɕʰ	[22]昌菖羌腔框门~ [23]肠强 [21]敞厂 [13]丈 [42]畅唱倡
ȵ	[23]娘酿 [21]壤 [12]让
ɕ	[22]商伤香乡 [23]常1偿尝裳 [21]赏饷享响 [13]上 [42]向 [12]尚
ø	[22]央秧殃 [23]瓢羊洋烊杨阳扬疡□躲;捉迷藏 [21]仰信~ [13]养痒 [12]样旺映

an

p	[22]奔 [42]蹦 [12]蚌 2~埠
pʰ	[22]喷~水 烹膨 [23]朋彭棚蓬篷 [21]捧□ 搂,抱 [13]□水开后溢出来 [42]喷~香
m	[23]蚊蒙 [21]猛蜢~~ 虾蟥 [13]蠓~~ 小虫子 [12]闷梦□上~儿 食物发霉,起白毛
f	[22]风枫疯丰封峰锋蜂 [23]冯逢缝 [21]讽 [13]奉 [12]缝
t	[22]东冬 [23]铜童瞳筒 [21]董懂栋 人名 [13]动 [42]冻 [12]洞 □~子:傻子
tʰ	[22]通 [23]同桐 [21]桶捅筒统 [42]痛
l	[23]聋 [21]垄 2~断 [13]拢 [12]弄 里~脓
ts	[22]棕宗鬃综宗中~间 忠终踪钟盅春 [23]重 1~起来;叠起来 幢 [21]总冢种~子 [42]粽中~意 众纵种~树 [12]仲
tsʰ	[22]聪匆葱囱充冲 [23]层曾从丛虫崇松~树 重 2~复;~厚 厚道本分 [21]宠 [13]重~要 [42]铳
s	[22]森参~人~松~嵩 [21]怂 [42]送宋诵颂讼
k	[22]公蚣工功攻弓躬宫恭 [21]汞供~不起 [13]拱~起来;凸起来 [42]贡供进~ [12]共
kʰ	[22]空~心 [21]孔恐控 [42]空~地
x	[22]亨轰烘哄~~ 闹~~ [23]弘宏红洪鸿虹彩~ [21]哄~人 [42]嗅

ian

tɕ	[22]针斟今金襟连~ 珍臻真巾斤筋蒸筝茎 [23]琴禽擒勤芹 [21]锦诊疹仅谨 [42]禁镇振震劲

tɕʰ	[23]沉陈尘橙澄~清事实 穷称 1~茶叶 [21]肯 [13]近 [42]撤衬秤称相~ [12]阵
ɲ	[23]淫银凝迎浓 [13]忍□呆住 [12]认
ɕ	[22]深身申伸娠升胸凶 [23]神辰绳塍田~雄熊 [21]沈审婶 [42]渗肾兴~旺,高~ [12]慎
∅	[22]音阴因姻殷鹰雍 [23]人仁寅戎绒融茸容蓉熔 [21]饮~料 隐甬勇涌西~:五城地名 拥 [42]印应答~ [12]任纫用

yan

tɕ	[22]朘君军均钧 [21]准 [42]俊郡
tɕʰ	[22]椿春 [23]唇裙群 [21]蠢倾顷 [13]菌 2~种
ɕ	[22]熏勋薰 [23]寻 2~公:黄寻,东晋时期人荀旬循唇纯醇 [42]讯迅 2 殉舜训 [12]顺
∅	[23]匀云 [21]允永泳咏 [12]润闰韵运孕晕

in

p	[22]彬宾槟 [21]禀秉 [42]鬓
pʰ	[23]贫频凭 [21]品□~草 锄草□ 程度副词,例如:薄□ 非常薄 [42]聘 2
m	[23]民 [21]闽敏抿
t	[13]□多少~时间:多久
tʰ	[22]吞
l	[23]林淋临邻鳞燐仑伦沦轮陵凌菱农隆龙□~梯:楼梯
ts	[22]津 2 [42]浸进晋
tsʰ	[22]寝亲皴 肌肤粗糙或受冻开裂 [23]秦寻 1

s	[22]心辛新薪欣 [21]笋榫脱~:脱白 [42]信迅 1□黄~:黄鼬 找巡 [21]寝 [13]尽~头,~量菌 1野~		ian	
		tɕ	[13]舌~儿□~儿:门槛	
		ɕ	[13]婶~儿:婶婶□~儿:哨子	
	en	ø	[13]叶~儿:叶子燕~儿	
tsʰ	[13]□看			
			on	
	ən	p	[13]钵~儿八~儿:八哥□打~儿:接吻	
l	[13]□~菜,~饭:做菜,做饭	pʰ	[23]耙~儿 [13]□后生~儿:小伙子	
		m	[23]蟆蛤~ [13]沫茶~儿袜~儿	
	ṇ	k	[13]馃 觉睏~儿:睡觉	
ø	[23]儿 [13]五 [42]尔你 [12]二	ŋ	[23]蛾 鹅~儿	
		x	[13]伙一~儿	
	m̩			
ø	[13]母 1 公~		ion	
		tɕ	[13]饺~儿 [12]镜~儿	
	以下均为小称音变后的读音	ø	[13]鹞~儿	
	un			
k	[13]罐~儿:盛放糕点的洋铁瓶		ɔn	
kʰ	[13]裤~儿	x	[13]虾~儿	
	in		εn	
pʰ	[13]鼻~儿:鼻涕	p	[13]饼~儿 [12]□~儿:没有(未)	
t	[13]□一~儿:一点儿	t	[13]凳~儿	
l	[13]粒青春~儿:粉刺	ŋ	[13]□牛~儿:牛犊	
tɕ	[13]指~~儿:手指趾脚~儿			
ȵ	[13]耳~儿朵:耳朵		uεn	
		kʰ	[13]筷~儿	
	yn			
tɕ	[13]猪细~儿:小猪橘~儿		iun	
tɕʰ	[13]箸火桶~儿:拨火用的筷子状器具	pʰ	[23]瓢~儿:调羹	
ø	[13]蕊花~儿:花蕊	tʰ	[13]豆~儿	
		l	[13]鸟~儿	
	an	ts	[13]雀~儿:小的麻雀	
k	[13]格~儿	tɕ	[13]狗细~儿:小狗	
kʰ	[13]龛~儿:坛子	ȵ	[13]纽~儿	

附　录　289

uɛn
kʰ　[13]□~儿: 棍子

uːi
p　[13]辫~儿
ts　[13]姐~儿

uːɛn
t　[13]墩~儿 段——~儿话　[23]豚~儿
l　[23]鸢~儿, 人名
ts　[13]钻~儿: 钻子 鬏~儿: 脑后头发盘成的髻
tsʰ　[13]撮——~儿: 很少
s　[13]孙~儿: 孙子
k　[13]罐~儿头: 罐头
kʰ　[13]□~儿纽: 纽襻 □塘~儿: 小一点的池塘
x　[13]花~儿
ø　[13]腕手~儿 活□[kʰou43]~儿: 高兴

yːɛn
ɕ　[23]弦~儿
ø　[23]丸肉~儿

en
m　[13]谜~儿□[tsʰɔ55]~儿: 妻子兄弟的叙称
l　[13]囡~儿
ts　[13]姐~儿

ien
tɕ　[13]鸡细~儿
ȵ　[13]□~儿: 小孩儿

ɤn
p　[13]杯~儿□娘~儿: 姑母
m　[13]帽~儿猫~儿 妹礼~儿: 妹妹 [12]枚一~儿针
v　[13]杌凳~儿 核~儿
t　[13]堆一~儿: 一起 袋~儿: 口袋
tʰ　[13]兔~儿梯~儿: 可移动的梯子
l　[13]磊~儿
tsʰ　[13]枣~儿卒~儿
k　[13]鸽~儿糕~儿: 小的糕点
x　[13]盒~儿

uɤn
kʰ　[13]窟冷水~儿: 山上的水坑

ɔun
p　[13]棒~儿
pʰ　[23]盘~儿
tʰ　[13]滩~儿毯~儿
s　[13]衫汗~儿
k　[13]冈~儿: 小山

三、石台县占大话同音字汇

ɿ

ts [11]知蜘支枝栀肢资姿咨脂滋兹辎之芝□~开:绽开 [213]紫纸姊旨指子梓耻滓止趾址 [55]滞制智致稚至置治志痣 [42]只~有执汁质职植值炙掷蛰

tsʰ [11]痴嗤侄直 [33]雌疵池驰瓷糍迟慈磁辞词祠饲持 [213]此侈豉耻齿 [55]刺赐翅次雉伺痔雉 [35]自 1~家:自己 字寺 [42]斥

s [11]斯厮撕施私师狮尸司思丝诗实 [33]匙 [213]死屎矢使史驶始 [55]世势誓逝四肆示视嗜似祀巳柿试市恃侍 [35]是士仕事 [42]氏湿虱失室式适释

ʅ

ʂ [11]十拾食 [55]恃 [42]舌识

i

p [213]彼鄙比秕 [55]蔽弊币毙苾闭陛臂泌贝 [42]笔毕必弼逼碧壁辟璧

pʰ [11]批披丕鼻 [33]皮疲脾痹枇琵匹 [213]庇 [55]避婢屁□~燕:蝙蝠 [35]鐾被~窝:被子 [42]僻屁

m [11]密 [33]迷媒 1 纸~子 [55]谜~子 谜语 氼钻水~子:潜水 [35]米 [42]秘蜜

t [11]低 [213]底抵 [55]得 1 晓~:知道 [42]的~滴嘀敌狄□~的:这里

tʰ [11]梯笛 [33]堤题提蹄啼 [213]体 [55]替涕剃屉递 [35]帝弟第地 [42]踢剔

l [11]励隶立笠粒栗力历阳~ [33]犁黎离篱璃梨厘狸 [213]礼伱理拟 [55]丽腻吏泪 [35]厉利痢李鲤里 [42]利荔率频~律匮逆溺历米~

tɕ [11]鸡饥肌基几~乎 机讥屐箕其 2 芦~:高粱 拧(毛巾) [213]挤几~个 茶~ 己嘴 [55]祭际济荠~菜 稽~查 计继系~鞋带 髻寄技妓冀记纪忌既醉季自 2~家:自己 [42]集辑急级及疾吉卒即鲫积迹脊藉籍绩寂击激□很,十分,例如"~乌:漆黑"

tɕʰ [11]蛆妻溪欺期贼 [33]徐齐脐启奇骑岐祁鳍其棋旗萁 1 秸秆 荠葡~:荸荠 [213]企起杞祈 [55]砌契器弃气汽 [42]缉~鞋底 泣七漆乞戚吃

ɕ [11]西栖犀牺伊嬉熙希稀 [213]玺徙洗喜 [55]絮细婿系关~岁戏 [35] [42]习袭吸悉膝蟋~蟀:蟋蟀 息熄媳惜昔席昔锡析

ø [11]医衣依揖入 [33]泥倪宜仪移尼夷姨疑饴沂遗 [213]椅倚以已 [55]艺缢谊义议易意异毅 [35]蚁 [42]一乙逸益译易役□这

u

p [213]补捕 [55]布埠蚌~ [42]讣

pʰ [11]铺床~ 麸□~鸡:布谷鸟 [33]菩蒲脯 [213]谱普浦埔赔起~:食上生白毛 朴 [55]铺床~ 脯猪肉:猪肉熬去油后剩下的油渣 [35]部簿步伏孵 [42]赴卜萝~扑仆瀑□肌

m [11]目 [42]穆牧

附 录

f	[11]夫肤敷佛服伏入~ [33]扶符芙浮抚浮 [213]府腑俯斧釜俘辅阜 [55]付附父富副腐豆~妇负幅 [42]复缚福蝠腹		[213]煮举主矩 [55]著据锯巨拒距聚挂驻注注蛀铸俱句惧剧 [42]橘局
t	[11]都犊 [213]堵赌 [55]杜妒渡镀 [42]读独督屎器物的底部,碗~：下面。楼~底：楼底下	tɕʰ	[11]趋枢区驱 [33]箸□xɔ35~：拨火用的铁筷子除渠厨殊瞿 [213]处~理鼠取娶杵碓~ [55]趣处到~ [35]苎柱住具 [42]出屈曲
tʰ	[11]毒 [33]徒屠途涂图 [213]土 [55]吐兔 [35]肚鱼~.~子度 [42]突秃	ɕ	[11]梳书舒墟虚嘘须需输戍 [33]锄 [213]暑许数动词 [55]序叙绪庶恕续 [35]薯竖树 [42]恤术述秫畜~牧蓄续
l	[11]鹿 [33]奴卢炉芦庐鸬撸□楼住 [213]努鲁橹虏卤 [55]怒露1白~禄 [35]路露2~天鹭 [42]录		
ts	[11]租 [213]祖组阻走 [42]竹筑粥祝逐轴足烛嘱	ø	[11]于淤 [33]如鱼渔余儒乳2喂~：喂奶愚虞娱迂于盂榆逾愉 [213]吕语与寓仙~：地名羽宇禹 [55]御誉预豫愈芋喻裕玉狱欲浴 [35]女乳1豆腐~遇雨 [42]域疫郁育
tsʰ	[11]粗初镯 [213]楚础 [55]醋 [35]助 [42]猝族畜~生触促		
s	[11]苏酥俗 [55]素诉塑漱 [42]速叔赎束属		a
ʂ	[11]疏蔬熟 [55]数名词	p	[213]摆 [55]拜 [42]爸百柏伯
k	[11]姑孤 [213]古估盬洋铁~：装糕点的器具牯股鼓 [55]故固锢雇顾 [35] [42]谷	pʰ	[11]白 [33]排牌 [55]帕 [35]败 [42]迫拍魄
kʰ	[11]箍枯 [213]苦 [55]裤库酷 [42]哭	m	[11]无~有麦脉 [33]埋 [213]买 [35]卖 [42]□刷
x	[11]呼乎 [33]胡姓~湖糊~壶狐斛 [213]虎浒 [55]戽互护沪 [35]瓠户 [42]忽	t	[213]打 [55]戴带
		tʰ	[11]他其~ [35]大~小.~学
ø	[11]乌污巫诬 [33]吴蜈梧胡~子狐糊小麦~无 [213]伍午坞武舞侮鹉 [55]误悟务雾 [35]五 [42]屋	l	[11]拿拉 [33]落遗漏 [213]哪 [35]奶吃~癞
		ts	[55]债寨 [42]只一~鸡眨摘□耙~；篦子□（一）虎口（的长度）
	y	tsʰ	[11]车择差出~ [213]扯 [42]拆坼赤尺
l	[33]驴 [213]旅虑屡履捋 [55]虑滤	s	[213]洒 [55]晒 [42]□穗
		ʂ	[11]赊筛石 [33]蛇豺柴 [213]舍~不得傻 [35]社射麝 [55]舍~宿
tɕ	[11]猪居车~马炮诛蛛株朱珠拘驹	k	[11]皆阶街 [213]解~开 □鸡~：鸡蛋

	[55]介界芥疥届戒械 [42]尬格革隔	t	[11]呆~发 堆 [55]怠对碓队兑 [42]得2~到德
kʰ	[11]揩较轻地擦碰 [42]咳客□指~:指甲	tʰ	[11]胎推 [33]台苔抬 [213]腿 [55]态太泰退蜕褪 [35]贷待代袋大~夫 [42]特
ŋ	[11]额 [33]涯崖 [213]矮 [35]艾外 [42]轭牛~:~鹰:老鹰	l	[11]奶~~ [33]来雷 [55]奈赖 [35]耐
x	[11]哈 [33]鞋 [42]吓赫	ts	[11]灾栽斋宅 [213]宰载三年五~;~重 [55]再 [42]蔗哲浙辙折打~则窄责
ø	[33]还~是 [35]也	tsʰ	[11]猜催崔□硬塞 [33]才材财裁 [213]彩采睬 [55]菜蔡 [35]在罪 [42]撤彻测侧泽策册
	ia	s	[11]腮鳃折~本;~断□推操□世~;地方 [55]赛碎□鸡~;鸡窝 [42]摄涉涩~嘴 设塞色啬
tɕ	[11]痂嘉佳 [213]贾姓假~姐解~放军 [55]驾借	k	[11]该 [213]改 [55]概溉盖丐
tɕʰ	[33]茄~子□做作 [35]苴不正 [42]洽	kʰ	[11]开 [213]凯慨楷 [42]刻克
ɕ	[33]霞邪斜 [213]写些 [55]泻~肚子卸 [35]谢 [42]峡辖	ŋ	[11]挨~打 [33]呆死板 [55]爱隘 [35]碍
ø	[33]爷 [213]雅 [55]亚 [35]野夜	x	[213]海 [35]害蟹~子;螃蟹小~亥骇核审~□瘦(常用来形容人的瘦) [42]孩
	ua	ø	[11]哀埃 [213]蔼
k	[11]乖 [213]拐 [55]怪		uɛ
kʰ	[213]侉垮 [55]块会~计快筷	s	[42]率~领
x	[11]猾~头;狡猾	k	[11]盔魁□钝 [213]□扔 [55]刽 [42]国
ø	[11]歪蛙 [33]怀 [35]坏	kʰ	[11]奎 [213]傀 [55]会~计
	ya	x	[11]恢灰 [33]回茴槐淮 [213]毁 [55]桧贿悔晦讳 [35]汇会不~,开~绘
tɕ	[11]抓1~牌 [213]爪	ø	[11]煨
ɕ	[11]靴 [42]刷□~耳巴子:打耳光		yɛ
	ɛ	tɕ	[55]坠
p	[11]杯背背负碑卑悲 [55]辈背后~ [42]北		
pʰ	[11]胚坯 [33]培陪赔裴 [55]沛派配佩□~子钻辘;刨花 [35]背~书倍焙瘫~子		
m	[33]梅枚媒2做~煤眉霉 [213]每美 [55]迈 [35]妹□孩子 [42]□忖;想墨默		

附 录 293

tɕʰ	[213]揣~到怀里	
ɕ	[11]衰 [213]摔 [55]帅	

e

p	[55]避
f	[55]废肺吠 [35]备
m	[55]媚
f	[11]非飞妃 [33]肥 [213]匪翡 [55]榧痱费 [42]疿
l	[213]垒 [35]内累类 [42]肋勒
ts	[55]最
tsʰ	[55]脆翠
s	[11]虽 [33]随 [213]髓 [55]粹遂隧

ie

p	[42]别区~鳖瘪憋
pʰ	[11]别~人 [42]撇劈
m	[11]篾 [42]灭觅
t	[11]爹 [42]跌叠谍蝶
tʰ	[11]碟 [42]帖贴铁
l	[11]猎 [42]例列烈裂劣
tɕ	[42]秸~秆接捷杰揭节截结洁
tɕʰ	[11]绝 [213]且 [42]妾切
ɕ	[33]谐 [55]懈 [42]胁协泄歇蝎楔雪
∅	[11]翼~甲;翅膀叶热腋 [42]聂厣酒~;酒窝页业孽捏液□攥(拳头)

ue

ts	[55]缀赘
s	[11]荽芫~
k	[11]圭闺规龟归 [213]诡轨癸鬼 [55]鳜桂贵
kʰ	[11]亏窥 [33]逵 [213]跪 [55]溃愧 [35]柜
x	[11]麾徽挥辉 [55]惠慧秽
∅	[11]危萎微威 [33]桅为~行~维惟唯违围苇 [213]伪委伟纬 [55]卫喂为~什么未魏畏慰胃谓猬 [35]位尾味

ye

tɕ	[11]追锥 [42]决诀倔掘
tɕʰ	[11]吹炊 [33]瘸~子垂槌锤 [42]缺
ɕ	[33]谁 [213]水 [55]税睡 [42]薛屑锯~灰;锯木头产生的碎末说血穴学 2~生,文读
∅	[11]月越~来~好 [55]锐瑞 [42]拐折叠悦阅越~南粤虐

ɤ

p	[42]钵不
pʰ	[42]泼
m	[11]物东西 [42]□那
f	[213]否
t	[55]逗
tʰ	[11]夺 [33]投 [55]透 [42]脱
l	[213]篓
ts	[11]邹周舟州洲 [213]者肘帚 [55]奏昼纣宙骤咒 [42]折□用拇指和食指掐的动作
tsʰ	[11]抽 [33]绸稠筹愁仇酬 [213]丑 [55]臭 [42]□看
s	[11]收 [213]搜叟馊飕手首守 [55]嗾瘦兽售 [35]受寿授
k	[213]苟 [42]割葛
kʰ	[33]渠第三人称代词 [213]口 [55]去寇 [42]渴

ŋ	[42]□睡觉（很早的说法）	
x	[11]合盒　[33]侯　[213]吼 [35]后候~人，等人 [42]喝黑	
∅	[11]阿~胶欧瓯殴怄　[33]儿而 [213]饵藕偶呕　[35]二耳　[42]鄂	

uɤ

k	[42]骨
kʰ	[42]阔宽窟
x	[42]或
∅	[11]活核桃子~；桃核物动~

ɒ

p	[11]包胞鲍苞~芦；玉米 [213]褒保堡宝饱 [55]报抱暴豹爆
pʰ	[11]抛 [33]袍跑刨~地狍 [55]泡灯~；~在水里炮 [35]刨~子；刨平木料表面的工具
m	[33]毛锚矛茅 [55]冒貌贸 [35]帽卯
t	[11]刀叨 [213]祷岛倒打~导捣 [55]到倒~水盗
tʰ	[11]滔掏涛 [33]桃逃淘陶萄 [213]讨 [55]套 [35]道稻
l	[11]捞唠 [33]劳老牢挠 [213]□箩，摊~，稻 [55]涝闹 [35]脑恼老
ts	[11]遭糟朝今~召昭招沼 [213]早枣蚤澡抓2~痒 [55]灶罩笊赵兆照诏
tsʰ	[11]操抄钞超着困~；睡着 [33]曹槽巢朝~向潮 [213]草吵炒 [55]躁糙 [35]皂造
s	[11]骚臊梢捎稍烧筲 [213]扫~地，~帚嫂少~多 [55]潲少~年~邵绍韶
k	[11]高膏糕羔篙晒~子；晾衣杆镐 [213]稿铰~；剪刀搞 [55]告教~学，白读窖酵

	觉困~；睡觉	
kʰ	[213]考烤　[55]靠犒铐	
ŋ	[11]□叫　[33]熬　[213]袄媪 [55]傲坳　[35]咬	
x	[11]蒿　[33]豪壕毫号~叫 [213]好~坏 [55]好喜欢耗浩 [35]号儿~	
∅	[33]饶　[55]懊奥燠	

iɒ

p	[11]标膘彪　[213]表婊　[55]夔
pʰ	[11]漂~浮飘鳔 [33]瓢嫖 [55]票漂~亮，~白
m	[11]猫 [33]苗描 [213]秒树~；树梢藐渺秒 [55]妙谬 [35]庙
t	[11]刁貂雕 [213]屌 [55]调~动掉钓吊
tʰ	[11]挑□[ie213]~；蜥蜴 [33]调空~条笤 [55]跳粜 [35]调~子
l	[33]燎镣疗聊辽撩瞭□焯水 [213]了 [55]廖 [35]料 [42]略
tɕ	[11]交郊胶教~书焦蕉椒樵~夫（念别字）骄娇浇 [213]绞狡剿矫缴侥饺□缝（边）[55]较叫 [42]脚觉知~；角扁~；扁豆
tɕʰ	[11]敲锹悄鹊鸦~；喜鹊 [33]瞧乔侨桥荞 [213]巧 [55]俏窍撬 [35]轿嚼 [42]雀鹊喜；却确□盘；叮咬（一般指蜜蜂）
ɕ	[11]消宵霄硝销萧箫□薄 [213]洨小晓 [55]笑孝效校~对；学~鞘 [42]削
∅	[11]妖邀腰要~求幺吆药钥 [33]肴摇谣窑瑶遥姚尧□嫩叶，例如"椿~，树~" [213]舀鸟杳扰 [55]绕~圈要~耀尿跃岳 [42]约箬

附　录

A

p	[11]巴芭疤　[213]把~握，一~　[55]霸把~刀~坝罢　[42]爸八
pʰ	[11]拔　[33]爬杷琶钯　[55]怕[35]耙稗
m	[11]妈姆~：妈妈　[33]麻蟆　[35]马蚂骂　[42]抹
f	[11]罚　[42]法乏发伐筏
t	[42]答搭达□~倒：跌倒
tʰ	[42]踏脚~车塌榻獭拓遏遇~跋木鞋~子：木屐
l	[11]腊蜡捺辣　[33]邋~遢　[42]纳□~迈
ts	[11]查姓渣遮　[55]诈榨炸~弹；用油~[42]杂闸扎铡
tsʰ	[11]钗叉权差~不多　[33]茶搽茬查调~沫；唾沫　[55]岔　[42]插擦察□~[li55]：先（后置的时间副词）
s	[11]煠~鸡子：煮连壳的鸡蛋　[42]撒萨杀
ʂ	[11]沙纱□~牛：母牛
k	[11]家加痂稼　[213]假真~　[55]架嫁价　[42]夹甲胛挟~菜
kʰ	[11]□双手紧抓　[33]蛤~蟆　[42]恰掐□压
ŋ	[33]牙芽衙　[35]瓦　[42]鸭押压
x	[11]虾~子狭　[35]厦下夏□~火：拨火[42]瞎
∅	[11]蛙　[55]洼山~，水~

ua

k	[11]瓜合~算　[213]寡　[55]挂卦[42]刮括
kʰ	[11]夸跨　[55]化　[35]桦华~山
x	[11]花　[33]华~划~算　[55]划~计~[35]画名词

∅	[11]蛙滑~溜：（地上）光滑　袜　[33]划~船[35]话画动词　[42]挖

o

p	[11]波菠坡玻簸~箕博　[213]跛[42]拨薄~荷：不厚　勃泊剥驳
pʰ	[11]雹~子：冰雹　[33]婆　[55]破剖
m	[11]莫摸膜木　[33]磨~刀　摩馍模~子，~范摹谋　[213]拇牡某[55]墓募茂　[35]磨~粉；石~亩母[42]暮慕末沫幕寞陌
t	[11]多　[213]朵躲　[55]剁垛[42]掇铎踱洿~雨：淋雨
tʰ	[11]拖　[33]驮驼砣　[213]妥椭[55]唾　[35]舵没有～；没有立场□量词，叠，沓[42]托
l	[11]啰~嗖落~雨～膝头菠~：膝盖　[33]挪罗锣箩骡螺胭捼揉揉　[213]裸　[42]赂陋诺烙骆洛络乐快~，音~□门角：门后
ts	[11]啄　[213]左佐　[55]做　[42]作柞酌桌卓浊捉
tsʰ	[11]搓凿昨　[55]锉措错　[35]坐座　[42]撮绰戳
s	[11]蓑梭唆　[213]所　[42]索缩嗍
k	[11]歌哥锅　[213]果裹粿　[55]个过　[42]鸽阁搁胳郭角羊~；豇豆~隔□吮吸（奶）
kʰ	[11]科窠鸟~棵颗□~拨拉（菜）　[213]可[55]课　[42]磕各扩壳
ŋ	[33]蛾鹅俄□打~：打夯　[35]饿
x	[11]学教~，~堂　[33]河何荷~花；薄~和~面　[213]火伙　[55]贺货　[35]和~面祸　[42]鹤霍藿获
∅	[11]阿~胶卧倭窝　[35]我　[42]恶厌~；"恶毒"义握

io

t	[11]兜丢 [213]斗~~米抖陡 [55]斗拼合;~争
tʰ	[11]偷 [33]头 [35]豆
l	[11]溜六绿 [33]楼流刘留榴硫琉馏瘤□~~;冰锥 [213]柳 [35]漏
tɕ	[11]勾沟钩揪鬏鸠阄纠酒九韭久 [55]够构购皱灸救究柩 [42]菊
tɕʰ	[11]抠秋丘 [33]囚泅求球虬蟣缩 [55]凑扣 [35]就袖白舅旧 [42]曲唱~
ɕ	[11]修羞休 [33]喉猴瘊 [213]宿朽 [55]秀绣锈 [35]厚 [42]粟
ø	[11]忧优悠幽肉 [33]柔揉牛尤邮由油游犹 [213]纽扭 [55]莠诱右佑柚鼬釉幼 [35]有酉又

uo

ts	[42]拙
kʰ	[42]廓

ã

ts	[11]簪沾瞻毡争 [55]站赞栈战
tsʰ	[11]撑 [55]灿颤掌打~
s	[11]三参人~生1~熟牲甥声 [213]省1节约 [55]疝□~子;下蛋和,跟
k	[11]尴 [213]感橄撖
kʰ	[11]堪勘坑
ŋ	[11]樱 [33]岩 [35]硬
x	[11]憨酣鼾夯 [213]喊罕 [55]撼憾

iã

n	[35]两~个

ø	[11]黏粘貼□~近点;挨近点 [35]染1传~□惹

uã

k	[213]矿1打~:用钢钎打洞放炸药炸石头(炸开的石头就叫"矿")
ø	[33]横~直;~屋:石台占大的地名 [35]□放置

iẽ

p	[11]鞭编边 [213]贬扁匾 [55]变汴
pʰ	[11]篇偏蝙 [33]便~宜 [55]骗遍片 [35]便~利辨辩辫
m	[33]棉绵眠 [213]免勉娩缅渑 [35]面
t	[11]颠 [213]点典 [55]掂店殿奠佃
tʰ	[11]添天 [33]甜田填 [213]舔腆 [55]掭~毛笔 [35]簟晒~:晒东西的席子,用竹子编织而成电垫
n	[33]廉镰帘鲇连联怜莲恋 [213]敛脸辇捻纸~子 [55]殓 [35]练炼楝
tɕ	[11]监~牢;太~尖兼艰间~儿奸煎箭坚 [213]减碱检俭简柬拣剪茧笕 [55]鉴舰渐占~位子剑箭溅贱饯欂踢腱建键健荐见
tɕʰ	[11]奸签谦迁千笺牵铅 [33]钳钱乾虔前 [213]潜~山,地名浅遣嵌欠歉 [35]践件 [42]劫怯
ɕ	[11]仙鲜掀先籼 [33]衔军~嫌闲贤弦舷边沿 [213]险廯宪显 [55]陷馅限线羡献 [35]现县
ø	[11]淹阉腌蔫焉烟 [33]炎盐阎严颜然燃延年沿 [213]掩演㨄研蝇1

附　录

	□~□[tʰiŋ11]：蜥蜴　[55]厌艳焰雁谚言堰砚燕咽宴□谷~，空的或不饱满的谷粒　[35]染2~头发验念碾	k	[11]甘柑泔干~净肝竿跟根更~换庚　[213]敢杆秆赶哽梗埂堤　[55]干~部更~加
		kʰ	[11]看~守　[213]坎砍□~毛：刘海儿　[55]看~见
	yẽ	ŋ	[11]庵安鞍恩鹌　[33]□男孩子　[55]暗按案　[35]岸
tɕ	[11]专砖捐　[213]转~车卷花~　[55]赚篆转~过来传~白蛇~卷考~绢眷圈~猪~倦	x	[33]含函寒韩　[213]很狠□~草：除田草　[55]汉焊翰□小~：弟弟　[35]旱汗苋
tɕʰ	[11]川穿圈~圆~　[33]全泉传~染船拳权颧鹑　[213]犬　[55]串劝券桊[35]旋~~：头顶上的旋窝		uỹ
ɕ	[11]轩闩拴栓宣喧　[33]旋~转玄悬[213]选　[55]扇楦眩	k	[11]官　[213]滚磙　[55]灌罐棍
		kʰ	[11]宽昆坤　[213]款捆　[55]困
∅	[11]冤　[33]圆员缘元原源袁辕园援怨芫　[213]阮□沙~：小簸箕　[35]软院愿远	x	[11]婚昏荤　[33]馄浑　[55]唤焕混~凝土　[35]混鬼~
		∅	[11]豌温瘟　[33]魂文蚊~香闻　[213]稳　[35]碗换问
	ỹ		
p	[11]搬般奔　[213]本　[55]半绊		õ
pʰ	[11]潘　[33]盘盆　[55]判叛　[35]伴拌	p	[11]班斑颁扳帮邦　[213]板版榜绑　[55]扮瓣谤棒蚌
m	[33]么~物：什么（东西）瞒馒门蚊~虫[35]满漫	pʰ	[11]攀滂　[33]旁螃傍庞　[55]盼胖　[35]办畔田~：田界
f	[11]分芬纷　[33]坟　[213]粉　[35]份	m	[33]蛮忙芒茫芒亡盲虻□~~：伯母　[213]莽蟒　[55]忘　[35]慢晚~娘：继母网渔~望~到：看到
t	[11]端墩蹲　[213]短　[55]断~羊角：把豆豆颤断锻盾	f	[11]帆翻番方芳　[33]凡矾烦繁防妨防　[213]反纺仿访　[55]泛贩放解~　[35]范犯饭
tʰ	[11]吞　[33]团屯豚囤　[35]断~绝段缎盾		
n	[33]男南能□~裆裤：密裆裤　[55]嫩　[35]暖乱论	t	[11]耽担~心单丹当~时　[213]胆掸党挡　[55]担挑~诞旦但弹子~蛋当~铺荡
ts	[11]钻~进去　[55]蘸钻~子		
tsʰ	[11]氽村　[33]蚕存　[55]窜寸[35]鏊	tʰ	[11]贪坍滩摊汤　[33]潭谭谈痰檀坛弹~琴堂螳唐糖塘搛　[213]毯坦躺倘　[55]探炭叹烫趟　[35]
s	[11]酸孙　[213]损省2~长　[55]算蒜		

	淡澹冲洗冰坑注(一般指皮肤按下去出现的小坑)		巷 [35]橡项
n	[33]蓝篮难困~兰拦栏銮囊狼郎廊螂榔 [213]览揽缆榄卵 [55]滥 [35]难灾~懒烂朗浪	ø	[11]央秧泱 [33]娘瓤羊洋烊杨阳扬疡 [35]仰养痒让样

			u͂
ts	[11]占~大,地名簪脏不干净张庄装章樟桩 [213]斩盏展攒长~大涨掌 [55]灒藏绽葬脏心~藏西~仗账帐胀壮障瘴唱倡	k	[11]棺观冠~鸡关光 [213]管馆广 [55]冠~军贯惯逛
		kh	[11]匡筐 [33]狂 [55]旷况矿2煤~
tsh	[11]参~加搀掺餐仓苍疮昌菖窗 [33]惭谗馋蟾残缠蝉禅~宗藏冷~长~短肠偿□口水,流~ [213]惨铲产 2 生~场厂闯 [55]畅创 [35]暂丈杖状撞	x	[11]欢慌荒 [33]桓环黄姓~簧皇蝗 [213]缓谎言 [55]幻患宦晃
		ø	[11]弯湾汪 [33]完丸玩顽还~钱黄~色王 [213]皖腕挽网上~枉往 [55]妄 [35]晚~会万蔓望希~旺
s	[11]杉山衫珊山删膻丧~事桑霜孀商伤双 [33]床常尝裳 [213]陕闪伞产 1 小~磉嗓爽赏 [55]散善丧~失 [35]上尚		

			ən
k	[11]间~~房刚~强岗冈纲钢缸江姓~豇 [213]裥打~;起褶皱讲港 [55]杠虹天上的虹~山:山岭	p	[11]锛~锄 [55]笨
		ph	[11]喷~水 [55]喷~香
kh	[11]尫祖宗刊铅康糠慷 [33]街叫扛 [55]囥藏抗炕	f	[33]焚 [55]愤忿
		m	[55]闷
		t	[11]敦登 [213]等 [55]饨钝邓瞪
ŋ	[11]肮 [33]昂 [35]眼	th	[33]腾誊疼
x	[33]咸闲行银~杭航房 [55]放~假	n	[33]仑轮伦沦能
ø	[11]□淹	ts	[11]针斟珍榛臻真砧尊遵朕曾姓~增征蒸筝睁贞侦正~月征 [213]枕诊疹拯整 [55]镇阵振震憎赠证症郑正~好政

	i͂		
n	[33]良凉量~长短粮梁梁 [55]酿量饭~谅 [35]两几~亮辆	tsh	[11]参~差称~呼蛏逞 [33]沉岑陈尘辰晨臣曾~经澄~清橙乘承丞呈程成诚城盛~饭 [213]惩 [55]趁衬蹭称~职秤
tɕ	[11]刚~~将~来浆僵疆姜缰降 [213]蒋奖桨 [55]酱将大~犟		
tɕh	[11]枪羌江长~腔 [33]墙详祥强~大 [213]抢强勉 [35]象像匠□漂亮	s	[11]森深身申伸娠僧升生 2 学~ [33]神绳縢 [213]沈审婶 [55]甚渗肾慎剩胜圣盛兴~
ɕ	[11]相~信箱厢湘襄镶香乡 [33]降投~ [213]想享响饷 [55]相~貌向	k	[11]耕 [213]梗耿
		kh	[213]垦恳啃

x	[11]亨 [33]痕恒衡横蛮~ [55]恨

uən

∅	[213]吻刎

in

p	[11]彬宾槟鬓冰兵 [213]禀丙饼 [55]殡柄并
pʰ	[11]拼姘拚 [33]贫频凭平评坪瓶屏萍 [213]品 [55]聘 [35]病
m	[33]民鸣明名铭 [213]闽敏悯皿 [35]命
t	[11]灯丁钉铁~疗 [213]顶鼎 [55]凳澄水浑,澄一澄钉~住订锭
tʰ	[11]听茶叶~茶叶罐厅[33]藤亭停廷庭婷蜓 [213]挺 [55]听~见;听凭 [35]定
n	[11]拎 [33]林淋临邻鳞磷陵凌菱凝宁~安 灵零铃伶翎 [55]赁吝令宁~可 [35]冷领岭另
tɕ	[11]今金襟津巾斤筋 2~脉京荆惊鲸兢精晶睛经 [213]锦哽尽~尔吃;任你吃紧仅谨景警井颈 [55]禁~不住;~止浸进晋尽~量劲境敬竟镜靖径
tɕʰ	[11]侵钦亲~家皲皮肤受冻而坼裂 卿清轻青蜻 [33]寻琴禽擒秦勤芹层情晴 [213]寝肯请 [55]庆磬 [35]近静净
ɕ	[11]心辛新薪欣星腥馨 [33]桁行~为 形型刑 [213]笋榫醒擤 [55]信衅兴~旺;高~杏幸性姓
∅	[11]音阴因姻殷 1~情蝇 2 莺鹦婴缨 [33]吟淫寅迎盈赢营萤茔 [213]饮引影颖 [55]印殷 2 姓~应~当;~该映

yn

tɕ	[11]均钧君军筋 1 翻~头;翻跟头 [213]准 [55]俊浚恭~河;当地一条小河 菌郡
tɕʰ	[11]椿春倾抻 [33]唇醇群裙 [213]蠢顷
ɕ	[11]熏勋薰 [33]旬荀循巡纯 [55]逊迅殉舜讯 [35]顺训
∅	[33]匀云 [213]允 [55]润熨韵孕 [35]闰运晕

oŋ

p	[11]崩 [55]迸
pʰ	[11]烹 [33]朋蓬朋彭膨棚蓬篷 [213]捧
m	[33]萌盟蒙 [213]猛懵 [35]蠓梦
f	[11]风枫疯丰封蜂峰锋 [33]冯缝逢 [213]讽 [55]奉俸 [35]凤缝
t	[11]东冬 [213]懂董 [55]冻栋
tʰ	[11]通 [33]同铜桐筒童瞳 [213]桶捅统 [55]痛 [35]动洞
n	[11]□不好~□[soŋ11]:不好意思 [33]笼聋农脓侬隆浓颜色深 龙陇草窠~;草丛 [213]拢垄 [55]齉弄
ts	[11]棕鬃宗综中~间 忠终钟盅踪钟盅春 [213]总种~子肿冢 [55]粽中~意种~树众纵
tsʰ	[11]聪匆葱囱充从~容冲 [33]丛从依~松~树崇重~复 [213]宠 [55]铳 [35]重轻~
s	[11]松~紧嵩□不好□[noŋ11]~:不好意思 [213]怂扨推搡 [55]送宋
k	[11]公蚣工功攻弓躬宫恭 [213]汞拱巩 [55]贡供提~
kʰ	[11]空悬~ [213]孔恐 [55]空有~控 [35]共

x	[11]轰烘　[33]弘宏红洪鸿虹_人名_	浓_汤汁浓厚_	[213]永泳咏勇拥甬涌
	[213]哄_骗_　[55]哄_起_~嗅	[35]用	

ioŋ

tɕ	[11]供~匠人：请匠人
tɕʰ	[33]穷琼
ɕ	[11]兄胸凶　[33]熊雄
ø	[11]雍庸痈　[33]荣绒融茸容熔蓉

ņ

ø	[11]荫日翁鹰□ŋā55~：老鹰 易咬不~：咬不动
	[33]人银　[213]忍　[55]瓮
	[35]尔_你_认

四、婺源县浙源乡岭脚村话同音字汇

ɿ

ts [33]撕知蜘支枝肢栀资姿咨脂兹滋之芝 [21]紫此 ₁只~有纸姊旨指子梓止趾址 [215]渫智致稚至志痣 [43]蛰执汁质织职□~里:怎么

tsʰ [33]雌痴嗤 [51]池驰瓷糍迟慈磁辞词祠饲~料持 [21]此₂侈耻齿 [215]刺赐翅次厕□打~:打喷嚏 [43]自字寺痔治湿侄秩植直值

s [33]斯廝撕施私师狮尸司丝思诗□理睬 [51]匙时 [21]死屎使史驶始 [25]是氏柿市 [215]四肆试 [43]豉示视嗜似祀巳士仕事恃侍十拾实失室食蚀识式饰□~肉:瘦肉

i

p [33]蓖碑卑悲屄 [21]彼鄙比 [215]贝蔽闭臂庇痹 [43]陛婢被~打避备笔毕必弼逼

pʰ [33]披丕□麦~:麦麸 [51]皮疲脾枇琵 [21]□癖 [25]被羽绒~ [215]屁 [43]鼻匹

m [51]迷糜弥眉楣媚 [21]美 [25]米尾 [43]谜秘泌密蜜墨觅

f [33]非飞妃 [51]肥 [21]匪榧翡 [215]废肺痱费

v [43]未味

t [33]□~[tɔ43]:结巴 [43]□一~:一点儿

tʰ [43]地剔

l [51]驴黎离篱璃梨厘狸 [21]女吕侣旅屡履你李里理鲤 [25]耳~朵 [43]虑滤利痢吏累类泪立笠粒栗厉

ts [33]锥针~ [21]挤嘴 [215]缀醉 [43]卒

tsʰ [33]蛆□[lao25]~:男孩儿 [51]徐随 [21]取娶 [215]趣 [43]聚序叙绪遂隧集辑习袭七漆疾膝

s [33]些须胡~尿 [21]髓 [215]絮 [43]塞□蟋:蟋蟀

tɕ [33]饥肌基纪年~几~乎机讥饥 [21]几茶~、~个己纪~律,世~ [25]倚站立~陡 [215]寄冀记季 [43]急级及₁来不~吉极

tɕʰ [33]欺 [51]奇骑祁其期棋旗祈 [21]企起杞岂 [215]器弃气汽 [43]忌泣讫乞技妓及₂~格

ɕ [33]牺嬉熙希稀 [21]喜螗~~:壁虎,白色的外衣可以入药止血 [215]戏 [43]吸

nʑ [51]宜仪谊尼疑 [21]拟 [25]蚁 [43]义议毅入日□恶:肮脏

ø [33]伊医衣依□这 [51]移夷姨怡遗 [21]倚椅已以 [215]意亿忆抑 [43]易异揖拜~乙一逸

ui

k [43]桔

u

p [21]补 [51]□~翼:蝴蝶 [215]布怖 [43]部簿步伏 ₁~小鸡:孵小鸡 □花~:花瓣

pʰ [33]铺~床 [51]蒲菩脯 [21]谱普浦甫□~□[tʰi215]:鼻涕 [215]铺~床、破 [43]捕埠朴扑仆伏 ₂~跌

m [51]磨~刀模摹 [21]拇 [25]亩

	[43]磨石~暮慕墓募幕木目穆牧	
f	[33]夫肤敷俘　[51]符芙扶抚 [21]府腑俯　[25]斧　[215]付赋~春;婺源一个镇名富副幅蝠　[43]父腐辅傅附妇负阜复佛仿~福腹服覆	
v	[33]乌污巫诬　[51]吴蜈吾梧胡~须无　[21]坞武舞侮鹉五伍午 [215]恶可~　[43]误悟务雾戊勿屋沃	
t	[33]都　[21]堵赌肚猪~[25]肚人的肚子~横劈　[215]剁妒1　[43]妒2度镀渡独督毒	
tʰ	[51]徒屠途涂图　[21]土　[215]吐兔唾　[43]大~细:大小秃读	
l	[51]奴卢炉芦鸬庐　[21]努鲁橹房卤　[43]糯怒路赂露鹿禄辱褥	
ts	[33]租　[21]祖组阻　[215]做 [43]竹筑粥烛嘱	
tsʰ	[33]粗初　[21]楚　[215]锉醋措错　[43]助族畜~牲逐轴促	
s	[33]苏酥梳蔬疏　[51]锄　[21]所数动词　[215]恕庶数名词素诉塑漱　[43]速叔熟淑赎束属蜀□暖~:暖和	
k	[33]姑孤　[21]古估牯股鼓 [215]过故固锢雇顾　[25]□那 [43]谷	
kʰ	[33]箍枯　[21]苦　[215]库裤 [43]哭	
x	[33]呼乎　[51]胡姓~湖狐壶　[21]虎浒　[215]货戽~水　[43]贺祸护户互护获忽斛禾~,打稻子用的器具	

y

tɕ	[33]猪诸居车~马炮诛蛛株朱硃珠拘驹追龟归　[21]煮举拄主注矩诡轨癸鬼　[25]柱苎1~麻,较老的说法 [215]著据锯蛀铸句愧贵　[43]苣	
tɕʰ	[33]趋枢区驱吹炊　[51]除储薯渠厨橱殊瞿垂锤槌逶葵　[21]处相~鼠黍跪　[25]苎2~麻,较新的说法巨拒距 [215]处到~去过~(时间)　[43]箸火~住驻具惧屦	
ɕ	[33]书舒墟虚嘘须必~需输吁虽挥辉徽　[51]谁　[21]暑署许毁水 [25]竖~起来　[43]树睡瑞	
ø	[33]于淤迂威　[51]如鱼渔余儒愚虞娱盂危为维唯微违围萸蜈□汤~:小的碗　[21]汝人名语与宇禹羽愈蕊委伪伟纬乳1麦~~精　[25]乳1豆腐~雨 [215]畏慰　[43]御誉预豫遇寓芋喻裕卫为位魏胃谓	

a

p	[21]保堡宝褒　[215]报　[43]□剁
pʰ	[25]抱
m	[51]毛　[215]无　[43]冒帽摸
t	[33]刀叨　[21]祷岛倒~下　[215]到倒~水
tʰ	[33]滔　[51]掏桃逃淘陶萄涛 [21]讨　[25]道稻导□量词,一~:一沓 [215]套　[43]盗
l	[51]劳牢痨　[21]乃奶　[25]脑恼老　[215]捞打~　[43]腻
ts	[21]宰载千~难逢早枣蚤澡　[215]灶
tsʰ	[33]操　[51]曹槽巢　[21]彩采草 [25]皂造　[215]燥糙
s	[33]腮骚臊　[21]嫂　[215]扫~地,~帚 [43]□□[lo51]~:垃圾

k	[33]高膏篙羔糕 [21]稿告 [43]鸽□给	m	[43]灭篾
		v	[43]锐悦阅月越
kʰ	[21]考烤 [215]靠犒 [43]刻克	t	[33]爹低 [21]底抵 [215]帝 [43]第递跌滴
x	[51]豪壕毫号~叫孩 [21]好~坏□无~:没有 [215]好喜欢耗 [43]浩号~码合喝盒核~桃黑	tʰ	[51]堤题提蹄啼 [21]体 [25]弟 [215]替剃屉 [43]隶涕帖贴叠碟牒蝶谍铁
ŋ	[51]呆痴呆;愚笨 [215]奥懊 [43]傲	l	[51]泥犁 [21]礼 [43]例厉励荔丽猎列裂烈劣□手~;手帕□厉
	ia	ts	[33]遮 [21]姐 [215]祭际穄借蔗济剂制置 [43]接折~断哲浙节
p	[33]膘标彪 [21]表裱 [215]褾		
pʰ	[33]漂~起来飘 [51]嫖瓢 [21]漂~洗 [215]票漂~亮俵按份额散发,也喻指将少的东西分发给别人	tsʰ	[33]车妻 [51]邪斜齐脐荠 [21]且扯 [215]砌脆翠粹 [43]谢妾捷彻撤舌切截绝
m	[51]苗描 [21]秒 [43]庙妙谬	s	[33]赊奢鳃西犀 [51]蛇 [21]写舍~不得洗 [25]社 [215]泻卸舍宿~细婿世势岁泄 [43]社射麝赦誓摄涉涩薛设折~本屑雪塞
t	[33]刁貂雕 [215]吊钓 [43]掉调音~,~动		
tʰ	[33]挑 [51]条调~和 [215]跳耀米;卖米,较老的说法		
l	[51]燎疗聊辽撩瞭 [21]鸟了~结 [43]料		**ie**
ts	[33]焦蕉椒 [21]剿	tɕ	[33]鸡稽□蜓~;蜻蜓 [215]计继系~鞋带赘过~;入赘 [43]劫揭结洁颊
tsʰ	[33]锹缲一种缝纫方法。把布边往里卷,然后藏着针脚缝 □摘坚果的器具 [51]瞧 [215]俏	tɕʰ	[33]溪 [215]启人名 [43]怯杰
		ɕ	[43]系联~胁歇蝎
s	[33]消宵硝霄销萧箫 [21]小 [215]笑鞘	ȵ	[51]倪 [43]艺聂镊业热孽捏
		ø	[33]耶~酥□絮 [51]爷 [21]野 [43]夜叶页液腋
	ua		
x	[43]坏2~人		**ue**
	e	k	[33]圭闺规 [215]鳜桂 [43]决诀
p	[215]箅锅~:蒸锅中的竹屉 [43]秕中空或不饱满的谷粒笓一种比梳子密的梳头用具鐅	kʰ	[33]亏窥 [51]瘸 [43]掘~地;挖地缺
pʰ	[33]批 [43]鐾把刀在布、皮、石头等上反复磨擦,使其锋利弊敝币毙别撇氅	x	[33]靴 [215]税秒 [43]惠慧说血穴

o

p	[33]波菠坡玻巴芭疤　[21]把 [215]霸坝　[43]八钵拨
pʰ	[33]颇　[51]婆爬杷琶耙□下~：下巴 [215]怕帕　[43]耙稞拔泼
m	[51]魔摩馍麻蟆嬷鸡~：母鸡　[21]马码玛　[43]骂抹末沫袜
f	[43]法乏发伐罚筏
v	[33]阿窝蛙洼挖　[51]禾　[43]卧活话滑~溜：光滑
t	[33]多　[21]朵躲　[25]□羹，苞芦~：玉米粉做的羹，比汤稠　[43]惰答掇~凳：两手端凳子
tʰ	[33]拖　[51]驮驼　[21]妥椭 [43]舵踏塔榻塌达脱夺遏
l	[33]啰　[51]罗锣箩骡螺胭裸□~穄：高粱　[215]□跨，迈　[43]癞纳腊蜡辣癞挬邋□[tɕiao21] □[li21]：马蜂
ts	[33]查姓~楂渣　[21]左佐　[215]诈榨炸　[43]闸扎札铡
tsʰ	[33]搓叉权差~别，~不多，出~岔钗　[51]茶搽苴查调~□ □[pu43] □[le215]蝌蚪　[21]踩　[25]坐座　[43]杂插擦察撮□溅
s	[33]蓑梭唆莎沙莎　[21]锁琐 [215]晒₁~面：面条　[43]撒萨杀刷□~饭：用饭煮的稀饭
k	[33]歌锅戈家加痂嘉瓜　[21]果裹餜假真~，放~贾　[25]夹钱~　[215]架驾嫁稼价挂卦　[43]挟~菜甲胛割葛刮郭□胚
kʰ	[33]科窠科棵颗　[21]可　[215]课　[43]渴括阔廓扩掐
x	[33]虾花□青~：青蛙　[51]河何荷~花，薄~和霞瑕遐　[21]火伙　[215]化

ŋ	[43]厦下夏狭峡匣瞎豁霍藿 [33]鸦丫桠　[51]讹牙芽衙涯崖 [21]雅哑　[25]瓦　[215]砑₁亚压 [43]鸭押砑₂□缺，嚼嘴

ɔ

p	[21]摆　[215]拜　[43]爸北百柏伯迫帛壁璧
pʰ	[51]排牌簰筏　[215]派　[43]罢败拍白劈魄
m	[33]妈　[25]买　[43]卖迈默陌麦脉~开：掰开
v	[33]歪　[43]外
t	[33]呆书~子　[21]打　[215]戴带 [43]得德的目~
tʰ	[33]他其~　[215]态贷太泰　[43]大~学，~夫踢笛敌籴~米：买米，较老的说法
l	[33]拉□~~：一些　[43]奈赖耐捺肋勒力历
ts	[33]灾栽斋糟遭朝今~召昭招　[21]者沼　[215]债寨照昭　[43]积~钱：攒钱则即鲫摘责迹脊只量词绩
tsʰ	[33]超　[51]朝~~：祖父潮　[25]赵兆 [215]菜　[43]蔡贼拆坼泽择宅策册籍藉席赤尺斥戚侧测
s	[33]筛烧　[51]豺柴　[21]耍少多~ [215]晒₂少~年韶绍邵　[43]洒悉膝息熄媳色啬殖惜昔夕适释石锡析蟋~流：流水？滚慕~谷~：稻穗
k	[33]皆阶佳街　[21]解　[215]个介界芥尬疥届戒　[43]蟹玲=~：螃蟹格革隔
kʰ	[33]揩　[21]楷卡　[43]客
x	[51]鞋　[43]骇械懈蟹赫吓核车~
ŋ	[33]挨　[51]捱硙磨~　[21]矮

附　录

	[43]艾额扼
∅	[25]我

ci

tɕ	[33]骄娇浇　[21]缴饺　[215]叫□~：哨子　[43]廐击激轿
tɕʰ	[51]乔大细~：连槽桥荞侨　[43]翘吃
ɕ	[33]嚣　[21]晓
ȵ	[51]饶上~　[43]绕围~，~线逆
∅	[33]妖邀腰要~求幺　[51]摇谣窑姚尧　[21]也　[25]舀　[215]要~想~①　□姨~：姨妈　[43]鹞翼~膀益亦译易疫役□~火扇：打闪电

cu

k	[33]乖　[21]寡枴拐　[215]怪
kʰ	[33]夸　[21]垮　[215]块快筷
x	[51]华中~，~山划~船怀槐淮　[43]画坏1变质，毁坏划计~

ɤ

∅	[51]儿而　[21]饵耳木~　[43]二贰

ao

p	[33]杯□蚊虫叮咬后肿起的包　[215]辈背~驼　[43]不
pʰ	[33]胚坯　[51]陪培赔裴　[21]剖　[25]倍背~通莩　[215]配　[43]沛佩焙□口~：口水
m	[51]埋梅枚媒煤谋　[21]每某　[25]牡　[43]妹昧物东西
f	[51]浮　[21]否　[43]佛~祖

v	[33]哀埃煨　[21]蔼□吻　[215]爱　[43]碍隘核桃~物动~
t	[33]堆兜丢□铜~：顶针　[21]斗量器　[215]对碓队斗~争　[43]代袋怠
tʰ	[33]胎推偷　[51]台苔抬头投　[21]腿敨~气：喘气　[25]待　[215]退褪透　[43]蜕兑豆逗突特
l	[51]来雷楼流留刘榴硫琉　[21]儡磊簍搂柳缕　[43]内漏陋律率频~六陆绿录
ts	[33]周舟州洲　[21]走酒帚　[215]再载~重最奏昼皱咒纣宙骤　[43]着~衣裳足
tsʰ	[33]猜催崔秋抽　[51]才材财裁绸稠筹愁　[21]丑　[25]在罪　[215]凑臭□痱子　[43]就袖着困~：睡着俗续触
s	[33]衰修羞搜飕馊收　[21]叟手首守　[25]受授售　[215]赛碎帅嗽秀绣锈瘦兽　[43]戍宿星~寿率~领蟀术述肃宿粟
k	[33]哥
kʰ	[51]渠第三人称　[215]去来~
ŋ	[33]欧瓯殴　[51]蛾鹅俄呆死板　[21]呕　[43]饿

iao

tɕ	[33]勾钩沟鸠阄纠　[21]狗苟九久韭　[215]够构购救究灸　[43]脚菊
tɕʰ	[33]抠丘　[51]求球囚　[21]口　[25]舅　[215]扣寇　[43]白旧柩却麹酒~曲局

---

① "要想~"带有鼻音，实际音值为[iɔ̃²¹⁵]。

ɕ	[33]休 [51]侯喉猴瘊 [21]朽 [25]后厚 [43]候畜蓄	k	[33]交郊胶铰_剪 [215]教_{~书，~育}较酵窖觉_{困~；睡觉} [43]搅各阁搁胳觉角
nʑ	[51]揉牛 [21]藕偶纽扭 [43]肉玉狱	kʰ	[33]敲 [215]窍磕₁ [43]磕₂确壳
ø	[33]优忧幽□_喊 [51]尤邮由油游犹悠 [21]有友 [215]幼□_{(粥)稀} [43]酉诱又右佑柚鼬釉药域郁育欲浴	x	[215]孝 [43]效校_{学~，~对}郝鹤学
		ŋ	[33]坳_{山~凹} [51]熬 [21]拗 [25]咬 [43]鄂恶_{善~}岳

uao

k	[33]该 [21]改 [215]概溉盖丐 [43]骨国
kʰ	[33]开奎盔魁 [21]凯慨 [215]会_{计~} [43]窟_{地上洼陷处}
x	[33]恢灰 [51]回茴 [21]海 [215]悔贿 [43]害汇溃_{脓~}会_{开~}绘或惑

iɔu

l	[33]溜_{~走} [215]溜_{滑~} [43]略掠廖
ts	[43]雀鹊
tsʰ	[43]嚼
s	[43]削
nʑ	[43]疟虐
ø	[43]若弱约钥跃耀

ɔu

p	[33]包胞 [21]饱 [25]鲍 [215]豹 [43]雹博泊薄剥驳刨_{~子}
pʰ	[33]泡_{虚浮}抛 [51]袍跑薄_{~荷} [215]炮泡_{浸泡}□_费 [43]暴爆□□[lao25]□[tsʰi33]~：男孩儿
m	[33]猫 [51]茅矛 [43]卯貌茂贸莫膜寞
f	[43]缚
t	[43]□_{~雨：淋雨}
tʰ	[43]托
l	[51]挠_{~痒} [43]涝闹落烙骆酪洛络乐_{快~，音~}
ts	[33]抓笊啄 [21]爪找 [215]罩 [43]斫_砍作昨桌卓琢捉
tsʰ	[33]抄 [21]炒吵 [43]凿戳镯浊□_{蜜蜂等叮咬}
s	[33]稍捎梢筲_{~箕：簸箕} [43]索勺缩

ĩ

p	[33]鞭编边蝙 [21]贬扁匾 [25]辩辨辫 [215]变遍
pʰ	[33]偏篇 [51]便_{~宜} [215]骗片 [43]便_{~利}
m	[51]绵棉眠 [43]面
v	[33]冤渊 [51]圆员缘元原源袁辕园援 [25]软远 [215]怨 [43]院愿
t	[33]掂颠 [21]点典 [25]簟_{晒稻谷等东西的器具，用竹子制成} [215]店 [43]电殿奠佃
tʰ	[33]添天 [51]甜田填_{~空} [215]舔 [43]填_{~塞，装}垫
l	[51]连联黏廉镰簾年怜莲 [21]敛殓脸 [215]□~□[pʰɔ51]：乳房 [25]□_{女孩儿} [43]念练炼棟恋

ts	[33]尖歼沾瞻占~卜煎 [21]剪展 [215]占~位子箭荐	tʰ	[51]团 [25]断
tsʰ	[33]签迁笺千 [51]潜钱前全泉 [21]浅 [43]践贱饯□液	l	[51]鸾 [21]暖卵 [43]乱
s	[33]仙鲜先宣暄 [21]癣选 [25]善 [215]陕闪扇线桦 [43]膳缮赡擅	ts	[33]钻~进去 [215]钻~鞋
		tsʰ	[33]汆 把食物放入沸水中稍煮一下,~汤 [25]赚 [215]篹
tɕ	[33]兼肩坚 [21]检茧笕 用对剖并内节贯通的毛竹连续衔接而成的引水管道 [215]剑键建见	s	[33]删酸闩拴 [215]蒜算
		k	[33]干~净肝竿官棺观冠衣~关 [21]杆赶秆禾~;稻秆管馆 [215]干~部冠~军贯灌罐观~惯 [43]□提~□[nɯ25]怀孕
tɕʰ	[33]谦牵 [51]钳乾虔 [25]俭件 [215]欠歉 [43]健		
ɕ	[33]掀轩 [51]嫌贤弦 [21]险显 [215]献宪 [43]苋羡现县	kʰ	[33]看~牛宽 [21]款
		x	[33]欢 [51]寒伤~;感冒还环 [21]缓 [215]汉 [43]汗旱焊翰唤焕换幻宦患
ȵ	[33]□惹,碰 [51]严言研 [25]染碾 [43]验谚砚		
ø	[33]淹阉腌焉烟 [51]炎盐阎檐然燃延沿□~□[tɕi33];现在 [21]掩演 [215]堰雁燕宴 [43]艳焰欻以手散物,~灰;撒灰	ø	[33]安鞍弯湾 [51]丸完顽 [21]碗腕 [215]按摁案 [43]岸玩~弄

uĩ

ã

		p	[33]冰兵 [51]□没,未 [21]禀丙秉饼 [215]柄~量;正午
k	[33]专砖捐 [21]转~送卷 [215]转~圈眷绢券	pʰ	[33]拼姘 [51]朋凭彭膨平坪评瓶屏萍□一~墙;一堵墙 [25]蚌河~ [215]聘併合并 [43]病并
kʰ	[33]川穿圈圆~ [51]传~染椽拳权颧 [21]犬 [215]窜撰杜~篆串劝圈猪~ [43]传~白蛇~		
		m	[51]萌鸣明盟名铭 [43]命
x	[51]旋船玄悬 [215]楦鞋~ [43]□摇摆;狗叫	v	[51]横~直 [21]永 [43]泳咏
		t	[33]登灯丁钉铁~疗 [21]等顶鼎戥~秤;戥子 [215]凳澄水浑,澄一澄瞪钉~进去订

ũ

		tʰ	[33]厅汀 [51]腾藤滕亭停廷庭蜓 [21]挺艇 [215]听 [43]邓定
p	[33]般搬 [215]半		
pʰ	[33]攀潘 [51]爿 [25]伴拌绊 [215]盼判叛 [43]瓣	l	[33]拎□拿 [51]能陵菱凌龄宁零铃玲翎 [21]□一~地;一畦地 [25]冷领岭 [43]令另
m	[51]瞒 [25]满		
t	[33]端 [21]短 [215]锻 [43]段		

ts	[33]曾姓 争筝精晶晴贞侦正~月征 [21]井整 [215]正~好 政证症 [43]碾蘸子, 名词; 蘸, 动词□手~; 手肘		
tsʰ	[33]撑清青蜻 [51]曾~经惩橙情晴呈程逞 [21]寝请 [25]静靖 [215]掌起支撑作用的构件捛①请人为自己做事 [43]净郑		õ
		p	[33]班斑颁扳 [21]板版 [215]扮
		pʰ	[43]办
s	[33]僧生牲笙甥声星猩 [51]乘承丞成城诚曾不~; 没有 (未) [21]省醒 [215]腥胜性姓圣 [43]剩盛旺~	m	[33]□~~; 伯母 [51]蛮 [43]慢漫幔 □~里; 那会儿
		f	[33]帆藩翻番 [51]凡烦繁反 [25]范犯 [215]泛贩 [43]饭
k	[33]更~换 羹庚粳耕 [21]哽埂耿 [215]更~加	v	[21]皖 [43]万
kʰ	[33]坑 [21]□台阶	t	[33]耽担~任, 给 丹单 [25]淡诞 [215]担~挑 旦 [43]弹~子 蛋
x	[51]衡行~为 桁~条; 梁上横木 [25]杏 [43]幸	tʰ	[33]贪滩摊 [51]潭谭谈痰檀坛弹~琴 [21]坦~克 [215]探炭叹 [43]坦平地 但
ŋ	[43]硬		
	iã	l	[51]南男蓝篮难困~ 兰拦栏 [21]览揽榄缆 [25]懒 [43]滥难灾~烂
tɕ	[33]京荆惊鲸经擎1拿, 较早的说法 [21]境景警颈 [215]敬竟镜竞径	ts	[33]簪□剁 [21]斩盏饘淡而无味 [215]站赞栈战颤
tɕʰ	[33]卿轻 [51]擎2拿, 较晚的说法 [21]肯 [215]庆	tsʰ	[33]参搀餐 [51]蚕惭馋逡残缠禅 [21]惨喘 [25]暂□畜 [215]璨
ɕ	[33]兴作~; 流行 [51]形型刑 [215]兴高~	s	[33]三杉衫珊山 [51]□涎 [21]散~开 伞铲产 [215]散~分
ȵ	[51]迎		
ø	[33]应~该 鹰莺鹦樱英婴缨 [51]蝇赢盈1荣营 [21]影颖 [215]应~答	k	[33]甘柑泔尴监~牢 艰间中~ 奸 [21]感敢橄减碱简裥柬挑拣 [215]监太~ 间~断 谏涧
	uã	kʰ	[33]堪龛勘刊铅 [21]砍坎槛窗户 [215]嵌
k	[21]梗菜~		
kʰ	[33]倾右~ [21]顷	x	[33]憨酣 [51]含函咸衔寒小~ 韩闲 [21]喊罕 [25]限 [43]撼憾陷馅
x	[33]兄 [51]宏		

---

① 捛, 请人为自己做事。《广韵》: "千定切, 去径, 清。"

附　录　309

ŋ	[33]庵　[51]岩颜　[25]眼　[215]晏□细牛~；小牛　[43]雁

l	[215]□[tsɿ43]里~：为什么

ɔu

p	[33]帮邦　[21]榜绑　[25]棒　[43]傍
pʰ	[51]旁螃庞　[215]胖
m	[51]馒蚊~虫；蚊子 忙芒茫盲虻蛮不讲理 [21]莽蟒　[25]网　[43]忘望
f	[33]方肪芳　[51]妨房防　[21]纺仿访　[215]放
v	[33]汪　[51]亡　[21]往枉
t	[33]当~时　[21]党挡　[25]□凹下去的小坑或酒窝　[215]当~正~
tʰ	[33]汤　[51]堂唐塘糖螳棠人名　[21]倘躺　[25]盪（晃动地）洗涤　[215]烫趟荡
l	[51]囊郎廊狼螂蟑~　[21]朗　[43]浪
ts	[33]脏不干净 张庄装章樟彰　[21]涨长~大 掌　[215]葬帐胀账障瘴□~□：螳螂
tsʰ	[33]仓苍疮昌窗　[51]藏冷~长~短 肠场操~　[21]闯厂　[25]丈仗杖　[215]畅创唱倡□~刨子　[43]藏~西~ 脏心~ 状撞
s	[33]桑丧霜孀商伤双　[51]床常尝裳偿　[21]嗓磉石~柱石爽赏　[43]上尚
k	[33]冈刚~强 钢岗纲缸肛江豇扛抬 [21]讲港　[215]虹　[43]降~下~
kʰ	[33]慷康糠　[51]□~螂：蛤蟆　[215]抗炕囥藏

x	[33]夯□和，连词 □我~；我们 尔~：你们　[51]行银~航杭降投~　[43]项笨
ŋ	[33]肮　[51]昂

iɔu

l	[51]良凉量~长~短 粮梁梁　[21]两　[43]酿谅辆晾亮量数~
ts	[33]将~来 浆　[21]蒋奖桨　[215]酱将大~
tsʰ	[33]枪　[51]墙详祥　[21]抢　[25]象像橡　[43]匠
s	[33]相~信 湘厢箱　[21]想　[215]相长~
tɕ	[33]刚~~姜疆僵缰　[43]犟
tɕʰ	[33]筐眶腔　[51]强好~　[21]强勉~
ɕ	[33]香　[21]享响　[215]向□~：哪；哥哥
ȵ	[51]娘　[43]让
∅	[33]央秧殃鸯　[51]瓤羊洋烊~雪；化雪 杨阳扬杨疡瀼~王　[21]壤嚷仰养　[25]痒　[215]映　[43]样旺

uɔu

k	[33]光　[21]广　[215]逛
kʰ	[33]匡　[51]狂□~[kʰuəŋ21]：蚯蚓　[215]旷况矿
x	[33]荒慌　[51]黄簧皇蝗　[21]慌　[43]晃

ein

p	[33]彬宾槟　[215]殡
pʰ	[51]贫频　[21]品
m	[51]民　[21]闽悯敏抿皿
v	[33]□拧　[51]匀云　[25]允　[43]润闰韵运
l	[51]林淋临邻鳞燐　[43]吝

ts	[33]针斟珍津臻真蒸 [21]枕诊疹准拯 [215]浸进晋镇振震俊 [43]□_{门~:门槛}	m	[33]□_{~眼睛:眯眼} [51]门蒙 [21]猛 [25]蜢_{~虫} [43]闷梦问_{~路}孟
tsʰ	[33]侵亲_{~人}皴_{肌肤粗糙或受冻开裂}称_{~呼} [51]寻沉岑秦陈尘旬循巡层 [25]尽 [215]亲_{~家}趁衬称_{~职}秤 [43]阵	f	[33]分芬纷风枫疯丰锋峰蜂封 [51]焚坟冯逢缝_{裁~} [21]粉 [43]奋份愤忿奉俸凤缝_{缝~}
s	[33]心深森参_{人参}辛新薪身申伸娠升 [51]神辰晨臣唇纯醇绳塍_{田~:田埂}盛_{~饭} [21]沈审婶笋 [215]信讯迅甚_{黄鼠狼}摁_{□量词,一~桥;一座桥} [43]甚肾慎	v	[33]恩温瘟翁 [51]文蚊_{~香}闻 [21]稳 [215]□_{~死:溺水而亡} [43]问_{学~}
		t	[33]敦墩东冬□_蘸 [21]董懂 [25]动 [215]顿饨沌冻栋钝遁洞 [43]
	iein	tʰ	[33]吞通 [51]屯豚臀囤同铜桐筒童瞳□_{量词,一~牛;一头牛} [21]盾捅桶统 [25]□_蘸 [215]痛
tɕ	[33]今金襟巾斤筋茎 [21]锦紧谨 [215]禁劲 [43]噤_{打细~;打冷战}	l	[51]仑论_{~语}伦沦轮笼聋农浓龙脓隆 [21]拢 [25]陇_{~山:地名}垅_{小山坡}□_蘸 [43]弄_挪嫩论_{讨~}
tɕʰ	[33]钦 [51]琴禽擒勤芹 [25]近 [215]仅	ts	[33]尊遵宗综踪棕鬃中_{~间}忠终钟盅春_{~米} [21]总种_{~菜}肿冢□_蹲 [215]粽中_{~意}种_{~树}众
ɕ	[33]欣	tsʰ	[33]村聪匆葱囱充冲 [51]存丛从_{~来,~容}虫崇重_{复松~}树 [21]忖蠢宠 [25]重_{轻~}纵_{~容} [215]寸铳 [43]仲
ȵ	[51]银 [43]认		
ø	[33]音阴荫因姻殷雍 [51]淫人壬仁寅 [21]隐饮引 [25]忍瘾 [215]印 [43]刃任纫	s	[33]孙松_紧嵩 [21]损扰 [215]送宋诵颂讼
	uein	k	[33]公蚣工功攻 [21]汞拱巩 [215]贡
k	[33]肫均钧军君 [25]菌	kʰ	[33]空_{~虚} [21]孔恐 [215]空_{有~}控
kʰ	[33]春 [51]裙群	x	[33]亨轰 [51]痕恒弘红洪鸿虹_{人名}泓 [21]哄很狠 [215]烘 [43]恨巷
x	[33]薰薰勋□_{隔火烤} [215]训 [43]顺舜□_{隔火烤}	ŋ	[215]暗
	əŋ		
p	[33]奔锛 [21]本 [215]迸 [43]笨		
pʰ	[33]喷_{~水}烹 [51]盆棚篷蓬捧 [215]喷_{~香}泡儿凸		

iəŋ

tɕ [33]弓躬宫恭供~应,~养

tɕʰ [51]穷 [43]共

ɕ [33]胸凶□猴~;猴子 [51]熊雄 [215]嗅

∅ [33]庸拥 [51]盈₂戎绒融茸容熔蓉 [21]勇涌甬 [43]用

uəŋ

k [33]跟根 [21]滚□~鞋口;绲鞋口 [215]棍

kʰ [33]昆坤 [21]恳垦捆 [215]困

x [33]昏婚荤 [51]魂馄浑 [25]混

m̩

∅ [25]母舅~;舅妈;娘~;母女;公~

n̩

∅ [33]尔

五、婺源县江湾话同音字汇

ɿ

ts [33]知蜘支枝肢栀资姿咨脂兹滋之芝 [21]紫只~有纸姊指旨子梓止趾址 [25]稚治 [214]致至置志痣 [55]赘蛰执汁质植织职

tsʰ [33]痴嗤雌 [51]池驰脐糍瓷迟慈磁辞词祠持 [21]此侈耻齿 [25]巳似祀巳 [214]伺刺赐翅次□打~；打喷嚏秩 [55]自字寺饲湿侄植直值痔殖□~焦：烧焦

s [33]斯厮撕施私师狮尸司丝思诗 [51]匙时 [21]死屎使史驶始 [25]是氏柿市示 [214]四肆试 [55]豉视似士仕事侍十什实失室食拾识式饰莳瑟

i

p [33]蓖碑卑悲屄吹牛~；妈的个~；詈语 [21]彼比鄙 [214]贝闭臂痹庇 [55]避备鼻笔毕必被被动标记，文读，口语里用"分"或"担"做被动标记

pʰ [33]披 [51]皮疲脾琵枇 [21]痞□锅~：锅巴 [25]被~子 [214]譬屁 [55]朏女阴

m [51]迷糜眉楣 [21]美 [25]米尾 [55]谜密蜜

f [33]非飞妃徽挥辉 [51]肥 [21]匪榧翡 [214]废肺痱费 [55]吠

v [33]威 [51]微桅危为行~唯惟维违围芛 [21]委伟 [214]慰畏 [55]位为~什么未味魏胃谓

t [33]底1~物：什么 [55]□~~~：极少□~：口吃

tʰ [55]地

l [33]□做~：什么事 [51]离篱璃梨犁狸厘黎 [21]你理1吕1中~：婺源县江湾镇的一个行政村的村名女2美~，老派旅~行，老派 [25]女1小姑娘吕2~布李里鲤 [55]耳~利痢吏泪立笠粒栗虑滤累旁~类□~妹：妹妹理2料~

ts [21]嘴挤 [214]醉 [55]卒

tsʰ [33]蛆 [51]随老派 [25]绪老派集 [55]习袭七漆疾□~细：细细，很小

s [33]须朗~尿 [21]髓 [214]絮 [55]隧蟋1塞□做动词时较常见的读法

tɕ [33]机讥饥肌基纪年~几~乎 [51]奇骑祁其棋期旗蜞蚂~ [21]纪~律几~个已 [25]掎立陡蛸 [214]寄冀记既 [55]技妓急级吉屐新派

tɕʰ [33]欺□窥视 [51]祈 [21]起企杞岂 [214]器气弃 [55]泣及乞忌

ɕ [33]牺嬉熙希稀□~撩：兜鱼的网兜喜 [214]戏螅蜡子 [55]吸□唯补词，相当于普通话"掉"

n̠ [51]宜仪尼疑谊拟 [25]蚁 [55]议义毅日

ø [33]伊医衣依□这 [51]移夷姨饴 [21]椅倚以已 [214]意亿忆 [55]易1容~异一乙入逸

ui

k [33]龟归 [21]轨癸鬼诡 [214]锯鳜贵 [55]柜橘

附　录

k^h	[21]跪 [214]愧 [55]屈倔
x	[21]毁

u

p	[51]菩蒲□~~[ū214]:鼻涕 □~汤:加料的米糊，常用做早餐 □形容圆球形物体的量词，一~石头 [21]补 [25]部簿 [214]布怖埠 [55]步伏~小匍~ □[kən21]:趴
p^h	[33]铺~床 [21]谱普浦甫脯果~辅白读 [214]铺店~ [55]朴卜扑仆
m	[51]模摹 [21]母 1 公~拇牡~丹 [25]亩 [55]墓暮慕募幕目牧穆木
f	[33]夫肤敷俘孵芙 [51]符扶 [21]府斧俯腑辅 [25]父妇负傅 [214]付赋附富副赴讣 [55]复福服伏三~袱腹覆腐幅
v	[33]乌污巫诬□面条煮好之后长时间不吃，汤汁收干了 [51]吴梧胡~须无蜈糊 [21]五伍午坞武鹉 [25]舞 [214]恶可~ [55]雾务误悟屋沃
t	[33]都 [51]徒屠途涂图 [21]堵赌肚 1 猪~ [25]肚 2~疼 [214]妒 [55]杜度镀渡毒 1 有~督笃丒用指头或用棍棒戳尻尾部，《广韵》入声屋韵丁木切："尾下窍也"
t^h	[21]土 [214]吐兔 [55]秃独读
l	[51]奴卢炉芦鸬 [21]鲁虏 [25]努卤 [214]□~牙膏:挤牙膏 [55]怒路露鹿禄
ts	[33]租 [21]组祖阻 [55]竹祝粥烛嘱筑蜀□吮吸
ts^h	[33]粗初 [21]楚 [214]醋 [55]助猝族畜促
s	[33]苏酥梳疏蔬搜 [51]锄 [21]所数动词 [214]素诉塑数名词漱

	[55]叔熟淑束赎速塾
k	[33]姑孤估 [51]跍蹲 [21]古股牯鼓 [214]故固雇顾个1那 [55]谷
k^h	[33]箍枯 [21]苦 [214]库裤 [55]哭酷
x	[33]呼乎 [51]胡姓~湖壶葫狐 [21]虎浒 [25]户 [214]戽 [55]互护获斛惑迷~

y

l	[51]驴 [21]女3男~,新派 履
ts^h	[51]徐随新派 [21]娶取 [25]聚序叙绪新派 [214]趣
s	[33]虽需须必~
tɕ	[33]猪诸居车~马炮蛛株诛朱珠朱拘驹追 1 快跑锥□~□[sɤ33]:收拾,藏 [21]煮举主矩惧 [25]苎柱 [214]著注蛀铸据句 [55]巨拒距
tɕ^h	[33]枢区驱吹炊 [51]薯除渠永~厨殊瞿垂槌锤迠葵 [21]杵鼠拄处相~ [214]去处到~ [55]箸火~:拨火用的筷子形状的器具住具
ɕ	[33]书舒虚嘘墟输□~~:一些 [21]暑黍许水署毁 [25]竖 [214]庶恕讳 [55]树睡瑞
ø	[33]于 [51]如鱼渔余愚虞盂榆愉 [21]语予乳宇禹羽愈蕊 [25]雨 [55]御豫预遇寓裕喻芋誉辱妪

ɑ

p	[21]摆把 2~戏 [51]排牌□拾取 [214]拜
p^h	[214]派 [55]败泊梁山~
m	[33]妈姆~ [51]埋 [25]买 [55]卖

t	[33]呆_书~子 [21]打 [214]带	tɕ	[33]娇骄浇 [51]乔桥侨荞 [21]缴侥饺 [25]~一种有辛辣味的蔬菜 [214]叫 [55]轿击激戟屐_{老派}
tʰ	[33]他 [214]贷态太泰 [55]特笛敌狄大~学		
l	[33]拉□~~这些 [51]□_{解(大小便)} [21]奶 [55]赖奈勒	tɕʰ	[33]锹 [214]察 [214]窍剧
		ɕ	[33]嚣 [21]晓
ts	[33]灾斋朝今~ 昭招诏沼召 [21]者 [214]债照 [55]□~火；生气 □波	nʲ	[51]饶尧 [21]绕~线 [55]逆
		∅	[33]妖邀腰幺吆□[i55]~：母亲（面称） [51]摇谣窑姚 [21]也杳 [25]舀 [214]要_{重~，~求} [55]翼_{蒲~：蝴蝶}域益溢译易_{2~经}亦疫役鹞_{麻~；老鹰}□~火闪；打闪电 □手部快速挥动
tsʰ	[33]超钗差出~ [51]朝~代潮 [25]赵兆 [214]菜蔡		
s	[33]烧筛 [51]豺柴 [21]少_{多~} [214]晒绍少~年 邵韶		
k	[33]阶街佳个_{2 那} [21]解~开 [214]介届芥界疥戒_{1 猪八~}尬解~板：把木头锯成木板□□[tsæ33]~：□[tɕʰ214]：怎么办 □用在双音节形容词后表示程度深		ua
		k	[33]乖 [21]寡拐枴 [214]怪
		kʰ	[21]垮□_{折断} [214]块快筷
		x	[51]怀槐淮华划~船 [55]坏_{2 东西~之：东西坏了}
kʰ	[33]揩 [21]楷		
x	[51]鞋孩 [21]蟹 [55]骇	∅	[33]歪 [55]外坏_{1 用在形容词后表示程度}
ŋ	[33]挨 [51]涯崖 [21]矮		
∅	[25]我		æ
		p	[55]北逼迫百伯~爷：伯父 柏碧璧壁僻爸
	ia	pʰ	[55]匹拍魄白辟劈帕帛
p	[33]膘标彪 [21]表錶 [214]婊	m	[55]墨默陌麦脉迈擘_{用手掰开，拧}觅□_{张开(嘴)}
pʰ	[33]飘漂~浮 [51]嫖瓢藻 [21]漂~洗，~亮 [214]票	t	[55]得德的_目~嫡
m	[51]苗描 [21]秒藐渺秒_{树~：树梢} [55]庙妙	tʰ	[55]踢剔
		l	[55]力历耐肋
t	[33]刁貂雕 [21]屌₁ [214]钓吊调~动 [55]调音~	ts	[55]则鲫即摘责积迹脊只_{量词}绩窄
tʰ	[33]挑 [51]条调~和 [214]跳	tsʰ	[55]贼侧测拆坼开~：裂开缝隙 泽择宅策册籍席夕赤斥尺戚
l	[51]镣聊辽撩窭 [21]鸟了 [55]料廖	s	[55]洒悉蟋₂ 膝塞_{1 做名词时较常见的读法}息熄媳色惜昔适释石锡析穗
ts	[33]焦蕉椒 [21]剿	k	[55]格革隔胳
tsʰ	[33]缲悄 [214]俏		
s	[33]消宵霄销硝萧箫 [21]小 [214]笑鞘		

k^h	[55]客	$tɕ^h$	[33]抠丘 [51]求仇 姓~ [21]口
x	[33]□ 连词,介词,跟普通话"和"功能相当 [55]吓赫		[25]舅臼 [214]扣叩寇 [55]旧曲局
ŋ	[55]额艾	ɕ	[33]休 [51]侯喉猴 [21]吼朽 [25]后厚 [55]候蓄
	iæ	n̦	[51]柔揉牛□ 蚣,蜈蚣 [21]藕偶纽~约 [25]纽~扣 [55]狃肉玉
$tɕ^h$	[55]吃极 太~	ø	[33]呕欧瓯优忧幽 [51]尤邮由游犹 [21]有友 [25]酉 [214]幼 [55]又右佑柚鼬釉育浴欲郁
	uæ		
k	[55]□~失、丢掉		e
x	[55]画坏~人、~蛋 划计~	p	[33]~平,把石灰抹平~[~]掌,手掌(打别人耳光时的说法) [214]蔽弊 [55]箆鳖憋鳖~刀:在缸沿、皮或布上磨刀,使之锋利
	ε		
m	[55]茂	p^h	[33]批 [21]□扇(耳光) [55]币别离~、区~撇毙
f	[21]否 [51]浮	m	[33]□ 那3 [55]灭篾
t	[33]丢兜 [21]斗墨~抖陡 [214]斗~争	v	[55]阅悦月越粤
t^h	[33]偷 [51]头投 [21]敨 [214]透 [55]豆逗	t	[33]爹低 [51]堤题提蹄啼□挑拣 [21]底2抵 [214]帝滴 [55]第跌
l	[33]剹用手抠或小的器具刨挖,《集韵》平声侯韵郎侯切:"小穿也." 溜~走 [51]楼流刘留榴硫琉馏 [21]缕篓柳 [214]溜滑~、光滑 [55]漏陋六陆绿	t^h	[33]梯 [21]体 [25]弟 [214]替涕剃屉 [55]隶帖贴叠碟牒蝶谍铁
ts	[21]走酒 [214]奏皱咒 [25]宙 [55]足	l	[33]□轻轻地拧 [51]泥犁 [21]礼 [214]裂 [55]例厉励丽荔猎列烈捏劣
ts^h	[33]揪秋 [51]囚泅愁筹稠绸仇酬 [21]丑 [214]□棒子凑臭 [55]就袖俗续□~水、露水	ts	[33]遮 [21]姐 [214]借蔗祭际济剂制稯~粟:高粱 [55]接哲折~断浙节
s	[33]修羞 [214]秀绣锈 [55]宿肃粟	ts^h	[33]车妻 [51]斜邪齐荠 [21]且扯 [214]砌脆翠 [55]捷谢妾彻撤辙舌切楔绝截□时时~:阵雨
	iε	s	[33]赊奢余鳃西犀□喊 [51]蛇 [21]写舍~得 洗玺徙 [25]社
tɕ	[33]勾钩沟鸠阄纠狗苟九久韭 [214]够构购灸救究□"今夜"的合音 [55]菊		

[214]泻舍宿~细婿世势岁□虚词,□[i33]~:这样 [55]誓逝射麝涉摄薛泄屑设折~本雪

ie

tɕ	[33]鸡 [214]计继系~鞋带 [55]髻劫揭结洁蝎
tɕʰ	[33]溪河 [21]启 [214]契 [55]怯杰茄瘸~翘起来
ɕ	[55]胁协歇系联~
nʑ	[55]艺业热孽聂镊
ø	[51]爷阎 [21]野田~ [25]野心~:玩心大 [55]夜页叶噎液腋

ue

k	[33]圭闺规 [214]桂 [55]决诀厥
kʰ	[33]亏窥 [55]缺掘~地:锄地
x	[33]靴 [214]税秽 [55]惠慧说血穴

ɤ

p	[33]杯背~石头 [51]陪赔 [21]保堡宝 [25]倍抱背~书 [214]辈背~骨报 [55]不
pʰ	[33]胚坯丕 [51]培裴 [214]沛配 [55]荸暴爆
m	[33]□灯~之:灯天了 [51]梅媒煤谋枚一~针霉毛□~糕:糕团 [21]每某 [214]没~钱 [55]冒帽妹物~事:东西
f	[55]佛
v	[33]哀埃煨 [214]爱 [55]碍勿物动~核桃~语
t	[33]堆刀叨 [51]台抬苔 [21]岛倒打~祷 [214]戴对碓队到倒~水

[55]代袋兑毒 2傲动词用□连词,介词,跟普通话"和"功能相当

tʰ	[33]胎推滔掏涛 [51]桃逃淘陶萄 [21]腿讨 [25]待道稻导 [214]退蜕套 [55]盗突
l	[51]来雷劳牢 [21]垒磊蕾 [25]脑恼老1 [214]捞涝 [55]内律率频~□~失:丢掉
ts	[33]栽糟遭舟周州洲追2~赶 [21]宰早枣蚤澡帚最 [214]昼灶再载□掷 [55]术白~
tsʰ	[33]猜催崔操抽 [51]才材财裁曹槽 [21]采彩草 [25]在罪皂造 [214]躁糙 [55]出着困~:睡着□□[tsei],做活花的时间太长
s	[33]腮骚臊收馊衰□污~:肮脏 □□[tɕy33]~:收拾,藏 [21]嫂手守首叟 [25]受授 [214]赛寨碎帅粹扫~地,~带 嗽兽瘦 [55]寿售戍蟀术算~述率~领□[lo51]~:垃圾
k	[33]高膏篙羔糕 [21]稿镐洋~:一头扁一头尖的镐头 [214]告 [55]合~鸽
kʰ	[51]渠他 [21]考烤 [214]去靠犒磕 [55]刻克咳
ŋ	[51]呆死板 [21]袄 [214]奥 [55]傲
x	[33]蒿 [51]豪壕毫 [21]好~坏 □没:没有 [214]好喜~耗□有~:有 [55]号~码浩核~桃黑蛤合~作盒
ø	[51]儿而 [25]耳木~饵 [55]二

uɤ

k	[33]该 [21]改 [214]概溉盖会~计 [55]骨国
kʰ	[33]开奎魁盔 [21]凯 [214]桧

	[55]窟 水~：水坑		挂卦**个** [55]夹甲胛挟~菜 割葛聒
x	[33] 灰恢 [51]回茴 [21] 海 [25]亥贿 [214]悔 [55]害汇溃 会开~绘忽或	kʰ	□~眼：眨眼，闭眼 刮 [33] 科窠棵颗夸 [21] 可剐 [214]课 [55]掐渴括阔
	o	ŋ	[33] 鸦丫桠俄 [51] 蛾鹅牙芽衙 [21]雅哑**我** [25]瓦 [214]亚砑 握 [55]饿卧鸭轧押
p	[33]波菠疤芭巴坡玻 [21]跛簸把 1 [214]霸坝 [55]八钵拨	x	[33]虾花□用棍子将火、灰等东西拨开分散 瑕遐 [51]何河荷~花、薄 和~气 霞 [21]火 伙 [25]祸下 [214]货化 [55]
pʰ	[51] 婆爬琶杷钯耙鄱 [21] 颇 [214]怕破剖 [55]稗拔泼		贺夏厦狭峡匣喝瞎辖滑狡~
m	[33]抹 1 以手抓物 [51]魔磨~刀 摩麻蟆 母 2 鸡~：不带小鸡的母鸡 [25]马码 [55] 磨石~ 骂抹 2~桌：擦桌子 末沫袜	ø	[51]还 1~有，副词
f	[55]法乏发筏伐罚		o
v	[33]阿~胶 窝蛙挖 [51]禾还 2 副词 [55]话活滑~滑	p	[33] 包苞胞 [51] 鲍~瓜 [21] 饱 [25]鲍 [214]豹 [55]博剥驳雹
t	[33] 多 [51] 驮驮~粮 麻雀□举起 [21] 朵躲垛 [25] 舵椭惰□[ti55]~： 口吃 [214]剁 [55]答搭掇	pʰ	[33] 抛 [51] 跑袍 [214] 泡炮 [55]薄□鸡~：不大不小的鸡
tʰ	[33] 拖 [51]□一~：拉：许多 [55]大~小 踏塔塌榻达脱夺	m	[51] 矛茅 [25] 卯 [55] 貌贸莫膜 寞摸
l	[33] 啰 [51] 挪罗锣箩骡螺胭□ [sɤ55]：垃圾 [214]□跨（跨过水沟） [55]糯 癞纳腊蜡捺辣捋~手骆	t	[55]沰~雨：淋雨
		tʰ	[55]托
		l	[21] 挠~手：手套 [214]□看望 [55] 闹落赂烙洛络乐快~老 2~虎
ts	[33] 查姓~ 楂渣抓啄~酒精涂在伤口上刺人的 感觉 [51]茶搽查调~□[pu55]□[lei25]□ [lei214]：蜗牛 [21] 左佐 [214] 做榨炸 [55]眨闸铡扎	ts	[33] 笮 [51]□往前跳 [21] 爪找 [214]罩 [55]作着~衣裳：穿衣服 桌卓琢 捉斫~树
tsʰ	[33] 搓叉权差~别 岔 [25] 坐座 [214] 锉错 [55]杂插擦察撮□溅	tsʰ	[33] 抄钞焯把菜放锅里稍微注一煮就盛出来 [51] 巢 [21] 炒吵 [55] 凿昨戳浊镯触 □畚~：畚箕
s	[33] 蓑梭嗦沙纱痧 [21] 锁琐 [25]□我（较少用） [55]撒萨杀刷~饭 泡饭 ~料：干力气活很厉害	s	[33] 捎 [214] 稍 [55] 索勺芍缩 朔
k	[33] 歌哥锅家加痂嘉瓜 [21] 果裹 粿假真~放 贾 [214] 过架驾嫁价稼	k	[33] 交郊胶铰剪 [21] 绞狡搅搞 [214]教~书、~育 校 1 ~对 较窘觉困~ [55]各阁搁角觉自~

kʰ	[21]巧 [214]敲 [55]确壳	n	[33]黏贴近、碰；具有黏性的 [51]廉镰簾拈联连年怜莲 [21]敛殓 [214]奶₁吃~ [55]念练炼恋
ŋ	[33]坳 [51]熬 [21]拗折断 [25]咬 [55]鄂恶善~、~心岳乐音~、~日：蚯蚓	ts	[33]尖歼沾占卜瞻詹煎櫼楔子、木签 [21]剪展 [214]占~用箭战荐□蹬，踹
x	[214]酵孝 [55]效校上~、学~鹤学霍藿	tsʰ	[33]签迁笺千 [51]潜钱前全泉蝉禅旋缠 [21]浅喘 [55]贱饯践渐

iɔ

t	[25]屑₂~~~、形容数量少
l	[33]□跑 [55]掠略
ts	[55]雀麻~、鹊喜~
tsʰ	[55]嚼
s	[55]削
tɕ	[55]脚
tɕʰ	[55]却
ɲ	[55]箬虐
ø	[55]耀弱若约药钥跃

s	[33]鲜仙先宣喧 [21]陕闪癣选 [25]善单姓~ [214]线扇骟~鸡：阉割鸡
tɕ	[33]兼肩坚 [51]钳 [21]检 [25]俭 [214]剑建见键
tɕʰ	[33]谦牵 [51]乾虔 [21]遣 [214]欠歉□[tsæ33]□[kɔ214]~：怎么办 [55]健腱件
ɕ	[33]掀轩锨火~、铲火用的工具 [51]嫌贤舷器物的边沿弦 [21]险显 [214]献宪 [55]苋现县
ɲ	[51]严言研燃 [25]惹染碾□细~：婴儿 [55]验谚砚
ø	[33]淹阉醃腌烟燕~国沿然 [21]掩演 [214]厌堰燕海~宴 [55]掞~种：撒种焰艳

uɔ

k	[55]郭
kʰ	[55]扩廓

ĩ

p	[33]鞭编边 [21]贬扁匾蝙 [25]辨辩辫□细~：蜥蜴 [214]变遍
pʰ	[33]篇偏 [51]便~宜 [21]□~人：别人 [214]骗片 [55]便~利
m	[51]棉绵眠 [21]免勉娩缅渑□用手指捏 [55]面□刚~：刚才
v	[33]冤渊 [51]圆员缘元原源袁辕园援 [25]软远 [214]怨 [55]院阮愿
t	[33]掂颠 [51]甜填 [21]点典 [214]店 [55]电殿奠佃垫
tʰ	[33]添天 [51]田 [214]舔□□[pu51]~：鼻涕□~牙齿：刷牙 [55]□装（东西）

uĩ

k	[33]专砖打~斗：翻跟斗娟 [21]转~送捲 [214]转~动卷考~眷 [55]□抠
kʰ	[33]川穿圈 [51]传~橡拳权颧 [21]犬 [25]倦 [214]串 [55]篆传白蛇~
x	[51]船玄悬 [214]楦鞋~

eĩ

p	[33]彬宾槟 [214]鬓殡
pʰ	[51]贫频 [21]品
m	[51]民 [21]抿敏悯闽 [214]□~

	物：傻子	pʰ	[55]瓣办
v	[33]□拧（毛巾） [51]匀云 [25]允 [55]运晕韵熨	m	[51]蛮□～□[mã25]：祖母 [55]慢漫
l	[51]林淋临邻鳞 [25]□女儿	f	[33]帆藩翻番 [51]凡烦繁 [21]反 [25]范犯 [214]泛贩 [55]饭
ts	[33]针斟津珍真臻蒸尽～吃，放开吃 诊疹□～□[tsʰɚ55]：做事花的时间太长 [25]枕 2 门～：门槛 [214]浸进晋镇振震 [55]阵	v	[51]还～钱 [21] 皖 碗 腕 晚 挽 [55]岸万换
tsʰ	[33]侵亲～戚，～家称～重量 [51]寻沉岑陈尘层橙 [21]寝 [25]尽～力□舔 [214]趁衬称相～秤	t	[33]耽担～任丹单孤～ [21]胆 [25]淡 [214]担挑～旦 [55]弹子～蛋
s	[33]心森参人～深辛新薪身申伸娠升 [51]神辰晨臣绳塍田～ [21]婶沈审□量词，一～梯 [25]甚葚 [214]渗信擤讯鼪黄～：黄鼠狼 [55]肾慎	tʰ	[33]贪坍摊滩 [51]潭谭谈痰檀坛弹～性 [21]毯坦～白 [214]探炭叹 [55]诞但坦平～：平坦的山地
		l	[51]男 1～南篮蓝难 1 困～兰拦栏 [21]榄览揽 [25]懒 [55]滥难苦～烂□屁～狭：很窄
	ieĩ	ts	[33]簪斩 1～肉：剁肉 [21]斩 2～头盏 [214]站车～赞醮绽～开
tɕ	[33]今金襟巾斤筋□抓 [21]锦紧仅谨 [214]禁劲	tsʰ	[33] 参～加 搀餐 [51]蚕惭馋逸残 [21]惨铲产新派 [214]灿 [55]暂
tɕʰ	[33]钦 [51]琴禽擒勤芹 [25]近	s	[33]三杉衫珊山 [51]涎口水 [21]伞散零～产老派 [214]散～会疝□～子：卵□老～：（果物蔬菜庄稼）成熟
ɕ	[33]欣馨
ɲ	[51]银 [25]忍～不住 [55]认
ø	[33]音阴因姻殷 [51]壬人仁寅 [21]饮忍～无可～隐 [25]引 [214]印 [55]任纫刃闰润孕	k	[33]尴监～督艰间中～奸 [51]含叼住，嘴巴含住食物的一部分 [21]感敢橄减简柬裥栋碱憨～厚 [214]戒 2～烟，～酒监国子～间～日：隔几天 谏
		kʰ	[33] 堪 龛 勘 铅 刊 [21]槛窗户 [214]嵌
	ueĩ	ŋ	[33]庵 [51]颜岩 [25]眼 [214]晏晚 [55]雁
k	[33]均钧军君 [25]菌～种郡
kʰ	[51]群裙	x	[33]憨 [51]含嘴巴含住食物的全部咸衔闲 [21]喊 [25]限憾撼 [55]陷馅
x	[33]熏勋薰 [214]训
	ã		**æ**
p	[33]班斑颁扳般搬攀 [21]板版 [214]扮	p	[33]冰兵 [51]瓶□～：没有（未） [21]

	丙禀秉饼 [25]蚌~河~并~且 壮~：蚱蜢 [214]柄		iæ
pʰ	[33]拼妍~量词，一~山；一座山；一~墙：一堵墙 [51]凭彭平坪评屏萍朋膨 [21]聘 [25]并合~ [55]病	tɕ	[33]京荆惊鲸经茎 [51]□提（篮子） [21]境景警颈 [214]敬镜竟竞径
m	[51]明鸣名铭萌盟 [21]猛 [55]命孟	tɕʰ	[33]卿轻 [21]肯 [214]庆磬
v	[51]横~直 [21]永 [55]泳咏	ɕ	[33]兴~旺 [51]形型刑 [214]兴高~
t	[33]登灯丁疔钉铁~ [51]亭停蜓 [21]等顶 [214]凳澄把水~清 钉动词 订 [55]邓	ɲ	[51]迎
tʰ	[33]厅汀 [51]腾藤誊庭廷 [21]艇挺 [214]听 [55]定	ø	[33]应~该 鹰鹦樱莺英婴缨 [51]蝇赢盈荣营萤仍扔 [21]影 [214]应答~
l	[33]拎拿 [51]能宁菱凌陵灵零铃伶羚男2~人家 [25]冷领岭 [55]令另		uæ
ts	[33]增曾憎僧唐~精晶睛争筝征睁贞侦正~月□[kə214] [tɕʰu214]：怎么办 [21]井整拯□脚跟，鞋跟或袜跟，胳膊肘 [214]证症正好政 [55]郑剩~饭	k	[51]□受惊吓后一抖 [21]赶管~理 梗~子 杆秆禾~
tsʰ	[33]清青蜻撑 [51]曾~经情晴程呈 [21]请逞 [25]静靖 [214]掌起支撑作用的物体或构件 [55]净赠	kʰ	[33]倾 [51]琼 [21]顷
s	[33]生牲笙甥声星蜓~：蜻蜓 [51]乘承丞成诚城曾~盛把东西装起来 [21]省醒 [214]性姓胜圣腥 [55]剩~余 盛茂~	x	[33]兄 [51]寒伤~：感冒伤 [21]□~草：除去杂草
k	[33]羹米糊，面糊 庚更~换 耕 [21]粳~米 哽埂耿 [214]更~好		õ
kʰ	[33]坑 [21]砍	p	[25]拌伴 [214]半绊
ŋ	[55]硬	pʰ	[33]潘 [51]爿盘 [214]判叛盼
x	[33]亨 [51]行~为 □我~人：我们 桁~条：梁上横木 量词，一~棒 [25]杏 [55]幸	m	[51]瞒馒新派 [25]满
		t	[33]端 [51]团 [21]短 [55]锻段缎
		tʰ	[25]断~绝
		l	[51]弯□~柴：砍柴（斜劈）[21]卵暖 [55]乱
		ts	[33]钻~进来 [214]钻~木 纂
		tsʰ	[33]佘 [25]赚 [214]窜
		s	[33]删酸囥拴 [214]算蒜涮□~面：面条
		k	[33]干~湿 肝竿官棺观~参 冠~衣 关鳏杆2 [51]□弯 [21]馆管~道 [214]干~部 贯灌罐观~道 冠~军 惯
		kʰ	[33]宽看~牛：放牛 [21]款 [214]看~见

x	[33]欢 [51]寒~假 韩桓环还~钱 [25]旱缓罕 [214]汉 [55]汗焊翰换幻患宦唤焕	kʰ	[33]康糠慷□~蟆:蛤蟆 [214]囥藏,放置 抗炕
		ŋ	[51]昂
ø	[33]安鞍豌弯湾 [51]完顽 [214]按案□捂	x	[51]杭航行银~降投~ [25]项 [55]巷桁~竿:晒衣竿

ɔ̃

p	[33]帮邦 [51]旁螃傍 [21]榜绑 [25]棒	m	[33]猫
pʰ	[33]乓 [51]庞 [214]胖	l	[51]良凉量测~梁粱粮 [25]两 [55]亮谅量分~辆
m	[51]馒老派蚊~虫:蚊子忙盲芒茫虻牛~ [21]莽蟒 [25]网 [55]忘望~见	ts	[33]浆将~来 [21]蒋奖桨□一~甘蔗:一节甘蔗 [214]酱将大~
f	[33]方芳肪 [51]房防妨 [21]纺仿 [214]放	tsʰ	[33]枪 [51]墙详祥 [21]抢 [25]象像 [214]呛 [55]匠
v	[33]汪 [51]黄~豆亡王 [21]枉往 [55]望希~妄	s	[33]相~信箱厢湘襄镶 [21]想 [214]相~片
t	[33]当~昼:正午 [51]堂棠螳唐糖塘 [21]党挡 [25]凼小坑,酒靥 [214]当~铺 [55]□推(人或牲畜)	tɕ	[33]姜疆僵缰 [25]犟
tʰ	[33]汤□~头:抬头 [21]躺 [25]荡嚯:漱口、荡茶杯:用水稍微清洗一下茶杯□[i33]~:这里 [214]烫趟 [51]囊郎廊狼 [21]朗 [55]浪一~羊:一群羊	tɕʰ	[33]刚1~~来,~~好羌筐匡眶腔 [51]强好~ [21]强勉 [214]刚2~~来,~~好
		ɕ	[33]香乡 [21]响享1~受 [214]向
		ȵ	[51]娘 [21]仰壤 [214]嬢姑母 [55]让
ts	[33]脏不干净张庄装章樟 [51]长~场 [21]长~大涨掌 [214]葬账帐胀壮障瘴□用水焖的方法来烹制食物 [55]状撞	ø	[33]央秧殃 [51]瓤阳杨扬羊洋疡烊熔化,融化 [21]养 [25]痒 [214]映反~ [55]样旺兴~
tsʰ	[33]仓苍疮昌菖窗 [51]藏冷~肠 [21]闯厂 [25]丈杖仗 [214]畅创唱倡 [55]藏西~脏心~		

uɔ̃

		k	[33]光 [21]广 [25]逛
		kʰ	[51]狂 [214]旷况矿
s	[33]桑丧~事霜孀商伤双 [51]床常裳尝偿 [21]嗓爽赏享2~福 [25]上动词 [214]丧~失 [55]尚上方位名词	x	[33]荒慌 [51]黄姓~蝗簧皇 [21]谎

əŋ

k	[33]岗冈钢纲缸刚~强江豇扛前后两人抬的动作 [21]讲港 [214]杠降~下.虹天上的虹 [55]□硌(人)	p	[33]奔崩 [51]棚 [21]本 [55]笨

pʰ	[33]喷~水烹乒 [51]盆蓬篷 [21]捧 [214]碰喷~香	k	[33]甘柑泔公工功攻蚣 [214]□佝~:趴 [214]贡汞
m	[51]门蒙 [25]懵蠓~虫 [55]闷问梦	kʰ	[33]空~虚 [21]孔□（不是故意地）撞 [214]控空~闲坎台阶
f	[33]分芬纷风枫疯丰封蜂峰锋 [51]焚坟冯缝裁~逢 [21]粉 [25]凤奉 [214]粪奋讽 [55]愤忿份缝一条~	ŋ	[214]暗瓮
		x	[33]烘轰 [51]痕恒衡红洪鸿含弘宏 [21]很哄~人;骗人 [55]恨
v	[33]恩温瘟翁 [51]文纹闻 [21]稳吻 [25]□淹没		iəŋ
		l	[51]农脓浓隆龙
t	[33]□醮墩敦东冬礅牤割（公牛） [51]屯囤豚同铜桐筒童瞳□形容过度肥胖和沉重的程度副词 [21]懂董 [25]动饨馄~ [214]顿吨冻栋□瓶~;瓶盖 [55]钝洞	tɕ	[33]弓宫躬恭供~不起 [21]巩拱 [214]供~品
		tɕʰ	[51]穷 [21]恐 [55]共
		ɕ	[33]胸凶 [51]熊雄崇 [214]嗅闻
tʰ	[33]吞通 [21]桶捅统 [25]盾□笨 [214]痛	ø	[33]雍 [51]戎绒融茸容蓉庸 [21]拥勇甬 [55]用
l	[51]仑轮伦沦笼聋 [25]拢 [55]嫩论讨~弄		uəŋ
		k	[33]跟根 [21]滚 [214]棍
ts	[33]尊遵肫棕鬃综~合宗踪中当~忠衷终钟盅春~头;点头□鼢~鼠;癫蛤蟆 [21]准总种菜~肿冢□~心;贪心 [25]□垂直放下 [214]甑俊粽纵中~看;众种~菜	kʰ	[33]昆坤 [21]垦恳捆 [214]困
		x	[33]昏婚荤 [51]魂浑 [25]混馄
			m̩
tsʰ	[33]村皴皮肤受冻而开裂椿春抻聪匆忽葱囱从~容充冲 [51]存从~来丛松~树虫重~复秦旬巡徇 [21]忖蠢脾气倔宠□汽~;蒸饭用的锅盖 [25]重轻~ [214]寸蹭铳 [55]仲	ø	[25]母 3 鸡~:带小鸡的母鸡 [55]□~□ [mã33]:伯母
			n̩
s	[33]孙松~紧嵩 [51]唇纯醇莼 [21]损怂叔推（非生物体） [214]迅舜送宋 [55]顺诵颂讼	ø	[33]尔你 □用在量词前,相当于"这" [214]□~□ [xa55]:尿布 □不~来;不大来 □[i33]~切;这样切

后 记

　　本书的初稿是十几年前攻读博士学位时的毕业论文，2012年获国家社科基金项目"19世纪以来的徽州方音研究"（12BYY031）资助。此后，一边对近两个世纪以来的徽州地方韵书进行爬梳剔抉、整理研究，一边对徽语的一些语音现象继续进行深入的调查研究。为了更好地将文献与口语两种语料结合起来，我曾多次到《休邑土音》《新安乡音字义考正》《乡音字汇》等韵书所对应的基础方言所在地休宁南乡的五城、婺源的岭脚、婺源江湾的荷田等地进行调查。在这个基础上对原来的论文作了必要的补充和修改，成了现在的样子。部分内容曾在一些刊物上公开发表过，按照惯例，已在书稿的相应位置标明了出处，收入本书时又做了不同程度的修改和补充。

　　本书从确定题目到今天呈现在读者朋友面前，前后历经十余年，其中甘苦自不必说。此刻，最想表达又难以言表的是感谢。

　　首先我要特别感谢的是博士生导师陈泽平老师。我2006年考入福建师范大学攻读博士学位，毕业后留校执教至今。14年来，陈老师一直指引着我不断前行。在我写作博士论文期间，从选题、开题到撰写，大到论文框架，小到字句斟酌，陈老师都跟我做了反复的详细的讨论。工作后，一方面陈老师以他自己严谨的治学精神、精深的学术修养、高超的教学水平和崇高的人格魅力继续影响着我，给我树立了一名科研工作者和一名老师的榜样；同时，从教学到科研到做人，陈老师对我始终耐心教导，悉心扶持，每一份项目申报书、每一篇文章甚至是一开始我给本科生、研究生出的试卷上都凝聚着老师的心血。陈老师不仅给了我许多宝贵的建议，同时还慷慨地为我提供了很多宝贵的资料，其中有些还是他尚未发表的研究成果。陈老师于我而言，是严师，又像慈父。能够成为陈老师的学生，这是我一生的幸事。此书出版前又幸承陈老师拨冗赐序，老师的激励是我不断前行的动力。

　　还要感谢我的硕士生导师涂光禄老师。涂老师思想活跃，境界开阔，他对学生的培养模式之精髓是充分鼓励、大胆放手，这极好地治愈了我自卑的心理，给我一生带来重要的影响。想当初在我攻读硕士学位第一年不知道如何选择专业和导师时，是涂老师把我领进汉语方言研究的大门的。那时我被涂老师选中首次在课堂上作发音人，机缘巧合也可能是冥冥之中，我对母语——徽州方言产生了浓厚的兴趣。后来杨军老师给我们上音韵学时，很多艰深难懂的知识点一经我的母语对照便让我茅塞顿开，这让我更坚定了从事方言调查研究的决心。

其实，我要感谢的人还有很多很多。我要感谢张振兴、沈明、赵日新等多位老师多年来对我学术研究工作的鼓励和指导。我也要感谢我可爱的同门、亲爱的同事，正是因为与你们时常商讨、切磋，我才能初心不改、砥砺前行。

我还要感谢田野调查过程中给过我支持和帮助的发音人和联系人。美丽的徽州青山绿水环绕，阡陌交通，鸡犬相闻，但这里方言复杂，所谓"隔山隔水就隔音"，不过，淳朴和善良是我们徽州人的共性。2007年至今，我在徽州地区很多地方做过田野调查，每次调查，在当地都要呆上好几天，每天工作时间长，调查任务重，而我们的发音人很多都是上了年纪的，他们总是克服各种困难，不辞辛劳，积极配合我的工作，有的会邀请我去他们家里吃饭，有的在我临走前赠我以土特产，有的多年之后还会给我写信……他们的质朴和善良常常令我感动。

最后，我还想借着这薄薄的一页纸，把我最深沉的谢意献给我的家人。家人一直是我从事教学科研的坚强后盾。我要感谢我70多岁的老母亲，从我2003年攻读硕士到今天，母亲十几年如一日倾其一切，全力以赴照顾我的家庭。余生，我将尽我所能给她以幸福安逸的晚年生活。我要感谢无怨无悔伴我度过艰难日子并默默奉献的丈夫叶建强，正因为有他物质上的支持和精神上的鼓励我才能一步步走到今天。还有我那可爱懂事的女儿叶璇，如今她也走上了语言学研究的道路，今后我们母女互相扶持，携手共进。

感谢中国社会科学出版社为本书的出版付出了辛勤的劳动。限于自身的学力，本书讨论的内容或许还有不少值得继续深入的地方，全书涉及的材料繁杂，音标、符号繁多，虽经细心校对，但难免会有疏漏不妥之处，衷心盼望学界各位师友不吝赐教！

陈 瑶

2020年8月20日于福州